太极拳典藏

太极拳技击研究

李万斌　著

人民体育出版社

自 序

在太极拳的技击功理功法的传授上，历来有“宁传一斗金，不传一口真”“宁教一手，不教一口”的门规祖训。所谓“一口真”，指的就是成就功夫，身上装艺的、高效率的练功方法。它被各门派视为生命，是立足武林的法宝，绝不肯轻易丢失和泄露，甚者达到“传子不传女”的程度。所以，几百年来太极拳史上也未曾有过一部这方面的专著问世，即便是谈及，也是只言片语，零散无绪，使学者无从下手，极难很快获得太极拳技击真功夫。

可喜的是，1992 年 7 月我们出版了《太极拳技击实践》一书，初步达到了这一目的，解决了一些基本问题，致使许多同行和爱好者，对此书爱不释手，如获至宝，甚至当礼物相互赠送……

为了更进一步深入细致地探索太极拳技击训练入门的高效方法，我们又经过几十年的不断努力，以自己的实践经验体会，并继续结合众多太极拳同好、专家、先辈们的真实体验和诸多论述，在《太极拳技击实践》的基础上，编写了这本《太极拳技击研究》，也可以看作是《太极拳技击实践》的升级版。主旨还是揭示“一口真”，力求更加系统论述太极拳的理法概念和练功层次，及其方式方法。追求真功夫训练的高效率，打破传统的师父带徒弟几十年难成材的老路。为太极拳技击爱好者寻求练功秘本和金钥匙，并成为广大武术爱好者及武术专业工作人员的参考书。

“实践是检验真理的唯一标准”。所以，本书内容基本都是“实践者”的质朴语言，诚望太极拳同好踏踏实实身体力行，注重实践，重视技击方法上的实效训练，以真实的对抗为出发点。只有这样，才能在实践中不断总结有效的经验，真正的为太极拳的挖掘、继承和发扬光大做出贡献。

当然，这方面的工作，我们还要进一步的尝试，由于资料的缺乏和作者实践经验的不足，加之技术水平和理论水平不高，致使书中的某些提法和观点不一定妥当，甚至是错误的，这将有待于我们今后进一步实践探索和研究。

总而言之，笔者真诚希望不断听到读者的批评和斧正。毫无疑问，多方面的批评指正本身就是我们学习的过程，有助于学术思想的进步，有利于开拓我们的视野和思路，帮助我们纠谬补缺，为太极拳技击运动和真功夫的更多显现作出应有的贡献。

目 录

（一）真才实学求功夫

武术要真才实学　运动要全能发展

——套路与技击不能是两张皮

《武魂》杂志记者石磬先生前不久在京采访了国际武联技术委员本扎先生。本先生是负责欧洲、非洲、南美一些国家武术技术工作的。曾毕业于北京体育大学，多年专攻武术，并获学士学位。所以，他对中国武术的现状相当熟悉，他就中国武术如何向世界推广、普及等问题，发表了一些看法，其中有的见解确是一针见血……

本扎先生说，一个外国人到中国来学习武术，老师只是传授一些套路，并不讲内在的东西，不讲什么是捋、什么是掤、不讲这些动作在什么情况下运用。他们只是一、二、三、四，这么做，那么做，像做体操，学了半天套路，也拿到了结业证书，但内里是什么意思却讲不出来，回国以后是一张白纸，不会解释动作的内涵，就会讲老师就是这么教的。这样做的后果是很严重的（见《武魂》1995 年第 9 期）。

无独有偶，请看两件事的印证，其一，王荣泽先生在其“太极拳教师的遗憾”一文中，讲了一个外国太极拳迷，因何千里迢迢不辞辛苦来到交通很不方便的他家，请教太极拳的真实事情。这位外国太极拳迷以他亲身经历诉说，他们请过在中国最有名的专家、名人去他们那里教拳，结果不尽如人意。只教拳架、器械、单推手、双推手划圈。总找借口或话题避开学生提出的“乱推”。你有意回避，作为主人的学生也不好再提了。他还说，拳架子谁都可以出国教教，有没有真功夫，看推手水平，这个水平没有表示出来，他们请老师的主要目的也就没有达到（见《精武》1995 年第 10 期）；其二，旅居加拿大的中国武术家梁守渝先生在其“美加武术杂谈”一文中，也发出了类似的感叹。他说：“目前，中国的武术和散打队是分开的。武术队的队员不能进行散打，而散打队的队员有的连一套像样的拳也打不来。他们出国后，令国外的武术爱好者吃惊。个别武术教练出国看见空手道练习后说，空手道的劲力好厉害！真令我们在国外宣扬中国武术的人哭笑不得。”他接着又说，“在美国的全国性和国际性的中国武术比赛中，很多外国运动员除了参加全能的国际武术规定套路比赛外，也都参加散打搏击比赛，这才是全面的武术运动员。中国是武术的故乡，海外赤子竭尽全力宣扬武术，为的是永葆中国武术的英名”（见《武林》1995年第11期）。

造成目前这种套路不讲内涵，散打无套路基础，并且互不相干的两张皮的情况，并不是偶然的，而是事物发展的必然结果。请看，我们的现代武术，从初级一、二、三路拳到乙级、甲级、拳械，从二十四式简化太极拳到四十二式、四十八式、八十八式以至广播太极拳，无一例外的不讲内涵，全是青一色的拳操，甚至竟连用于国际比赛的武术套路也是如此，竞赛规则最初也是参照体操比赛规则制定的。言何不会套路、搏击两张皮呢？我们常讲中国武术如何如何内容丰富，如何如何博大精深。怎么个丰富，怎么个精深法，不用说外国人看不出，就连中国人也看不出，武术的内涵，技击内核，在如此的武术比赛中成了一句空话，不懂技击的人成了武术冠军，不会推手的人成了太极拳冠军，怎能不令人啼笑皆非。

再说散打的情况，全国各地方散打队可谓不少，许多队员是业余自发搞起来的不说，他们中的大部分人是从搞拳击、举重、摔跤半路转过来的，有些根本就不懂武术，更不会练套路，仅凭的是一个强壮的身体，不怕挨打的勇气和蛮力，在影视镜头和国外搏击，如拳击、空手道、泰拳、跆拳道、自由搏击的影响下，上有拳击、下有影视高腿、中有中国式摔跤的某些技法，自行的在模仿、在拼凑、在摸索（当然我们并不反对吸收国外有益的东西），根本没有自己一整套传统的、独特的、成规的东西。包括国家集训队在内，几乎没有一个散打队是在老一辈有真功夫的武术家挂帅和指导下正规训练的。现时的散打，完全失去了中国武术中内容丰富、博大精深的传统武术的沃土栽培，完全失去了老一辈武术家，特别是技击家宝贵经验和财富的充实，完全失去了传统技击武术的熏陶和老一辈武术家的培育和教导，最终丧失中国武术的根本的特色，只能跟着国外搏击项目的屁股后面转，不会有好结果。基于以上情况，我们强烈呼吁有关部门，尽快采取积极有效的措施，首先使我们向外推广的武术套路一招一式得有个说头，一举一动得有能实用的真功夫，充实其内涵，并加强武术文化的传播和宣传力度，以适应不同层次人们的需求；其次，充分利用和挖掘老一辈武术家，特别是有真功夫的拳师的余热和宝贵经验，请他们做指导，或安排他们带一批优秀运动员出来，同时为他们消除“唯技击论”的顾虑，让他们解放思想，放下包袱，发挥他们的作用；再次，在培养年轻一代教练员和武术专业教师时，要注意武术内涵、武术技击、武术文化方面的修养，使他们成为具有真才实学和名副其实的、全能型的武术专业人才。这样，一代一代形成良性循环，就从根本上克服了套路和散打、太极拳和太极推手两张皮的现象，使武术运动员成为全能型的运动员。到那时武术冠军才是真正的冠军，太极拳冠军才是真正的冠军，像李小龙一样，不愧为世界的李小龙。只有这样，才能“永葆中国武术的英名”，使武术真正走向世界。

会练不会用　训练不实用

——空练者自省

有些练习太极拳术几十年、自认为拳法较好的人，总试图利用一些表演、比赛，拿到金牌银牌聊以自慰或在人前卖弄一番，夸大其艺。但现实中多数人却是弄巧成拙，所获得奖牌荣誉与真打实斗相比苍白无力，练而无用，只有败北的尴尬场面，令人汗颜。

有位武友，在国内一些表演及正规比赛中成绩卓著，曾取得多枚奖牌，但缺乏实战经验，较技时战绩败多胜少。他与笔者交谈时说，如果他的情况对学练太极拳的人有改进和借鉴作用，愿解剖自己。

武友先后拜在三位太极拳名师门下，并历访名家，从 1981 年开始至今二十余年苦练不辍，他拳架规范、套路娴熟，并多有心得，在同门师兄弟中是位佼佼者，在当地很有影响，是位“名师”；但谈起拳术实战时他却很惭愧，所会的功夫，在推手时还能发挥作用，散打时则自感踢、打、摔、拿无法施展，太极拳的因势利导、引进落空、避实击虚、震弹发力、一弹而起、伤筋挫骨、犯者立仆、出奇制胜等技巧更谈不上，师傅所授的手、眼、身、法、步的套路招势在实战中无用武之地，如同摆设。据说此现象并非个别，不少太极拳爱好者或功夫很好的练家都会碰到类似的问题。这就需要问一问自己或朋友为什么会这样。

自省一 多年来，武友在太极拳学习方法上所接受的是以套路为主的训练方法，是一种典型的架势传授，从单势到整个套路学习基本上是手的角度、身躯的高低、眼的方向、左腿几分劲、右腿几分力等等的零件式训练。这种训练要求严格、丝毫不能差，使学练者认为太极拳难学、难练。往往自己练习几十年的套路给师傅演练看，不是手高了，就是角度转大了，还是毛病百出。应该指出，社会上一些人练习拳术是学了改、改了练、练了改，但在师傅面前演练拳架时还是永远练不对、做不准确，这是普遍现象。因此学生也养成了一切围绕套路练习，“死练拳、练死拳”的现实处处可见。学拳者把精力用在练好套路、拳架上，但却无心、无精力探讨实战技艺，严重忽略了太极拳的实用本质，在与人交手、真打实斗时就会尝到苦头。

死记硬练已成为太极拳运动发展的一大障碍。因学拳架、定拳架、练拳架、改拳架占去太多时间，实不可取。俗话说，“规矩尽而变化生”。拳势只要不违背拳理，套路熟练后，就不应在架势的高低、手的角度、步子的大小等方面去纠缠。因实战时对方是运动的，出手或起脚、身材高低和步子大小是因人而异的，只用固定的一成不变的动作去应对千变万化的局面是难以取胜的，拳架熟练后要多注重内里修炼，拳谚曰“不在架势，在气势”，就是这个道理。

自省二 练拳者缺乏实战意识，虽然下功苦练，招势熟练，掌握了太极拳的一些规律和推手知识，实战时却不能学以致用。主要原因：

①拳师授徒过于机械，只讲套路和推手知识，不言散打。师傅即使传授拳的技击作用也只是“专门”挑几个动作检验学生，或设计一些小“圈套”等着学生去钻。有的师傅教导学生使用招势时，师傅已开始动作了，先学生一步，故而能化掉来力，能把学生发出去使自己的功夫显得很神奇。当学生冷静下来回头一看，却发现自己原来是中了师傅的“计谋”，虽然自己被化掉、反弹出去，却是师傅的意识指导学生发放，而不是师傅随心所欲、随人变化而技击的，也不是学生突然袭击。这种技击均有主观性，所以，此种训练方法实质上并无实际意义。

②过于相信“拳打万遍，神灵自现”的说法。师傅说“东西都在拳架

里”，这句话本身并没有错，但如果学生不明白其中的道理，只是一味苦练而不去深研其实质，则是贻害无穷。拳架的练习，必须是在明白一招一势的关系及其作用后才去苦练的，作用不明是练盲拳。正所谓“梦想历年，谈话终生，一旦交手，两手净空”。但也有个别学生有悟性，路子也很正，只是一说练拳便三天打鱼，两天晒网，甚至一曝十寒，这种练法同样难以成功。

③有自满思想。有的人只会套路练习和推手知识，就妄称自己已得法，不能正确领会拳架、推手与散打三者之间的关系，背离拳理，难出功夫。套路的锻炼需活学活用，势势明白，招招清楚，要符合“练拳时无人当有人”，与人交手时“有人当无人”的实战要求。只有这样长期演练下去，才能取得令人满意的成绩。

自省三　名家箴言无所不及，如不深研其精华，负笈从拳，便很难正确理解太极拳的奥妙。假如仅从拳论拳经的字面去理解，以字解字，认识肤浅，甚至还有可能会曲解拳论拳经的本义。当今之世，拳家著书立说已成时尚，个别著作者的理论标新立异，夸夸其谈到把原本很简单的道理说得既复杂又神奇，一旦被深究其理竟然会前后相矛盾；也有的名家过于保守，把一个完整的理论说一半留一半，如同一台运转的机器，师傅只给徒弟讲解机器的零部件，而不说它的工作运行原理，使听者茫茫然不明其理，更让学习者感到无所适从。这也如同盲人摸象一般，摸着鼻子就说象是长的，摸着腿就说象是圆的，习者终难融会贯通。

学者必须善于在实战中去除糟粕，明辨真伪，不断进行揣摩和反思，善于总结经验，学会用新的认识对照自己所学所练进行检验，并能从中得到提高。

临渊羡鱼　不如退而结网

——对太极拳训练的认识

太极拳独具特色的技击功夫，是太极拳的生命和精华所在，研究它有助于太极拳走向世界，特别是太极推手早日走上世界技击竞技舞台，造福于全人类。

历史上太极拳曾一度饮誉武术界，杨家父子的太极拳技击功夫亦曾被公认为“杨无敌”，可见人们对太极拳的技击功夫是多么的想往。只因“十年寒窗九年拳，九年太极不出门”，使多少爱好者敬而远之。所以，现在真正掌握太极拳真功夫的人，实在是太少了。

在当今飞速发展的年代里，人们更珍惜的是时间，追求的是效率，是生命和运动能力的延长。倘若还是停留在原始的方法，即每天打拳几十遍，所谓“拳打万遍其理自显”，在人云亦云的模式下，抱残守缺，人为地限制自己，为太极拳训练设框加条，而不是认真细致地研究其科学的、高效率的训练方法，那太极拳真可谓“一代不如一代”了。

太极拳和所有的体育运动项目一样，其锻炼身体的长处就在于动功，它的技击功夫就在于实践。在太极拳的所有行功，如盘架子、推手和散手中，开与合、虚与实、刚与柔、曲与直、松与紧、轻与重等等，都是对立的统一，都蕴含着深刻的阴阳哲理。正如《太极拳论》开首便道：“太极者，无极而生，动静之机，阴阳之母也。”也就是说，离开了阴阳两方面的对立统一，就背离了太极拳运动的正确轨道。

然而，一味地要求“柔、缓、松、用意不用力”，许柔不许刚，许轻不许重，许松不许紧，似乎“以柔克刚、四两拨千斤、后发制人”成了太极拳天经地义的代名词，而“刚落点、先发制人”，以内功实力取胜却成了不对。岂不知，这是违反太极拳技击辩证对立统一原则的。

只许柔不许刚，用意不用力。柔与刚，柔为阴，刚为阳。有柔无刚即有阴无阳，违背了太极之立意。在实践中，柔以引化粘随，而当我控制住对方之重心，顺势击发对手时，就需要用刚劲。拳论上讲“柔过劲，刚落点”，即是指行拳时，击打路线的中间过程宜柔，到了击打目标则宜刚。只柔无刚，那么，要摧毁对方，快速解决战斗就难以实现。

许轻不许重，动作只要求轻，所谓“迈步如猫行”。轻与重，轻为阴，重为阳，只轻不重即只阴不阳，不合太极原理。不知猫行之轻，是为了不惊动猎物而占据有利位置，一旦得到机会，则快如脱缰之马，起跃出击。在搏击时，动作轻灵，是为了能够八面转换、八方出击。其粘依化引则轻灵，一旦出击则沉重刚实。另一方面，太极之纵跳，向上宜轻灵，下踏下打则宜沉重，故有轻无重是违背太极原理和实践规律的。

许松不许紧，练拳时全身放松，不许有收紧处。松与紧，松为阴，紧为阳，只松不紧，纯阴无阳，不合太极原理。只松不紧，在搏击中只有被打而已，所谓“让中不让”“柔过劲、刚落点”，都是松中有紧的表现。放松是有利于气血流通，然而，若不是动脉管强有力的收缩，血流的动力从何而来？与敌交手，施行发放，还需要肌肉的适度紧张才能达到目的，即使实战中承受对方偶然的一击，也还是需要肌肉有一定的紧张。退一步说，最起码常人的肌肉紧张反射，还是不能丢的。所以说，只松不紧显然是错误的。

对此，峡猿同志在追念太极拳高师刘晚苍先生的“何日再相逢”一文中，身有感触地说：“一提起练推手要放松，我们常常畏畏缩缩的谁也不敢出劲，生怕‘顶’着对方。结果是相互游斗谁也不能把谁怎么样。可我见刘先生则完全是争取主动，凡一搭手深沉猛烈之劲便专注于对方重心。待你稍加抵抗，转瞬间消息皆无如坠五里雾中，其实他还在粘着你，继之而来的是更迅猛摧枯拉朽的一撞，一哼一嗨对手腾空而起。”（见《武魂》1991 年第 1 期 31 页）

一、作为竞技体育，尤其是对抗形式的太极推手，应是技术、功力与速度的综合

如果您留意的话，我想您一定会在一些公园发现个别太极拳师，其与徒弟推手，如同拨弄玩偶一般，愈是观看的人多，技艺就愈“神奇”，甚至于手稍触，身体已是几个跟头或跌出数丈之外。我想，若真有这般神奇的功夫，何不到竞技场上显显技艺！遗憾的是这些“真人”，怎么也不肯“露相”。我相信，即使他们拿起勇气走上竞技场，最起码也不会这般趾高气扬。因为我也曾亲身考查过，他们这般“神奇”功夫，原来不是在水平相当、真打实作的情况下出现的，而是徒弟有意让师傅打，是给打、毫不反抗地被打出的，即使有轻微的抵抗（对师傅不礼貌）或化、躲，也是因二者水平相差悬殊。然而，比赛中的场上较技却不同。它是同级别、水平相当的、势均力敌的搏斗，是毫不相让的实战，没有什么礼貌或失面子可言，

要实现“拨玩弄偶”是不可能的。

1990年4月7－13日，中国武术研究院召开了部分在京的太极拳家和武术工作者会议，对太极拳推手进行了十分热烈的研讨，他们边研究、边实践。可敬的是北京信息工程学院的教授于志钧先生（太极拳技击专家吴图南之徒）亲自下场真推。他说：“我推输了没关系，就是想亲口尝一尝味道，以求其中的真谛。”通过竞技推手的实践，他提出推手不能只讲“用意不用力”。大家一致认为作为竞技体育尤其是对抗形式的推手，应是技术、力量与速度的综合，认为以后不要再片面宣传“四两拨千斤”了。要使太极拳、剑及推手更健康地发展，就必须求实、求真，不能再搞那种师徒发功的虚假表演，要实实在在地研究拳法、拳理和竞技法则，促使太极拳运动向进一步规范化和科学化前进！

二、太极拳技击是踏踏实实地实践功夫，并非玄学

中国拳法，博大精深，源远流长。太极拳法，理精法密，功在实践，独具特技。

有些人在推手表演中，为了显示太极拳法的玄妙，把意和气夸得神乎其神，几乎将太极拳的科学理法变成唯心的玄学。如果故弄玄虚，非要练几十年，所谓“十年一小成”才算望见门墙，究竟成否尚不可知，那么徒耗时日，学它何益？

太极拳技击家汪永泉先生直白地说：“太极拳并不神秘，我能发人是因为知道太极拳用劲的窍门，招用得熟，时机得当，熟能生巧嘛，有些人就爱把它说得神乎其神的，我最不赞成。”太极拳既不像人们想象的那么神秘，高不可攀，也不是轻而易举，一蹴而就的事情。俗语说“拳无百日功”，习拳入门并不是什么天大的难事，关键是不能人云亦云，随波逐流，要脚踏实地进行科学的训练，同时必须实事求是，不能故弄玄虚，过于夸张，掩盖太极拳的精巧功夫。应用科学实践的方法来分析研究，特别是从拳理拳法上细心实践，以求巧于用力，而避免唯心论。“升堂渐入室”才是进步，拳术本身就应该日有所成，循序渐进，逐步提高。只有不断求索，才能取得长足的进展，可谓功成有望。

三、“功在实践”，太极拳技击功夫注重实战训练

太极拳技击注重实践。因为缺乏实践，空谈理论，确似无源之水，无本之木。练拳要真打实作，否则枉练若干年，谈谈可以，推手玩一玩还算对付，一旦动真格的，则会茫然不知所措。

推手是太极拳技击训练的重要方法，是最富中国武术特色的技击项目。应从实践出发，从难从严训练。通过推手训练将太极拳术中的踢打跌拿、采挒折别诸般技法，在粘连黏随、不丢不顶、引进落空、借力打人中巧妙地使用出来。不要光停留在划圈子和“文明竞技”“点到为止”的阶段，要争取达到“神而明之”的高级阶段。

但是，推手不应是太极拳唯一的技击训练方法，还要加强散手训练，多搞有针对性的模拟教学，以加强学者的临阵经验。使多出人才、快出人才，尽快地培养出优秀的太极拳高手。

习拳和学习其他技艺一样，切忌好高骛远，空谈理论。实践——认识——再实践——再认识……从感性到理性是一个飞跃。从理论到理论，只顾说说、比比、划划，可一旦动真格的（即真打实作），则茫然无措，摸不着边，只有挨打，实难期有成。“临渊羡鱼，不如退而结网”，“行远自迩，登高自卑”，一步一步扎扎实实地前进，脚踏实地，走一步有一步脚印，循规蹈矩，勤学苦练，高标准严要求，默识揣摩，细加体验，反复巩固，日进有功，才是正确的途径。

（二）拳术技击通则

殊途同归　内外一家

——武术技击的本质

古人云："阴阳者，天地之道也，万物之纲纪。"阴阳是一切事物的内在规律，无疑也决定着所有拳种的外在表现和内外效用（健身与技击）。

如以内家，即阴柔之理立论，则必说：

有柔才有刚，无柔就无所谓刚，极柔软然后才能极坚刚。柔不是柔弱无力，而是柔中寓刚，绵里藏针是练的一种弹性劲；

有退才有进，无退就无所谓进。退不是逃跑，是为了避锋闭进，退是走，走为上策，走能察敌破绽，乘虚而入，引人落空，合力发人；

有慢才有快，无慢就无所谓快。慢非迟滞，慢是内固精神，外示安逸，是外慢内快，以精气神虚并非虚弱无力，而是忽隐忽显，使对方感到虚无缥缈，无有定向，贸然进退，就会落空，就会挨打。

如以外家即阳刚之理立论，则就将上述提法倒过来。即有刚才有柔，无刚就无所谓柔，无刚不能击人，刚能制柔有进才有退，无进就无所谓退，进能欺人，又可闭欺；有快才有慢，无快就无所谓慢，快可以迅雷不及掩耳，使敌无法发挥；有实才有虚，无实无所谓虚，实乃坚实强硬，使敌感到粘身硬如铁，或硬如铁粘身，敌不敢碰。

殊途同归，总之，上了擂台，目的只有一个，将对方"放飞"。

总之，要追求"脚如吸盘，腿如钻；腰如磨盘，膀如环；肘如风车，臂如鞭；掌如钢锉，指如（勾）杆；神如泰山，眼如电"，这才是真正的练功目标。

传统武术　技击精髓

——太极拳技击特征

中国传统武术技击具有鲜明浓郁的民族风格和特点，其本质特性是她千百年来不断发展的内因。归纳起来，传统武术（太极拳也不例外）技击具有以下几个方面的特征。

一、拳无空出　手无空回

《拳经》中讲，“拳无空出，手无空回；拳打不空回，空回不为能”。“出手如飘风，收手如狡兔；出手要抖，回手要勾；出手如钢锉，回手如钩竿”。“前手领，后手追，两手互换一气摧”。“出手拳掌打，回手鹰爪抓；双拳密如雨，着着不虚发”。“手起如箭落如风，追风赶月不放松；心如火药拳如子，灵机一动鸟难飞；迎风拳掌云遮月，黑虎穿胸快如风；一环自有一环接，环环相连法无穷”。从此不难看出，中国武术传统技击方法是出拳后随机变化，应用程度高。

二、犯了招架　便有十下

拳谚云：“练拳不练把，等于胡乱打。”把，就是手法，对于技击的手法，中国武术确有独到的讲究。如“一手连二手，劲脆如电击”；“手法出于中，拳掌不落空，抓打齐运用，连环如旋风”；“不招不架，只是一下；犯了招架，便有十下”。也就是说，一旦用招法，就要一式三招，三招九变，环环相扣，虚实并用，阴阳有方，全力以赴。用时又在手法上亦特别讲究崩捽捋劈挑截砸拦推托带砍，使出拳“翻生不息，招招相接，发力迅猛，脆快连贯”。仅以咏春拳为例，就讲双手同出同入，相互兼顾，一鼓作气而快攻，一手似刀，一手似剑；一手似枪，一手似盾，攻守同期。拳法重快，攻防紧密，手法灵活，连削带打，抢占中线，毫不相让，来留去送，甩手直冲，最短攻防，时间抢先，顺势发拳，一击不中，就随机在外面变化，让对方措手不及，目不暇接。表明了中国传统武术技击的技法是，连珠运用，讲求实效。

三、动即生法　有感皆应

戚继光《拳经捷要篇》曰：“学拳要身法活便，手法便利，脚法轻固，进退得宜。”“法”，在技击的攻防中指全身上下多个出击点（有说为十四个，如上下九节，含左右，再加一头，一身合为十四拳），是上出下进，左击右打，有直线、弧形、侧摆、抡劈等诸多打法，其劲路及打击目标交叉变化，丰富异常，奥妙无穷。“法”，在技击的方法中有拍压、截击、磕击、阻挡、架挡、闪躲等。其中最主要的，在于巧打（即闪、转）和劲硬（即劲力和功夫），所以拳谚云“头欲撞人，手要打人，身要催人，步要过人，足要踏人，神要逼人，气要袭人，得机发力。一打眼，二打胆，三打力，四打巧，五打分寸，六打手脚并相连”；“拳自身发，挨着何处何处击”；“遍体松紧弹簧似，灵机一动鸟难飞”。纵横自在，有感皆应。说明中国传统武术技击，临战时高度警觉，实战状态能调整到最佳。

四、声东击西　贵在知变

声东击西是兵家常用熟知之法，散手比赛更应如此。引上打下，示左击右；忽东忽西，即打即离；虚虚实实，真真假假；一正一奇，一明一暗，奇正互根；不攻而示之以攻，欲攻而示之以不攻；形似必然而不然，形似不然而必然；似为而不为，似不为而为之；欲重击而示之毫不介意，以假动作（有意卖个破绽）给对方造成刹那间的错觉，我恰因势而用招。沾上有，碰上发，我意占先去打他。

《拳经》又云，“阴阳互用手法真，一正一反技通神。世人不解法中意，须向变中去寻根”。“无中有，有中无，无有有无在变通。真是假，假是真，真假虚实见敌分。柔则刚，刚则柔，柔刚刚柔意上求”。这是技巧之变。而勇示之弱，不能示之能，进示之退，示近取远，示远取近，这是精神之变。故拳经又说，“精神之变法更奇，谈笑之间便克敌，任他凶猛多气力，怎奈心头一思机”。说明巧变的运用和“知变”思想，又是中国传统武术技击的重要特征。

五、用腿打人　全凭连环

“若用腿打人，全凭腿连环”，这是传统武技的常用之法。连环腿，又名连环脚、鸳鸯腿，是两种不同的脚法所融汇技术、战术为一体的高级实用脚法。这一传统技法在《水浒》中即有绘声绘色的描述。如，其第二十九回中就有武松醉打蒋门神所用的鸳鸯脚："（武松）先把拳头虚影便转身，却先起左脚，踢中了便转过身来，再飞起右脚（这一技有名，唤作玉环步，鸳鸯脚）。"清代亦有燕北闲人（文康）著的《儿女英雄传》，其第六回中，描写十三妹与和尚打斗时用的鸳鸯脚，写得更为具体精彩。如，（十三妹）把身子一扭，甩开左脚，一回身嘭地一声，正踢在那和尚的右肋上。和尚哼了一声，才待还手，那女子收回左脚，却脚根向上一碾，托起右腿甩了一个旋风脚，那和尚太阳穴上早着了一脚，站脚不住，咕咚向后便倒。这一着叫作"连环进步鸳鸯拐"。说明中国传统武术技击，并不像现代散手多用的是一踢便收，而是多用连环腿法，讲究技术与技巧的运用。

六、撞身靠打　挨肘膝胯

拳谚云"进身靠打，挨身肘发；肘发护心，盘肘克人，挨肩挤靠，封裆锁脚；手肘齐发人难当，贴身短打膝肘忙；肩打一阴返一阳，肘打四方人难防；远踢近打连环手，沾身用靠无处走"等等，都说明了传统武术技击其灵活运用身体所有关节部位，作为攻击武器的重要性。

历来拳家将肘技看作拳中的精粹，其特点是短、快、硬。以肘打人，力大且猛，动作路线短，一瞬间即能完成打击动作，肘稳而隐蔽，预兆性小，特别是在脚的掩护下，能快速而突然地发起进攻，令人防不胜防（用肘可以破解搂抱）。

从运动解剖学看，肘关节与肩关节相连，故肘部的运动灵活自如，肘法巧妙多变。肘的攻击方向几乎不受限制，既可自下而上（如挑肘），也可自上而下（如砸肘）；既可自左而右或自右而左（如横肘、挂肘），也可自前而后或自后而前（如揭肘、顶肘）。肘的击法比拳法迅疾，隐蔽。肘的攻击部位遍及前胸、后背、腹肋、头、躯干及四肢，拳谚"肘打四方"正是此意。

从力学的角度看，肘比手距离近，力臂短。据力学的力距概念分析，肘较手更能充分利用臂肩的肌肉力量，所以攻击力量较大。

从技击角度看，肘骨质坚而硬，抗击能力强，肘对拳来说，短于拳，比手脚接近身体，拳家称之为“中盘（节）”。因此，在贴身近搏中，具有招势隐而速，短而险，难招架，变幻莫测，简便易行，比手脚迅速方便，易发挥其攻击和防守效用等长处。谚云“肘击步进，步到身拥，短手能自顾”。故肘为凶险利器，盖用肘者取胜常常游刃有余，在处于败势中施发，一击则反败为胜。

靠打，是用身体的力量来打击对方，威力较大。一旦靠贴近对方身体立即发放崩炸劲，这种劲力在腿的蹬力及腰的挺力催动下，用肩胸、肩臂、胯臀等，撞靠击打对方，其抖靠快猛，很容易使对方即扑于地。靠打包括背靠、肩撞、胯打、臀靠、肋靠、胸撞、肘摆、头撞等法。

因而，《太极拳经》云：“遇敌上前迫近打，顾住三前盼七星（身体七个可用于攻击的关节部位）。”《心意拳总歌诀》亦讲：“打法定要先上身，手脚齐到方为真。拳如炮，形龙折身，遇敌犹如火烧身。”此外，更有“头打、肩打、肘打、手打、胯打、膝打、脚打、臀打”等《八打歌》流传。如《头打歌》曰：“头打落意在中央，浑身齐到无阻挡，脚踏中门夺地位，就是神仙也难防。”《臀打歌》曰：“臀尾打人人不知，神龙掉尾不见形，猛虎坐坡起落势，一旦击中神鬼惊。”说到这里，似乎中国传统武术技击的风格特色已呼之欲出。

中国功夫原本不是现代意义上的体育，而是源于各类战争，谋求生存的东西。从原始社会开始，我们的祖先要生存，要发展，就要与天斗、与地斗、与兽斗，就产生了穿房越脊纵跳如飞的逃生本领，后人美化为轻功；没有 X 光机，又要查找疾病，就创造出中医望闻问切四法，练出内视功夫来；没有盔甲护体，就要练出金钟罩、铁布衫等抗打功夫，后人美化为抗打神功。慢慢就产生了拳打脚踢，使用石头（后来演化为暗器），树木（后来演化为十八般兵器）的打斗技术。再后来，慢慢就演化出擒拿、断骨、反关节、抓筋、拿脉、点穴、镇脉等高深武技，使人体各关节都成为能致人死伤的武器。当然，作为现代武术技击运动，如散手、推手等体育比赛，适当地加以取舍和限制，也是安全必要的。

有无真功　对抗检验

——不讲对抗的拳术是操是假拳

韩起先生用科学的理论和方法论证了武术必须采用对抗训练的方法，特别是拳术的技击运动，更是不能有丝毫的偏差，否则就成了“挂羊头，卖狗肉”的“假拳”。他连载于《搏击》杂志2009年第8、10期、2010年第3、4、7、8期、2011年第7期的大作“为什么说‘没有对抗训练的拳术就是假拳’”，即彻彻底底地回答了这个问题，可以认为是拳术技击训练的指路明灯！借此机会，将此文的部分精彩论证采集如下，与大家分享，以最大限度地避免拳术技击痴迷者少走弯路，耗费冤枉的精力、财力和物力。同时，也深深地感谢韩起先生为此所做出的贡献！

拳术不经过对抗训练既防不了身，也打不了人；
更谈不上与人比技斗智上擂台，因为，这已是常识！

为什么练武术必须经过对抗训练？
为什么空练就不管用？
为什么自己练不出功夫的症结在于“缺乏对抗训练”？

请看，韩先生的部分论证，便会一目了然！

一、“套路”属于“闭式运动技能”，“技击”对抗属于“开式运动技能”

人类的运动五花八门，足球、体操、摔跤、武术……广义的运动甚至包括使用筷子、开车、打字、烹饪、修理电器……，就是说，运动的种类是无穷尽的。在无穷多的运动中，每一项运动都要使用独特的运动技能才能完成，体操有体操的运动技能，开车有开车的运动技能，武术有武术的运动技能……，所以说，运动技能也是无穷多的。

面对浩瀚无穷的运动技能，有着求知欲的人们肯定要问：在某些运动技能之间，是否会存在一些共同的特征，以使我们把无穷多的运动技能进行分类，方便我们的研究？是的，有这种共同性，运动生理学（包括运动心理学）就发现，在很多不同的运动技能之间，譬如足球与摔跤、篮球、拳击、武术散打……之间，体操与跳水、铅球、武术表演……之间，就具有一些共同的特征……这就是关于“开式运动技能”与“闭式运动技能”的分类（依据不同的视角，尚有不同的分类法）。

下面，我把这两种运动技能所具有的一些特征列出来，大家先看一下，然后我再做些解释。

“开式运动技能”（又叫开放技能）所具有的特征：

①你做技术动作时，要随着环境（譬如对手）的改变而改变。

②你使用什么动作，不可预知，不具有周期重复性。

③完成动作时，要以视觉分析器为主，并调动多种分析器参与工作。

“闭式运动技能”（又叫闭锁技能），又具有些什么样的特征呢？

①你做动作时，不必随环境（譬如对手）的改变而改变。

②你使用什么动作，事先知道，属于周期性重复动作。

③完成动作时，以本体感受为主。

肯定会有读者抢先说道：“韩先生，不用讲了，篮球、拳击、击剑、摔跤……要用开式运动技能，体操、跳水、举重、铅球……用的是闭式运动技能。”

大家说得很对。因为像篮球、足球、拳击、击剑、网球、摔跤等等这些运动：

第一，你的技术动作，必须随时根据对手的变化而改变，想不考虑对手的变化是行不通的。举足球的例子，比赛中你想传球给队友，你刚要起脚，对方的球员从背后冲过来逼抢，在这种情况下你只能终止传球动作，而改为控制球；如果对方逼得凶，你还要用盘带动作绕过或摆脱他，假如摆脱不成功球被对方抢下来，你还要实施反抢。拳击也是如此，你本想直拳进攻，但你的拳头才刺出，对方就打过来了，于是你不得不改进攻为侧身闪躲（也可能是仰头、下潜、抱拳护脸等等）。你的闪躲动作才一做出来，却发现对方那一击是虚的，离你的脸尚远，于是你又终止闪躲转为进攻……，其他的像乒乓球、散打、跆拳道、柔道、手球、泰拳等等，在实施技能时，也符合“随对手的变化而变化”的特征。

第二，拳击、足球、击剑、篮球等，在场上做什么动作你事先无法预知，譬如刚才举的拳击的例子，你发起进攻时会预想到继之要做的闪躲吗？能预想到你该做侧身闪躲还是下潜、仰头闪躲吗？而闪躲时你又如何能预料对方的拳只是虚晃一枪？等等等等，一切都是事先无法预知的。

第三，拳击、足球、散打、篮球等，在做技术动作时，主要靠视觉，用眼睛观察对手的情形（足球、篮球还有注意自己的队友），拳击、足球运动员在做动作时，不会把注意力放在本体感受（即俗称的“身体感觉”）上。

至于体操、跳水、举重、铅球、武术表演等等，何以归为闭式运动技能，原因也有三点：

第一，比赛中没有对手干扰你，你的技术动作不必由于对方的干扰而改变。

第二，你在比赛中做什么动作，都是事先编排好的，心里有数。

第三，做动作时，你的注意力主要集中在身体感觉（本体感觉）。

拳术动作属于“开式运动技能”

该轮到给武术归类了。不过，大家在看了前面的分析之后，恐怕会异口同声道：“行啦，我们自己就能给武术归类，武术用的是开式运动技能。”

没错，武术属于开式运动技能，这是因为武术在技击中：

①你什么时候使用什么动作，要随对手的改变而改变，不改变就要挨揍。

②你什么时候进攻（或防守）、采用什么技术进攻（或防守），什么时候拳腿组合、什么时候腿拳衔接，事先完全无法预知。

③技击中，你的注意力是放在对手身上的，而且是用眼睛观察对方一举一动的，你不会去关注自己的身体感觉（本体感觉）。

在明确了武术属于开式运动技能之后，我们来探讨必须使用什么训练方式才能掌握武术的问题。

对此，我们同样先从开式运动技能入手，看掌握开式运动技能要采用什么训练方式，然后来谈掌握武术技能的训练方式。

开式运动技能“要在对抗练习中掌握”

任何一种运动技能都要通过大量的练习才能掌握，用运动生理学的话说，要通过训练在大脑皮质形成该运动技能的“动力定型”（也叫动作的自动化）。

问题是，要使用什么方式来练习，才能在大脑皮质形成运动技能的动力定型？

这个问题无法回避，因为练习方式不对——譬如学踢球却用体操的方式来教，人是永远掌握不了踢球技巧的。这是个再浅显不过的道理。掌握足球技能，要采用适合足球运动技能的训练方式；掌握体操技能，该用与体操运动技能相对应的训练方式。

如同我们能把纷繁复杂的各种运动分出开式与闭式两种，我们同样也能够由这两种技能的不同特征，分出两种不同的练习方式，即对抗的练习方式和非对抗的练习方式。

那么，哪些运动技能必须在对抗的练习方式中才能掌握？而哪些运动技能无须通过对抗练习即能掌握呢？

这个问题，同样不用我多说大家就能猜出来，大家会七嘴八舌道：像拳击、散打、跆拳道、网球、篮球、手球、乒乓球、橄榄球、足球、击剑、泰拳、摔跤、柔道、格雷西柔术……凡需要使用开式运动技能的运动，其技能的掌握都必须要在对抗训练中进行，只有属于闭式运动技能的体操、跳水、举重等，其技能的掌握，才无须对抗这种练习方式。

没错。任何一项运动，只要是具有开式运动技能的特征，其技能，就要在对抗练习中掌握。

我们甚至无法想象，世间会有哪一种开式运动技能，哪怕是“中间横着一道网，双方身体都不接触”的网球，可以让人在“独自练习各种挥拍动作”之后，即可掌握其技能，然后到场上熟练地应付比赛。“独自练习挥拍动作”的网球训练法，是难以想象的。

因为连身体不接触的网球技能都必须在对抗训练中掌握，所以，我们就很容易理解，像足球、篮球、橄榄球这些身体不但接触而且会发生激烈碰撞的“具有开式运动技能特征的运动技能”，就更要在对抗练习中掌握了。对于大家来说，很难理解足球、篮球的技能可以抛开对抗训练而学会。

大家也从不怀疑拳击、散打、跆拳道、柔道、泰拳等的技能，必须在对抗练习中掌握，大家清楚，拳击、散打等属于更激烈的运动，人在运用技能的过程中，身体已不仅仅是接触和碰撞，而是向对手施加（和承受）踢打、摔掷。即便在开式运动技能的范围内，它们都是比足球、篮球更激烈、更复杂，因而也更难以掌握的运动技能。所以，倘若有人说拳击、散打、柔道、泰拳、跆拳道等运动技能，可以脱离对抗练习而掌握。大家会顺口说：啊，愚人节的故事。

该说到武术了，武术既然属于开式运动技能，武术技击既然在激烈程度上堪比散打、泰拳，甚至更凶险（譬如搏杀歹徒），武术既然在技能的复杂程度上超过拳击、跆拳道（拳击无踢法和摔法，跆拳道无拳法和摔法），那么，武术技能的掌握，又怎么可能脱离对抗这种练习方式？

就是说，连拳击、跆拳道、摔跤这些相对简单的运动技能都必须通过对抗练习才能掌握，那么，比拳击、跆拳道、摔跤更复杂的武术技能，何以能够在对抗练习之外掌握？

除非你认为武术不属于开式运动技能，除非你认为武术的拳法腿法、攻防技能在技击中不必随对手的变化而改变，可以预知，而且可以抛开视觉观察（即只注意自己的身体感觉就行）。武术能做到这些吗？

武术既然无法跳出“开式运动技能”这个圈，它就只能依顺开式运动技能的练习规律。想不依顺，你就掌握不了任何一项武术技能。

就因为武术属于“开式运动技能”，武术技能必须通过对抗训练才能掌握，所以我才提出，没有对抗训练的拳术是假拳。

也是基于同样的道理，赵道新先生才在《道新拳论·谈训练方法》一文中告诫我们：“在执行了短期的基础训练后，就要以爆发力训练与实战训练为主……把实战视为艰苦和危险，并作为最后才能进行的高级训练是不对的。我们在进行了短期的基础训练后，应把实战作为家常便饭。”

同样的道理使李小龙在《李小龙技击法》一书中说：“一个未经对抗

训练的技击者，就好像一个没有下过水的游泳者。”

所以我才在2009年1月15日的天津《城市快报》上告诫新一茬的武术爱好者：“忘记了对抗，意味着对武术的背叛。”

拳术套路演练和体操一样属于“闭式运动技能”

是的，“忘记了对抗，意味着对武术的背叛”。因为同样的八极掼耳(类似拳击摆拳)，同样的散打侧踹，有的人练了能打人，有的人练了不能打人，其原因，不在掼耳、侧踹的技术本身（错误的技术除外），在于练习掼耳、侧踹的方法上。如果你是按照掌握开式运动技能的方法练，你的掼耳、侧踹就能打人；如果你违背了这一原则，采用了掌握闭式运动技能的训练方法，你的掼耳、侧踹就打不了人。

不仅八极拳、散打，绝大多数被歪曲的传统武术，甚至很多跆拳道馆，都是将拳脚技术视为闭式运动技能对待了，其练习方式，从始至终采用的是闭式运动技能的方式，即：

①练习中缺少对手的刺激，做什么动作，在练习过程中一成不变，有违开式运动技能“随对手的变化而变化”的特征。

②在练习过程中，做什么动作都是事先编排好的，即具有周期性。与开式运动技能“不可预知，不具有周期性”的特征南辕北辙。

③在练习过程中，不是“以视觉为主”，而是日复一日地体认“本体感觉”（如身体感觉）。

如此这般练出来的拳术，譬如八极掼耳、散打侧踹，你即使练得再精熟，哪怕堪比李书文、柳海龙，你在大脑皮质“刻下”的也仍然是“闭式掼耳、闭式侧踹”的动力定型。

就是说，同样的一个掼耳、侧踹，如果你老师是使用闭式运动技能的方法指导你，这时，虽然掼耳、侧踹的技术动作没变，但整个训练方法，却在悄然无形中转移到与体操、舞蹈一个路数上去了。这样练出来的掼耳、侧踹，怎么可能用来打人？能够打人才叫奇怪呢。

所以说，不管是什么拳术，只要是在训练中不安排对抗训练，即不按照“开式运动技能”的特征进行训练，就是假拳。

二、拳术的攻击和防守能力都要通过对抗训练来掌握

攻击就是用快速的连续动作给对方制造心理不应期，迫使他的第二反应慢下来。而防守呢，就是不让对方得逞，用迎击或躲闪等方法，避免心理不应期的产生。

这样的两种能力，是无法在单人独练中练就的。进攻方是在试探中寻找对方的防守漏洞，以期发动密集的组合攻击。要提高这种能力，离开了防守方是无法训练的。没有防守方就谈不上有防守漏洞，没有防守漏洞，则抓漏洞的训练无从谈起，提高不了把握时机的能力。

还有，你寻找对方的防守漏洞伺机施以密集攻击时，对方不仅会躲闪封堵，他还可能以迎击直接回敬你，或者在躲闪封堵之后向你发动猛烈的反击。这种“冒着迎击或反击威胁的进攻能力”，离开了拳术对抗，怎么能提高？

防守能力就更不用说了，因为防守是针对进攻而言的，没有进攻也就谈不上防守，所有的防守手段，不论是迎击还是躲闪还是躲闪之后反击，都是想办法阻止、阻挠对方的连续攻击。

单人独练，缺少激烈的对抗，训练中根本不存在“相继的连续刺激”，怎么能够提高呢？

有一些教拳者爱向大家忽悠发力，把发力的作用吹得神乎其神，说什么练好了发力就能应付任何凶险的搏斗。

搏斗、技击、格斗、拼杀……不管我们用什么词儿来定义拳脚相搏，双方进行的不外是攻击与防守。

当将发力用于攻击时，你不是在打沙袋，而是与人搏斗，这时有两个问题你是回避不了的。第一你打人家，人家不会原地不动任你打，人家要躲闪。第二，你打人家，人家也会打你。

就是说，不管你是练什么拳的，也不管你要用什么技法什么发力去打对方，反正你要解决两个问题：一是你的拳脚得习惯打移动的人；二是你施展拳脚打别人时，要习惯对方用拳脚回敬你。

三、缺乏距离感和时机把握的发力是无用的发力

有个练传统拳的小伙子来找我，跟我探讨“距离感和把握时机”的问题。

小伙子所以对这个问题感兴趣，是因为他和一个练散打的切磋，被人家打了，那人指出他“打起来没有距离感，也不会把握时机”。

小伙子说他以前只重视发力，认为把发力练好了，其他的如什么反应、距离、时机，都是小问题，稍微练练就行。但实战事实教训了他，让他开始思考发力之外的东西，小伙子问我：“距离感和把握时机，真像那人说的那么重要？还要当成一项功夫来练吗？”

我说：“那人说的没错。只有具备了良好的距离感、时机把握等项功夫的发力，才是有效的发力。”

说起来，不光是武术，所有的对抗性运动，都离不开良好的距离感和时机把握。

这一点很好理解，举足球的例子，比如说传球，如果一个球员说他传球好，但是他传起球来，不是传不到位就是传过了，能叫传球好吗？距离感本身就是传球技术的一部分，传球技术是不能脱离距离感而发挥作用的。

把握时机也是如此，仍以传球为例，倘若你的队友跑到了合适的位置你不传球；或者队友还没有启动往合适的位置跑，你却把球传出去了，这也不算传球好。把球传早了或者传晚了，问题出在没有把握好传球的时机。

武术技击、散打、拳击、乒乓球等等莫不如是。

咱们再来说武术。如果某一武术家，他说他发力好，但是到了技击中，他却掌握不好距离，拳脚不是打不到位就是打过了，而且他也不擅把握时机，对手出现防守漏洞他却抓不住机会，大家说，他这样的发力能叫好吗？应该叫不擅发力才对。

当然，如果该武术家说，他的发力只能打站着不动的人。我们无话可说，给他鼓掌，挑大拇哥。

由此我们得出结论：在距离感和时机把握两项能力上不过关的发力，是无用的发力。

发力不能脱离良好的距离感和时机把握能力而单独起作用。

如果把发力比做传球，那么，缺乏距离感的发力，活像是不考虑距离远近的传球；而脱离了把握时机的发力，如同不考虑队友跑动情况的乱传球。

不管是什么拳的什么发力，在掌握了基本的发力之后，就要进行距离感和把握时机的训练。当然还有反应训练、上下肢的协调训练等等。

四、提高距离感和时机把握的训练无法单独一个人进行

咱们说的“距离感，时机把握”，其实是通俗的叫法，到了运动心理学里，距离感有个术语：距离或深度知觉，而时机把握，与“时间知觉”密切相关（时机把握不完全等同于时间知觉）。

我们每个正常的人，都有最基本的深度知觉和时间知觉能力。比如一个什么都没练过的人跟人打架，他也极少有拳拳落空的时候，他总有一拳能打中对方，为什么？就是他具有基本的距离感。

时间知觉能力也是如此，我们看两个没练过的人打架，混战中如一方脸部疏于防守，他这个漏洞既可能被对方漏过，也可能被对方逮住，一拳打个满脸花，这就是基本的时间知觉在起作用。

但是，这点与生俱来的、未经训练的深度知觉和时间知觉能力，对于武术技击还有足球、散打、乒乓球等运动来说，还远远不够。

好在深度知觉和时间知觉这两项能力，如同拳法技能一样，能够通过训练得到提高。

但这个训练——提高距离感和时机把握的训练，无法单独一个人进行。道理很简单，比如距离感，因为在技击中你与对手之间的距离是时刻变化的，那么你的训练，就要在距离不断变化的实战情境中进行，长此以往，才能培养出准确的距离判断能力，一个人练习，如何解决距离变化的问题？

时机把握也是这样，要想去把握时机（不管进攻时机还是反击时机），就需要有时机出现，没有时机出现何谈去把握时机？时机是出在对手身上的，由对手暴露给你，而由你去把握——哪怕这个时机是你主动制造出来

的，也仍然要由对手暴露给你，再由你去抓这个时机。一个人训练，没有人把进攻或防守的时机暴露给你让你去把握，你怎么进行训练啊？

五、踢打拳脚靶一定要让靶子移动起来

那么，什么样的训练，能提高距离感和把握时机的能力？

把踢打移动靶与拳脚对抗这两种训练形式结合起来，能非常有效地提高距离感和把握时机的能力。

我们先来说拳脚靶。现在有人用靶子来练发力，可是这靶子，却是固定的，我们不否认踢打固定靶有提高拳脚的力度的功效，但对于提高距离感和时机把握的能力，却无济于事，另外固定靶也不能增强反应速度和拳脚速度。

因为距离感，也就是深度知觉，它在技击中所起的作用就在于“估计客体间的深度距离及其变化情况”（见《运动心理学》，华东师范大学出版社，2004 年版）。

武术技击要的距离感，是要你去感知“不断变化的距离”，而不是不变的距离。因为在技击中，极少有人会死站在原地，脚不移步，头也死僵着不动，即便对方像根木桩子从头到脚定在那，你自己还可能调整移动呢？就是说，你与对手之间的距离总是忽近忽远的，处于变化的状态。

而移动靶——同伴把靶子前后上下左右移动起来，却能适应技击的需要，因为动起来的靶子，对于踢打靶子的人，有了距离的变化。

另外踢打移动靶还有一个好处，可提高反应速度、拳脚发力的动作速度。

踢打移动靶是一种很好的训练，但是，若只踢打移动靶，不设对抗练习，对距离感的培养仍有欠缺，这是因为移动靶子的人，他移动的距离和移动的速度，往往与技击中的距离变化、速度变化有一些出入，不能完全表现实战中的距离变化和速度变化，同伴可能把靶子移动得过远或过近，在速度上，也可能移动过快或过慢。

对抗训练就不然了，拳脚对抗中的距离变化已经非常接近实战（拳脚

对抗本身就是实战的一种形式），能够真实地表现实战中的距离变化，所以它培养出的实战距离感十分真切。拳脚对抗一定要戴拳套穿护具，否则容易把人打坏。

六、到对抗训练中提高把握时机的能力

上面说的是距离感，其实踢打移动靶，对提高把握时机的能力也是行之有效的。不过这种有效，是以间接促进为主。为什么是间接的呢？因为把握时机首先离不开反应速度和拳脚速度，这一点是很容易理解的，比如你跟人打起来，搏斗中对方出现了漏洞，你呢，也注意到了，但是你就是反应慢，同时拳脚速度也跟不上，这样你仍然只能眼睁睁看着大好的时机从你面前溜过。

踢打移动靶如我前面所说，恰恰可以提高反应速度和拳脚速度。

快速的反应速度和拳脚速度，是把握时机的前提，技击中对手暴露出的漏洞（进攻时机或反击时机）往往稍纵即逝，一个能及时抓住漏洞并施以一击的人，必然是一个反应速度、拳脚速度很好的人。

当然这不是说反应速度、拳脚速度可以和把握时机的能力划等号，良好的反应速度和拳脚速度是把握时机能力的必要前提，却不意味着把握时机的能力可以不练自高。

不过，尽管踢打移动靶因为能够有效地提高反应速度、拳脚速度，从而有利于促进把握时机的能力，但是，与实战技击需要的时机把握仍然有很大的差距，因为踢打移动靶，练习者本人不会遭受任何威胁，处于安全状态，而实战技击却是你打对方，对方也打你，甚至是凶暴地拳打脚踢。

只有当对手只躲闪不还击，也就是说对手如同一个移动靶，这时双方的技击才会类似于移动靶训练，可是如此仁慈的对手哪里去找啊？除非你的水平极低，打出的拳脚像挠痒痒，而对方，恰好是个高手，不屑于动手打你。

所以说，有价值的把握时机的训练，不能脱离“对方也打你”这一前提。

就是说，不管你采用何种练习方式，你的训练必须是在“对方也打你”的情景中进行，满足不了“对方也打你”这一要求，提高把握时机的能力就是一句空话。

“对方也打你”是一种什么形式的训练？不言而喻，就是对抗训练。

（三）太极拳遵循的技击法则

千拳归一路　擂台见真功

——正确认识太极拳技击训练

长期以来，太极拳界总有一部分人，为了炫耀自己的正统地位，极力鼓吹“用意不用力”，甚至把力说成是“气”什么的玄而又玄的东西，迷惑和延误了许多人。致使迷信太极功夫的人特多，而练出真功夫的寥寥无几。归根结底，是因为受玄而又玄的“气”的影响，对力就像谈虎色变，似乎谁要练“力”就是大逆不道。

其实，太极拳归根结底，还是拳，是拳就离不开实践对抗的活动。要对抗体现拳术的技击功夫，就离不开力的活动。所以说一个真正想致力于拳术技击实践的人，就必须对力的概念、练力、用力做一番研究，最起码也要动动脑筋，这一点对太极拳以及推手、散手也都不例外。首先对力要有一个明确的认识，决不能迷信、盲从、人云亦云。

我国的太极拳技击训练，特别是推手训练，真正要出功夫，必须从力量素质训练入手，绝不能轻轻地划，慢慢地推，生怕顶着，那是练不出真功夫的。其实，力对每个人来讲都是一样的，人体的力是生物力，是肌肉松弛和收缩产生的，有力源、力的传递和着力点。由自身产生发于外的，都是内力，由外部作用到自己身体的力才叫外力，除此，其他的解释都是不科学的。事实上，人身的内力可分拙力（也叫死力气、笨力、硬力、僵力、生来就有的自然之生力）。活力在武术中称为劲，也称内劲。内劲是经过训练所得的，不同的训练方式，会产生不同的劲道，不同的技法，会有与之相匹配的劲道，太极拳技击的劲道有许多就是这个原因。它是搏击的标志之一，是技击运动的固有特色。

人体的拙力是生来就有的，活力是后天经过生活、劳动训练的实践得到的。各行各业，不同的人手上身上都有不同的活力。那么通过太极拳技击对抗运动，技法的训练，也同样产生了与太极拳对抗技法有关的活力，这就是太极拳术常讲的内劲劲别。为了尽快地训练活力，就必须在充分发挥自身力量及其效率方面求答案。这里只有两条路可走，第一是本身的力量训练，如李亦畬、郝为真师徒用80多斤重的铁棍训练一样，这是历来各门各派练武之人都首先重视的。第二就是太极拳训练的固有特点，即寻求力的作用效率。要提高作用效率，还要从两方面入手，一是减少力在自身体内的无用消耗，这就是对抗练习中由开始的拙力大而顺、顺而活，再到灵而敏的用身体逐步去寻找省力的方法；二是最大限度地提高打击作用到对方身上的效果，即通过对抗练习，使自身逐步寻找用力的高效方法，关键的时候可以使内力瞬间聚于一点而突然爆发出来，发出无坚不摧的作用。这就是说，要发挥作用力的效果，即训练到用身体说话，发劲时机得当，攻击部位恰当，力量用得巧妙。这就是太极内劲活力的完整概念，“理不通，艺不精”，可见内劲并不是一种神奇的意、气，而是实实在在的人体生物力。按现代生物原理，人体内的力是由肌纤维的收缩和伸张产生的，它不等于人体的重量，可能大于或小于体重之力。例如，一个人的瞬间爆发力可以达到体重的2~3倍或还要多一点。这样的力量可以把一个人击出几丈以外。经常进行发力训练的人，会使更多的肌纤维参加工作和有更大的伸缩性。“运动如百炼钢”，是肌纤维的最大收缩；“发劲必须沉着松静”，是肌纤维的最大伸长。其根在脚（借助地面的反弹力），发于腿（传导），主宰于腰（上下肢合聚身力），形于手指（发放出去），由脚而腿而腰，总须（筋骨要松、皮毛要攻、节节贯串、虚灵在中）完整一气，无微不到的发劲方法，就是体内力的汇聚、传导和发放，只有弄懂这一人体发力机制，通过对抗性训练，才会发出“极沉重、极刚强、极迅猛、极干脆、无坚不摧”的劲力。推手比赛是非常激烈的技击对抗，双方胜负往往决定于一机之得失，如果采用一般的民间推手决胜负的方法，二人闭着眼睛或不正视对方，互搭双手在“听”对方的劲，当对方稍一有力，另一方或卸或截其力，使对方身体稍微摇晃一下，就判对方为输。这种“听”劲在激烈的推手对抗比赛中是没有价值的。推手练习必须从难从严，从实际出发，“动真格的”进行对抗搏击练习，不怕出大力流大汗，“运动宜蛮拙”。在训练中对于每个动作，每一技法，都要一丝不苟，劲透全身，勇力雄，筋骨劲，勇猛顽强，吃苦耐劳，使全身充满活力。只有这样才能使根基牢固，功夫过硬，气力雄厚，技能提高。人常说：“三年套路不如一年跤”、“拳加跤，武艺高”，这都是实践经验的总结。因为套路距实践较远，而摔跤距实践对抗的距离较近，摔跤讲的是力量、速度、灵敏、熟练、时机和连续动作的综合素质，在用招上也极讲究“以巧破千斤”。但它的训练很实际，就是从力量素质训练入手的，巧是在力度和时机的掌握上进行的，并不是单纯意义上的“用意不用力，四两拨千斤”。所以，我们的太极推手训练也应该从中国式摔跤中吸取点有用的东西，再不要“轻轻地推，慢慢地划”，“以心行气，以气运身”，把气当力用了。更不要以为打太极拳套路，用意不用力，在炼气中就能求来力，这是永远求不来的。

有些人认为，太极功夫是如何如何的神奇，应该是用意、用气、用意不用力、四两拨千斤。练习方法就是慢慢地行架、用意调气，练所谓的内功，然后就是推手转圈，慢慢地划，轻轻地推，舍己从人，粘黏连随，不丢不顶，更要引进落空，顺势借力，岂不知这哪是在练拳，这简直是在养生。不说“十年不出门”，这样练下去就是二十年三十年也上不了擂台。真正务实的人，要练好太极功夫，欲上台较技的人，绝不可陷入这一迷雾之中，必须踏踏实实的、一步一个脚印地下功夫练，正确认识“用意不用力”和“四两拨千斤”的实质。

许多太极拳著作都讲到内劲，对内劲作了种种解释，多讲长期练习太极拳会自然地在体内产生内劲，它不同于人之拙力。这很难使人明白什么是内劲。这样的解释，第一不能满足人们对练习内劲的要求；第二也不正确。练习太极拳十年，甚至几十年，也没有练出内劲，不知内劲为何物者，大有人在。因为内劲并非练习太极拳套路而自然产生的，它是通过苦练功力，强力对抗实践，逐步在体内积累起来的一种劲力能量。

太极拳术本身是一种搏击技术，有它的实用价值。在过去的年代里，学武术是为了打仗，如果练了十年八年才披挂上阵，那是不可思议的。所以，在太极拳的练法上要改变那种用意行气的错误做法，要走搏击的路子，适当时候应走出太极拳门外，与习其他拳种的人一起切磋、练习。这样对提高太极拳的技击水平是有好处的。“既得艺，必试敌”，身体力行是掌握拳法的唯一途径。

要正确解释“用意不用力”，把此提法放在适当的位置。“用意”指以意念引导动作的进行；“不用力”指全身放松，毫无僵硬，不使肌肉紧张，并不是全然不用力，否则就是软塌。太极拳一讲术，二讲用力，有了懂劲功夫，力也是很重要的。两人功力差不多，力大的占优势，这是很自然的道理。“用意”的方法有多种，一般来说，初学时把注意力集中于记忆动作的路线和要求，练习前通过想象动作，作好“用意”的准备，练习时用意念引导肢体循着规定的路线运动，并用意识检查姿势规格是否合度，一经察觉不合，及时进行纠正。当动作记熟后，可把注意力转注于动作的细节和变化。例如，或注意于动作的开合虚实变化，或注意于动作的技击含义，或注意于实中求虚、动中求静的练法，或注意于意识、呼吸、动作三者的紧密配合。总之，要把“用意”这一要求贯穿于整套太极拳的始终。逐步从先想后练、边想边练，达到意动身随、手到劲发、随心所欲的高级程度（动作的自动化定型）。显然，“用意不用力”主要是对练拳架而言的，对于推手技击对抗比赛就不一定很适用。

至于“四两拨千斤”的名言，不要夸张得太厉害，它是对太极高妙武功阶段的颂扬，一种修辞手法，绝不能认为太极只尚技巧。如果我们用弹簧作比喻，在弹簧的弹力限度内，可以一按即起，但若超过了它的反弹力，按到了底，弹簧就起不来了，必要的支撑力必须练就，才能拨动千斤。所以说，要达到真正意义上的以巧制胜、“四两拨千斤”，更要有高超的功力、技术和战术的配合，以及丰富的实战对抗经验做基础，否则仅凭用意、炼气、熟记拳经，都是一句空话。片面地讲“用意不用力”“四两拨千斤”是应付不了不讲情面的推手搏击比赛的。既然要练太极武功，就要居其实而不崇其华，投机取巧、不对抗（“绊三跤方知天高地厚”），非栽跟头不可。所以拳谚讲“一得有功亦可贵，百法无效皆可废”。

练拳还应该明白“百打百破，一快不破，一硬不破”。也就是说，在武术技击中，尽管你有千百妙法，乃至四两拨千斤的方法，一般都可破解，唯有“一快”和“一硬”不易破解。这“一快”和“一硬”用太极拳的技击来讲，便是指“动急则急应”，快如闪电，迅雷不及掩耳，如炮巨轰，并且快中求稳、巧、准、狠，一锤定音。“一硬”便是指“棉里裹铁，柔中有刚，刚而必坚”。“冷弹脆快硬为用”，作为太极拳的技击运动，必须学会用身体去懂劲，如施劲大于彼，易被彼所乘；小于彼，又难于运化，易于被控制；若发劲过早，既不能奏效，反而易被对方所借，用之过迟，敌已入或变，遂成马后炮。破解对方的劲力，在于平时训练中多用身体听探对方的劲路，有意训练和对方接火，主动去问劲、找劲，以达到身体会自动化处理，不要怕顶牛，这是暂时的，越过这个台阶，你会得到很多。

太极拳是一种高超的身体对抗搏击艺术，来不得半点虚伪，要不怕苦和累地练，唯有把力气（内劲活力）练足了，才可以少走弯路。俗话说，蛮拳打死老师傅，力量是武艺的基础，这一点，太极拳的技击也不例外，只有在力量胜过对方或双方力量接近的条件下，快速、熟练、不失时机地运用技法，才能收到效果。若在力量上和对方过于悬殊，再巧的技法也是施展不出来的。现在的许多人学会了太极推手，却难化解和抵御大力，可见弱者仅凭技术优势，亦不一定取胜。古代的项羽、李元霸和武松均以其神力使敌丧胆，关公 83 斤的大刀、鲁智深 60 多斤的禅杖，都显示了过人的膂力。所以练武必须练力，不能因为练的是内家功夫，就不能有力，更不可认为内家不用力就能战胜用力的。“千拳归一路”，走上擂台都一样，是要把对方打倒，打下擂台的玩艺儿，一味地“用意不用力”是自掘坟墓。所以，训练要求实求真，以对抗为出发点，真正练出可以对抗大力、抵御快速进攻的深厚的搏击功力来，这才是真正的出路。

见似好妇　夺似惧虎

——太极拳理与搏击意识

太极拳的理论基础是太极阴阳学说、兵法、医理及其现代科学。阴阳是我国古代辩证法中一对最基本的范畴。古代学者认为，人类与宇宙万物皆由阴阳互动而成，阴阳代表两种物质实体和势力，它含有对立统一之意。在文化史上较早使用阴阳思想描述技击制胜之道的是庄周，他说：“且以巧斗者，始乎阳，常卒于阴，泰极至多奇巧。”（《庄子·人间世篇》）。以后历代武术家在其撰写的著作中均提到过阴阳学说。

而太极拳的标志是一幅太极阴阳图。太极图面以黑为阴，以白为阳，黑白相依，相抱不离。其中白鱼黑眼谓之“阴中有阳”，黑鱼白眼谓之“阳中有阴”。这无疑说明了太极拳是内涵与外形、拳论与技巧、进攻与防守相结合的武道。阴阳学说在应用中的具体表现：甲出手攻乙（阳），而乙却不可与之硬抗，而应以柔力控制对手的来势（阴），即以柔克刚，方为上策，这就是阴阳配合；当甲的攻势达到极点时（阴），乙则予以反击（阳），由防守转变为反攻的全部过程自然而然，毫不拘束地完成了阴阳的互变互用。

阴阳学说不仅与拳术理论、武术修炼密切相关，就是在技击对抗中也无不含阴阳学说。在太极拳中表现为动静、刚柔、虚实、攻防、开合等对立统一的状态。况且拳为运动之道、健身之方，术为取人之法、胜人之妙。然而，妙从何来，术从何得？就在阴阳互变之间，欲求艺术之途，必循阴阳之路。此乃妙诀的新生之源。所以，在太极拳修习中，若能充分领悟阴阳之道，则对太极拳技战术等各方面会有简捷明了的认识，对太极拳深层的理解可有举一反三的启迪。

中国古代的战争，其目的是制服敌人，由此而产生了兵法。其实，武术的最终技击目的亦在于无敌制胜。这样，兵法既指导了战争，也指导了武术，并在实践中不断得到检验与发展，历代武术家都对中国古代兵法情有独钟，并且应用于武术的战略理论之中。

“知己知彼”，著名军事家孙武《孙子兵法》中提出这一指导战争的重要原则，被视为确定战略战术必须遵循的主导思想。这一思想被太极拳直接汲取为战略指导思想。“知己知彼，才能百战百胜，若不知彼而知己，则一胜一败；如不知己而知彼，每战必败”。在双方交锋之前，必须充分了解敌我双方的基本情况，找出对手行动的规律，然后按其规律去实施自己的行动，力求以技巧与智慧战胜对手，而不是凭借蛮力和运气。

《吴子》指出：“兵战之场，必死则生，幸生则死。”可见，我国古代的军事家极其重视技击对抗中的“胆气”，把“练胆”放在首位。“胆、力、智（谋）、法（技巧）”是拳术的层次和总结。而太极拳同样重视“胆气”，认为有胆胜无胆，心壮胜心怯。“太极拳使我们一旦确定了方向即不再回首反顾。它对生死是置之度外的”，在搏斗角逐中，把生死置之度外的人，经过奋勇拼搏之后，往往会死而后生，逢凶化吉，取得最后胜利。而那些过于爱惜（确切地说是一种丧胆）生命的人，最终可能一败涂地，甚至性命难保。

孙武说："兵之情主速，乘人之不及，由不虞之道，攻其所不戒也。"（《孙子兵法·谋攻篇》）这说明用兵的关键在于迅速，乘敌措手不及，出其不意，攻其不备。所谓"唯快不破"就是对手来不及防守，并且在击中对手时，要力图使自己的拳脚"穿透"对手，给其以致命重创。所谓"迅速短快"即要求发力短脆、快速、上下肢合一，动作迅猛，干净利落。在发力瞬间要运用躯干和四肢的快速发劲把对手弹出，给对手以迅雷不及掩耳的打击，故此，速度是太极拳取胜的关键因素之一。

"兵者，诡道也"（《孙子兵法·计篇》）。为避敌锋芒而制胜，诡诈之道是兵法的普遍规律。在太极拳中多运用为诱敌上当。也就是说，可以人为地制造对方的过失而取之，无论是攻还是守，都应以示形、动敌的方法来诱骗和调动对方，尽量隐蔽自己的攻击意图，迷惑对方，使其产生错觉而陷入判断失误和行动错误的困境之中，此时可乘虚而入，给对方以致命的连续重击。所以"手战（技击）之道，内实精神，外示安逸，见之似好妇，夺之似惧虎"（《吴越春秋·勾践阴谋外传》）。

现代科学的观点和方法，既是太极拳理论的基础方法，也是基础理论趋于现代科学的渊源。太极拳理论基础既含有古代文化、科学成分，也与现代科学有不解之缘。用现代科学观点和方法探讨太极拳，无疑对于太极拳科学体系的继承与发展具有深远的历史意义和现实意义。

现代科学运用于太极拳主要表现在心理素质训练方面。心理学是研究人的心理活动及其规律的科学，具体表现为认识、情感和意志等心理过程以及能力、性格与气质等心理特性两大方面。在研究技击运动的心理素质的活动中，可以发现人的特定的心理规律，还可以使人们更大限度地发挥自身潜能，这也是太极拳极力提倡心理素质训练的原因。

太极拳修习者，对于技、战术学习的快慢，训练水平的高低及比赛中发挥是否正常，心理素质是一个重要的、甚至是决定性的变量。因此，掌握和了解心理学的基本知识，并将其应用到太极拳的训练与比赛之中是十分重要的，不仅可以从心理角度去帮助修习者在制定短期目标和长期计划时，做到系统性、目的性和针对性；还可以为修习者解决赛前心理困难和情绪障碍，同时提高他们的临场应变能力。

太极拳的实战本身就是一种矛盾。因为双方既要相互制约，又要相互利用，这时的心理活动除了对抗者自身对自身的心理影响外，同时对抗双方依然有心理上的交锋，这是技击运动心理学的独到之处。而且具有良好心理品质的对抗者，不但可以在对抗中充分发挥自己的技战术水平，同时，还可以利用自己的心理优势影响和控制对手，这就是技击运动心理学的现实意义。如果你感觉自己正在驾驭着局势，则已经向胜利成功迈出了一步。

太极拳的本质是武术，练拳架时必须具备机警的搏击意识。只靠推手锻炼不行，推手主要锻炼听劲的能力和化劲的技巧，用于应敌还必须练散打。搏击意识必须在单式反复操练和对练、推手和散手中长期训练才能获得，同时在练习套路时也应具有搏击意识。

有拳家指出："打拳不是走路，一提腿就有用"，并且强调出手、出腿都有三节劲，出手则想到先走肩、肘再出手；出腿也要先想到胯打、膝击、脚踢、脚蹬、插裆等等。并且把膝与肘的作用比喻为"重武器"，"打拳无人似有人"。练拳架时加强搏击意识，树立敌情观念，意念中有假设敌，明白敌我所处方位，明白我每个动作（包括其过渡）中包含的几个劲点，着着有明确目的（与对方接触点）。手足运行中不论走到何处，运行到何方，都知道我运用的是化劲还是发劲，是蓄劲还是放劲，是吞还是吐，是借劲还是发劲，前手打人时后手肘有无备劲，前发时有没有后坐劲；是掤劲还是采挒劲，是挤按劲还是肘靠劲，是摔法还是打法或是手法等等。为了稳定自己的阵脚，要不断调整虚实，保持动态平衡。如此坚持锻炼必可招熟。在招熟的基础上，还要在行动中锻炼胆和智，提高速度。应敌时要以大无畏的神态去摧毁对方的精神防线。既有极高的警惕意识，又有临危不惧、神态自若的大将风度。一旦交手，只有一个念头：我必胜，你必败。一出手即控制住对方，"挨到何处何处击"，能化能打，化打结合，化打合一，视对方如稻草人任随我发放。

平时行功打拳，时时加入此类搏击意识，功夫自然逐日上身，当然还要进行一些必要的功力训练以增强身体素质，提高抗击打能力。

随曲就伸　粘连黏随

——太极推手和散手技击法则

一、推手的性质

推手是个配合性练习，如果一方不能配合，方法掌握不当或配合不够默契，另一方即使有天大的本事，也难以做到不丢不顶。推手严格遵循不丢不顶的要求，于是随曲就伸、粘连黏随、似松非松、将展未展等就成为必然。推手质量的高低，以不丢不顶的完善程度衡量，不以推得重还是轻为论。可以重推，竭尽全力，不失弹性。可以轻推，接触力微乎其微，仍不失弹性，不失牵一发而动全身之敏锐。

推手练习必须双方配合，必须有相对固定的对手伙伴，以前把这种相对固定的伙伴称作“对子”，推手是不能比的，要比就要讲输赢，而一讲输赢则毫无配合可言，甚至故意又丢又顶，造成对方不适而胜之。

二、推手程序为一接、二随、三走、四拥、五断手

①接，不接定人劲，则不能知人；不掌握人之虚实，则难以控制人；不能控制人，则难以掌握运动的主动权；不能掌握运动的主动权，则处处被动挨打，更难反手实施有效的打击。

②随，即随人而动（并不是被动状态），不能随人而动，就有可能由己妄动，就不能时刻掌握人之发劲的动向和企图。因此，要做到舍己从人，粘连黏随，引进落空，四两拨千斤，就必须在随字上下功夫。

③走，即走化人力。如果不使自己得机得势走化人力，使之落空，就不能做到粘依跟随得灵，引进落空四两拨千斤。要在走化人力后，自己仍能得机得势，就必须周身一家，上下相随。首先使自己没有缺陷，然后接定彼劲，静心听准彼劲之动向，随曲就伸，使之落空而后发之。

④拥，即拥使人出。发人用拥，发人时要用脚手相随、周身一家之劲，

以避免只会用刚劲发人，不会用柔劲拿人，或动手伤人的缺点，待有一定基础之后，即不以拥为限。

⑤断，断手是推手走向散手的过渡练习。它具有散手的某些特性，如击撞、搂抱跌摔等。但没有散手那样放开，对头面等部位的刺激都是点到为止。断手还同时具有推手的某些特征，如掤、捋、挤、按、采、挒、肘、靠劲路互控、掷放等。断手不必讲究不丢不顶，有时特意丢顶造成对方不适，在对方无所适从时，或击或摔或发，择而用之。逢丢必打，逢顶必摔，丢顶难免，甚至特意，以胜为求。比较而言，推手是练根本；断手是练用兼备；散手为用。

三、散手的技击与法则

太极拳总结了一套不论敌方以何种形式进击而我只按照既定的原则，从容应敌，使敌触手即溃的方法。概括地讲，即是用最简单的方法，走最近的路，出最少的力，取得最佳效果。要掌握这种方法有两个方面，一个是练熟套路和实战摹拟训练；再一个要熟练地掌握太极拳的技击原则，提高心理素质。

1. 以不变应万变

“不变”是指原则不变，不是动作不变，我们分析敌方不论以何种形式进击，无非是两手和两脚。双手可齐到，脚只能用一只。拳经上常讲三节四梢，梢节从属于根部，手的根节是肩，脚的根节是胯，这就好办了，我们可以不考虑敌方手和脚如何变化，而只是上看肩，下看胯，只要制住根，梢的作用也就消失了。这一点我们始终不变，不要见招拆招，见式打式，仓惶应敌，疲于奔命。要“你打你的，我打我的；你打我不着，我打你不落空”。

2. 击其根，避其梢

敌方的攻击前锋是手和脚，中锋肘和膝，后卫是肩和胯。开始时总是只用手和脚，肩、肘、胯要到近身或贴身时才能用。没有一上手就动肩、肘、胯的。当敌方抬手欲击我或伏身欲起脚之时，我千万不能左右躲闪，或身体往后退，而当敌尚未完成这一动作时（也叫彼微动己先动，抢时间差），立即略侧身进步直击其根，即上打其肩，起脚必动胯，敌方略动肩胯，我就要击到位置，不管敌方起不起脚，或用何手法进击我，只按此原则办事。不要去格挡招架，贻误战机。所谓敌不动，己不动；敌微动，我先动；后人发，先人至，就是这个意思。拳经上讲太极拳后发制人，实际上不要受这个限制。一个目的就是要把敌人引动以后再打，这样既安全又稳妥。

3. 眼要明，胆要正，心要狠，手要毒

敌方若身高力大，或出手凌厉，变化多端，我们如何应敌呢？这要求我们要有坚强的心理素质，不能怯阵，要相信自己定能击败对手，而不能被敌方气势汹汹所吓倒。眼睛始终盯着敌手，这样才能做到眼明胆正。

训练时要求：不抬手是同学、朋友、老师，抬起手就是敌人，如果敌方身材矮小貌不惊人或动手出现败势，我且不可产生轻敌思想，心慈手软空划一下，以示比敌方手高，而敌方很可能利用我轻敌之弱点，反败为胜。即使敌方已被我击倒，也不可上前搀扶以示仁慈之心，要防止敌方用乌龙绞柱、锁子鸳鸯连环腿之类的动作将我绊倒。但手上要有分寸，不能将对手击成重伤，只要使对手在心理上彻底瓦解，丧失反击能力就达到了我们的目的。

4. 打消结合，攻防一体

敌方出手来势凶猛，如果单纯考虑如何保护自己，或闪、或退，往往适得其反，只有能有效地打击敌人，才能更好地保护自己。粘手即进，或敌动即进，使敌无法施展其大开大合的手法。我沉肩，臂即长，坠肘，即护肋，伸缩只有数寸之间，便于凝聚丹田之力。闪即进，进即闪，每一个动作都要把攻防同时考虑进去。敌方向我进击时，除了直击其根外，也可以顺其方向敲击敌方之前臂、腕等处，使其手臂受创抬不起来，剩下的就是我们的事了。但原则是进，不是退。太极拳出手都是内藏螺旋力，敌方力量再大也能被这种力瞬间化开，并继续前进，当到达敌之应击部位之时，

鼓动丹田，突然爆发出惊弹、崩炸、抖擞之力，使敌应手即仆。

5. 动手必动步，动步必动手，身手齐到

太极拳出手步先到，距离不够就再向前进一步，手绝不伸直，力也不发尽，总有后续力，回环力，身体老是正的，进击时，整个身体平移过去，即使双方用推、托、带、领，我的架子也不散，他也拿我无奈。

6. 出手不回，在外面变化

这也是太极拳技击原则中极重要的一条。说来简单，做起来不容易。常规打法，打一下抽回来再打第二下，仔细一算账，就划不来了，一出一回动作再快，其总效率只有 50%，太极拳不干这赔本的生意，而是出手击第一下，不论击中与否，原地变化（随对方的空隙）再击第二、三、四下（直到将其击倒才算罢休）。对方会被这种变化弄得不知所措，其有效率可提高到 85%以上，一旦出手，在双方格挡、招、架的过程中，不必选择对方的应击部位，而是哪个部位离我的手近便打哪里。若击对方之面，偏头闪过，我手不回，随即搬其颈。偏颈，我立刻击其肩。上手格，我便敲其臂。如此一出手，便形成了对方只有招架之功，并无还手之力的态势。“不招不架，也就一下，犯了招架，便有十下”就是这层道理。

7. 不招不架，主动权握在自己手中

当敌方出手时，我不接其手，直接击其肩井；若回手，我立即反击其面门，就势击其任、带二脉诸穴，不能打一下就停在那里，而要按组合动作，连续不断地进击。当对方反应过来时，我已稳操胜券。这其中最关键的是一定要去掉人的本能反应（躲、闪、慌忙招架），主动连续进攻，不给对方喘息之机，主动权在握，粘手即进，不招不架，贴哪打哪。

8. 用意去打，不要蛮干

用意即思维敏捷，临阵不乱，熟记原则，从容应敌，严守中正，静观其变。不要蛮干，就是指不用拙力、蛮力和善于动脑筋，而是要用经过千锤百炼、高度准确的灵敏之（武）力，既要能有效地遏制敌方的进击，还

要能有继续进击的余地。用力太大，手就收不住了，人前倾必受敌之制；用力太小，又不足以遏制敌方凌厉的攻势。掌握好这个分寸，的确要下些功夫，也就是我们常说的火候。

太极拳以意引气，以气摧力，以力发手。这不是三个阶段，而是同步一体。强调意念的作用，是为了激发人体的潜在能力。平常做不出来的动作在意念的作用下都能顺利地完成，每出一式作用于敌，都含着惊弹、崩炸、钻翻、拧裹、抖擞、螺旋六种力，又因用途不同，各有所偏差，这六合之力能产生强烈的技击效果。功夫好的出手就能把对方打出去，功夫一般的也能把对方打得昏头转向。这种力是丹田鼓荡瞬间爆发出来的。这时全身不是处在绷紧的状态下，而是全身放松，只要求丹田与手或脚同时发力，其余部位不参与工作。这样去掉了无用功，减少了中间消耗，相应增大了有效功率。我们的体力、体重和力的“总当量”可能不如对方，但太极拳的发劲原则可以使我们的身体能量瞬间变成依赖集束力，其单位压强可以超过对方几倍甚至几十倍，而能量消耗却微乎其微，它的机理类似现代的激光器，一台功率不大的激光器的单一波长的光聚焦，可以穿透几十毫米厚的钢板。

9. 走无影、落无踪，出手不见手，打人不见形

太极拳要求出手时把预动在丹田完成，外形上一点也不露出蛛丝马迹。一般地不与敌方接手，但这也不是绝对的，有时为试探敌方的功夫、反应、变化、速度等，也用内螺旋劲与敌略一接触，进行“火力侦察”。行家一伸手，便知有没有，然后粘手即进，脚踏敌之中门，手不可离面，肘不离肋，就地变化，快速、连续进击，即可奏效；敌方还没弄明白怎么回事，就湖涂败北，所以才有如此之说法。

10. 击虚落实，避实就虚

当我以正面对敌之斜面，已占有利地位，敌方发现自己处于不利地位时，必须要左右迂回，以图摆脱困境。此时下一步对敌有两种办法：

一是按常规直击敌之肩、臂使其倒地，或反手击其面而使其仰翻。敌若稍微反应迟疑，即为我所制。敌若身手敏捷，可以就地旋转，化开我之

进击。

另一种方法是向敌移动方向，从敌方体侧 15°~20°之间发手，同时向前进半步，此为出其不意。因敌正迂回前进，对我向空中发手不解何意，略一迟疑，已收不住脚，刚好进入我之进击圈内，只要撞上就来不及变化，必然被打出去。其机理如箭射飞鸟，只要预选角度对，必然打个正着。

太极拳技　搏人之术

——太极拳的出名缘于“无敌”拳法

太极拳创拳之初，即为搏人，而且是极其高明的搏人之术，这已被王宗岳、蒋发、张宗禹、张彦、陈青平、陈长兴、杨露禅、武禹襄、李亦畬、郝为真、杨班侯等历代太极先辈们那出神入化的功夫所证实。

太极拳技击术是古人留下来的珍贵遗产，这种由东方文化所蕴育的神奇武学，无论从理论、观念，乃至功法，很难使现代人充分理解和接受，因而往往被人讥为“豆腐拳”和“意识体操”，然而作为一门武功来讲，它的的确确是一项对抗性极强的技击运动项目，亦有它许多的优越性。

一、无力不成拳，太极拳亦追求动急则急应，发劲快速有力

武术的对抗是力量、技巧、精神等方面的角逐，力量是第一位的。太极拳论提出的“用意不用力”，这是太极拳作为功技拳的特点所决定的，其求力或劲的方式，即在对抗中求用意，正如拳论所讲：“凡此皆是意。”太极拳行功中，通过放松入静，以意贯注于招招式式之中，使周身气血畅通，渐渐产生出一种内劲，这是内在的力量，即太极拳论中的柔中之刚。

太极拳不能只柔无刚，无刚就如同没有武器，技击中轻柔似和风细雨（避实就虚），刚猛则如雷霆万钧（发人于丈外），这种刚劲则是太极功夫的精华。这种刚劲，深厚、沉重，要哪有哪，变化迅速。有人称这种刚劲为掤劲，有人称为太极劲，无论怎样称呼，都是力的体现。陈发科说过“力与巧是应当结合的，但力是基础，巧是拳法”。洪均生也讲，“应当把

'意'理解为合乎拳法、拳理的一种思维活动，是一种理想而非空洞的幻想，应当承认力是第一个应当具备的条件"，此可谓一针见血。

二、太极拳技击手必须具备抗击打的素质

我们在散手实战中常可见到这样的拳手，由于自身抗击能力不强，往往经不住重拳进攻而败北的现象。这说明了武术对抗是力与力的碰撞，从力学角度讲，力是相互作用的，你用多大力去进击，对方反过来的力也同样多大，尽管太极拳法主张柔化、惊闪，但激烈的对抗中难免不挨上一拳一脚，如果没有一定的抗击能力，那可真成了"豆腐拳"。拳谚云"未学打人，先学挨打"，恐怕就是这个道理。

三、"快"是太极拳技击的法宝

虽然太极拳主张以静制动，后发制人，拳论亦云："彼不动，我不动；彼欲动，我先动""动急则急应，动缓则缓随"。可是，技击中要因敌而变，试想对手出拳如风，你如果不比对手更快，如何后发先至，又如何动急则急应？出手慢则意味着被挨打，慢是不符合技击对抗规律的。故而传统实用的太极拳对搏击方法有非常精粹的描述，如太极拳《用武要言》论交手法时写道：心如火药手如弹，灵机一动鸟难飞。身似弓弦手似箭，弦响鸟落显神威。起手如闪电，闪电不及合眸。击敌人如迅雷，雷发不及掩耳。看！此讲得多么精彩。

四、太极拳挨着何处何处击是不拘于招式的

由于武术对抗是一种下意识的肢体攻防运动，太极拳与推手的慢练法是以"意识为主宰"，就是能使练拳者有时间来分析拳式的动作要领和强化心理意识，逐渐形成下意识的肢体运动，这在太极拳中叫做知己功夫。太极推手仅是经过肢体的有规律地磨合再进行有条件的对抗反射运动，而功夫高深者可达到"一羽不能加，蝇虫不能落"的境界，这一阶段在太极拳

中称为知人功夫，太极拳手就是依赖于这种平素练就的下意识肢体反射能力，来应付各种复杂的技击场面，才能比单纯的招式技高一筹。亦如拳论所云：“拳无拳，意无意，无意之中（百发百中）是真意（下意识，自动化反射），挨着何处何处击（顺机势而发，浑身都是手）。”此乃太极拳技击的高境界。“以无法为有法，以无限为有限（李小龙译）”才是技击实战的巅峰。

大欺小强胜弱快打慢　太极拳也绝没有例外

——太极拳的技击核心绝对是遵从自然法则

太极拳是小力制大力吗？这一问题困扰了好几代的武术家，也误导了千百万的太极拳爱好者。

有人问太极拳要不要用力？一位老武术家说，就是四两拨千斤，起码也要有四两力吧！说明概念不清，思想混乱，不敢说太极拳一定要有力。俗话说：“牛有千斤主力，自有倒牛之法。”牛能与人斗吗？人有智慧，人有技巧。太极拳不是以小力制大力，太极拳是以巧制大力，或是大巧制大力。凡拳莫不如此，只是太极拳特别强调而已。

如果要斗力，从来是大力吃小力。动物界弱肉强食，生存竞争，优胜劣汰，是自然法则，是真理，也是科学。两国交兵也是如此，布什打萨达姆时，萨达姆打科威特时，都是大吃小，强欺弱。大力打小力，岂独太极拳，一切拳都是如此，但也都有以巧制大力。

有人说，毛主席打败蒋介石却是以弱胜强，以小力胜大力，又如何解释？毛主席说，在战略上，我们以一挡十，在战术上是以十歼一。仍然是以巧制笨，以大吃小。

至于太极拳，哪些地方讲太极拳是以大吃小的？

①武禹襄所言的四字秘诀“敷、盖、对、吞”。其一往无前，气势磅礴，完全是以气势压人，以大气势压小气势，没有半分“舍己从人”的意思。

②李公亦畬说“一身之劲，练成一家”。所谓一身之劲在于整，用整劲

打局部劲，是以大吃小，有了整劲也才能“借力打人，四两拨千斤”。

③武禹襄说：“彼不动，己不动；彼微动，己先动”，不是要争先，以快制慢吗？

④李亦畬也说：“彼之力方挨我皮毛，我之意已入彼骨里。”“彼有力我亦有力，我力在先；彼无力我亦无力，我意仍在先。”不也是要争先，以快制慢吗！学者最喜“力从人借”一词。试问无有高功大巧，岂能从人借力。一个没有还贷能力的穷光蛋能向银行贷款吗？

如果以巧制大力，彼大力者与你一样有巧呢，你看会鹿死谁手？

从总体而言，也即是战略上而言，太极拳是以大制小的。一切武术都是如此。

太极拳又有哪些以巧制大力呢？

我们不说一些具体招术了，太极拳其特点在这方面的特点有以下一些：

①螺旋劲。内外家都有螺旋劲，太极拳讲得多一点，这种力发自丹田，布于周身，无孔不入，不管对方大力小力，通通照吃不误。

②贯穿劲。“劲起于脚跟，主于腰间，形于手指，发于脊背”。有了贯穿劲，掤、捋、挤、按等才能成为掤劲、化劲、发劲等，这些巧劲才能制大而无巧之劲。

③“舍己从人”之术。从人则活，可以回避大力，但“从人仍是由己”。必须保持气势不散，即是手、步可以从人，立身中正不得散乱。

其实，太极拳也绝不违反常理，是遵从自然规律的，只要你认真分析，探寻太极拳的每一个技法（千万不要为表面现象所蒙蔽），譬如采拿、折别、擒扑、抛掷、摔跌等等，越是轻巧，越是以大欺小、以强胜弱、以快打慢，后发先至之法，最为典型。所以，太极拳的技击核心绝对是遵从自然法则。

真正的功夫，用于搏杀，不论是战场上、擂台上、打斗上，不单斗大巧，而且要斗大力或说斗大巧劲，所以太极拳人不但要拥有巧术，甚至大巧之术，更要拥有大的功力。如果没有大的功力，也要练有小的功力。年轻人就要多站中低桩，多走中低架子，玩石球、石锁，或多抖大杆等。不要讳言大力打小力。要练巧也练劲，练成真正的太极拳技击家！

（四）先贤练功启示

“相手”靠打求搏击，出手见红打“活桩”

——追寻“杨无敌”的练功足迹

太极拳作为中国几千年灿烂文化的历史产物，以其独特的魅力，吸引了整个世界。现今，世界上习练太极拳者已经过亿，国际武术联合会的一百多个成员国，基本上每个国家都有太极拳组织，国外许多人对于中国功夫的理解，往往就是始于太极拳。

从历史记载上来看，太极拳世所公认为元末明初的武当道士张三丰所创。在漫长的历史发展中代有传人，山西的王宗岳、河南温县赵堡的蒋发、张彦、陈清平、陈家沟的陈长兴、陈发科，及杨露禅、武禹襄、杨班侯、杨少侯、杨澄甫、吴鉴泉、孙禄堂等，都是太极拳各流派的精英人物。

太极拳开始广泛传播主要是在清末以后。先有人称“杨无敌”的杨露禅进入端王府教拳，将太极拳传到北京，后又有新中国成立后毛主席提倡“打太极拳”，加上国家体委大力推广“简化太极拳”和各式规定及传统太极拳，使太极拳逐渐为社会大众所认知。经过近几十年的传播与发展，目前习练太极拳的人数众多，呈现出空前繁荣的局面。

然而，在太极拳蓬勃发展的同时，我们也看到，太极拳的习练正在逐渐趋向体操化。我们可曾深刻地思考，这种模式是否真的有利于传统太极拳的传播？我们是否忽视了太极拳的核心——技击功夫的修炼？因为太极“杨无敌”的名分就是由此得来的！

一、太极拳本是一种有精湛技艺之高超武功

杨家素有“出手见红”之说。杨澄甫常常“出手一丈八”，因此折服武林群雄。杨班侯曾向其父杨露禅说：“习武者宁争一口气，不服三口血！若孩儿战胜雄县刘，京城或有我父子立足之地。若孩儿败在他手，父亲大人用一领芦席将孩儿裹尸还乡，孩儿来世永不闯荡江湖！”

杨班侯不仅战胜雄县刘，与各门各派武师比试亦从未失手。当时八卦

宗师董海川、形意宗师郭云深、岳氏散手宗师刘士俊、御前扑虎周大惠（即跤王大样子）均在京城。杨氏太极若无真实功夫，岂能获“杨无敌”之美誉！

杨澄甫推手之时，不用有形之擒拿手法，而是用意气于无形之中，拿住对方劲路，大喝一声，将对方腾空放出，其发劲之猛，击人之远，无人能及。他在杭州时，频频发劲，将人往墙上弹射，竟然将院内土墙震坍。

杨家太极拳在北京声誉鹊起，乃是杨露禅、杨班侯公与各门各派武师切磋武艺之结果。

人常说打铁先要本身硬，要获得超人的武功，必须先下特殊的实实在在的，甚至是超常的功夫，就像奥运冠军的成长经历那样，除了吃苦耐劳、流血流汗，就是拼命的练，这才是可信的，除此，别无他途！

过去，只知道李亦畲曾用过40斤重的铁棍练功，杨班侯驯服烈马等故事，但其高超的武技是怎样练到身上的，即身上是如何装艺的，却一概不知，其练功方法即成了密中之秘，今天拜读了瞿世镜先生所著《杨氏太极两岸一家》（上海古籍出版社2011年12月第一版）一书，才彻底揭开了这个谜，原来，就是“相手”训练的结果。所谓“相手”训练，事实上就相似于今天奥运冠军的“陪练”，故而使人信服。

二、杨家师徒们“相手”“活桩”实效性陪练法

苦练出真功，杨家祖孙三代，威名远播，确有真功。杨家太极功夫是练出来的，不是说出来、写出来、吹出来、捧出来、包装出来的！“练拳一要师承，二要悟性，三要苦功，四要相手，缺一不可”，就是其信条。杨家有一整套严密训练方法。站桩须配合内功心法，有无极桩、虚步桩、马步桩等。打桩须往有弹性之树干上试用按、挤、靠、肘各种劲法，并且用白腊杆往树干上反复刷劲。练拳者用木柱或石碑作为打击目标，试验劲力，称为“打桩”。例如，练大捋之靠劲，杨家老辈要练靠打木桩（九宫桩）或树桩；练白蜡杆之黏劲，亦须每日在树桩上左右反复刷劲。

然而草木无情，唯有活人方能跳跃、躲闪、反击。以人为目标试劲，乃打“活桩”。平时推手、散手之身法、步法，均须合乎太极门内之规格。

其他门派武师上门比试，决不会按太极门之规格出手。因此尚须打“活桩”，在各种不规范状况下，以身躯之任意部位接劲，将人桩腾空放出。

杨澄甫之桩功基础极好，金鸡独立稳如泰山，推之不倒。曾与众门徒游上海法国公园（今复兴公园），园内之法国梧桐，树干粗壮，时值深秋，树叶枯黄。他往树干上施用靠劲，枯叶纷纷飘落，令观者咋舌。他勤练活桩，身上任何部位，均可将人击出。

杨澄甫曾“发誓用功”，“闭门谢客，日夜苦练”，亦曾“以每月六元大洋工资，雇用一名身强力壮大汉作为‘桩子’”。青壮年时，抖白蜡杆左右各两百遍，在树桩上刷杆亦需左右各两百遍，站桩要站三炷香。练拳辛苦，食量极大，每餐需食高庄馒头三十个，猪蹄及家禽各一只。有人见杨澄甫吃饭狼吞虎咽，好比《水浒传》之打虎将武松。

杨家太极枪素负盛名。因杨班侯性躁劲猛，其母命其摘去枪头，以免伤人，故杨家练枪均用无枪头之白蜡杆。杨班侯上阵对敌所用之钢枪重37斤，竟然被他练大抖枪时抖断，其太极内劲何等浑厚惊人！杨澄甫所用之白腊杆，粗如酒杯，与对手练太极黏枪之时，两杆紧贴，往复粘黏，毫无声响，只听得他猛喝一声，对手即腾空跌出。

杨澄甫门徒武汇川，身躯魁伟，体重两百余斤。有人曾观看杨澄甫与汇川练习黏枪，枪杆相交，杨澄甫出声发劲，武汇川被腾空扔出三丈之遥，从堂屋跌出天井，将分隔堂屋与天井之柳木隔栅撞得粉碎，武汇川倒地之时，枪杆尚未脱手。

杨澄甫与李景林比剑，使“剑仙”之剑即脱手飞出；在广州接受“南拳王”屡次挑战……手指在“南拳王”拳上一点，彼立即仰面腾空跌出。

按杨家传统，拜师入门弟子，须练站桩、抖杆等基本功，练拳亦需融入习武之技术要领，使内劲逐渐充沛通透。徒弟们每天除练拳之外，尚须练推手、抖白蜡杆，体力消耗极大。杨家以大沙锅用文火煮牛蹄筋，用面饼卷牛蹄筋加葱酱作主食，有此耐饥之物落肚，方能补充体力消耗。

杨家结成对子之推手散手搭档，称为“相手”。杨澄甫身材魁梧异常，精心挑选身长力大、反应灵敏之门徒为“相手”。武汇川、李雅轩、董英杰均担任过他的“相手”，其中以武汇川担任“相手”时间最长。黄景华尊杨公澄甫之命，做杨守中相手。每日对练之“相手”，甚得杨澄甫嘉许。

杨澄甫教用法，往往要一对师兄弟同练，相互在对方身上试手，务必使身法、步法、手法熟练，随时可以应用。

武汇川体重两百余斤，常被澄甫公发出一二丈外。后来武汇川亦精心挑选身材伟岸之张玉、吴云倬为入室弟子，此二人体重均在180斤以上，武汇川与他们演练活步推手、大捋散手，如漆似胶，不即不离，突然发劲，则张、吴二徒必腾空飞出，失重落地之时，犹如山崩地裂，楼板剧烈震动。故上海武术界称田兆麟、武汇川为杨门“哼哈二将”。

武汇川身强力壮，单臂握住一条桌腿，可将整桌酒席平稳举起，桌面上杯中酒水丝毫不外溢。太极门一般不练沙袋。武汇川按照少林门习惯，在武馆大梁上吊挂六只两百斤沙袋，共一千两百斤。其站在中间，将六只沙袋推开，沙袋因惯性同时荡回，拳打、足踢、头撞、肩靠、肘击，不断将沙袋打出，经过长期锻炼，周身各处均可发劲。

杨氏太极拳用法有两个特点。其一是变化多端，一式多用。例如，搬拦捶有左搬右击捶、左拦右击捶、绞花捶、筋斗捶、连珠捶等各种用法，必须顺应对方来势，随机应变，不可拘泥。其二是因材施教。例如，提手用法有二，提上打、沉下打皆可，身材高大者，用“上提手”之后，即以松沉劲劈肩，武汇川善用此法。

三、“相手”“活桩”训练下的杨家师徒名手辈出

有人学了一套太极养生拳架，认为只要苦练一番，即可成为名家，此乃误解。学练要每日抖白蜡杆，一挤一採为“一遍”。按照杨家规距，必须每次左右各练两百遍，共计四百遍。身亏力薄者，最多只能左右各练二十遍，已经累得满头大汗，手足疲软。黄景华从杨澄甫学拳，杨特别强调每日须练大杆，左右各抖两百遍，再把枪杆紧贴树身，左右刷杆各两百遍。他在杨家苦练功夫，汗流浃背，衣衫湿透，因此需每日带两套干爽衣服替换。1931年，杨澄甫嘱其每日到杨家陪伴杨守中练习推手、散手、黏剑、黏杆，成为杨守中的相手。

在一次课上，一位广东学员擅长西洋拳击，欲与黄景华比试。他点头允许，请此人站在一棵白杨树前。此人出拳猛击，他以搬拦捶相迎，将此

人往树上弹去。不料树杆太过细嫩，竟被此人撞折，于是众学员肃然起敬。黄景华每日在家中闭门练拳、抖杆，从不间断，至80岁时，抖杆发劲，雄风不减当年。

杨家拜师入门有严格的礼仪规范，要递帖子、点香烛、祭祖师……入门等于加入大家庭，受到等级森严的伦理规范约束，师徒如父子，杨家与武林各门派均无例外。拜师入门，不是单纯养生，而是正式习武，须练站桩、长拳、抖杆、散手等。

弟子必须苦练杨家各种基本功夫，曾反复告诫："太极乃武技，必须苦练功夫，方可与内外各家试手。""太极门之搏击用散手不用推手。推手并非竞技，乃同门中相互找劲、听劲、问劲、试劲之入门功夫。此种训练，可以作为太极散手之基础。师兄弟之间结成对子，相互切磋，彼此试劲，共同提高，可谓双赢。"入太极门得真传者，对西洋拳击、东洋柔道、举重摔跤均毫不畏惧，对阵之际，举重若轻，游刃有余，对手必定腾空而起，跌于寻丈之外。此乃真正拳师。

1912年，田兆麟在南京全国南北武术擂台赛一举夺魁；1925年，陈微明在上海战胜少林拳师徐文甫；董英杰与泰国拳师较技，郑曼青屡胜西洋拳师，并且以太极剑战胜获奥运冠军称号之法国剑师等等，都是确实经历一番披荆戴棘之实战过程。

牛春明曾练点穴功夫，内劲直透指梢。某次野餐，忘带开罐头刀，他即用手指点穿罐头盒盖。1956年，牛春明到北京参加全国武术大会，各省青壮年选手与牛春明推手，均被发至寻丈之外，众人称他为"牛大力士"。

田兆麟手法多变而步法灵巧。1912年，他在南京参加全国南北武术擂台赛，与各门各派武师决斗，力挫群雄，一举夺魁。1921年，田兆麟曾两次遭十余人围攻，所向披靡而本人毫发无损。

抗日战争胜利后，董英杰前往泰国授拳。泰拳善用肘击、膝打各种招式，多令对手伤残，乃举世闻名之凶狠猛恶拳法。初至泰国之时，泰拳名手上门比试者络绎不绝，与其交手，即被发出寻丈外，无一幸免。

1939年，郑曼青至重庆任中央训练团武术教师。他艺高胆壮，不但与各地武林名手切磋武艺，而且敢于挑战身高马大之西洋拳击手，曾迎战英国军舰水兵拳击冠军，一出手即将对方击出丈外。在庆祝抗战胜利大型招待会上，他曾公开邀请各国使领馆武官比试，12名武官应声下场。他在顷刻之间战胜其中六人，另外六名武官自动放弃比试。

对于杨振铭之武学功力，张世贤先生曾有如下赞语："杨师家学渊源，功夫深湛。其手之重，其足之稳，逾于常人。而其身体各部，均可任人拳击；惟人所击之处，即系其发劲之点；跌人于寻丈之外，实属易事。至其与人搏击，则出手之快，变化之多，更不同凡响。是以国内外从其学者，不可胜计。"

四、杨家追求真太极

杨澄甫先生讲："世间练太极者，亦不在少数。宜知分别纯杂，以其味不同也。纯粹太极，其臂如绵裹铁，柔软沉重。推手之时，可以分辨。其拿人之时，手极轻而人不能过。其放人之时，如脱弹丸，迅疾干脆，毫不费力。被跌出者，但觉一动，而并不觉痛，已跌出丈余外矣。其粘人之时，并不抓擒，轻轻粘住，即如胶而不能脱，使人两臂酸麻不可耐，此乃真太极拳也。"

杨氏家传手抄本老谱中之《太极分文武三成解》云："盖言道者，非自修身，无由得成也。然又分为三乘之修法。乘者，成也。上乘，即大成也。下乘，即小成也。中乘，即诚之者成也。法分三修，成功一也。文修于内，武修于外。体育，内也。武事，外也。其修法：内外表里成功集大成，即上乘也。由体育之文而得武事之武，或由武事之武而得体育之文，即中乘也。然独知体育之文，不知武事而成者，或专武事，不为体育而成者，即小成也。"

由此可见，太极功夫分三乘：内外表里集大成者为上乘；由文及武或由武及文者为中乘；独文不武或只武缺文者为下乘。若在公园练拳数年，一套杨氏大架子熟练，动作方向大致不错，是否可以称为下乘拳友？未必，未必！

杨氏老谱《太极文武解》云："文者，体也。武者，用也。文功在武用于精气神也，谓之体育。武功得文体于心身也，谓之武事。"

由此可见，太极门体育之文，并非空练拳架动作，尚需配合内功，逐渐接通上层后天呼吸之气与下层先天丹田之气。或先天往后天，或后天往先天，往复运转，卷放得其时中，此乃太极拳文练之内理，体育之本也。只动外形，不养内气，不生内劲，不练精气神，乃舍本逐末之柔软操耳，非太极拳也。如今各处公园中练“太极拳”者成千上万，其实多半为学太极操之操友，并非练太极拳之拳友也。故李雅轩叹曰：“练太极拳者越多，离传统拳法越远！”

但此等柔操虽能健体，却无内功，与拳术武艺风马牛不相及也，万万不可鱼目混珠！

五、太极高手与人较技，如戏孩童

杨氏太极拳是一种典型的慢练快用、文练武用拳种。慢练、文练有吐纳、导引之效，故能养生健体，快用、武用有顺水漂木、追风赶月之能，故能防卫击人。

台湾学者萧淳元曾专程到大陆跟杨氏太极拳名家刘习文老师学拳，感触颇深。他在“我到大陆学太极”一文中讲，刘先生问我习武概况和看过我的拳架后，命我与他试手，于是在宽敞客厅中我用在美国学的太极推手、台湾学的形意发劲与他相持，不可思议的是，在手臂接触中不管我怎样努力，总是处处落空找不到着力点，自始至终如同在与空气作战，只能随着先生腰身轻微拧转，手臂曲伸开合，如断线失控风筝，重心散乱无序，不情愿地随着先生手臂指向飘动游走，忽而以先生为圆心，陀螺般转动作旋风舞，先生谓之曰“磨转心不转”；忽而倒地，手足盘叠成各种造型，制约自我不能一丝动弹，先生谓之曰“捆仙绳、乱环术”；忽而双足被拔，腾然向上蹿蹦，先生谓之曰“雀跃”：忽而醉汉般东倒西歪、懵懵跌撞不能自主平衡，先生谓之曰“水上踩葫芦”……此时一米七六、三十四岁的我已惶恐失色、汗出淋漓、气吁喘喘，而矮我半头多的刘先生却镇静如故，谈笑自若，脚步纹丝不动（乱）。霎时间，我心被神奇太极搏击技术所震憾，这不正是书上所说“太极高手与人较技，如戏孩童”的真情实况吗！

太极拳手空松圆和、气势磅礴，其特点是圈多，各种圆圈组成形态各异的“太极球”，折叠旋转、螺旋起伏，“乱环”迷眼，景象万千。太极拳手拳势复杂、虚实分明，下盘根基极固，由于拳势以腰为轴伸曲开合、柔顺舒缓，呼沉（展）吸提（蓄）更为深匀细长，从而激发内气更易“腾然”“鼓荡”，练之极长劲力，故名功架、练架。

太极小式轻巧紧凑、圈小劲坚、发劲刚脆、节奏明快，行架时而流水潺潺，时而波涛汹涌，轻巧如捕鼠之猫，迅捷如离弦之箭，拳势忽快忽缓，移形换位变化神速，师言“此即班侯、少侯，审时度势‘动急急应，动缓缓随’，所谓‘喜则假喜，怒则真怒，一动而诸侯惧’”，是实用性很强的杨氏太极拳快架、用架、技击架。

据悉，最早的太极拳搏击术，由太极粘（黏）连枪的粘黏不脱、蓄发相变、缠绕进退、封逼掷放衍变而来，讲求“缠粘即吐莫待迟”。由于“缠粘即吐”与抓筋、按脉、闭穴、截气、擒拿等技法结合，瞬间同步并施，故方法简捷、手段凶悍，杀伤力极大。“缠粘即吐”的训练，催生“粘连黏随不丢顶”求懂劲的推手技术问世，推手技术又随时代、社会的变化而变化。清末民初，推手懂劲技术越来越高，抓筋、按脉、闭穴等技术含量开始减弱；现代社会，推手亦追求懂劲，但抓筋、按脉、闭穴等技巧已丢失殆尽，搏击技能日趋淡化，养生健体、闲情逸致、娱乐性能愈演愈浓……

六、对太极拳的几种误解

当今名目繁杂，各种门派林立，愿每位爱好太极拳的朋友都能有一双慧眼，明辨是非，从而确定正确的修炼道路，而不是白白地浪费时间和金钱。

而如若照猫画虎，动作走形，不但不能真正掌握拳法，于武学没有长进，长期下来，还可能损害自己的身体健康，贻害颇大。一些朋友正当少年，风华正茂，原本在练拳的黄金年龄段，却因为见识不足，遇人不淑，偏听偏信，从而逐渐误入歧途，给自身带来不良影响，极为可惜。可叹“花有重开日，人无再少年”，东西没了可以再买，青春时光和健康体魄失去之后却永远不会再有。

要知道，太极拳是大道功夫，不是玩弄奇技淫巧的江湖把戏。许多人都知道太极拳讲究以柔克刚、借力打力，可是要在实际运用中体现出太极拳的神韵和内涵，就不是件易事了。有些人练了二三十年的太极拳，讲起拳来头头是道，打起拳来也看似一气呵成，而一旦进行实战，就会顾此失彼，不堪一击，自己也颇为失望。

1. 误以为套路出真功

在一些太极拳爱好者当中流传着一种错误的看法，功夫都是从套路当中练出来的。

目前，不同拳架的套路千差万别，甚至有些互相矛盾，同样一个揽雀尾，不同的流派皆有不同的练法，甚至同一个师父在不同时期所传的拳法也会不一样。经常会有一些文字和视频描述某某太极“宗师”的青年架、老年架或者秘传架动作如何，似乎练熟这样的一套架子就足以彻悟太极拳的深义。其实，习练者对每个拳架的具体内涵不甚了了，在这种前提下，还不断地推陈出新，创造出新的套路来，这种所谓的新派太极往往只是在动作上的革新，而无实质性的创新意义。

许多太极拳爱好者，对于套路绝对化是津津乐道，还借用前人的事迹来论证——有“太极一人”之称的陈发科老先生每日就练拳三十遍。却不知道他在三十遍之外还曾练过什么内容，更别提其他训练内容的比重以及重要性了。

许多朋友过分推崇太极拳练习套路的重要性，很大的原因在于对太极拳的正确训练方法了解太少。

第一部分是自我训练。自我训练中不仅包括练习盘架和套路，还包含各种层次的发力、步法、身法、眼法、反应和功力等方面的综合素质训练。

第二部分是从自我训练到实战的过渡训练。就传统太极拳的推手、打手的练法而言，绝不是当今流行的那种温柔的训练模式，而是有着非常强的针对性与实际操作模式，且是为实际运用而设定的。

第三部分就是实战训练。套路练习中的对敌招式是假想式的，想怎么打就怎么打；实战中对手可不会站着不动，让你随便打。实战训练是在双方接触中的针对性训练，是对本能反应、抢点夺位，以及技击的角度、距离、时间差、力度、承接能力和打击能力的综合训练。

太极拳训练体系的每个环节都有其各自的针对性、各自的训练要求和功能，各种训练方法不能互相代替，只有把各种训练模式有效地结合在一起，才能最大限度地发挥它们的功效，真正获得太极拳功夫。

2. 把拳当操练，成了“表演”和“欣赏”的东西

目前，有些人习练太极拳不是以技击实战、强身健体或者修身养性为根本目的，而只是刻意地去追求套路的高难、新颖、美观、舒展、大方，竞技中能得高分，使其具有一种“艺术性”。

这种现象在太极拳表演中尤为严重，评委评分、选手是否能拿冠军，只看其动作是否好看，真正打出来的拳架与太极拳谱往往貌合神离，形神相悖，枉顾其是否符合太极拳的本义。殊不知这些所谓的对套路的“发展”“美化”，恰恰违背了传统太极拳拳法的合理性，破坏了它一招一式原有的功能。太极拳套路训练中的每个动作都应该完全符合人体基本的间架结构的正确运动，如果破坏了这基本结构，就违背了太极拳使身心阴阳平衡的功能。正如佛经上说：“菩萨畏因，众生畏果。”佛家讲究种下什么样的因缘，即得什么样的果报，练习太极拳时一旦偏离了太极拳法的根本主线，必然无法体现出太极拳的内涵和真谛，也无法得到习练太极拳理应产生的效果。

还有些人为了增加表演效果，尽力地显示太极拳中的发力，任意地增加弹抖。的确，有时候弹抖得越多越厉害，观众的掌声就越多越响亮，但这种刻意为之错误地理解了弹抖的力量，夸大了弹抖在太极拳中实际所占的比例。事实上，弹抖在技击实战中的用处不是很大，在迅猛的实战当中也没有这样抖来抖去的时间。实战中，你的对手往往每秒钟能打六到七拳，你一拳还没抖完，就不知道被对手打到哪里去了，所以这种抖弹只适用于自我陶醉地表演。“抖”实际上是一瞬间把力抖弹到对方的体内，而不是自我欣赏式的颤抖。松、活、抖、弹，一秒钟几拳都出去了，根本没有时间进行所谓“运劲”的过程。

3. 把推手技击擒拿化

其实，太极推手讲究“踢拿摔打，分筋错骨，拿脉点穴”，“拿”只是

其中的一小部分。在徒手搏击中，擒拿的效果并不是很大，只有在近身接触之时才能有所发挥。

张三丰的《太极拳经》中云："任彼巨力来打我，牵动四两拨千斤。"太极拳不同于其他拳法流派的特点便是以柔克刚，以弱胜强，以静制动。然而，许多太极拳拳师为了展示太极拳以柔克刚的效果，过高地看待擒拿在太极拳拳法中的地位，过频地用擒拿来进行演示和教授。

擒拿教起来较为简单，也比较安全，可以让学生增加兴趣，可是一旦以偏概全，用擒拿来代替太极拳的其他拳法动作，就是舍本逐末了。要知道，擒拿不等于技击，擒拿只是技击中的一小部分而已。正如前辈们常说"巧拿不如笨打"。更何况高手互相搏击时，想碰到对方都难。

有人认为："先拿后打，打中有拿，拿中有打。"虽然不能说这种理论绝对错误，但在实际运用当中，"拿中有打"是很难发挥出来的。

当前，有很多太极拳爱好者把太极推手当作是一种擒拿术，认为推手就是技击的一种表现形式，擒拿又是推手的一种表现形式，这种思路对于太极拳的习练是非常不利的。其实，太极推手讲究"踢拿摔打，分筋错骨，拿脉点穴"，"拿"只是其中的一小部分。

4. 把太极推手程序化

太极拳推手的训练体系是一种高密度、高强度、多变化的综合训练体系。只有这样训练，才能充分地体现太极推手的性质和特点。模式化的训练，往往只是入门时期采用的一种练习方法，习练者切勿把它当作是太极推手训练的全部内容。

古人云：不以规矩，无以成方圆。为方便太极拳的初学者学习，这些程序化推手对于教学来说有一定的效果，初学者这样练是可以的，但是有一定基础之后，就不适合修习这种程序化推手了。因为这种程序化推手培养不了技击实战中所需要的全部素养。

传统的太极拳推手训练体系完全是从实战中总结出来的，具备"踢拿摔打、分筋错骨、拿脉打穴"等各种上乘要求，无论是粘手、分手、接手还是合手，其每个阶段的动作练习都与前后的训练密切相关、环环相扣。

目前，大部分太极推手的训练方法，往往是一种固定节奏的定势训练，缺乏节奏、力度等的变化。太极拳练习的初期，应从有形有势中找劲，培养合理的间架结构和用力习惯，但到了中高级阶段，就要训练自然而然的本能反应，需要习练者抛开定势化的束缚，达到自然而然地应变。拳谚说："有形有意皆是假，拳到无心始见奇。"

不要把太极推手等同于技击，或干脆认为推手就是放慢了的技击。其实，推手只是通往技击道路的一个阶段。目前，很多人演示太极拳的对抗时，为了方便往往采用推手的方式，利用推手和擒拿来表现。试想，如果对方不是处在推手的状态下，而是与演示者进行实战，敢问这些展示出来的技术还能够得心应手地使用吗？

推手是建立在不脱点接触的基础之上，搏击却没有这种约束。传统的太极推手在不脱点的前提下，可以使用各种技击方式，这就是老辈人说的"乱环"，推中可以带打。这种技击形式的推手是通往太极拳实战的必经之路，始终贯穿着技击实战所需要的各种素养的培养，包括脱点和不脱点的训练。根据训练的指导思想，就能辨别所进行的推手训练是否服务于技击实战的需求。

太极拳讲究拳无定法，认为周身无处不是拳，遍体无处不太极，挨着何处何处击。此处的"拳"并不局限于手部；我们常说的"手法"如何，也不仅仅指手上的动作；"推手"也是一种概指的说法，"推"不是单一的肢体前推，"手"也并不单指手的动作。唐朝诗人贾岛曾因为一句诗"僧推月下门"而在"推"和"敲"之间来回斟酌，低头骑驴时不小心冲撞了正在巡逻的韩愈，留下了一段推敲故事的美谈。推手之"推"字也应该取"推敲""试探"之含义，并不仅仅是"推开"的意思，而"手"是泛指以手部动作为代表的攻击和防御技法。太极拳推手训练初期，手上的技法运用较多，但同时也要练习用身体去推，用身体去引化对方的力量。

太极推手讲究手分八法，足分八法，身分八法。除了手上能够走出八个劲，身上同样也需要练出来，这才能达到太极拳的整体性。"推"并非是肢体上的推，也要训练意识、本能、承接、发放、游走，推手是综合性的训练的概指，最终的效果是能够随感而发，随感而行，应物自然。

初期的推手训练是从劲力开始，到了中高级阶段，也要培养用意的快慢、引化、听劲，练习利用对手的反应时间差来进行力的发放。同样一个引化，可以用手引化，也可以用身法引化，还可以用步法引化，在练习时，逐级深入，最后形成自然而然的本能反应。

5. 训练缺乏系统和层次

太极拳训练体系的系统化至关重要。从初级渐入高级，每个阶段的训练方式都能够加以验证，有其独特的目的，和前面与后面的训练又有着直接的联系，从而练有所用，环环相扣。

许多太极拳爱好者，往往相信“功到自然成”，只管天天练便了，其实这是一个很大的误区。一些太极拳爱好者，他们的练法让我们感觉非常吃惊，练上二三十年，都是那么一种训练模式。就好比一个人刻苦学习小学课程，学了二三十年，最多只能说明他小学知识的根基比较扎实，而初中、高中和大学的课程都没有接触到，其水平又能高到哪去？同理，这样训练，又如何能达到太极拳的上乘境界呢？

推手、盘架、技击等任何一个要素，在不同时期的要求都不一样，每个阶段的训练目的非常清晰明确。以太极拳的盘架为例，第一层次是以身带手，第二层次则是以手领身，第三个层次则是以神运身。

第一阶段讲究落地生根，八面支撑；但是到了下一个阶段，则是脚下如绵，虚实转换；再到后面的阶段，则是如临深渊，如履薄冰。正如有位拳家所说：“太极拳第一步慢练，第二步快练，第三步快慢相间，慢不可痴呆，快不可错乱。”

6. 技击实战讲手化

一个球员，不管在训练场上表现多好，在比赛时的命中率往往都会下降很多，这就是练和用的区别。我们必须清楚，讲手只是一种训练手段，不能代表技击实战。因为在现实中，你的对手不可能对号入座，让你按照套路，想怎么打就怎么打。敌人是活动的，也在随时寻找你的空当。

目前，太极拳讲手已是很普遍的教拳模式，有许多太极拳老师通过讲手去描述太极拳的各种动作的用法，使太极拳爱好者能够更好地体会拳法的作用、引化和发放，更直观地去理解太极拳的一招一式。这种讲手教学适合于初学者，他们可以从中初步体会到太极拳的各种攻防转换，并在此基础上举一反三，一式多变。

不过，这只是一种教学模式，不应该成为应用模式。就像篮球教练在训练队员时，可以把各种技术分开讲解，但队员们上场比赛时，更多的是要依赖在平时的大量训练中所养成的素质，而不是训练时学到的技术单招。一个球员，不管在训练场上表现多好，在比赛时的命中率往往都会下降很多，这就是练和用的区别。举个例子，许多老师传授单鞭的运用，常常用一只手抓住对方的一只手，另外一只手往对方面门打去，但在实际运用中，对手的身形位置和他自己的身形位置，都在随机变化，要想恰到好处地用上这个姿势，往往是很难的。有时候，可能左手是云手的一个动作，右手却变化为白鹤亮翅的动作，这都是随势而变的。

有时候，对方想着如何来打我，但在肢体接触的一瞬间，我将受力点突然改变，同时也改变了对方的作用点，他原来想好的各种用法突然间就用不出来了，就会陷入一个短暂的发愣状态。对方一旦改变了重心，失去了平衡，我们就可以顺势破坏对方的间架结构，对方想好的招法就很难打出来。

太极拳虽然起步的方法不同，但最终目的都是相同的。就技击而言，从推手过渡到技击，这一部分更需要针对性的训练。系统而言，要经过粘手、分手、接手等方面训练才能过渡到技击。粘手主要是运用太极拳“踢拿摔打”等各种技法，在不脱点的前提下，任其发挥，绝不是为了推手而推手。分手手法可开可合，可分可离，无论是步法、手法还是身法，讲究“脚无定位，身无定型，手无定法”，这样与技击更接近了一步。接手实际上也是技击的前奏，在敌我双方没有接触的前提下，瞬间打击对方；如何去承接对方的进攻（承接不是硬接），可以用步法、身法、手法接，目的就是保护自己。使敌背我顺，这是太极拳接手的根本要求。只有通过各种训练才能逐渐过渡到技击。

有人开玩笑地说，太极拳练习班是老弱病残学习班，的确，太极拳习练者的老龄化现象严重，年轻体壮的人所占比例非常小；王宗岳的《太极拳论》中提到“耄耋能御众”，即七八十岁的老人仍能与人较量，现实中的太极大师也往往是些鹤发童颜的高龄人士，这很容易让人误解，似乎练到老年才可有所修为。为什么不能培养一批“青年即可御众”的年轻太极拳家呢？最根本的原因就在于训练方式的不足甚至错误。

7.“练时慢，用时快”的说法不对

社会上还有种“练时慢，用时快”的说法，认为平时练太极拳越慢越好，实战用时自然就快。这实际上是不可能的，平时不练快，在真实的对敌实战中根本就快不起来，将难以适应对方快速的变化，只会落败。

只有进行了快和慢的速度训练，才能做到“动急则急应，动缓则缓随”。在技击实战中，面对风格各异的不同流派的功夫对手，一位真正的太极明师会展现出真正的技击特点。实战对手不可能与你慢悠悠地比划玩耍，要想抵挡对手急风骤雨、风雷电掣般的攻击，必须“你快我更快”。

这里所说的“快”并不是单指肢体动作上的快，主要是指自身的敏感程度高、本能反应快、启动速度快、运行路线短。诀曰：“心如火药手似弹，灵机一动鸟弹飞；身似弓弦手似箭，弦响鸟落显神威。起手如闪电，电闪不及合眸；击敌如迅雷，雷发不及掩耳。”这是前辈对太极拳技击实战的高速度特征的体认，值得我们这些后辈深思。

快与慢是相对的，但又是密不可分的。必须要有“快”的训练，才符合前贤们的教导。只有这样，才能在实战验证中应对自如。

无论是哪一派的高妙武功，没有经过“快”的训练，也很难在实战中发挥其应有的威力。必须经过一定时期的高速度、高力度、多变化的严格、完整的训练，你长期积累的各项太极素养才能够淋漓尽致地发挥，从而坦然地在实战中面对各派拳家。

七、只有真修实练的人，他留下的东西才有参考价值

目前，习练太极拳的人众多，但与前贤们相比，功夫相去甚远，这是为什么呢？根本原因，在于习练者把太极拳的外形当作了根本，大部分太极拳比赛，比的也仅仅是动作是否规范，是否跟教科书上的一致，求的无非就是一个外在形似。目前流行的太极拳的学习方式，要么是根据书练，要么是跟着光盘练，或者报个培训班学习。一般来说，一期培训班时长也就一两个月，结束后，学生常就以为学会了，孰不知这只是浅尝辄止。

“不求形骸似，但求神意真。”只有功夫上了身，才能真正体现“神意真”。“拳本无法，有法也空；一法不立，万法不容。”是说学拳在学成之后要弃法而灵活运用，但在学习时是一定要方法的。

只有真修实练的人，他留下的东西才有参考价值；而本身功夫练不到家，只是有一个官方身份的人，虽然看似名头很大，也可能会给人以误导。同样一个人，在不同时期，感悟也不一样，留下的资料也会有所区别，习练者也必须要注意，看其是在初出茅庐之时留下，还是在功夫大成之后留下的？是在年轻力壮、身体鼎盛时期留下，还是在年老多病时留下的？曾有前辈说过：“学拳不能学成老头拳。”这种说法颇有道理，人年纪大了以后，内心的体会可能更深，但动作往往做不到位，因此其招法外形对于初学者来说未必是很好的参考。另外，前辈讲述东西，或者录制影像时，要注意他周围都是些什么人：有时为了应付场面，许多前辈也往往会说一些面上的东西，对于这些，姑且听之即可；但假如前辈是讲给自己的子女、爱徒，这些文字语言就需要认真研究；而如果是为了流传后世的，那就是武学瑰宝了，更要重视。

“宁传十口，不传一手；宁传十手，不传半摸。”很多时候，外形动作相似，但做这些动作时身体肌肉的劲力转换、气血的鼓荡等等，都掩藏在衣服之下，从外表上是看不出来的。老师打出一式，到底用什么样的劲，打在身上有什么感觉，单靠看是看不出来的，更是语言难以描述的。师父就如同大厨，做一桌子菜，弟子看到菜的外形只在其次，吃到嘴里，尝到味道，才能洞悉其个中滋味，也才有可能做出相同的菜肴来。

八、太极拳是技击术，搏击是有感而应，随感而发

“武术就是搏杀，必须有防身自卫的功效。”其原则是“活着打人，死了打鬼”。“宝剑锋从磨砺出，梅花香自苦寒来。”要想技击功夫超群，就必须在实际运用当中加以磨炼，从实战当中去体认、去总结，你的功夫才能真正获得提高。

对于武术技击，任何人都是从不会到会，从弱到强，这是个必然的发展过程，没有开始的弱，也就没有后来的强。太极拳招法是前辈们千锤百

炼总结出来的武术精华；而技击对抗时，对手是活人，不是木头，不可能让你痛快淋漓地去发挥每招每式的威力，你只能因敌制变，以示神奇。太极拳架就是“以意识为主宰”，在心理意识的作用下，逐渐形成下意识的肢体运动，这在太极拳理论中称为“知己功夫”。技击对抗是一种下意识（自然本能）的攻防运动，彼时拳脚交错，容不得你用理想化的招式去攻防，一旦应用失败，初学者往往会对太极拳的实用性心生怀疑。这大可不必，须知，太极拳的技击训练是一个多层次、多阶段的完整的训练体系，并不是仅仅学会了盘架、掌握了招式就能概括的。

太极拳是以八个劲法“掤、捋、挤、按、採、挒、肘、靠”为主要技击方法，运用的核心是粘、连、黏、随，以不丢不顶、顺从不离、随屈就伸、人刚我柔为原则，使对手进退不得，完全被我之劲所控制。古拳论中说：由招熟渐悟懂劲。太极拳的懂劲功夫是经过长期训练得出来的，前贤有云：“以心行意，以意行气，以气运身，随感而发。”太极拳家就是依赖于这种平素练就的下意识的感知和身体反应能力，来应付各种复杂的技击场面，有时出手动作做出之后自己才意识到，这就比单纯的比式招数技高一筹。前贤们所追求的就是这种“人不知我，我独知人”的功夫。这就是“心灵语言”的有感而发。心灵语言，是指习练者在功夫已经上身的情况下，所形成的个人特色。太极拳的修炼从有形有相进入无形无相，以有感立应、本能反应为根本，在不同时期，要领亦有所不同，到了高级阶段，归于自然而然，脱乎规矩又合乎规矩，其中玄妙难以尽言。

学游泳先习水性　练推手先感劲道

——“随便”推手的引领

邓声韶先生在《武魂》杂志 2008 年第一至八期连载发表了“随荣华丰老师学推手”大作。全文篇幅较大，记录详实，很值得一读。其中介绍的一些推手训练方法，譬如，首先由老师带领，与老师“随便”推，以体验、感悟劲道，就像打球先要熟悉球性，学游泳先要熟悉水性一样，即是其中的一例，非常有效，确实很值得借鉴。下面摘录部分精彩处，与广大太极拳技击爱好者共享。

弹指间，我练太极拳推手已有一年的时间，一年来收获颇多。用老师的话讲就是：全给干货。一点水分也没有，全走直路，一点弯路也没有。

最初的时候，老师也不跟我讲太多的道理，就是拉着我来推手，掤捋挤按也没练，用老师的话说就是胡乱拨拉。我也不明白呀，这是练什么呢？老师总是很轻易地就把我化出去了，什么东西也不用，一化，我就出去。

没几回，我就没兴趣了。后来好几回，还是老师硬拽我起来练这个所谓的“推手”，我总觉得跟别人练的不同，也不是先练单推手，再练双推手；先定步，再活步，规规矩矩，一板一眼的。

老师总是沉默不语，最多只是说：你和我推就行了，慢慢的，这中间的妙处你都明白了。

没办法，出于不想辜负老师的一片好意，我就应付着，可还是老觉得自己身上轻飘飘的。老师一摸我就出去了，什么姿势出去的都有。非常难看。

这时老师再次提醒我：其实你每次出去都是因为你身上紧了，硬梆梆的，哪有不出去的道理？

可是我还是不明白，什么叫硬，什么叫软呀？不管它，推吧！三推二推，有一回，老师推我时，我身上软了一下，以为又要出去了，可是这回偏偏没出去。这时，我停了下来，问老师：就是这“软”吗？老师马上点头说，就是这个“软”。

然后又继续推，真是奇了！我每次被推出去时，都是因为自己身上硬了；每次没出去的，都是因为身上放软了。这次我是真的体会到这个松软了。

这时老师又说了，许多人以为练推手，就是先练定步，再练活步；先练单推手，再练双推手。其实我要真这样教你的话，你八辈子也练不出来。你怎么练也只会生搬硬套，你练得再熟练，也是一个死的，真正遇上高手，一推你就什么也不是了。我这样带你，是最快、最直接地往你身上递东西。从随便开始，练出来，先练身上的感受。通过我身上给你的感受来指导你推手，你要进步就很快。这就叫“言传身教”，言传固然要出自明师，这很重要，更重要的是身教。我只言传不身教，道理讲得再明白，我从来不跟你摸一回手，那你也啥都不是。

就这样推手有一个月的时间，我已经明白什么叫推手，怎么用松软化解别人的力道，我以为自己已经不错了，便沾沾自喜起来，觉得老师也没把我怎么样啊？

老师似乎看出我的心理，于是一伸手说：我们再来！我没在意，便像平时那样，又和老师推起手来。可是这回奇怪了，我又变得像一个月以前那样，不会松了。什么也不会，一碰就出去。

这时老师说了，刚开始时，你什么也不会，我只是用乱拨拉就能对付你，可是经过这一个月的磨蹭，你身上已经能适应并接受这杆劲了。我再这样推你就没意义了，所以我便开始加难度加东西。

噢，原来是这个道理，我说：那不就等于说你先教我一年级的东西，等我明白了，你再增加难度，教我二年级的东西，以此类推我才能提高。

老师说，没错，道理就在于此。我必须降低层次，从容易的来领你的手，你才能逐渐往高层次上进步。你现在练的就是松沉，练松沉就必须先把身上的僵劲去掉，通过这种练法，等你逐渐把身上揉开了，你才能真正步入练习太极推手的殿堂。

就这样，我又和老师推了两个月的手。每天不间断，开始时，才能推十多分钟。再后来能推到四十分钟，累了歇一下，好了又推。

这时，老师对我说：你身上的僵劲已去掉不少了，逐渐地会松沉，会柔软了，这个阶段也可以叫“僵柔劲”吧。

什么叫僵柔劲呢？我问。

老师说，僵柔劲就是会柔了，但是僵劲又没去完。所以叫僵柔劲。再往下就叫柔劲。

噢。那再往下还有一些什么劲呢？我又问。老师说：再往下就是轻劲。

我又好奇，轻劲？轻劲是什么，能打人吗？

老师一伸手说，你试试！我便伸手和老师搭上，像平时那样和老师推。奇了！老师搭手特轻，我根本摸不上手，吃不上劲，刚一松懈，啪地一下，老师便打我起来。再试，还是这样，怎么都摸不上劲，而且一不小心就起来。

我便问，这是为什么？老师说：以前的练法，都是练松柔，而轻劲练好了，才能打人。我手轻，是为了听劲，手上再像以前那样就笨了，根本不行。这个感受就像摸老鼠夹子似的。手要特轻，重了就会触动开关，把你的手夹住。如果我用很轻的劲摸老鼠夹，那就很安全。高手推手，一搭上手时，手上都极轻，一重，便啪地一下，打你出去。因为你手上太重了，他听到你的劲了。真正在外面和别人比手，我用的全是轻劲。哪会像现在和你推一样，把劲吃的那么深。

老师又说，你再试试。我又和老师搭上手，这时我竟轻易不敢动弹了，一动，便啪地一下被打起来，心里觉得很紧张，感受处处受威胁。一搭上手，就不知该怎么办才好。整个人都被看住了，一动就有危险。

在后来的日子里，我逐渐悟到太极推手为什么要用轻劲。因为只有手上轻了，才能听到别人身上的劲，所谓“伸手如把脉”，根本无须大力落在别人身上，打人时也无须大力。听到劲时，只要手脚同时到，意足了，力合了、整了，对手自然就会轻易被你打出去，这也合乎“四两拨千斤”的道理。

而且正因为如此，听劲是用心去听的。用身体去感应的，由感即应，一触即发，高手推手闭上眼睛也能推手。这也是为何有“打拳如同瞎子走路”这一说法。常人走路用眼看，还经常被绊倒，那是因为你没有看在心里。瞎子走路时，他却必须调动全身的注意力，包括听觉、触觉、嗅觉等，稍稍有一点点动静他都能发现。

其实轻劲再往下就是虚灵劲，但是虚灵劲不是单独存在的，它是在推手的过程中，一瞬间表现出来的一种劲道。一闪就把对手打倒了或者走化出去了。所以高手推手，身上会同时带着轻劲、柔劲、虚灵劲三种劲，但是这三种劲要练出来，必须去僵存柔，在松沉的基础上练出来，没有了松沉功夫的基础，这三种劲就算练出也是假的。

老师还常说，功夫好练劲难求。他辛辛苦苦亲自领我推手，其实就是要为我找劲，然后再把住这杆劲苦练，这样练出来的功夫才有好劲道。很多人花很大精力，吃很多苦来练功夫，功夫也吃得很深，但是没练出好劲来。大多数都跑道了，劲没找到，身上都练出一股横劲。层次总上不来，一遇到高手就一点用都没有。

内家拳讲的就是劲道赢人，否则平时练的这么慢，没有好劲道别说对手有多厉害，就是遇到五大三粗，一点功夫也不会，只有一把死力气的人，你也赢不了人家。太极推手的比赛中，就曾经出现过这样的例子。曾经有一个打铁匠，在赛前三个月，突击训练推手，去到台上，竟然拿到了冠军。乍一听来，煞是可悲，中国的国粹太极拳竟赢不了一个打铁的蛮汉。这里面有何武学，有何文化可言！那能说明什么？是太极拳没用么？根本不是，只能说明那些人练的根本不是太极拳，他们全练错了。

当我和老师学站桩已有三个月的时候。有一天，老师对我说，你从现在开始就要学太极推手了。我觉得迷惑，便问，我才站了三个月的桩，而且打起拳来刚感到身上特别舒服，体内气息充盈，但是现在学推手是否太早。老师说：可以开始了，否则你再往下打拳不但不进步，反而会退步。

我又问为什么。

他说，会推手的人一定会打拳，会打拳的人很多都不懂推手，其实也叫不会打拳。学太极拳必须从推手中找感觉来指导打拳，时间久了，再打拳，自然就有了技击意识，不再是那种只会打套路的人打的拳。现在真正懂太极拳的人越来越少了。许多人不是把太极拳当内家拳练，而是把太极拳当成慢练的外家拳。大家只知道学多少套拳，学多少招式。而对拳理却一概不知，充其量混个身体健康，脚腿灵便而已。一个人是否会打太极拳的劲，只要看他的起势和收势就能看明白，否则打再多招式也枉然。

说完这些话之后，老师便领我推手，可是奇怪的是，老师并不教我推手的掤捋挤按。我又迷惑了。老师说：拳本无法，有法也空。我如果一开始就教你规规矩矩的东西，你一辈子也学不会太极拳。一开始你就随便来，从无法中找有法，不刻意地往上用法，用招式；用什么法，用什么招式是顺其自然用出来的，这样才符合太极拳舍己从人的道理。太极拳是水，避高而趋下，随意而成形。成什么形不由自己，而由面前的障碍物。这也是为什么太极拳讲究化打的原因。

这时我恍然大悟，对呀，太极拳就像水，因为水的特性才变成各种形状。你轻轻碰它，它就轻轻回应。可你大力打它，那你手心也痛，越大力越痛，也正是太极拳极柔软而极坚刚的道理。我想起以前看过的一则杂志，说有人从上百米的大桥上投河自尽，尸体被捞上来后，发现死者身体表面无一处伤痕，可是解剖之后，发现死者的内脏全部都被震裂了，很显然是被水震裂的。后来老师也说过，太极拳的透劲伤人都这样的，表面完好无损，里面却全部打坏了。

我问老师内家拳与外家拳最本质的区别在哪里。

老师说：外家拳靠招赢人，是有形的，看得见的，能招能架的。可是内家拳却不是这样，它是靠劲赢人，碰到功力比你深厚的人，不管你是否招架，他的劲道都打在你身上，打个比喻吧，如果是棍子扔过来，你可以把它格开，可是一股冷风袭来，你能格开吗？你觉得你已经格开的时候，你身上已经感到寒意了，这就是内家拳。

还有一个比喻，外家拳就像加农炮，威力再大，一旦弹道固定，炮弹的飞行轨迹就定了，它就只能打一处，目标移动了，炮弹就打不中。可是内家拳不同，它就像激光制导导弹，目标走到哪它就跟到哪，不找到你它轻易不爆炸，它的精确度相当高。外家拳打人力度拿捏得差，只用一斤力就够，有人偏用十斤，以为越大力越好，其实有九斤都是浪费了，等到要用十斤力时，可能还用不到两斤。内家拳就不同，该用一斤就一斤，该进一尺决不进一尺一；化对方攻势时对方觉得自己的力道如泥牛沉大海，进攻对方时对方觉得如泰山压顶。

我又问，为什么推手的时候，看起来很软又很慢？

老师说，所谓的慢，你只是看到表面而已。你见过蛇捕食没有，表面很慢，其实它已经看住你了，你不动它不动，你一动它便会一触即发，一下把你给咬住了。外家拳再快，没你心快，当你用心去看它时它就不快了，它稍一动，你便会有反应，这也正是“打拳如同瞎子走路”的道理。“闭眼的比睁眼的看得还明白”，因为人家是用心去看的，能不比你反应快么？

一个大汉捏紧了拳头，捶胸顿足，大喊大叫，他要伤人很难；可是一个娇滴滴的女孩子一声不响，她只要一包毒药就能把你毒死，你说是硬的厉害还是软的厉害？

对于大汉的比喻我明白，可是对于女孩子的比喻我却似懂非懂，这时老师一眼就看出来。他说，来，我们搭一搭手。我便和老师搭上手，老师静静的，并没有平时领我推手时随意动起来，我便觉得没什么呀，挺安全的，便主动向老师一挤，我刚一动，老师便啪地一下，把劲吐在我身上，我便感受到了强烈的挤压，一下向后蹦了出去，顿时吓了一身冷汗。幸亏老师只是想让我感受一下而已，发了一个长劲，并不是发透劲。他说如果跟敌人交手的话，这一下已经把人给废了。从此老师再跟我讲手时，我总有一种战战兢兢、如履薄冰的感觉，不敢轻易自动一下。

太极拳就是这样。你看它轻轻的，柔柔的，你以为没事，很安全；也正是你麻痹大意，以为很安全的时候，就是你挨打的时候。

以前无知，往往思想上过于主观，爱早下定论，以为太极拳练得那么慢，个个都像老头老太似的，能伤人吗？我跳起来踹你一脚，给你一个大嘴巴子不就完了。可是和老师一搭手，我却轻易不敢动弹，感觉处处都是地雷，处处都是陷阱，一不小心就被放了出去。

跟老师学推手，有一个很特别的地方。那就是——随便。这也是老师的口头禅。一伸手便说随便。然后你便怎么也推不了他。他软硬不吃，身上又软又硬，又沉又软，结果最后却随了他的便。他随便都能打你起来，他晃晃荡荡，如癫似醉，时而作伸懒腰状，时而又作猴相，时而如游龙般一个摆尾，无论你的力从哪个角度来，他都能化为乌有。而他要打你却只是一念之间。

我记得刚开始认识他的时候，由于无知，竟怀疑太极拳的威力，老师一眼看出我的心理，便说你随便来，结果怎么也推不了他。

后来，正式和老师学推手了，老师还是说随便，他说只有从随便中才能练出不随便来。一开始就定太多规矩，你就连腿都不敢迈了，根本没法学。只有从随便开始练，你才能把什么样的对手、什么样的推法都适应了。老师的身手就是经过无数次的寻师访友、无数次的切磋中锻炼出来的。什么对手他都见过，他跟我说，每次和别人一搭手便说你随便，我什么都不会，你有什么本事尽管用出来。而这个时候很多人反而不会推了，意识紧了，身上也紧了，反过来同时也暗示自己要放松，再怎么推自己都能松好。

这已经是兵法的东西，给对方一个心理上的暗示，让他无法放松，而同时也从心理上暗示自己要放松，对方紧，自己松，此消彼长，一推起手来就占大便宜。

老师在平时讲手时，也是说随便，他让你用最牢靠的方式准备好，你说行了，他再打你起来，不说行，他绝不动手打你。每次出手都是轻手轻脚地把人拣起来。我身上一点也不痛。只是觉得老师用的劲并不大，可是不管怎样都抵挡不了。有力也使不出来，怎样用力不管你顶也好，化也好，都是轻飘飘地出去，仿佛是在两个频道上用劲，根本没法和他的力触到一块去。

在后来的日子里，我曾经到外面和一些多年从事太极拳训练的老师交流，才发现正是老师当初教我的“随便”，帮了我的大忙。别人的力在我身上总是不奏效。我能接受来自各方面的力道，并通过松柔的方法走化出去。跟我推手的人都显得无所适从，发现我身上根本没有法，就是软摊摊的。按不实，不受力，没规律，又有规律——那就是随便。

这也是老师常说的“拳本无法，有法也空”。推手要靠功夫赢人，而不是靠一些办法，撅手呀，使绊子呀之类，办法用得再熟也只能对功夫差的好用。一遇到功夫比你深的，那什么办法也不灵了。最根本的是要把功夫练到家，有了功夫，办法怎么用都行，都奏效。

老师常跟我讲，“功夫好练，劲难求”呀！他问我：劲是什么？我脱口而出说：劲不就是力量吗？力量越大劲越大。

老师说，错了，你把劲理解成死力气了，其实劲是活的，是有思想的，有意识的。我们在日常生活中都能练出各种劲来，只是跟你的熟练程度有关。铁匠有铁匠的劲，书法家有书法家的劲，如果让铁匠来写字，再有力气也写不了有力度的好字；如果让书法家来打铁，就是他再会写字也打不了好铁，用不好打铁的劲，打出来的也是废铁。再作一个很简单的比喻。假如你是一个右撇子，你突然用左手拿钥匙开门，这时你会发现平时用右手开门，又轻又准，一下子就能把门打开，可是换了左手就又累又不讨好——这就是劲！

噢，原来是这样！我突然想起来，老师有一次搬家，老师跟我说：你别看我长得虎背熊腰，打人时一伸手人就飞，可是一驮重物，我就两三天腰酸背痛，浑身不自在，连你师母也不理解，一到用力的时候就骂我，打人那么有能耐，到使力气时怎么连个女人都不如？

当时我很好奇，觉得老师功夫那么深，他一定具有力拔山兮的气势，可是他怎么连个包都不爱背。

老师说，道理就在于此了，内家拳练的全是巧劲，身上的僵劲你恨不得全把它去掉，平时练的全是松，全是巧，哪还愿用一丁点笨力气？你想想，一个钢琴家，他的手如果老去抓锄头，那他怎样也练不好钢琴。所以呢，弹钢琴就只能弹钢琴，我们练内家拳的，就只能练出打人的东西，要比搬货的功夫肯定比不过搬运工，练什么的就什么行。

原来这样，难怪有穷文富武的说法。穷人练武，晚上练巧劲，如何放松，白天又去推车，搬石头，那他什么功夫也练不出来，劲全跑掉了。听说以前内家拳高手都不干活，全都养在有钱人的家里。我也想起杨澄甫的徒弟李雅轩在四川时从不教穷人，只教富人，原因竟是这个。刚开始时以为他看不起穷人。

老师还说，以前的名家，每天跟人讲动作，讲套路，可是从来不跟人讲劲，结果练功的人怎么也上不去。

难怪老师说，一个人会不会打拳，你只要看他的起势和收势就明白了。劲如果不对，套路再长也白费，劲如果对了，只打一个动作也行。难怪我看老师打拳从来不打套路，他只是随便打、没有固定的动作，也看不出什么型来，走到哪是哪，老师告诉我合乎拳理的情况下，怎么打都行，不合拳理打再多都错。

我曾听人说，三大内家拳，练形意的练明白了一个劈拳，就练明白了形意；练明白了单换掌就练明白了八卦掌；练太极的会起势会收势就会打拳。

原来，都是因为明白了内家拳的劲，所以一理通百理通，会练一个动作就会练全部动作，否则会再多招式都没用。很多人练拳时没有真正理解好内家拳，一直练的都是招，而不是练劲，殊不知招再多劲是错的，全盘都错。那就像给你装上水的酒瓶，再多再漂亮也还是装的水；如果是茅台酒，哪怕装在矿泉水的瓶子里，它也是好酒。太多人追求华丽的酒瓶，其实却失去了里面的美酒。

许多人都把内家拳当作看得见的东西来练，练一个套路就以为会了内家拳，就像看到水和酒一样分不清。实际上内家拳是看不见的东西，好酒劣酒一定要靠品尝了才知道。

而且老师还常说太极拳不能讲法，一讲法层次就低！

太极拳真正要练的是劲道，而不是法和招。

有法不用法。有招不用招。

内家拳都是在模仿动物身上的劲，动物哪有法和招，可是动物身上的那股机灵劲是你用什么法也拿不住的。动物在遇袭时的那种反应完全是一种天性，人要学的就是这个。

身上劲道出来了，别人什么法都对你没用。

孙禄堂曾经说过，万法得来皆无用，身形应当似水流。这也是老前辈们为什么老说，要顺应天性、顺应自然。因为自然而然的东西是最强的！

我的老师常跟我讲，推手时，训练是训练，实战是实战，一定要分开。两者如果分不清楚的话，一是推手的层次上不来；二来等到实战时一定吃大亏。

我一开始不明白是什么道理，便问为什么。但凡有问题我必问，问时又无有不打破砂锅问到底的。刚认识老师的时候，我的问题就特别多，我总想把老师问倒了，问题又多又刁钻，可是老师又总能从容应答，入情入理，令我心服口服。慢慢地老师没被问倒，我的道理却越问越明白。后来我才知道，一层功夫一层理，功夫练明白了，道理自然就圆了。

老师说，推手之时一定要按照规矩来，宁可合理败，不可越理胜。你们初学推手时往往为了争胜而违背了拳理。师弟比你弱，你就要时刻提醒自己切不可以力取胜，更要以技术来迎合他，让他能把东西用出来，又不至于摔倒。那你既领了他的手，同时更练到了你自己的技术。同时切不可大意，哪怕对手是一个小孩你也不可轻视他，你以技术来配合他。如果你把把都是一搭手就把他放出去，他固然是练不出来，而你的技术也一定不会提高到哪里去。想想“老朽戏顽童”你就明白了，老朽要把顽童逗弄起来又不要让他摔倒，自然要一番技术。别人比你强，哪怕你被打出去了，只要你是松着出去的。那就算是输了也不会让他占到更多的便宜。只要你是松着出去的，他打着你，他也不会自在到哪去。如果别人打你时，你硬撑着不出去，不出去是不出去了，但你的体力消耗就厉害了，因为别人是得机得势了。相反对于他来说，他不能打你时硬打了你出去，那他的体力也消耗得很厉害。别人退一尺你就打一尺，别人退一尺你打了他两尺，那你就有一尺是消耗掉了的，对于练功来说是不合理的。这是平时练功之时要记住的东西。

可是，到了实战比赛时，那可就不同了。因为比赛的目的是为了取胜，而你的功夫又还没有练到家，这时你就会违背一些道理，硬胜他也不过分。许多一辈子的老拳师了，稀里糊涂吃亏被人打得晕头转向的，还是大有人在的。他们就是没弄明白这个道理。

讲到老师教我推手的事情，就很有意思。老师和我推手纯粹是降低层次来带我，如老叟戏顽童一般逗弄我。不让我摔倒，又让我刚刚觉得有点吃力，而且又能让我使出浑身解数。一般十天半个月我都能适应。刚开始的好多回，我都以为我跟老师的功夫差不多了，心想，这回不用加难度了吧？可是，老师等我一适应马上就换劲，难度马上又上来了。每次都觉得自己的功夫应该差不多了，可是和老师一搭手，却发现老师总是赢我那么一点点。也不多，就是让我满头大汗，又能支持住而已。只是显得非常狼狈，疲于奔命，被赶到东来赶到西。

两年了，老师给我加难度不下四五回，我也换劲换了四五回，我的功夫也不知不觉地突飞猛进。想想当初我大言不惭地和老师说的话就觉得可笑。我说，老师，我现在每天的目标就是研究怎么把你放倒。这一说，老师乐了，说，好呀，这样才叫有志气。自古以来赢不了老师的徒弟都不叫好徒弟，你赢得了老师，老师我才更开心。

可是，后来我才知道自己的想法有多么的愚蠢。

两年来，我还真没把老师放倒过，甚至也根本就没法知道老师的功夫有多深。反正就总比我赢那么一点，就是很撵得狼狈，三撵两撵功夫却越见长进。

我只想起，以前看过一个训练马拉松运动员的电影，前面总是有一辆车子，不让你落下又不让你追上，你多快他多快，反正就比你快一点。天长日久，水平就出来了。他始终没追上车子，但是他却真的拿到了冠军.

后来，还有一件事情让我记忆深刻。有一次，老师腹泻，一晌午拉了五回。他却要推手，我和师弟都在，我 150 斤，师弟 160 斤。老师说，我要检验一下我的功力现在如何了，便让我们轮流上。两个小时过去了，我们被老师撵得筋疲力尽，平常人光跑肚五回就蔫了。可和老师推手竟丝毫感觉不到他的疲态，要知道我们的功力并不太差，每天都站桩打拳，见面就推手，一天也不懈怠。于是我们大奇，问老师为什么。老师说，那是因为我松得好，消耗很少，所以才能和你们推手那么久。原来，松到家的功夫消耗竟能低到这种程度。

正是老师这种带手的方式让我受益匪浅。每次到外面和人比手，我都想对手进攻的强度和密度会比我的老师厉害多少，事实上往往连三分之一都不到，平时狼狈不堪的我到了这时竟变得潇洒起来。往往变成我撵着别人来跑，别人变得狼狈不堪了。

的确，和我的老师学推手，心里面总是会有很多奇怪的感觉。一时觉得自己的功夫差不多了；一时又觉得离成功之日遥遥无期；一时觉得自己很厉害了；一时又觉得自己还很差。而我的功夫又真的大大长进了，可是老师却总是赢我一点点。自教我之日开始就是这个感觉。现在两年过去了，竟然还是这个感觉。老师却说，老师我的功夫不可能一下子退步那么快，你的功夫也不可能一下子进步那么快。反正，你慢慢练吧，至少要满三年你才知道我的功夫到底有多深。你现在还不行，就只知道我功夫深。但深到什么程度你却量不出来。

这时，我才知道老师一直都是陪我练功而已，他只是凭着他的功力来磨炼我，一点一点地来带，积易成难。老师也曾经跟我讲过一个故事。以前一个扔飞镖的高手在他面前炫耀，老师说，这个练法很简单，雕虫小技而已。那人不服气，反问老师如何练。老师说，先站一个离靶近一点的距离。练至百发百中之后，你再往后退一大步，又练至百发百中。以此类推，日久功夫自然就出来了。话一说完，那人大奇，说，你怎么知道的？我还真就是这么练出来的。老师只是笑而不答。

原来，我们的练功原理竟是这样的。只是里面的拳理和层次复杂得多、曲折得多，因为太极拳更讲换劲，每到换劲的时候就是要上层次的时候。很多人层次上不来是因为劲道换不过来。

换不过来的原因有很多种，首先是自己的老师的层次就不高，一样的劲道只是功力深一点而已。有人可能会以为，功力深了还不行吗？当然不行。在同一个层次上，功力越深功夫越强；层次不同时，功力虽深但却吃力不讨好。举个例子吧。好比一个小学毕业的菜农，他只会一个加减法，一辈子下来他的心算速度会比你大学生还快，可是他的数学水平能和懂高等数学的大学生比吗，肯定不行。那你要用数学问题难倒他还不容易吗？高手比武比的就是“人不知我我独知人”，我用你没法理解的层次和劲道，我天天练而你一下也没练过，一搭手你肯定输。

其次，劲道换不过来的原因就是学生自己悟性差的问题。我的老师曾经说过，一位高师一辈子想带出一位能完全继承他的衣钵的弟子是相当不容易的。这个弟子不容易找，总觉得这有缺陷，那又有不足。我记得，连孙禄堂这种有这么多高徒的大师，还有不能找到具有完美资质弟子的慨叹。有人觉得老师保守，实际上是老师的精力有限。老师教学生也是一种投资，与其每个学生水平平均化，不如努力教好几个徒弟，这样功夫才能保质保量地世代相传。

老师曾经在他高兴的时候，露过一些东西给我看。那时，一搭手便觉得，身上不由自主地紧了起来，大脑瞬间一片空白，整个人像断线的风筝一样飞了出去。落地的一刹那，心里会有很多的想法，要抓住哪？会不会摔伤？可是每次都没事。不管怎么样，就是化不了，就像风一样像水一样，怎么化都弄到你身上了。老师说，这就是太极拳的内劲，化不掉的，也不是什么招术，就这么一下，化和打都是它。

后来我见过老师写的歌诀："练到此处臻化境，突然袭击自服应。耳感不舒一惊恐，发人丈外只一松。"老师当时的劲应该就是这个，已经不是招了，那时仿佛变成了动物的天性和本能。内家拳要仿形取意其实就是这个道理。老师给我摸着时，就像摸在一个飞快转动的大肉球上一样，圆滚滚的，找不着缺口，想打他时，他一下就转走了。打大力了，自己还会像被飞驰的车轮一样带倒。根本听不到劲，所不同的，车轮是主动的，老师是被动的。如果不想给我摸时，我一下也摸不出力来。老师的手始终只和我的手轻轻地搭着，一大力他就走了，他根本不受力。因为老师是练八卦出身的，脚下太快步法太巧了。这时，像摸在灵猫身上一样，吃不上力。

眨眼之间，我和老师学推手快两年了。今天，我终于开始学四正手了。两年来，我就是练了一个"随便"而已。可是就是这么一个随便，却让我打下了一个坚实的基础。

我的老师说，学推手就像学游泳似的，你先得让自己在水里能自如得飘起来，不至于沉下去才行，这时才有学会蛙泳、蝶泳的可能。练太极拳也是这样，四正手只是前辈提供的一个范例，在这个范例里面体会掤捋挤按，可是许多人练了一辈子的四正手，一旦离开了四正手就不会推手了。

而我们的练法就是，先随便来，等你能将任何一手都适应了，自己能不被人推倒了，才开始来研究四正手。从随便推手到规规矩矩的四正手，这时自己的功夫才能上层次。此时的四正手，完全是一种文劲的推手，手上不允许着一丝的外力，也不许有放人的想法。纯粹就是在这种规矩里面，体会和练习太极拳的文劲。将自己的在随便中推手的拙力一点一点地卸掉，这才是真正的步入到推手中太极劲的练习。时间一久，身上的功夫才会更纯更细腻。

因为随便中的推手是一种框架一种基础，而四正手才是真正的精雕细刻的修饰。就像建房子一样，毛胚房建好了，这时才进行屋内的装修。

许多人的太极拳练不出来，就是因为从一开始就是练四正手，甚至练了一辈子的四正手，一旦碰到一个乱来的，他就不会推了。要知道，四正手只是无数个推手范例动作中的一个范例而已，老前辈把它单独提出来做文劲练习，是因为它最有代表性，练好了它就有希望练好其他的动作。可是它只是所有动作中的一个代表，却不能代替其他所有的动作。实战中的动作瞬息万变，什么形状的动作都会出现，如果你只练了一个四正手，这时你就会变得无所适从了。

就像练书法一样，可以通过练一个“永”字，来练到汉语文字中的所有笔划，可是如果你只是练一个“永”字，那你一辈子也练不出好书法来。

歌唱家也是这样练出来的，他只有在经历过许多的磨炼之后，他才会将自己的精力放在一首歌上练习，甚至是几句歌词上练习。可是，这时并不会影响他的层次和境界。

练太极拳也是这样，在你没有真正推手推出一定的功夫之前，你就练四正手，是没有太大意义的。这时你只是练了一个假手，碰到乱来的你就傻眼了，不会推手的你也制服不了他。但是，在你什么角度的推手都尝试过之后，再来到四正手里面找规矩，那就不同了。因为此时你的功夫已经出来了，什么手你都见过了，你也不必什么手都去适应了，你只要在四正手里面练功就行了，在这里面细心雕琢细心体会就行了。因为你已经从复杂回到了简单。怕就怕，你一开始就是一个简单的手，到最后还是简单的手，你根本就不曾复杂过，那就完了。

四正手是让你在里面找规矩的，在里面修饰毛病填补漏洞的，在里面提高层次上境界的，它起到的是一个画龙点睛让自己的功夫日趋完美的作用。它的作用非常重要，非常关键，但却真不是初学者学的东西。以前的老前辈如果不想教徒弟，一来就教徒弟练四正手，那这个徒弟一辈子也练不出来。把好手了，文文静静地推还行，可是一撒开手随便干就不行了。因为只能在四正手里把人放倒的人不算高手，只有随便怎样都能把人放倒的才是真正的高手。

题外话：我的老师说，练四正手一定要有高手来带才行，没有基础的学生之间练，一点用处都没有。因为只有用老师身上的劲道来领你，你才能学到东西。否则，容易推得四楞八角，又笨又拙。那便不是真正的太极劲。

自从学了四正手之后，觉得自己的动作自然地就变圆，变细腻了。再回到随便的推手中去，发现原来好多地方都很有漏洞。现在的细腻加上原来的经验，再实战时就觉得更得心应手了。

实战对抗　家常便饭

——读《道新拳论》与韩起真言有感

著名武术实践家韩起先生通过《道新拳论》和自己的实践，科学的探索、论证和深入细致的研究（见《搏击》杂志 2009 年第 8、10 期、2010 年第 3、4、7、8 期、2011 年第 7 期），震撼性的提出了一个著名的论断，即“没有对抗训练的拳术就是假拳”，也就是说“拳术不经过对抗训练就打不了人”，“练武术必须经过对抗训练，空练是不管用的”，这不是“耸人听闻”，是一针见血，刺中了要害。拙著《太极拳技击实践》（陕西科学技术出版社 1992 年 7 月第一版）虽有这个思想、理论和方法，但绝没有像这样旗帜鲜明地提出，实感羞愧，现已得到证明（或许是不谋而合），也确实倍感欣慰。

一、欲知拳滋味，始由对抗起

《道新拳论》讲:“最终的决战怎么用，学习的开始就怎么练。”“把实战视为艰苦和危险，并作为最后才能进行的高级训练是不对的……在执行了短期的基础训练后，就要以爆发力训练与实战训练为主，应把实战作为家常便饭。”“在拳术练习中，提高身体素质被称作‘练功夫’‘增长功力’”“不管哪门拳法都以不能散打（实战）为耻”“训练是格斗的补充，格斗是最好的训练”“先临敌，后训练”、“格斗——训练——再格斗”。“一个未经过对抗训练的技击者，就好像一个没有下过水的游泳者。”“古今拳术名手的‘神奇功力’就是这种高质量的爆发力”等等，应该是一语点醒梦中人，是使人迷途知返的话，是让人依之练习功夫见长的绝对“真理”。

如今，在武林，遍地都是“嘴上明白，训练不明白”的人，表现出“拳术观”异常荒诞，他们可以从拳论拳理谈拳术，可以从前辈掌故谈拳术，可以从他老师给他示范的空发力和拆招说手谈拳术，惟独不肯从“他们嘴上本来承认的格斗对抗”来谈拳术。

有人说，武术如同女人，不管你见过多少女人，看了多少关于女人的书，又和多少女人谈过恋爱，但只要你没跟女人上过床，你就不可能体味女人的滋味。这就如同你见过无数大师，拳理拳论倒背如流，空发力劲整架正，拆招论手滚瓜烂熟，但只要你没打过实战对抗，你就无从体味武术的滋味——哪怕你是何等高人的徒弟！

这就是说，练武术，不但功夫要从实战对抗里面出，要搞明白“武术是什么”也离不开实战对抗，你只有投身对抗了，才能体验到武术，才能嚼出武术的滋味。除此，别无它法。

1. 拳术即格斗，离开格斗，拳术没有什么可谈的，不练格斗拳术没有什么可练的

这里所说的，与大家从“拳论、掌故、老师的空发力和拆招说手”里认识武术的习惯正相反。试想，一个满脑子“传统站桩、调架、一心用什么奇妙功法训练”的人，你安排他拳脚对抗，他心里想的会是另一些事，怎么不先让我站桩去拙力呢？怎么不教我奇妙的功法呢？怎么光让我练柔韧、练弹跳、练速度、练力量呢？现在就让我开打，我才练一个月啊，我这俩拳式劲还没找顺练整呢，步法还不熟呢……这么练，叫练武术吗？

又请问，你熟悉的那种站桩、调架、一心用什么奇妙功法方法看着倒像练武术，可怎么你、还有绝大多数的人，练了三年、八年，赶上动手还草鸡呢？还跟没练过的一样呢？

如果“使绝大多数人练了不能打的方法叫练武术”的说法成立，那么，武术就变成了这么一种怪物：它名曰是打人的，同时又不能使人学会打人。这个“怪物”大家都熟悉，就是传到武林之外的国人和外国人耳朵，我们就太丢人了。不幸的是，国人里早有人一听武术俩字就鄙夷道：“花架子。”外国人也有越来越多的人一听中国武术就摇脑袋：“No，那是‘架子花’，只会脸上挨拳头、开红花。”

如果我们还承认武术是打人的，那么，使“绝大多数人练了不能打的武术”就不好再叫它武术了，让它继续顶着武术的名，丢人不说，主要是名不正言不顺。因为不定哪天在街边跳大舞的老太太们会欢天喜地说：嘿！李婶，知道吗？原来咱们这也叫练武术啊。还有教街舞赚不上钱的，练杂技没练出名堂的，跳了半辈子大神仍穷得叮当响的，等等各色人物，纷纷改行，蜂拥到武协去注册，要开武馆，不同意他们就嚷嚷：“都是不能打人的东西，为什么他们那玩意儿能叫武术，我们不行，我们这也叫武术，不就踢腿抡胳膊嘛……你说什么？站桩？站桩我们也会，不就是摆出个撒尿的姿势站着不动吗？我们的桩法比他们多。”这种事你别以为是天方夜谭，早先，不是有跳舞蹈的培训仨月去参加太极拳比赛、还得了冠军亚军的吗？如今一些教瑜伽的老师，私下一打听，天啊，有不少是从舞蹈、体操、杂技道上转行过来的。武术现在是不赚钱，要是赚钱，一准有玩街舞的开武馆，还美滋滋曰：混在武林。

2. 身体的综合素质是“神奇功力”的基础

现代体育运动理论中，把人体运动的基本素质分为力量素质、速度素质、耐力素质、柔韧素质和灵敏素质。如果把它们综合起来应用于拳术，就可以总结出实战技击应该着重提高的主要格斗能力。

对于“功力”，赵道新还有过一段极具打击力的解释，语出《论爆发》的“击打的最终阶段通常是劲力爆发式的施展，这是最可怕的、最富有实效的劲力，在拼搏中多为致命的打击。古今拳术名手的‘神奇功力’就是这种高质量的爆发力”。

这段有关爆发的话，起码向我们昭示了如下一些事情：

①爆发力是功力的主要表现形式。爆发力才是武术最可怕的力。“放人”的力不是最具格斗实效的。

②即使是名扬天下的实力派大师，他们被人惊叹的所谓“神奇功力”，也不过是高质量的爆发力，而非什么内力、整力、内气。

③如果说，内力、整劲有将“力的训练、使用、文字表述”复杂化的倾向，这个爆发力，虽然异常厉害却简单得多，用赵道新本人的话讲，“爆发比东方拳技中的所有的‘劲’和‘招’都要简单……”

以少林功法为代表的更早一些的传统功法，其主攻方向，如众所知，就是练力量，用外功的方式练肌肉力量（兼提高抗击打力）。用器械练的有举石担、舞石锁、打沙袋、踢树桩、抡杆子、指抓石壶、打千层纸等。徒手单人做的有铁牛耕地（形式多种多样）、纵身跳高跳远、鲤鱼打挺。另有徒手双人训练的顶拳头、压胳膊、抗压蹲起、横力开合等。

3. 武术功法所以突出练力量，是因为力量素质在各项身体素质中，属于决定性的一项

力量的价值，不光是能提高拳脚的摧毁性和抱摔能力，它还能增进速度（启动速度、移动速度、转换速度等）。

看其他徒手对抗的项目，如散打、泰国拳、拳击等，把它们的功力训练与上述的“举石担、打沙袋……”两厢比较，用异曲同工、殊途同归来形容，绝非勉强。

说一句老百姓的大实话吧，人力量大，动手就占优势，你身上没劲，打起来就吃亏。谁管你练没练过内功，拿出胳膊腿腰腹背的力量才是真功。

实话说，在其他条件相差无几的前提下，谁见过身体素质差的打身体素质好的？如果有谁能绕过身体素质练出功夫，我们还真惦量着开开眼，长长见识。

就“训练方法”而言，应该等于训练程序+训练内容+训练形式+训练强度、密度、量度等。有了详细的训练方法，再来审视道新拳论的观点，我们就能看出，这起码涉及了四个问题：

①强调了对抗训练的重要性。

②明确了对抗训练在整个训练“程序”中所处的位置——“在进行了短期的基础训练后”就开始。所谓程序，简述之，即训练的先后次序。

③确立对抗训练属于武术训练的一项内容——将实战（即对抗训练）“作为家常便饭”。所谓内容，即俗话说的“练什么”。

④指明了要用对抗的形式练习实战。形式，即“采用什么方式练习”。

与之相反，在流行的传统拳术训练法里，则是——

①漠视对抗训练，不强调对抗训练的重要性。

②在大多数的训练法里，对抗训练一项已从程序里消失。而少数训练法，则将对抗训练放在整个程序的最后进行。

③普遍不把对抗训练视为一项独立的训练内容。

④盛行以喂手或拆招的形式练习拳法、技法的使用。拒绝以对抗的形式练习拳法、技法。

假如让人们和有良知的专家们回答，在这两种训练方法中，哪一种方法能够普遍地、迅速地提高爱好者的技击能力，我们相信多数的人会选择赵道新的方法。

那种在“拳术观念、训练程序、训练内容、训练形式”上缺失了对抗训练的方法，早已被绝大多数的武术爱好者证实是“练了不能打”的方法。

其中的道理，不言自明，任何一种技能，不管是足球、散打，还是烹饪、捏泥人，都必须在实践（实战对抗）中反复熟悉，给神经系统建立一套对该技能的神经反应。武术技击是激烈的，神经系统要想适应和熟练应对这种激烈，训练就必须是激烈的。

4. 截止到目前，世界上还不曾有一项技能，可以在独自空练的情形下掌握

比如练足球，是无法用脚长期地对空比划盘、控、传、射，然后就能在比赛中熟练地盘球过人、躲过逼抢传球、射门的。

具体到对抗运动，凡是用于对抗的运动技能，一个普遍的规律是：必须在大量的对抗训练中掌握和提高。例外的现象，目前还不曾出现——具体到武术，武林中也不曾有例外于这一规律的实证。

“应感而发、有感皆应”的神经反应，同样不可能在独自的空想中训练出来。武林尚无人用意念想象出技击所需的神经反应。王芗斋未曾拿出实证，天下任何一位大师也不曾用实证证明。当然，用文字和掌故“证明”很容易，在想象力驱使下的文字和掌故，可以把人吹成神。

对于武术爱好者普遍不能打的原因，我们能找出很多，沉迷于内功神话、拳术动作练打不统一、轻视身体素质训练等，训练失误很多，但位列第一的失误，是在训练的程序、内容和形式里，缺少对抗训练一项。

而缺失了对抗训练的拳术，即使它在其他的训练上正确无误，比如一是你的拳术动作正确，练和打一致；二是重视身体素质训练；三是空练时保持高强度，它仍然不能使大家掌握格斗技能。个别胆大、心稳、斗志旺盛的人，或许能在胡打乱踢的混战中取胜，但已不具有拳术意义。

“把实战作为家常便饭”，只记住这一句，并投入训练，你就能提高格斗能力。其他任何一项训练都做不到这一点。

这是一个事实现象，即人可以从实战对抗中学会格斗，但不能从拳术技术中学会格斗。老话即人人皆知的“久练不如惯打”。

武术即格斗，所以，练了能打的才是武术，练了不能打的就不是武术。对于练武术的人，能打的就叫有功夫，不能打的就叫没功夫。又因为武术不进行实战对抗就练不出真功夫，由此反推训练，则是，你在练习中进行实战对抗是在练武术，你在训练中不进行实战对抗，则不叫练武术。所以，真正的武术，在训练中必须做到“最终的决战怎么用，学习的开始就怎么练”，“在进行了短期的基础训练后，应把实战作为家常便饭”，“欲知拳滋味，始由对抗起”。

二、拳术技击功夫的训练必须遵循武术技击训练学的基本原则

拳术技击是人体运动之一项，所以教武术技击也要遵循“武术技击训练学”。起码也要遵循运动训练的普遍规律。

这个“普遍规律”，包括技术训练的普遍规律、身体训练的普遍规律、心理训练的普遍规律、战术训练的普遍规律等。

当然，在运动训练学这个“普遍的大规律”里，不同的运动，譬如拳

击、散打、足球等，其训练，又有适合自己特点的小规律。

说到拳术，它在训练“拳、腿技术，功力（即身体素质），胆量，心理，战术等方面”，也有自己的小规律。不过，如同拳击、散打、足球一样，拳术训练的小规律，跳不出运动训练学这个“普遍的大规律”。

1. 拳术技击训练要与实战严丝合缝

“训练要围着实战转”，“用实战指挥训练”，“用实战检测训练”这才是拳术训练的根本。了解运动训练学的人都知道，运动训练学的宗旨，就是为了提高运动员的比赛成绩，它在训练上的任何一项原则和方法，都直指比赛（实战）这一目的，从不允许有些许的偏离。我们甚至可以说，如果不是为了比赛（实战），运动训练学这门学问就没有必要搞了。

只有“用实战监督训练”，训练才能少走弯路，尤其武术爱好者，大家都是业余在练，每天只能拿出一两个小时。但越是时间有限，大家越要“把训练和实战严丝合缝地结合起来，尽量让训练一点不浪费地为实战服务”，因为大家没有更多的时间和精力可供浪费啊！

制订一套能提高学生实战能力的训练法，是武术教师的分内之事。对于武术爱好者普遍不能打这件事，如果追究责任，首先要追究教武术的人。按照运动训练学的观点，教练在“制订训练计划、指导训练”等方面，负有直接的责任。当然，如果爱好者身体极弱、胆量极小，或者每天练习不到一个小时、每周训练少于五次、持续练习坚持不了一年，责任则不在教练。

在武术训练上，教师要制订的“训练计划”，其核心部分就是训练方法。这套方法用到爱好者身上，起码要能够有效地提高如下三方面的能力。

①提高一般的身体素质，提高专项的身体素质（或曰：一般功力，专项功力），增进有机体的机能。

②使爱好者掌握武术技击所需要的拳腿技术、战术，使拳腿技术及战术达到“自动化”的程度——需要强调一点，拳腿技术的掌握，指的是能在实战对抗中打出来，不能光会练、不能打。

③改善心理素质，提高爱好者应对实战对抗的心理承受能力。

如大家所知，格斗，也即拳术技击，若离开“身体、心理、拳脚技战术”这三方面的素质，那是绝对玩不转的。

但是，提高“身体、心理、拳脚技战术”的能力，说起来简单，具体操作难。因为怎么安排训练是有讲究的，或者干脆说，它就是一门学问——别看武术技击本身是一门技能，但是教武术，搞训练，却是大学问。

运动训练学包括“一般训练”和“专项训练”两个概念。

2.“一般训练”和“专项训练”要相辅相成

“一般训练”指的是什么？拿武术来说，就是在练习中“使用非武术动作”，对爱好者的身体素质、器官机能进行全面地提高。对这个“一般训练”，可以简单地理解为身体素质训练。

“专项训练”就是在练习中“使用拳术本身的拳脚动作”，来增进拳术技击所需要的专项的身体功能、身体素质、拳脚技术（包括战术、心理等）。譬如拳脚空击，拳脚对抗，踢打沙袋、拳脚靶等。

说起来，在真正的传统武术里，本来是存在一般训练的，只不过没有使用“一般训练”这个词罢了。比如八极拳用“兔子蹦”（近似一般训练中的连续跳高、跳远）来提高下肢爆发力，用“压胳膊蹲起”（类似一般训练中的深蹲）来增进腿部力量，用“顶拳头”来提高上肢及胳膊的力量，用“旱地拔葱——纵跳摸高”来提高脚下的弹跳力，用“不定向移动”来练反应速度和灵敏性等等不一而足。

“专项训练”在真正的传统训练里也是常见的，比如八极拳的踢桩打袋——用八极拳的拳脚技术来踢树桩、打沙袋，在提高拳脚力量的同时掌握拳脚技术。再比如八极拳的对抗训练——用来提高反应速度、灵敏性及熟悉拳脚技术在实战中的使用。至于“踢打拳脚靶”，虽然在真正的传统训练中也是没有的，不过，一旦引进，它就属于武术技击训练中的“专项训练”了。

其实，大多数的武术爱好者尽管没听说过“一般训练”和“专项训练”这两个术语，但对它们所练的内容，往往并不陌生（对上述八极拳的那些训练，有谁不多少了解一些呢）。在这个时候，教武术的人就应该顺水推舟，在给学生明确这两个概念的同时，进一步从运动训练学的角度讲解“一般训练”与“专项训练”之间关系——一般与专项的关系是绝不可漠视的，否则，教师就是瞎教，学生就是瞎练。

按照运动训练学的原理，一般训练与专项训练存在如下两种关系。

①一般训练是专项训练的基础。就是说，一般训练一定要认真搞，不重视一般训练，专项训练的水平绝对上不去。所以，武术教师在训练中，不能一味地让学生只练专项的踢打沙袋，而放弃基础性的一般训练。

②专项训练代表一个人的训练水平。一般训练虽然重要，但它不是最终目的，一般训练是为了促进专项训练水平的。对于武术来说，只搞一般训练而远离专项训练，则不叫练武术（因为各项运动的一般训练，尽有相同之处）。不过，要说明一点，专项训练是有副作用的，像踢打沙袋，髋、膝、踝关节，肩、肘、腕关节和四肢的肌肉要承受很大的负荷，天长日久，会导致相应的神经系统出现疲劳，造成运动损伤。好在副作用并非不可避免，在练习中穿插一些一般训练，即可有效地调节。

当然，武术的科学训练不能只是一句口号，违背科学的蛮练，伤身而且不长功夫，运动量和运动负荷要掌握得恰到好处。

3. 不要追求虚无缥缈的所谓内功，要踏踏实实地进行身体素质训练

把身体素质与内功做一比较，大家就会发现，内功的美妙只在文字里，练不到人身上，痴迷内功的人不管付出多大的努力，文字描绘的种种功效也离人十万八千里。与内功相反，身体素质的好处则实实在在，你只要认真练了，就会有收获，且这种收获长在你身体上，看得见、摸得着。

有人说，他练内功时身体也有感觉。问题是，这种感觉能体现到技击中吗？一些人在空练或者说手时有得功感，一到实战技击就烟消云散，任什么功都不见。这种练时有、技击中没有的东西，怎么能叫“有”？

身体素质不会背叛你，比如说力量素质，假如你练出很好的力量——胳膊、腿的力量，腰腹背胸的力量，那么，实战对抗你会发现，力量会使你凭添一份自信，而对手，则对你的力大心怀忌惮，犹豫再三——即使遭遇歹徒，歹徒也会叫苦不迭，暗骂自己运气不好，怎么偏碰上个一身牛劲的家伙。

力量不光令人生畏，有利于混战缠斗，即便是做躲闪——举极端的例子，譬如躲闪歹徒的尖刀，它也使你比力量差的人身手敏捷。因为力量，

全面的身体力量，会增进人的弹跳力、移动速度、灵敏性（力量中的爆发力可提高灵敏性）。而优良的弹跳力、移动速度、灵敏性，当然能使你快速躲开歹徒的尖刀。

我们这还只讲到身体素质中的力量一项。仅力量就有这么多的好处，你要是在力量之外，还认真练习了速度、灵敏、柔韧、耐力呢？好处岂不翻着倍地跑到你身上？譬如“速度”素质，说到速度，它不光指你出拳踢腿的速度（动作速度），还包括你攻击或防御时身体移动的速度（位移速度）、包括你格挡来拳或由守转攻时的大脑反应速度（反应速度）。那么，大家说，一个人既练出了浑身力量，又练出了出色的动作速度、位移速度、反应速度——又练出了灵敏、柔韧、耐力，他搏击歹徒的能力怎么能不“噌噌”往上长呢？

搏击对抗　寻求实感　精神激发　挖掘潜能

——研习芗斋拳论点窍

拳道，其使命要在修正人心，抒发感情，发挥良能。拳之所重者，在精神、在意感上，在自然力之修炼。纯而言之，使人体与大气相结合；分而言之，以宇宙之原则原理为体，养成神圆力方，形屈意直，虚实无定，练成触觉活力之本能。以言其体，是无力不具；以言其用，则有感即应。

拳学适于神经肢体之锻炼，方因而益智，尤适于筋肉温养，血液之滋荣，更是呼吸舒畅，肺量加强，而本能之力亦随之而渐长，以实现一触即发之功能。

一、初学须知

学拳者，莫好奇，果肯恒心毅力为，逐渐身受无限益。不论朝夕用工时，注意顶心如线系，遍体轻松力如泥。外脱换，内清虚，蓄灵存，悠扬依，奇妙横生有天趣，慧眼观察细胞系，时时刻刻如云提，躺在云端换大气。如疯如颠如醉也如迷，恍恍惚惚随他去，飘飘荡荡任呼吸。毛孔都似穿堂风，小腹沉松尿欲滴。这种愉快谁能比。谷神充满精不遗，海阔天空涤万虑，那管他石破天惊、山飞海啸，日月星球都转移。且顾眼前我自娱，浑身舒畅乐无极，用功才是真便宜。

盖人飞不如禽，走不如兽，故采鸟兽之长补人身之短。都是在以形取意，有意象形，颠倒互用，体会掺存，逐渐得来些掣电轰雷、惊神泣鬼之术。是学它的精神力量、特长之所在。这种运动贵在神意足，不求形骸似，时有毛发如棘之感觉。

大凡鸟兽多有无畏精神。鸟兽的头项都是灵活坚锐，肩撑肘横，指腕抓拧。而头项更易增强顶缩的力量。腰胯如轮，扭错提旋，交叉互换，膝纵足提，浑身力量含有抽丝之状。

察其形，大致有熊蹲、虎坐、鹰目、猿神、猫行、马奔、鸡腿、蛇身。会其意，静若潮涨，动似风云。先师云："神犹雾豹容窥管，气若灵犀可辟尘。"

这种运动肌肉里总是含着活变动力，骨中存着横撑拧转动荡的精神力量。力的发作有形无形有意无意，有定位和无定位，自动和被动，具体和局部，具体而微。

力量究竟何以为之活动。上至头顶下至足心，都是牵一发而动全身，上欲动，下自随。下欲动，上自领。上下动，中间攻。中间攻上下合。前后左右都相需。四体百骸，大小关节，而手足膝胯都是不期然而然，莫知至而至。而五脏之存内，亦都有所配合。所以说活力如蛇，游泳相似。

要知用力用意乃同出于一气之源，互根为之，用意即是用力，意即力也。要知意之神生，力随意转，意为力之帅，力为意之军，所谓意紧力松，筋肉整灵，毛发飞涨，力生锋棱，非此不能得意中力之自然天趣。

二、德艺双修

拳学一道，不仅锻炼身体，首重德性，如尊亲、敬长、重师、孝友、信义、仁爱等，此外更须有侠骨佛心之热诚，舍己以人之蓄志，苟不具备，则不得谓为拳家。至于浑厚深沉之气概，坚忍果决之精神，抒发人类之情感，敏捷英勇之资质，尤为学者所必备之根本条件，否则恐难得传。

歌曰：习拳即入门，首先尊师亲。尚友须重义，武德更谨遵。动则如龙虎，静犹古佛心。举止宜恭谨，如同会大宾。恭则神不散，慎如深渊临。假借无穷意，精满混元身。虚无求真切，不失中和均。力感如透电，所学与日深。运声由内转，音韵似龙吟。恭慎意切和，五字秘诀分。见性明理后，反向身外寻。莫被法理拘，更勿终学人。

三、习拳入手之法

习拳入手之法，非只一端，而其结晶之妙，则全在于神、形、意、力之运用，互为一致。此种运用，视之无形，听之无声，无体亦无像。就以有形而论，其势如岭中之旗，飘摆不定，惟风力是应，即所谓与大气之应合。又如浪中之鱼，起伏无方，纵横往还，以听其触。只有一气相机而动，应感而发和虚灵守然之含蓄精神，要在以虚无而度其有，亦以有处而揣其无。

习武时，须假定三尺以外、七尺以内，周围如有大刀阔斧之巨敌，与毒蛇猛兽，蜿蜒而来，其共争生死之情景，须当以大畏之精神而应付之，以求虚中之实也。如一旦大敌林立，在我如入无人之境以周旋之，以求实用之。

切记，练习时要慢，而神宜速，手不空出，而意不空回。即些微细小之力点动作，亦须具体无微而不应，内外相连，虚实相需，而为一贯，须变无时无处，都会有应付技击之本能。

总之，须要神、形、意、力成为一贯，神形统一，一动无不动，亦更无微而不合，四肢百骸，悉在其中，不执着，不停断，再与大气之呼应，各点力之松紧，互以为用。

力在自然，矫健犹龙。吐纳是灵源，体会功能。持环得枢，机变无形。收视内听，锻炼神经。动如怒虎，静似蛰龙。神犹雾豹，力若犀行。蓄灵守默，应感无穷。

四、松紧

“松”“紧”是构成人体运动的基本矛盾。诸如力量、速度、灵敏、协调、耐力等运动素质无不受人体肌肉松紧的制约，即为松紧所派生。因之就太极拳全部的训练内容来说，就是怎样正确掌握和运用“松”和“紧”的问题。所谓松紧，既是肌肉的松紧，又是精神的、心理的松紧，而首先是精神的松紧。因为任何肌肉的活动，都是靠神经支配的，神经又是受精神意志的影响。因此，精神意志的控制是至关重要的。太极拳之所以突出“意”字，其道理就在这里。在现代体育比赛中，精神状态对运动成绩的影响是非常明显的。这方面的例子不胜枚举。

拳术训练的松紧固然重要，但在不同的时期侧重点是不一样的。初学站桩只要按照技术要求，主观上能强调放松就行啦，不要执著。因为刚开始练习只要摆好了姿势，两手一拿起来就不可避免地产生肌肉紧张。运动生理学认为运动技能的形成，都是条件反射的建立。条件反射的建立、运动技能的形成，一般要经过三个阶段，即泛化、分化、自动化。泛化阶段就是初学时摸不着门儿的那一段，到了分化阶段就有时做对了，又有时做错了，有时又做不上来了，只有到了自动化的阶段才可以说是完全掌握了该项运动技能。任何运动技能只有到了信手拈来的熟练程度，才能够谈到怎样运用。拿我们学开车来说，开始的时候，哪是油门儿、哪是离合、哪是挡把儿、哪是刹车，都要一一熟悉。开始学车手忙脚乱，心慌出汗，等到了掌握驾驶技术以后，还要经过长时间的积累逐渐熟练，最后达到不用走脑子就能得心应手才算会开车。我们学骑自行车的时候，一开始浑身较劲手脚都不听使唤，想放松，松得了吗？等到会放松了也就是会骑车啦。学游泳也是一样，一开始顾命还来不及呢，你叫他放松那是不可能的事，等到他会放松了也就会游泳了。练拳也是这个道理，一开始不要过于强调放松，随着训练程度的提高，功夫见长自然就放松了。

松紧的处理问题，是太极拳训练中的关键。既要认真地对待，又不可过于执著。比如说松，不管是养生还是技击，都不能一味地求松，实际上也不存在真正的松。因为只要你保持一定的姿势，就有肌肉的运动，就不可能是真松。太极拳所要求的松，往往是意念上的松，是强调松在练习太极拳中的重要性。

特别是练技击，拳者，力之奋也，一味地求松哪里行。习拳贵手有劲儿，我们在练拳的时候，要求力达梢节，指尖用点力，指端如透电，都是这个意思。不能一味地松，都松了谁干活呢。

五、刚柔

刚不是硬，柔不是软。百炼之钢成绕指之柔，才是真刚。柔是真刚，是百炼之钢，真绕骨之柔。刚经锻炼才是刚，一碰脆了也不是刚，是生铁。只能说是硬。刚是锻炼出来的，百炼千锤，令人不可捉摸，才是刚柔相济。

勾锉连环、多面螺旋、神松意紧、形曲力直。刚柔虚实、起落吞吐、伸缩抑扬、进退反侧、推拉互用、拧卷撑展、抱撑悠扬。纵横高低、开合分闭、单双轻重、远近短长、提按抗横、撑拧旋绕、滚错双叠、翻拧裹扬。半让半随、随让随牵、截让截迎、钻捉搜索、蓄弹惊炸。沉托提纵、举抗推旋、搂劈钻刺、迎随紧随。

六、用力之法

一切力量，都是精神之集结，周身含蓄，紧密结合，一致为用。至于用力之法，混元之要，都不在形式之好坏，尤不在姿势繁简，要在精神支配之大意，即心意之领导与全体内外之工作如何。动作时，形式方面不论单出双回，齐出独进，横走竖撞，正斜互用，浑身之节、点、面、线一切法则，无微不有先后、轻重、松紧之别，但须形不外露，力不出尖，亦无断续。更不许有轻重方向之感。发力须保持身体松和，含蓄而有听力，以待其触，神宜内敛，骨宜藏棱，要在身体三尺之内，似有一层罗网包护之，而包罗之内，尽如刀叉钩错，并蓄有万弓待发之势，然却在毛发筋肉伸缩拨转，全身内外无微不有滚珠起棱之感。

若动则能“松松紧紧勿过正，实虚虚实得中平”之中枢诀要，则又非久经大敌之实作通家，不易得也。然则需要绝顶天资，过人气度，尤须功力笃纯，方可逐渐不加思索，不烦拟意，不期然而然，莫知至而至，本能触觉之活力也。

平日养成，随时随地，一举手、一抬足，皆含有应机而发之准备。

七、抢夺敌位

太极拳讲求的所谓夺敌位，分为进夺敌位和退夺敌位。退夺敌位就是在与敌周旋的时候，先退半步，等对方进攻到我方原来占据的位置时，我马上回位到原来占据的位置，打击对手。打个比方，就是先把自己原来驻扎的营盘腾空，把部队埋伏在营盘外，等对方进入我方的空营盘的时候，我们马上回师打击对手。这就是退夺敌位。夺敌位的重要技术要领，第一个是半步。半步的意思就是动作连贯地完成退和进，也就是一逛荡的意思。第二个技术要领，就是当我们退步的时候，应该是身退手不退。这一点非常重要。过去这一点太极拳师父是从来不肯对外说的。进夺敌位是利用“横冲直撞”的步法，后脚带动身体向同侧脚前方横向移动半步，然后前脚向前冲一步，后脚马上跟上，还是半步拳的意思，要求动作连贯不能有停顿。此时我们的想法是通过我们的冲击，用我们的两只脚，去抢占对方原来所占据的地方。说白了就是要把对方挤出去。这就是进夺敌位。进夺敌位前手也应该保持原位不能抽回。

八、神意力之运用——精神激发

练拳时，首先要增加心理训练的内容：将精神放大，设想自己站在一望无垠的大地上，顶天立地“欲与天公试比高”，大有“会当凌绝顶，一览众山小”的雄伟气概。

然后再逐步调整检查身体各部位的具体技术要求，达到精神与肢体的高度统一。在调整了身体的外形以后，开始注重意念活动，即精神假借。这也是桩法的核心内容。先设想整体环抱着一棵大树（不是真正意义的大树，而是符合我们的想象，能与我们的手臂、胸部、腹部以及下肢各身体部位都吻合的，是想象中的大树）。

随之再设想，两手和双臂乃至全身抱着这棵树分别做向上拔、向下栽、往里挤压、往外扒、往前推、往后拉以及摇晃等。

特别要强调的是，意念假借用意不用力，动作越小越慢越好，意念中虽然不能将大树引动，但似乎有随我意之支配而微微颤动之感觉，能有那么点意思就够了。

要注意凡想象中与树接触的身体部位，胸腹、大小腿等处，皆有应和两臂微动之意。待这种意念活动有了初步的感觉以后，进一步就要打乱意念的顺序，再想把树刚提起来就往前一推，或者刚把树栽下去，又横向把它的皮扒开，抑或刚合上又往后拉、刚往起拔又摇晃它等等。

因为抱树的意念训练，是和将来的技击实用分不开的。现在是抱树、推树、摇晃树，将来就是要用摸索到的拳术力量，变成推人、拉人、放人。实作时，用力没有固定程序，所以在训练的时候也不能按事先安排好的工作顺序去练习。再提高一步，到了训练有素的时候，就应在意念训练中，建立一种模糊的感觉：又想把树扒开、又想合上、又想拉、又想提、又想压，结果是什么也没想，什么也没做。想了又没想，做了又没做的模糊状态，就好像一张白纸能够画出任何美好的东西。在技击方面言之，就是后发先至的待发状态，即已接未触之时的松紧状态。其最终培养出来的力量是，碰到哪儿，哪儿即会有迅速的反应，碰不上就什么也没有的高度省力的奇妙境界。

所谓模糊的感觉不是发呆，而是精神的高度集中，就像足球守门员准备扑点球那样。太极拳站桩开始要求用意不用力，但很快就能做到意到力到，最后要做到意力不分。真到了应敌或者遇到歹徒的时候，什么意什么力就都谈不到了。按老前辈所述，习拳的最高境界应该是“拳无拳意无意，无拳无意是真义”，也就是在有意无意之间。善于游泳的人，身在水中，往往忘记了水的存在。正因为忘记了水的存在，才游得更好更自在，就是这么个道理。在练习技击的时候，要假定三尺以外、七尺以内四周如有大刀阔斧之巨敌与毒蛇猛兽蜿蜒而来，其共争生存之情景，须当以大无畏精神而应付之，以求虚中之实也。一旦大敌林立，在我如入无人之境，潇洒以周旋之，则为实中求虚。

太极拳重精神，重意感。神龙游空，其为物也，能缩能伸，能刚能柔，能升能降，能隐能现，不动如山岳，动之如风云，无穷如天地，充实如太空，浩气如四海，炫耀如三光。

好像一只猛虎潜伏于密林乱石之中，揣其性灵，强而精壮，横冲竖撞，两爪排山，周身鼓荡，取其猎食之意。这样的意念，更符合生龙活虎，吟啸叱咤，谷应山摇，其状哉如龙虎之气，操无定势，势犹虎奔三千，气若龙飞万里的技理。

“习拳贵手有劲儿”“指端如透电”“用拳需透爪，用掌要有气”“手过留痕”等，都说的是手，手是梢节，经常是体现拳术力量的最终表现。要把两只胳膊练成两条蟒蛇，那两只手就是蛇头，没有蛇头的蟒蛇那是死蛇。你见过低头耷脑的蛇吗？蛇的威胁和可怕就在于它头部的忽忽悠悠，吐芯的恐怖。

技击时，要在身体空灵均整，精神饱满，神犹雾豹，意若灵犀，具有烈马奔放，神龙嘶噬之势；头顶项竖，顶心按缩，周身鼓舞，四处牵连，足趾抓地，双膝撑拔，力向上提，足跟微起，犹如巨风卷树，思有拔地欲飞，拧摆横摇之势；而身体则有撑裹竖涨、毛发如戟之力，上下枢纽，曲折百绕，垂线自乘，其抽拔之力，要与天地相争，肩撑肘横，裹卷回环，拔旋无已，上兜下坠，推抱互为，永不失平衡均整之力；指端斜插，左右钩拧，外翻内裹，有推动山岳地球之感；筋肉含力，骨节生棱，身体收敛，跃之欲动，含蓄吞吐，运力纵横，两肩开合，拧裹直前，有横滚推错兜卷之力；毛发森立，背竖腰直，小腹常圆，胸部微收，动则如怒虎出林，搜山欲崩之状，全身若灵蛇惊变之态，亦犹似火烧身之急，更有蛰龙横摆直正之神气，尤感筋肉之激荡，力如火药拳如弹，神机微动雀难飞，颇有神助之勇焉。

以浑身毛发，有出询问路之状，而期实现一触即发之功能，且时时准备技击之防守进攻。亦时刻运用和大敌之周旋，尤须注意发力听所击之要点，万不可无的放矢，见虚不击击实处。要知实处正是虚，虚实转移枢纽处，若非久历永不知。混击蛮打亦有益，须看对手他是谁。正面微转即斜面，斜面迎击正可摧。勤习勿懈力搜求，敬谨意切静揣思。

古代有名的飞将军李广，在夜间巡逻的时候，看见草丛之中有一猛虎，开弓一箭射去（林暗草惊风，将军夜引弓），等天亮了以后再看原来是一块大石头（平明寻白羽，没在石棱中）。此时无论李广再怎样拉弓射箭，也不能把箭射入石中了，这就是精神的力量在不同意境中的不同体现。所以太极拳发力的时候，就有“力透敌背”“打要远力要绝，不胜必有怀疑心”

的诸多要求。

实践时，两人之距离与位置最为重要，进退旋转要保持轻灵。与对手之位置，不可过远、过近。退时，使对方一步刚刚够不着（或够着也无力量）；进时，要抢到一步即可击中对手之距离。其理至简，然用时则变化多矣。

脚打七分拳打三，身如弓弩拳如弹。脚踏中门夺敌位，纵横任意无阻拦。顶夹撑提腹沉松，舌顶齿扣目耳听。遇敌犹如身着火，风吹大树摆枝摇。借法容易打颇难，还是打法最为先。交勇者不可思悟，思悟者寸步难行。五趾抓地，脚跟外撑，两腕夹顶，内扣外撑，提肛缩会，胸收腹松。呼吸均净，肩沉肘横，两腕轻松，形若无事。起手如举鼎，落手似分砖。起是钻，落是翻，起手如钢锉，落手似钩杆。顶抱担，提跨缠，怀抱婴儿手托天。力如巨风卷树拔地欲飞，有拧摆横摇摧裹错、欲起难移之势。

与人动手一切运用均在手腕之变化，眼光放大，从远大处着想，有形力散，无形神聚，形不破体，意不露形，力不出尖。长手贵力足，短手能自顾，平时练习非长手不足以运力，对敌时非短手不足以自保，故长短互用，刚柔相济理也。

比如手触热铁，应即缩回不容思考。不意绊了一跤，而能站住未倒，都是本能反射。越不动，转移的就越快。一般人不会动，如果会动的转移，那就更好。静若处女，动若脱缰之马，迅雷不及掩耳。静若书生，动若雷霆，神意含蓄，力似惊蛇。

九、歌诀

拳学顾指精，运用在虚空。灵机自内变，力由静处生。身动似猿捷，踏步似猫轻。

计谋须运划，精神似霹雳。心毒称上策，手狠方胜人。身动挥浪舞，意力水面行。

游龙与鹤戏，含笑似蛇惊。肌肉含动力，神存骨棱中。风云吠华月，豪气贯日虹。

拳道极微细，勿以小道视。开辟首重武，学术始于此。当代多失传，荒唐无边际。

拳道基服膺，无长不汇集。切志倡拳学，欲复故元始。铭心究理性，技击乃上乘。

要知拳真髓，首由对抗起。意在宇宙间，体认学内力。百骸撑均衡，曲折有面积。

仿佛起云端，呼吸静长细。舒适更悠扬，形象若疯痴。绝缘摒杂念，敛神听微雨。

满身空灵意，不容粘毫雨。有形似流水，无形似大气。神绵觉如醉，悠然水中浴。

默对向天空，虚灵须定意。洪炉大冶身，陶熔物不计。神机自内变，自然听静嘘。

守静如处女，动似蛰龙迷。力松意须紧，毛发势如戟。筋肉欲遒放，支点力滚丝。

螺旋力无形，遍体弹簧似。关节若机轮，揣摩意中力。筋肉似惊蛇，履步风捲席。

纵横起巨波，若鲸游旋势。顶上力空灵，身如绳吊系。两目神光敛，两耳听静极。

小腹应长圆，胸间欲含蓄。指端力透电，骨节锋棱起。神活逾猿捷，足踏猫距似。

一触即爆发，炸力无断续。学者莫好奇，平易生天趣。神动如山飞，运力如海溢。

返婴寻天籁，躯柔似童浴。勿忘勿助长，升堂渐入室。如或论应敌，拳道微末技。

首先力均整，枢纽不偏倚。动静互为根，精神多暗示。路线踏重心，紧松不滑滞。

旋转谨稳准，钩错互用宜。利钝智或愚，切审对方意。随屈忽就伸，虚灵自转移。

蓄力如弓满，看敌似电击。鹰胆虎视威，足腕如蹇泥。鹘落似龙潜，浑身尽争力。

蓄意肯忍狠，胆大心要细。劈缠攒裹横，接触揣时机。习之若恒久，不期自然至。

变化须无形，周旋似无意。叱咤走风云，包罗小天地。若从迹象比，老庄与佛释。

班马古文章，右军钟张字。大李王维画，玄妙颇相似。造诣何能尔，善养吾浩气。

总之尽抽象，精神须实际。

（五）太极拳的技击思想

铜墙铁壁亦不惧　无坚不摧制胜归

——太极拳的技击思想

中国太极拳不仅以其健身、养性闻名于世，于技击一道亦素具威名。拳史中关于前辈们的高妙技艺记述很多，可惜后来单纯注重养身，而忽略了技击。对这一局面，各派太极拳家无不甚感忧虑。

一、首先重视精神训练

学习技击首先需要培养的是大无畏的精神，有我无敌的必胜信心，头要撞、手要击、足要踢、步要过、身要欺，神态逼人，气势袭人、手脚齐发、全身齐动，“铜墙铁壁亦不惧，不获全胜誓不归”的精神气势，所有这些统称为精神训练。经常遇到这样一些从事技击练习的人，当他们自以为有了一定的技术及强健体魄之后，一旦亲临实战却发挥不出应有的水平。交手时，心惊胆颤，举步不前，最后导致失败。这固然与训练水平有关，在很大程度上也取决于心理方面的因素。

技击训练要求在练功时，假设大敌当前，与其共争生存，当以大无畏精神与之拼搏。周身毛发皆竖有出寻问路之状（好像蟋蟀的触须一样），时刻准备迎敌。有了这种意境，才能全力以赴，一旦与敌交手则一触即发，一发即止。精神上大有劲之所触木石可碎、当即立摧的气势。意念中劲的指向要向远大处延伸，即劲透敌背之意。精神假借是否能真切是发劲的关键。无畏的精神、敢于胜利的勇气是练习技击的首要条件，没有这一点，再好的技术也是枉然。

如在实战之时，在与对方尚有一段距离之前，自身精神放松，犹如信步观花一般，神态自若，如入无人之境；在与对方将接未触之际，精神骤然一紧（可配合哼、哈、咳之声），则对方精神上突然一震，自会毛骨悚然，觉我来势凶猛，威力逼人，这样会有助于技击时自身威力的发挥。同时，精神上的松紧，更进一步促进了形体上松紧的变化与转换，从而有助于发劲的完成，有效地打击对方，夺取胜利。

太极拳的技击训练亦不例外。首先打得也是精神，练得也是精神，完全不是一般的笨力气，而是“以精养气，以气养神，意气密合，无坚不摧”，一出手就完全、彻底地控制对方，使其变成“稻草人”，任随自己发放。

太极拳技击时所讲究的“神态真”，即是要求使自己进入生死搏斗之精神境界，与敌誓不两立，有我则无你，有你则无我。彼不动，我亦动，则先发先至；彼微动，我已动，则后发先至。一接触，迎身而进，直接摧毁其精神防线，快刀斩乱麻，使对方丧失战斗力，刻不容缓，一进全身俱进，头撞牙咬，肘打膝顶，拳打脚踢，宁可一丝进，不可一丝退，进是打，退亦是打，左右前后打，高低上下打。凡脚、身、手、头撞触就是打，绝不留情。只相信自己的笃实功夫，勇往直前，无所顾忌，无所畏惧。一交手只有一个念头，就是打败对方，解除对方的武装。至于我的身、手、步诸法具体如何转换，如何运用，不需多照顾，平时已练就了，只是自身条件反射的、自动化的、根据当时情况的变化，身、手、头、脚、膝、胯、肩、肘等自会攻防。

推手时，不仅转圈打轮，而且一举一动都要发挥出自己的功力。步法、身法、手法的变换和运用，务求从实战出发，力求有真实性的意念，不动则已，动则雷霆万钧。一切都为我的胜利，彼的失败而着想，毫不存荣辱之心，纯抱拳技要真打实斗之态度，只有求实求真，具有大无畏的精神，才可能使推手和散手有机地结合起来，达到太极功夫的高层次。

二、知己知彼，百战不殆

知己须要在走架中打下八面支撑与八面转换的牢固基础，而在打手中能根据对方情况的变化，及时调整自己的平衡，使自己立于不败之地。知彼是在打手中自始至终贯彻调查研究精神，侦察了解对方的动作虚实，判断其动向意图，并采取相应的对待措施，破坏其平衡。

三、虚实变化，反复无常

屈伸往来，进退存亡，一开一合，有变有常，虚实兼到，错综变化，欲抑先扬，前后左右，上下四傍，转换灵敏，迎送相当。高擎低取，如愿相偿，千变万化，开合虚实，用力日久，豁然贯通。

在推手时，全凭精神贯注，虚实变化得巧。彼实则我虚、彼虚则我实，虚而实、实而虚，并要探听对方的虚实劲路如何，以便随机应变。要想晓得对方的虚实，要用手臂动作的感觉，审慎试听。着重随人所动乘势而入。粘着相融，先定后动，务要意在人先。彼不知我，我能知人，使其莫测高深，彼身自然散乱，再乘机发劲无不取胜.

当然，与对方推手，自己更要虚中有实，实中有虚，忽隐忽现，变化无常。虽然本应遇虚当守，遇实则发，可是得着对方的实，更不能忽略对方的虚尚存在，免得上对方引进落中之当。如我以虚迎对方之实，而实紧随在后。若以实破对方的虚，虽然以实当先，但虚守仍不离我身。能灵活地掌握虚实变化的原则，才不致有落空或被对方所制的危险。

四、守中用中

“守中用中”的原则，要求在技击中守住自身的中线部位，同时进攻也指向对方的中线部位。人是一个圆柱体，守住中线，就可以使自己重心稳固，随时化解对方的攻击。而我的进攻必须指向对方中线，使其无法化解。

五、拳本无法，动即是法

此处有两个意思，一是指在技击过程中，我一出手动步就是招法，这完全是由当时双方的情况凭身体自动反应出来的攻防动作。二是指练功要时时练之。要躺着练，如在睡前醒后的床上；坐着练，如床上、椅子上、地上；站着走步练，定步一边连续练，定步两边交叉连续练；活步练，进步、退步、顺步、拗步、单边连续，双边交替；行步练，即在行步中随心所欲地用意内发劲，拳不离手，行止坐卧皆是太极，饭后茶水之间皆是练拳，随时用意，时时用功，练活，练透，融会贯通。

六、推手是真实的对抗

推手训练既然是技击训练的一种形式，就不应该是你来我往，虚为招架的双人体操，而应该是真实的对抗性练习。一旦找到对方的空隙就要进行有效的攻击。推手时摸劲儿的一种手段，亦可以作为一种友谊研讨性质的比赛方式。因为推手与散手相比，从避免或减轻伤害事故的角度出发，相对要安全得多，同时可以在力量的掌握上有所控制。双方通过推手，即可以知道彼此的功底如何。正像俗话所说，“行家一伸手，便知有没有”。虽然推手不能代替散手，但在很大范围内，可以作为切磋交流的一种有益于技击对抗的手段。

七、形不破体、意不有象、劲不出尖

推手乃至散手中还有一条重要的原则，即“形不破体，意不有象，劲不出尖”。所谓“形不破体”，就是在进退反侧的攻防练习中，要自始至终保持好自身的完整而稳定的姿势，保持平衡均整的预动状态，以利随机随势发劲，立收摧败之功。“意不有象”，系指不能暴露自己的意图。有道是“有意莫带形，带形必不赢”。在又去又回，时刚时柔的矛盾状态中，让对方不可捉摸，陷于处处被动的局面。再有就是“劲不出尖”，从狭义上说就是力不可专注于一个方向；从广义上来讲，就是手足的前伸后撤不要失去自己所能控制的范围，在这个范围内，进可攻，退可守，处于舒适得力和随心所欲的境地。

八、没有“绝招儿”

经常为人们所乐道的所谓“绝招儿”，实际上是不存在的。在这一点上，一个方向上山穷水尽，但稍加转换，在其他的方向上，却是柳暗花明，就看你认识得到认识不到。再打一个比方，人身的关节构造和发行的硬币一样，有一分、二分、五分就够用了，没有必要再铸四分、八分等。拳术练习就是在我们身体现有的机能上，得以充分的发挥。我们不能幻想能够练出超自然的功力，而只能是脚踏实地地练习和进行科学指导下的总结。

九、要敢于让对方进得身来

不要怕对方的手进来，故意让他进来，当他的手接触了我的身体时，我不但不顶，而且从上到下再给他加一个裹劲，帮助他在我的身上按结实了，这样一来，其力已落实，则不易再生变化。此时先坐后胯降低身体重心，而后向前上方发劲放之。这时候对方的手只给我起了支点的作用，丝毫构不成对我的威胁，此刻对方会有一种陷空的感觉，极不舒服不得力，最终为我所利用。

十、处处意在人先，劲发彼前，后发先至

拳经云："彼有力，我也有力，我力在先；彼无力，我亦无力，我意仍在先。"要求处处主动，时时意控对方，力发彼前。接彼力后，以我极快之力抢在彼前，彼力虽先出，此时则落于我力后，被我压制封闭不能自主，反被自身之力所拘，受制于我。要做到这一点，必须做到"己顺莫管他人背"，举手投足得机得势，使自己重心稳定，然后才能谈得上彼实我虚，彼虚我实。实者忽虚，虚者忽实。不丢不顶，视动犹静，视静犹动，沉着松静。化中有打，打中有化。化发随意，发落点对。随机应变，处处控制对方，使意在彼先，劲抢彼前，发无不中。

十一、学拳千招，以速为先

学拳千招，以速为先，是所谓拳打不知，谓迅雷不及掩耳也。不招不架只是一下，犯了招架就是十下。换言之，即是不容还手叠连就是十下，打拳不要怕，怕拳不要打。打拳打的胆泼气壮，手捷眼快，人不得窥其方，

我独能运其技。故练打之时，愈熟愈佳，愈快愈妙，出入爽快，吞吐连绵，虚虚实实，实实虚虚，用虚若实，用实若虚，出神入化。其中机巧变换，声东击西，指南打北，诱之使来，推之使去，夺之使惧，逼之使退，我能如意使指，从容应付，有心手相应之妙，彼则畏首畏尾，直有无所措手足之方，打法至此则胜券可操。

太极推手训练，平时可以走得很慢，练习听劲、化劲、互相问劲。但在实战交手中则不然，那是极快的瞬间的化发连续动作，往往是在一吸一呼之间完成变换，胜负立判。拳经云“蓄劲如开弓，发劲似放箭”，其速度之快，应以毫秒计算，故有“迅雷不及掩耳”之说。技高者甚至是有意而无形，将对手抛出丈外，而对手及旁观者反而莫明其妙，实际上，在这一刹那间已完成了引化和发放两个过程，完成也是在一个短呼吸之间，吸则引化已成，呼则发放而去。

十二、入吾壳中

这是太极拳技击运动中的行话。吴图南先生说：“不管敌手怎么来，要紧的是引导他合乎咱们的规律，就是敌人任其有千变万化，都不能离开咱们的太极拳原理。”如果对方是摔跤的，你也跟着摔起跤来，那你的太极拳就不高明，而应让他跟着你打太极拳。这说起来容易，做到实难。怎样做？这就是太极拳原理“粘连黏随”“不丢不顶”之道也。少林拳讲丢得开和顶得住，太极拳则反讲求不丢不顶。粘连黏随就是不管对方是什么拳种，只要与我搭上手，就摆脱不了我，被迫跟着太极拳的路子走。粘是指接对方的手，太极拳接手如膏药粘在对方身上，不似少林拳的格、碰、撞、砸，把对方攻来之手（拳）足（腿）迎击回去。连是打人一拳或击人一掌如果打空，必然迅速撤回，这是最好的回击时机，然而许多人由于进攻意识不强，听任对方撤回做第二次进攻而没有及时反应，连续进攻的意识（逼迫对方，一气呵成）之谓也。黏是封住对方，不使其有再次进攻的机会。随是发之意，我封住对方，对方必撤步或身向后卸或以腰为轴转动，千方百计摆脱，这是我发敌的最好时机，随机即发。吴图南用三句话概括了粘连黏随，即“敌欲变而不得其变，敌欲攻而不得逞，敌欲逃而不得脱，欺为上乘”。此乃入吾壳中，听我摆布。

十三、以静制动，善于后发

太极拳具有极强的技击性，主张舍己从人，后发先至，凭机智、反应灵敏、功力和技巧克敌。太极拳应敌，以心静意专为先决条件。太极拳之静，乃动中之静，包括心理与生理两方面。心理之静，指任敌千变万化，我只以镇静应之。惟心静方能辨明敌劲之来龙去脉，我才能乘其虚而蹈其隙。另一方面，在瞬息万变的技击情况下，我应始终保持自身重心的稳定，此即生理之静。太极拳技击要求做到随遇平衡，此之随遇平衡，非如榷体之卧地，而是有赖于虚领顶劲、气沉丹田和腰胯、两腿虚实之随时转换。在保持自身静的同时，应千方百计地破坏对方心身的平衡，以利我之出击。以逸待劳，劲不虚发，这就是以静制动的原则。

关于后发制人，敌不动，我无由知其虚实，此时，我可先用一虚招把敌劲引出，引出敌劲后，我即化之、拿之、发之。若我之化不能达到使敌处于背势之境地，则我之第三招、第四招应继续运用化劲，直至拿住敌人背势才能用发劲，而收全功。

实际的对抗过程，是斗勇斗智斗劲的过程。对手的拳派、功力、风格各不相同，而且情况瞬息万变。因此，太极拳战术原则在不同情况下有不同的表现形式，不是一成不变的。例如“以静制动”这个战术原则就有多种用法，太极拳家罗基宏先生把“以静制动”这一原则形象地比喻为来料加工。在应用这一原则时，要把自己当成一个来料加工厂，把对方出劲看成来料。我方早已调整得好好的，彼方主动出劲来攻，正中我下怀，我刚好用上“以静制动”的原则，“动急则急应，动缓则缓随”；若对方不主动出劲，我方可以采取主动出劲的方式，迫使对方作出反应，以破坏对方的静。但此时的出劲必须如搏兔之鹄，始终保持冷静，把握主动权，“于不丢不顶中讨消息”。讨消息即是作“火力侦察”。对方消息的出现及我应变之法不外乎三种情况：一是对方在接我劲时出劲顶上，此时我便可引而击之；二是对方丢劲，此时我便毫不犹豫地发劲，将其击出；三是对方想保持静止状态，此时他必定用一定的力来抵消我探劲之力，实质上对方已经动了，我方已讨到消息，可迅速根据消息作出调整，做到“彼微动，己先动”，将对方击出。这种情况罗先生称之为逼其送料上门。若对方与我功力相当时，接劲也在探寻我方消息、劲路，我可诱敌深入，故意让对方感到我重心已动，以为有利可图，因而出劲来攻，此时我即根据对方劲路，迅猛发劲，一举将其发出，做到“后发先至”。

十四、太极拳技击主张既有先发制人的敏捷，又有后发制人的机智

先发制人：“宁我薄人，无人薄我……先有夺人之心，薄之也。”（《左传·宣公十二年》）。意思是，宁可我先下手去打击敌人，不让敌人先下手来打击我……先发制人可以打破敌人的企图，所以要先下手。“先下手为强”，趁对方不注意，不加防备，或没有做好充分的准备或优柔寡断的时候，先下手者必能得先机之利。得机之时，即刻向对手发起连续的急风暴雨式的进攻，使对手没有还击的机会，速战速决。

先发制人是有准备的行动，针对对方的弱点，发挥自己的优势，集中力量，绝对突然性的冷、脆、快、狠、准，一举奏效。

后发制人：“骐骥之衰也，驽马先之；孟贲之倦也，女子胜之。夫驽马，女子筋骨力劲，非贤于骐骥孟贲也，何则？后起之借也。”（《战国策·齐五》）。意思是，千里马的力量用尽了，劣马也能超过它；勇士疲困不堪了，女孩子也能胜过他。并不是劣马的筋骨、女孩子的气力比千里马和勇士还强。是什么原因呢？就是凭借着后发制人的作用。

后发制人，是以劣胜优，以弱胜强的策略。主要表现为，避其锐气，蓄盈待竭。待我方掌握其弱点，积蓄了力量，再抓住一切战机，给对方以打击，即孙子所说“先为不可胜，以待敌之可胜”，也就是后发的用意。

太极拳技击中后发制人的最佳时机，是指后彼发手，先彼打到，制敌于半式之中。是指对方攻来的同时所进行的反击的瞬间，即在对方攻来的同时，我后发手而先打到，使对方先发手而处于不可逆转的来势之中，但又未完成其攻击动作的时候，即被击回。使先发者无逃脱和变化的余地。比如，在推手中，当感觉对方刚要打我高探马式时，我立即抢先打他高探

马，则发无不中，效果极佳。

后发的行动一般来讲，是有计划、有目的的，是胸有成竹的行动，形势是在我掌握之中的。防守、退却不是被对方追着打，而是我牵着对方走，暂时的退却是为了更多的取胜，避免先期的正面搏斗，不是畏惧怯战；而是为了寻找战机待战，待战不一定是非要待对方力量消耗完后才开始，而是一个有利战机出现后的举动，采取迅雷不及掩耳的行动，主动出击取得胜利。

要取得技击搏斗的胜利，必须既有先发制人的敏捷，又有后发制人的机智。要能制人而不制于人，想在前、备在先，抢人先招，才不失为制胜之本。

十五、顶劲会发生在不同的水平层次上

技击中如果双方水平相差悬殊，强的一方可以随心所欲，充分发挥推手技能。然而，双方实力相当，情况就不同了，双方都在找对方的劲（力学上叫力点或着力点）。比如，对方双手按住我的手臂，在双方实力相当的情况下，如果我想卸劲，对方必须随即跟进，我再反劲已来不及了，很可能被发出或按出，所以我必须用相当的内劲顶住对方。如果对方想攻变劲路的方向，我当然也要改变劲路方向，跟着他，这时谁稍松（即有隙），谁就有可能被挤出圈外，所以，谁也不敢松，这就造成顶。

顶劲会发生在不同的水平层次上，低级的是死顶，即双方都不懂劲，听不出、化不开、发不出，顶起牛来，最终是力气的一方大把另一方顶出去。中级的水平是双方都有一定的听劲、化劲和发劲基础，如果一方稍有不慎就可能被闪出或发出，所以双方都不敢死顶，也不敢稍卸。高级的水平是双方都懂劲，互找对方的劲路变化，截断对方的劲，这时双方都极慎重，不轻易发劲，也不轻易后退，这是功夫的较量，最后是技术、智力、耐力的某一方面高于对方而胜利。

十六、始终保持自己的太极体不受损伤

所谓“气遍周身不稍滞”“不丢不顶”“无过不及”都是太极拳的运

动状态。在技击上，太极拳理把对立双方看作是两个独立的太极体，要求在意识上做到“彼此之力不混合”，“你是你、我是我”。对方用力打来，我只是在保持自身太极体完整的前提下迎接对方，也就是在阻止对方改变我太极体状态或对我太极体进行损害时，仅仅使对方之力作用于太极体表层而不能伤内，所谓“无凸凹处”。更因为我太极体是运动的，对方的力就如同打在飞转的车轮上，即所谓“动似轮行”，那么，打来的力越大，其自损程度越严重。

太极拳技击也是一种积极的防御，在两个物体激烈地碰撞时，谁能保持自己不被改变，那么对方就一定被改变，太极拳“借力打力”原则就是利用“作用力与反作用力”的原理，使对方自作自受。

朝夕盘打　默识揣摩

——对太极拳技击功夫的认识

作为一个忠实的太极拳技击练习者，必须明了太极拳技击功夫训练的基本概念，明了太极拳技术的根本理法。拜名师，访高手，勤奋学习，提高悟性，否则会一无所获。

过去在太极拳中，附会五行、八卦之说，不过是唯恐它不神秘，用以吓唬外行，抬高身价罢了。杨式太极拳技击家李雅轩先生钻研太极拳一生，在拳术上取得了极高的成就，他就反对五行、八卦之说。通过我们的自身实践，也说明五行、八卦和太极拳并无必然的联系。力学原理是完全可以说清楚其中的道理的。太极拳本身并不神奇，但功夫到了高水平，确实又令人感到神奇，这是功夫上、认识上的差距。简单的比喻就如同卫星、航天飞机、宇宙探测器、宇宙飞船，以及巡航导弹、飞毛腿导弹、爱国者导弹，及至生化武器、核武器氢弹、原子弹等高精尖技术的创造者和技术人员与一般的普通常人在知识、技术、能力、认识上的差距一样，前者认为并不玄妙莫测，而后者却认为太不可思议了。然而诸多尖端技术的存在，并不是在做梦，而是活生生的现实，没有什么神秘奇怪。

一、“四两拨千斤”的实质

“四两拨千斤”是太极拳技击中经常使用的一个词，也最容易使人疑惑。所谓“四两拨千斤”，绝不是以纯四两拨真千斤。它是以掌握纯熟的技巧，比喻推手中重视以小力破大力，以少胜多的形容用语罢了，同时要有坚强的实力做后盾。正如吴孟侠先生在其名著《太极拳九诀八十一式注解》一书中所说：“俗谓所谓‘四两拨千斤’，是以小力胜大力之意，并非纯四两来拨真千斤。拳诀说‘练成千斤力，只费四两功’，是说要有千斤的收获，只用四两的力量达到成功。例如，对方以全身整力如同千斤之势来袭我时，因我用圈环法，滑走来力，使他失去重心，就可以用四两之力拨动千斤之势，达到制敌之目的；倘若四两的力量不成功时，尚有似千斤之力在后接应周旋，也并非以纯四两敌千斤之说法。”

太极拳讲“四两拨千斤”，实质上是极重视在运动中借力使劲，即借助对方进攻的力量，自己只需要使用较少的力量，去改变对方力量的方向，从而破坏进攻者的身体重心，最后变成一个合力去制胜对方。但是绝不能理解为练太极推手只需很小的力量就够了，不需另外再练什么力量。其实，太极拳技击推手也是一种身体接触型的对抗性运动，推手技巧运用得再纯熟，没有一定的力量做基础也是不行的，因此，练推手仍应重视力量的训练，除了练习下肢的屈伸力量，腰、腹、背肌的力量以及上肢的屈伸、展收力量外，更应重视上下、内外的合力训练，只有这样才能更好地发挥太极拳推手的技击技术。

在这一方面，太极拳家罗基宏先生作了一针见血的说明。他根据自己几十年的太极拳技击实践体会，大胆而坚定的指出：“要想四两拨千斤，必先练就千斤力。”指明了实施太极拳“四两拨千斤”的前提，消除了一些人以为太极拳不须气力即能打败对手的误解，为现代太极拳技击训练恢复历史面貌，做出了有益的贡献。

四两拨千斤一例。在运动中，对方用大力双手前推我胸时，我先用双手前上接住对方两肘撑架一下，待对方再次加力前推时，我则顺其势趁其力以极快的动作和短小紧凑的劲力，向其前下牵捆猛带，其必向前下扑空闪栽于地；这一招若被对方事先觉察到，不前扑而向上反抗时，我则又即刻变劲向上撩拨并向前斜上方撑拔推按，又趁其势借其力将其凌空掀起，对方此时因被动走转不灵、又来不及变劲逃走，必然被我借力发出，而仰面倒地。

二、“用意不用力”如何解释

《人体生理学》之“肌紧张反射”认为，高等动物和人的正常骨骼肌经常保持一定程度的紧张状态，这种恒常的轻微的紧张性收缩，称为肌紧张。肌紧张具有很大的生物学意义。动物和人借助于肌紧张才能保持正常的姿势和维持身体支撑时的稳定性。也就是说保持这种“轻微的紧张性收缩”状态，也需要消耗一定的体力，如平素的走路散步，虽然是身体松到无意识（即不注意）的向前运动，但时间稍长，人也感到累，说明是费了力气。再如，倘若放松站立不动，或保持一个举臂或什么简单的姿势不用力，但时间稍久，人也感到累、费力气，说明人还是用了力。实际上我们知道，除了睡眠的时候，神经系统功能均呈抑制状态外（事实上，睡得太久，人也疲乏无力），一切行动决不可能不用力来维持，何况拳术是全身运动的一种，施演时怎么能不用力呢？况且退一步说，即使能够做到不用力的程度，则肌体和肌肉势必停止运动而松弛，这样还能发挥拳术的功用吗？

“用意不用力”这句话原则是对的，但应向学者讲明，意是理想，不是空洞的意。理论与实践相结合，灵活运用，多用思想，少用无谓的拙力、蛮力、死劲。正如太极拳家张义敬先生所说：“练太极拳要求用意不用力，倘真不用力，哪里还能练拳？这自然是一种夸张的说法，同时也强调用意的重要，也就是用思想的重要。”用意不用力、重意不重形，只是太极拳的一种高妙说法。

三、太极拳的“后发制人”

所谓“后发制人”，也不是专门等待对方来打我，我再制人。太极拳讲究不盲目发动进攻，而以“听”来判断。“送上门来”当然更好。发觉对方有隙，应立即攻上。“按定四正隅方变，触手即占先上先”，即是至理名言。所以说得到机会，应先发制人，“彼微动，己先动”，一定要灵活，不能读死书。

后发制人之一例，推手中感觉（听）到对方双手欲前推我腹部时，我先有意用腹去接捧住对方双手，当对方欲推不动，又后撤不及之时，我用手臂或左或右横击对方肩部外侧，同时配以脚步扣摆勾绊对方，其必即刻向我或右或左栽跌倒地。

四、关于太极拳的“以柔克刚”

就太极拳“以柔克刚”而言，这里所指的“刚”不是具有太极拳内劲质量的那种刚，而是通常意义上的“刚”，即蛮力、硬力、抵抗之力、无变化之力，这是无法变化的刚。这里所指的柔，则是指太极拳刚而复柔阶段的柔，是能伸缩、能运化、能粘黏的有法之柔。若是软塌的、无法的柔，又何以能克刚？所以，以柔克刚，就是指用有法的“柔”去克无法的“刚”。这一点必须清楚，不可混淆。

例示，有位粗鲁笨拙的莽汉双手向我胸前猛然扑按而来，我则不躲不闪有意以胸捧接对方双手，并与对方的劲力相配合，协调似有弹性的再回收胸部寸许，这时对方之力已即刻被我卸掉，但其臂还未抽回或变化，我这时则要抓机不放，利用其臂当我臂用，内劲通贯彼臂而达于彼身中力源之僵滞点，在哼哈之中突胸放劲将其打倒后仰，便是以柔克刚的高级打法之一。

五、太极拳技击功夫刻意求快、求强以致用

太极拳作为竞技武术，它对速度的基本要求是快，只有动作神速，方能出奇制胜。因此，可以说太极拳的训练是刻意求快的。这和其他竞技武术项目，几乎没有区别。但是，为了达到“疾迅谁能敌”的训练目标，太极拳采取了独特的训练方式——慢练。因为太极拳理法精密，只有动作放

慢，才便于用脑细心体会分析，领会要领，强化心理意识训练，增强内功，也便于熟悉劲法路径及其变化，使量的积累达到质的飞跃。

同时也可以毫不夸张地说，太极拳与其他拳种一样，也是刻意求强的，只不过它的训练方法独特而已。在外壮功夫和强度练习方面（某些方面的技击功力训练除外），太极拳不及其他拳种和其他体育运动项目。但是它一般很讲究“积柔成刚”，注重棉里裹铁式的内壮功夫和发挥人体潜能的训练，这是一条变弱为强的极富成效的途径。学习者若能明乎此，且能不断揣摩，坚持不辍，就能实现由弱到强的转化。功成之时，自身的弱点，诸如体弱力小将得到克服，强大的内劲质量及纯熟而高超、极富灵敏变化的技巧将取而代之，从而成为整体上的强者。只有到了这个阶段，才可谓拳经云“耄耋能御众”“四两拨千斤”，否则，是不可能的。尽管从力学原理上讲，利用杠杆可以实现“四两拨千斤”，但竞技的对方毕竟不是千斤重的静物，而是运动着、变化着、时时威胁着你的强敌。这时你想用“走”柔化对方，用“粘”贴住对方，以控制对方的变化，然后伺机击之，若自身没有足够强的内劲素质和机智灵活的高妙技巧，是不可能的。俗话说“抓个鸡也得费一番力气”，更何况对方是一个时时也想制你的大活人呢。所以，要想四两拨千斤，须先练就千斤以上的内功势能和高超的技巧功夫，这就是必须自强然后才能胜人的道理。

但必须指出的是，这里所说的“求强”，不是单纯体格的强壮，即肌肉丰满、体重大、有力量，而是包括内功、技巧和心理素质上的整体优势。其中练就雄厚的内劲是最重要的因素。据说，太极拳技击家罗基宏先生到晚年时，尽管年龄和外壮方面均不占优势，但与人推手时，却气势磅礴，加上强大的内劲和高超的技巧，一搭手就产生一种巨大的威慑力，任凭对方身强力壮，来势凶猛，也不能不处处受制，处于被动挨打的地位，他靠的就是综合的优势。另一方面，还须懂得“四两拨千斤”不是太极拳克敌制胜的唯一形式，当我方的内劲已经处于绝对优势地位时，往往用不着发挥整体优势的作用。再如太极拳名师杨澄甫、杨少侯、陈发科、郑伯英、郑悟清、侯春秀等人，常常都是一搭手即以强大的内功令对方没有丝毫反抗的余地，或者一接手便把对方凌空抛出，充分体现了一个强者的实力，正所谓“若非此身成铁汉，掷地何来金石声”。

六、太极拳的软、轻、重、灵

软是外似绵软，而刚实蕴于内。太极拳中讲的软，并非是不用力和没有力的软塌和没练过拳的人的懈软，而是不用拙力的柔。柔在前、刚紧随其后，为的是以柔在前便于试探对方的来势，一旦得机，再用刚劲发手，这就是“接劲为柔，发劲为刚”原则的体现。

轻是保证全身内外充分放松的必要措施。所谓“一举动，周身俱要轻灵”“每打一势，轻轻运行。默识揣摩，惟以意思运行”。只有越省力越好的“轻”的练法，动作才能越练越灵活，不轻就不能松，不松就不能灵活，听探顺化，粘黏走转全是在轻的基础上进行的。

太极拳的轻缓，正是为了求得重快。能轻则能松，能松则能重快，能重快则发放才有保证。在轻缓有了功夫以后，即可以随心所欲地练快，能够快而不乱，轻而不浮，轻快沉稳方为得宜。

太极拳在轻重用力方面是随重用轻，随轻使重，充分发挥轻重的效能。拳诀说：“双重行不通，单重倒成功。”就是说，双重是力与力争，相持不下，我欲去，你欲来，结果是力大胜力小；单重是我用力击出时，使对方失去抵抗力，达到我发招用手的目的。能有此种能力，必有纯熟的“随”的功夫。单重用得好，就可以使对方落到空处。所以说用重不如用轻，用轻不如用空。能够运用使对方处处落空，这在武技上可以说是最上的高手。

事实上，太极拳竞技中的轻重，是指由我方确定一定强度的劲力作为基准去衡量对方劲力的质量。我方的劲力就是天平上的砝码，对方的劲力则是未知重量的物体，通过接手时的比较和运动过程中的“称量”来确定对方的轻重，即“权彼来力之大小，丝毫不差”，以达到技击较量中的“重里显轻勿消停”或“重里显轻必发手”以制敌的效果。拳诀说“你轻我也轻，你重我来撑；你缩我用崩，沉拔翘板功，弹你必腾空”，就是轻重用技的真实写照。

“灵”，精敏神巧全在于灵。灵是轻的发展，在轻的基础上发展灵，方能达到“一羽不能加，蝇虫不能落”的高度敏感的“灵”。如此反复锻炼，始能做到快慢轻重，随心所欲。听探之准确，化发之机智，即是灵的表现。

七、独具特色的太极拳慢练法

太极拳通过慢练来摧僵化柔，时时调整身法，纠正错误，求得意、气、劲、形的完美结合，达到“浑然一体，周身一家”的境界。

这种训练看起来似以缓慢为基调，但这正是太极拳速度素质训练的有效办法。俗话说慢拉劲快开弓，这种缓慢的然而是不断进行的意气、身法、内劲的调节训练，即如不断反复地进行张弓的练习一样，经过一段时间的训练，做到了姿势正确，又能将弓拉得满满的（即逐渐增长了浑厚，沉重而饱满的内功），那么，只要箭一搭上，自然一触即发，迅不可挡。拳论说：“彼挨我何处，我意即到何处，气也从之而出，如响斯应，疾如电掣。”到了这种阶段，实际上已完成了由慢到快的转入，进入“慢能慢到十分，快能快到十分”“动急则急应，动缓则缓随”的境界了。

八、太极拳的“动”与“静”

太极拳的“动”，是意动、气动、劲动三者紧密结合。所谓“一动无有不动”，不能简单地理解为身体外部各个部分都在动（这种动产生的结果是涣散的、无威力的），而应理解为在意、气的统领下，内劲通过外形表现出来的全身协调，节节贯通。

太极拳的“静”也不能单纯地理解为身体外形上的静止，而应该认识到这种静是在精神高度集中下的镇静自若，是保持高度警惕，随时准备根据外来信号作出反应的冷静。所谓“一静无有不静”，应理解为全身处处调整好了，达到浑然一气、周身一家、蓄劲待发的状态，也只有这样，才能产生使对方不战自怯的威慑力量。

箭搭在弦上，弓被拉得满满的，这时尽管箭是静止的，可是谁都知道它将一触即发。

当老鹰抓兔子时，它的运动方向和速度是随时根据兔子奔跑逃窜的方向和速度来变化，这个运动过程包含有始终把握住主动权的冷静，即经云“形如捕兔之鹄”。

猫抓老鼠时，眼睛紧紧盯住它，并悄悄地接近它，这里面包含着高度集中精神的镇静。经云“静中触动，动犹静，因敌变化示神奇”“神如捕鼠之猫”，正是此意。

运动中，当对方主动出劲时，则正中我下怀，我正好用“以静御动”的原则，做到“动急则急应，动缓则缓随”。当对方不进攻，想与我对峙时，我可主动出劲，迫使对方做出反应，破坏对方的静。此时看起来似我方先动，但这种动是“于不丢不顶中讨消息”，即引诱，是探知对方反应劲路的动，是像鹰捕兔子那样的把握主动权、保持冷静的动，即所谓“虽动犹静”。并且，讨得消息后，立即做出调整，迅速完成由动到静的转换，然后于对方发劲之前，先于对方，将对方击出，做到“彼微动，己先动”，后发先至，先发制人。

九、太极拳中的松紧关系

松指的是身肢放松，紧指的是周身或局部在一刹那间的骤然用力。单纯的松是“懈”，单纯的紧是“僵”。懈则软弱无力，僵则滞重呆板，故要“松而不懈，紧而不僵”。在应敌时，松是手段，紧才是目的。也就是说，松是为紧服务的。比如，与敌接触时，先要全身放松，触敌之后，骤然一紧，惊弹之力，方能产生。但是，必须清楚一个问题，那就是没有经过训练的人，即一般人所谓的“放松（这是人人都能轻而易举做到的）”，在拳术技击的立场上讲，实质上是懈，是一种拳病，并非真正技击意义上的松。没有受过训练的人的紧，是硬、僵滞，并非技击意义上那种发自体内的浑厚的、整体力的爆发状态的紧，其效果是大不一样的。

在运动过程中，要具体情况具体分析。究竟是松好，还是紧好，松到什么程度，紧到什么地步，都离不开当时所遇的情况。如对方向我进攻，我一味地松，结果被对方冲垮了防线让对方进来了，对我造成了威胁，这时的松就错了。而换一种情况，当对方向后拉我的时候，我一松叫他落了空；没拉动，他反而失去了重心，这时的松就对了。紧也是一样，发劲时就要调动全身一切能量，在一瞬间浑身一紧，这时就不是怕紧，而是唯恐紧得不够。还要利用假借刺激精神状态的激发，目的也是为了发挥出更大的内劲力量。当然总的说起来，练拳以至应用都是松的时候多，紧的时候少，松是经常性的，紧只是一瞬间。

十、太极拳中的柔与刚

由于对劲的刚、柔和对刚劲、柔劲缺乏正确的理解，导致一些人以劲力的大小、轻重作为区分刚劲、柔劲的标志，误认为劲力大就是刚劲，劲力小就是柔劲。因此，他们在练太极拳推手的初级阶段，为了重点锻炼黏走相随，不丢不顶的功法时，常常因片面追求柔劲而忽视甚至抛弃了劲中的刚性，于是出手和对手相黏，只是轻轻挨着，在黏着点上没有适度的劲（抵抗性），运动起来松松吊吊，呈现出一派典型的、虚到全然无力（懈）的状态。当对方稍微用劲按来，轻易地便将其势按扁，贴身而动摇了桩步（犯“匾”），或者当对方快速回手撤退时，又因缺乏弹性而来不及伸手进身黏随（犯“丢”）。这种推法，完全丧失了武术的对抗性，因而也起不到锻炼技击的作用。

拳经云“柔里有刚攻不破，刚中无柔不为坚”，也就是说用刚不可无柔，无柔则环绕不速；用柔不可无刚，无刚则摧迫不捷。运动之功久，摧僵化柔，积柔成刚，刚柔相济，粘连黏随，腾闪抖空，掤捋挤按，采挒肘靠无不得其自然。必须清楚，太极拳的柔，是软中有硬，真柔表现在按之则下，起之则上，可以上下相随，才是柔中有刚，外柔内刚。有了这种真柔的功夫，才不易被人攻破。又如用刚劲进攻对方的虚式时，要柔劲紧随刚之后，才叫真刚。如果刚中没有柔劲在后支援的力量，这种刚就容易被折断。只有意识上形成刚柔相济的状态，才能够做到欲刚能刚，欲柔能柔，刚柔随心所欲。

技击搏击中的刚，是指随机迅速将隐于内的全身之力聚于一点，在一刹那间迅如奔雷地爆发出来的，无坚不摧的劲力。有了这种疾用骤发，迅猛刚实发人的爆发劲，才真正练好了刚劲。只有练好了刚劲，才能进而再追求高妙的柔化劲。但在追求柔化劲的阶段，也不可削弱对刚劲的培植。如果抛掉刚劲而单练柔劲或化劲，最终是没法求得的。如果丢掉刚劲，放弃发人本钱的提高，就等于去掉了根本，什么抖劲、炸劲、凌空劲等高难劲路，就更无从求得，甚至会得不偿失。只有走对了路，把刚劲首先真正练好了，再把发劲的过渡动作从自然、轻松的技术分解中，求得缓动骤发，粘身纵劲，无坚不摧。由练精化气，而至练气化神，运用而又熟练之，自然渐渐地就会气沛神盈，妙劲会逐得之。到此地步方至柔极自化，周身通灵，由气沛神盈，而至虚极静笃，则练神还虚，粘哪哪有，渐及不意而发，则化劲亦可逐得，自体动作成了高度的自动化，随时可以应付对方的任何攻击。但是，这必须通过实践，才能体会。当然，如果刚劲根本没有练好，竟想提前升极，求得“引进落空”“四两拨千斤”，那就只能以失望而告终。

功靠操练　法靠实践

——太极拳的力、功力、劲力与技巧

一、力

力，一般指力气、力量的意思。力是动物筋肉效能的大小和量度，也是构成技击运动最根本的要素。

力有直力、横力、虚力、实力之分。直力露于外，横力隐藏于内，虚力性柔，实力性刚。未学拳者力直而方，滞而不速，散而不聚，浮而不沉，钝而不锐，是不具灵活变化和突然爆发的拙力、蛮力。受过训练的太极拳的力，是不同性质的圆而实、沉而重，具有弹簧性、爆发性、螺旋性、灵变性的整体之内力。它是一种经过千锤百炼而求得的威力无比的劲力。

技击运动中，具体内劲力量来源于靠后足蹬地的反作用力推动整体，利用整体运动产生的强大惯性力量，打击对手。这种后足蹬地是靠发放内力的瞬间，后胯往下靠，前腿膑骨向前指，前脚猛然往地下一踩，好像能够踩到地里去一样。同时内部呼吸猛然往下一沉，压缩横膈膜，使腹腔突然膨胀（肚皮绷紧），好像一块大石头落入水中一样，一下子把水溅起很高。要求小腹突然一震（腰部用力），伴以或哼或哈或咳声音。即向上打时，意欲将对方掷上屋顶，这时口发“哼”音；向下打时，意欲将对方击

入地中，这时口发“哈”音；向远打时，意欲将对方拍透入墙，这时口发“咳”音。这就是说，发放内力时精神上不但要求指向很远地方，而且要追求意境的真实感，诱导周身的精神“激发”状态。真所谓“势如龙驹扭丝缰，谷应山摇一起撞”。但是，这种发放内力的方法是在保持周身放松，掤劲不丢，犹如压缩后的弹簧，蓄而待发的情况下，触敌之际，全身骤然一紧，惊弹之劲力自然产生，而并不是孤注一掷。

二、功力

一般称自身原有力量为“本力”，这种先天性的力，发生时一般有三个要素，即大小、方向和作用点，不易产生灵活的变化，这种力在攻防效果上讲，其作用是有限的。为了获取最理想的技击力量，取得最佳的打击效果，太极拳在实践中强调力量的方向和作用点，强调对自身的控制，同时在松柔的基础上强调加强内力的训练。这种内力的特点是在发出时，可在不同的情况下，能快能慢，经过的空间路线可长可短，动作或大或小，体位或斜或正，均可发出整劲的能力，又可“拳打寸劲”，威力无穷。这种通过技击专项素质训练所获得的特有的力，被技击家称之为内劲“功力”，这是一种具有技击功能能力的内功势能，同时也是衡量一个武术家技击功夫高低的重要标志。有了这种超常的功力，才能达到技击中“以柔克刚”“以巧破千斤”之效。

功力的训练是灵、力并练之术，灵巧和劲力并非要对立不可，只要不偏重筋骨肌肉的运动，不把力气练死，功力自然会产生。

三、劲力

力是劲的源泉，劲是协调的力在时间上的积累，在运动中力量的运用。推手运动中所要求的“劲力”是练就的一种既灵活又集中，且运动自如的弹性“劲力”。这种劲力不仅要重视肌肉收缩紧张的练习，而且要重视感觉灵敏和反应速度的练习。同时也强调正确运用技击，有机地发挥肌肉群的作用“力”。太极拳推手时的劲力，与其他拳术所不同的是延长黏着点

“力”的作用时间，使对方身体在失重的状态下加速运动，使被击的一方旋转着跌出，而又可以不伤害对方，这也正是太极拳推手技击训练方法的独特之处。

四、力、功力与技巧的关系

在太极拳推手对抗中，一切招法都离不开“力”与“巧”。力、巧虽然是对立的，实则互相依存，绝不能孤立。力体现出素质，巧体现出方法。素质是天然的，虽然通过习拳练功而有所增强，但因不同的体格条件，必然有不同效果。方法是通过习拳学来的，只要善于利用科学道理进行锻炼，就能出现不同的奇迹。武术界早就流传两句话，叫做一力降十会和一巧破千斤。这两种说法，应该承认都是对的。但我们也应该辩证地来进行分析。所谓“一力降十会”者，不一定没有巧的方法；所谓“一巧破千斤”者，也不可能没有力的配合。大概说来，力与巧体现在每个人身上，总不免因体质和学习不同，而各有异。力大者能胜巧而力小者，巧精者又能胜力大而拙者。如果双方力巧相等，则对抗必成和局。

古人论射箭，有的说“其至尔，力也，其中非尔力也”。意思是说，力虽然使箭射到靶子，但无巧不能射中，让人重视巧的方法；又云“强弩之末，不能穿鲁缟”，意思是说，强弩之强，在于力大，虽射而能中，但当力竭时反而穿不透一层薄绸子，又让人重视力的作用。可见巧与力是必须结合。

法以功为本，功与法相合，变化多端，重在实用，是练技巧。太极拳的劲道讲究功力与劲法技巧，功力是技术性的力量（内力），是基础、是根本；劲法是技术、技巧、是方法。“功靠操练、法靠实践”，这是个学艺的原则，也是学艺的过程。讲技击要以实力为基础，有了雄厚的功力，再讲巧、讲变化多端，才是有实力的技击术。

尽管太极拳十分强调以巧胜力，但“巧”必须通过相适应的体力才能实现其技击作用，否则，再巧也是无所作为的。正像陈照奎先生所指出的：“没功夫，技巧也是空的；功夫不出，什么技巧也不顶用，关键是出功夫。”

理清概念　悟通术语

——对太极拳技术方法的认识

1. 反应

包括感觉（听劲）和采取对策（处理信息）。太极拳推手是一种搏击形式，双方攻防瞬息万变，对敌方攻击的感觉、化解和反击必须是同时进行，否则是不能迎敌自保的，更谈不上取胜。

2. 正隅

正是四个正方，隅是四个角度，用我的正方向对方的隅方进攻是手法上的必要路径。

3. 收放

是先诱对方深入，也就是俗说的“欲擒先纵”之理。收是先向怀中带进，放是趁势向外击出。

4. 不支离

意思是完整、不破碎。

5. 环中

意思是核心和关键。

6. 虚实分明

譬如，冬天站在结冰的河边，用一只脚踩冰，试冰冻之薄厚，不论用多大力去踩踩，其身体重心之实必然在岸上之脚，踩冰之脚即为虚脚，这就是虚实分明。

7. 圆活力

就是横竖皆有力的混元劲，也就是横竖上下左右各方都有含蓄力。俗说：太极拳以球作例，要有混元之沉力，此力如环无端，也就是刚柔不现端倪的意思。在运用的时候要不偏不倚，圆整灵活。

8. 无形圈

就是在出手动作中，随时都在螺旋力量的范围之内，这种螺旋力量要成为动作中的习惯力量，所以，虽然用手直入直出，但是只要接触对方的某部，便显示出直进是由螺旋力在推动。由于这种螺旋力的主导作用，就能随着对方的来手上下进退，并能在顺随之中，相机地发挥螺旋力以入手克敌。

9. 极柔软和极坚刚

所谓极柔软，是高度的不丢不顶，如影随形，触之总觉空虚无物，摸不到对方中心，进则落空，退即失势，故柔软不是软弱无力。

所谓极坚刚，一方面是受者的感觉，总觉对方力大，自己处处不能得机得势，另一方面是太极拳久练之后，产生的一种鼓荡之劲，如皮球、如水浪，一种极富弹力的整体劲。

极柔软，方能极坚刚。锻炼内劲要由松入柔，积柔成刚。由慢到快，快而复慢。使之能达到快慢随心所欲，技击中能动急则急应，动缓则缓随。日久天长，全身轻灵、柔和、圆满，体内和手臂有一股深厚的沉重的力量，变化极为迅速、灵活，可以随意转换和集中到某一点。这种力量似柔非软，似刚非僵，刚中有柔，柔中有刚，这种力量就是太极拳的内功。

10. 黏粘不离宗

黏粘是沾连不离，就是和对方交手，用黏粘的方式粘着对方，进退周旋，使对方想进不得手，想退也不得脱，以不即不离的方式为宗旨。

11. 发落点对即成功

例如，当我向对方横侧身发击时，以进击之点为发点，并且要找准对方的跌落之点，由发点刚劲直向对方的落点猛击，才可以收获全功。

12. 搭手如落楷

在推手中，要控制对方的劲路时，必须“搭手如落楷”。“落楷”是比喻木工以斧击楷，一斧下去，榫头即吃住，牢不可移。把对方劲路控制好，手臂能够控制住对方劲路，方能“放劲如摔杯”那样干脆利索。

13. 动必进步，进必套插

套是用前足管住对方前足外侧，插是用前足插于对方裆步中间。步动身随，套封插逼，足进肩随，大捋大靠之法，即在其中。

将欲放劲，步须暗进（先进后足半脚以占机势，再进前足半脚而放劲，则我占人势，而人感局促，就容易放得人出），胜在进步，不败在退步。

传统的武当赵堡三合一太极拳推手在进步套插方面，素有缠、跪、挑、撩、劈、壁、挂、蹬、跐、点、滚、衬、勾、错等秘法绝技，历来被珍为秘而不传之至宝。

14. 守中用中

是推手时，必须保持自己的中线位置不受侵犯，这就是“守中”。与此同时，还须用最大努力控制住对方的中线，以期随时准备摧垮对方的防线，这就是“用中”。那么，什么是“中”之所在呢？人体鼻居头部的中央，鼻子就是人身“中”的标志，故诀曰：“意从心内起，手向鼻尖落。”

15. 逢中必定

按太极拳十三法［即掤捋、挤按、採挒、肘靠、进退、顾盼、定（中）；正隅、虚实、收放、吞吐、刚柔、单双、重（轻）。］重和定合为一法，定和重有紧密的关联，定是稳定，重和中又不能离开定，故常说：逢中必定，以重击中，以定用手。

16. 定在有隙

定是找到对方的空子。在和对方交手时，不可冒进，得到进手的机会，就立刻不停地发手，达到先发制人的目的。

17. 中在得横

中是击中。要想将对方击中，必须得到对方的横。横就是在和对方交手时，我转身找对方的侧面，对方的侧面在我面前叫做横，得着对方的横，立即发招进击。

18. 实在必冲

实是在和对方交手时，已经得手了，可以乘虚而入，在这时即立刻冲击，这叫得实。

19. 披从侧方入

披是经过对方的侧身进势进招，也就是找对方的横线，以我的竖线（正身）进招攻击。

20. 搓磨试其功

搓磨是和对方交手时，先要不丢不顶，不丢是顺随对方的来势，不顶是对彼的来势不用力拒阻，在粘黏之中，试出对方的虚实情况。

21. 歉含力蓄使

就是和对方交手时，先用一部分力量作试探，保存着大部分的后援力量，等到探出对方有机会进招的时候，再把蓄积的含力，全力发出，这就是蓄力待发的意思。

22. 闪进全在动中求

如果对方来势凶猛不及还招时，必先闪开他的锋锐，虽然是闪，但不可失去还手的余地，要做到“逢闪必进，逢进必闪”。拳诀说：“何谓打、何谓顾，打即顾、顾即打，发手便是；何谓闪、何谓进，进即闪、闪即进，不必远求。”这说明闪进和顾打是一致的行动，不可截然分割开用，这些都要在动中随时注意。

23. 重里现轻勿稍留

拳术上的摔法、打法的用劲和发放，不出三个劲，即轻劲、重劲和空劲。运动中的轻重变化是和虚实分不开的，如和对方交手，发觉重里现轻的时候，就应立即发手。只要遇力不顶，就要顺着力的趋向进攻，这样子会击无不中。所以说：“重里现轻必发手。”达到此地步，必在轻重虚实上运用纯熟才可以。俗话说“轻对轻全落空”，必须以重击轻，以轻避重，才不失制胜的道路。

24. 手脚齐进横竖找

拳诀上说：“手到脚也到，打人如薅草；手到脚不到，打人不得妙。”就是说要发全力冲击对方，需手脚齐到，才可以奏最大的效果。横竖找，是找对方的横侧方，来进我的竖正方，就是向对方横侧进击，可以使对方失去重心，而不得守其中心。必须向对方的横线处发击，用我走直线的力量，再加上手脚齐进的方法，才可以用小力胜对方。

25. 避人攻守要採挒

例如对方向我接触太近，我要封闭对方的来势或破对方的掤手时，须先用採挒的手法撤解对方的锋锐，使对方失去攻或守的时机。

26. 力在惊弹走螺旋

如果与对方搏斗难分或是劲路纠缠不分的时候，就用惊弹力向外发射，或用转环力卸去来势，以化除对方得手进招之势。

27. 逞势进去贴身肘，肩胯膝打靠为先

如与对方交手能够进身而拳手来不及进击时，即可屈臂用肘来顶击之。又如对方来势凶猛，我来不及还手闪避时，也可以顺来势用肘击之。如与

对方贴身不得用肘时，就用肩靠胯打和膝盖顶撞的方法进击。这都是来不及还手的后备招法，须在靠近对方时使用，如贸然冲用，则有被对方所乘的危险。

28. 遇敌上前迫近打，顾住三前盼七星

拳诀上说“近人先进身，身手齐到才为真”，就是说既然不怕敌，就不避敌，如果畏惧迟疑，是技击上最大缺点。所以在和对方交手时要能上前迫近。能够迫近对方才可以发招进手，先发制人。但是迫近时，必须把自己的手前、足前、眼前照顾好，把对方使用进攻的肩、肘、膝、胯、头、手、足七个出击点的部位注意防守好。

29. 走架即是打手，打手即是走架

就是要求在练习太极拳架时，必须处处拟想与敌打手，无人若有人，揣摩每招每式的作用，并使精神贯注。在太极推手时，则应灵活运用拳架中总结的各种技击招法和动作，善于用意，巧于用劲。

30. 闪开正中定横中

如果对方用先发制我，逼近我身打来，我急转身，闪开我的正中部位，使对方招法落空，同时我急向对方的侧身进击，也就是取对方的横线，要拿对方的横线，作为我的正中线进攻。

31. 按定四正隅方变，触手即占先上先

四正就是四个正方，四隅就是四个斜角。在和对方交手当中，我一面要主动地把持着四个正方，一面要寻找对方的四个斜角，为的是转移对方的正方，先破他的中心之力；假如对方守住了他的四正，我就设法变动自己的正方，来找对方的四隅进击。总起来说，就是用我的正面来袭取对方的侧面，所以叫做“按定四正隅方变”。“触手即占先上先”，是说明先发制人的方式，不是以静待动的方式。如果对方距我太远，当然要以静待动；假若已经临近，或是偶然接上手的时候，即应先发制人。

32. 周身实力意中定

是说明全身内中竖力发出的方法，全身大部分可分三节，脚跟是根节，腰胯是中节，头、颈、肩是梢节，此三节是发周身实力的重点。俗说："根节动、梢节发，三节齐到力增加。"所谓三节齐动，必定意注于腰，即三节力量的主宰在腰上，如果腰不动，根梢二节虽然动也不能发整力，只是局部之力，所以在技击中必以腰为主力，才能发出周身的实力。

33. 搭手遇掤莫让先

在和对方推手时，如遇对方的掤式难以制胜时，即要另法攻击之，要以先发制人的方式进手，不能让对方占先来制我。

34. 中实不发艺难精

手已得实的时候，就立刻放手发招，不可错过机会，如果见实没有立即发招，便成落空有体无用了。

与对方盘手时，要在掌中得到对方的窍要，听探对方的虚实究竟，逢虚则守，遇实则发。如果中实得招而不知发放，就等于坐失良机，诀曰"重里现轻必发手"、"俯掌即发"，即指此意。

35. 人刚我柔谓之走，我顺人背谓之黏

刚字是采取攻势的意思，并非刚强之刚。例如推手时的按挤两个动作是采用攻势的。柔字是采用守势的意思，并非柔弱之柔。例如推手时的捋掤两个动作是采取守势的。刚柔不过是攻守的两个代名词，完全是用意用势的，不是用刚柔之劲来攻打的。对方用按、挤两种攻势来逼，我用掤、捋两种势去消灭它，这个动作叫作走。顺背是得势与不得势的区别，能保持重心，则得势为顺，失去重心则失势为背。例如，我方用按挤去攻逼，意使对方失势，这个动作叫作黏。又说动急则急应，动缓则缓随，这是纯采守势的说法。学者不可误认为是自己不作主宰。缓急随人，须知攻击在人，应敌还击在我，我能随敌缓急，从容应付不失重心而控制对方，可说已尽太极拳之能事了。

36. 左重则左虚，右重则右杳

太极拳就是一种轴心运动，所以“行功心解”上说“气如车轮，腰如车轴”，就是气如车轮则左重的向左转动，右重的向右转动，是当然之理，容易明了。不过，要练得娴熟，能得心应手，却不是一件容易的事。又说“仰之则弥高，俯之则弥深，进之则愈长，退之则愈促”，前三句皆是引进落空之意，就是说他仰攻我，我引得更高；他俯攻我，我引得更深；他直进我引得更长。总之，顺他的来势，引向空处，不抵抗、不截击。第四句说明退不得，彼进我退，便是自促。无论练架子或推手，都忌直进直退。行功心解说，进退须有转换，便是说明不能直进直退。例如斜行拗步时，进必须兼左顾右盼的姿势，倒卷肱的退也是一样，要向左右转换，便是以退为进，不是直退，直退就败了。所以古人语：“有进、进也。”《纪效新书》上也说：“步步向前，天下无敌。”拳经又说：“一羽不能加，蝇虫不能落。”这是说推手练功感觉十分敏锐，就是一片鸟毛，一个苍蝇的脚也不能站稳，是形容太极拳的轻灵，绝对不许对方借力的意思，这是推手最高的理论根据。

37. 人不知我、我独知人

这是推手极娴熟后的境界。推手的作用重要部分在锻炼触觉，术语谓之听劲。就是利用十指罗纹探听对方动作的意向和劲路，而我处处意在敌先，使对方来不及防御。又说：“神以智来，智以藏往。”神就是利用手上的神经探知对方的来势，再凭我的智慧，隐藏我的攻势，这样便到了人不知我，我独知人的境界。

38. 单重则随，双重则滞

这两句话是练习推手最重要的、最应注意的，必须时刻用实际行动去体验它，若不认识这个理论，根本谈不上太极拳。所以，太极拳论上说过，无使有缺陷处，无使有凹凸处。因有缺陷凹凸便不能圆，不圆就双重了。圆轮着地哪有两个点，若有两个便行动不了。有人解释双重，说两脚同时着地，两手同时打出是双重，一脚一手是单重，这是不对的。我们要知道单重双重不在形式而在内容。太极拳只是轴心运动，找到了轴心所在则触处成圆，处处单重找不着重心。“精练已极，极小一圆皆有轴心”，由轴心发出来的圆，便无缺陷处，无凹凸处，哪得有双重？“黏即走，走即黏”，太极是画圆的中心点，向外半弧为阳，向内半弧变阴。阳的作用为黏为攻，阴的作用为走为守，黏又是走的准备，所以走又是黏的准备。因此，拳经接着说：“阴不离阳，阳不离阴，阴阳相济，方为懂劲。”所谓阴阳黏走，刚柔黏连等等都是攻守两个动作的代名词。攻里有守、守里有攻，击中有防、防中带击，所以谓之相济，认识这个便等于懂劲，在懂劲的基础上做功夫才能做到愈练愈精。拳经又说“本是舍己从人，多误舍近求远”，太极拳推手在随机运化，本身不可有丝毫安排等待的心思，这就是谓之舍己从人，也就是要在本身确实做到圆活轻灵的地步，才可以随人黏走毫无障碍。但是有许多人误解舍近求远四字，以为是从研究对方来势入手，预早安排一个应付的对策，这是舍近求远了。“行功心解”说：“发劲须沉着、松静，专注一方。”发劲须在推手时专门练习才能沉着松静，又必须在沉着松静的两个条件下发出去的才是内劲，不是拙力。专注一方四字看去似很简单，实际这里面包含时间、位置、方向三个要素，有一个不适合便不是沉着松静的内劲，也发不干脆。因此必须在推手时一方准备接受发劲，不走不化，一方专心按规律发出去。练习既熟，方能一触即发，发无不中。

39. 掤捋挤按须认真，上下相随人难进

掤捋挤按是曲中求直的四个势，这四个势包含了采挒肘靠、进退顾盼定九个方法。说掤捋挤按须认真，就等于说十三势须认真做。《十三势歌》第一句“十三总势莫轻视”，就是要势势认真，能主宰于腰，上下自然相随，能相随即能消灭对方的攻势，因此说人难进。第二句“命意源头在腰隙”，也就是这个意思。又说“引进落空合即出，粘连黏随不丢顶”，随对方来势引向空处，引到和我的出击条件相合时便速行出击。这引字有两种意义，一是因势利导使化落空，一是故意露破绽引他冒进。又说“虚笼诈诱，只为一转”，所谓虚笼诈诱，就是引进落空，这转字就是出击。故此前辈说推手只在不丢不顶中讨生活，不丢是不脱离对方的手，不顶是不抵抗

对方的手。这中间包含粘连黏随四种方法，粘是属于不丢的，黏随是属于不顶的，就是说对方进，我用粘连，对方退，我用黏随。这打手歌虽是初步入门极简单的法则，但不经口传面授，纵说上千言万语也属无益，所以《十三势歌》有“入门引路须口授，功夫无息法自修”的说法。什么叫自修呢？就是要依据上述的法则自修，否则徒劳无功。“学而不练负师之传，练而无规成艺之病”，可见练习必须重视一定的法则。

40. 太极拳的科学训练方法

太极拳科学训练的标志是，第一，改师徒制为教练制，教练水平的高低以是否培养出高水平的运动员为标准，不再以教练自己水平的高低来评价教练，胜负是运动员在比赛中的成绩，而不要求教练之间决胜负；第二，采用科学方法训练运动员。所谓科学方法，首先是研究太极推手的科学原理，例如太极拳的内劲是什么科学道理？许多拳师已神而秘之，说它是什么气，又有人说它是什么精，其实他自己也不清楚内劲是什么，徒弟更是莫明其妙，代代相传，仅有经验而不得其解。更有甚者说，他可以发出“吸”力，完全违反力学原理，我们知道，到目前为止，除了磁性之外还没有发现任何其他种吸力。实际上，太极拳的内劲有相当部分是对力的运用之妙，即“学力而有为”，也就是符合力学原理。一个优秀的推手运动员必须在 20~25 岁进入技术成熟阶段，所以必须采用现代科学方法进行训练以提高训练效率；第三，提高训练水平不可缺少的环节是比赛交流，在交流中取他人之长补己之短，过去那种固步自封、墨守成规，对师父的东西不敢作些稍微的变动，明知不对也不改变，甚至把师父的毛病都惟妙惟肖地模仿，对门外的技术不论好坏一概排斥，这是封建的门户之见，必须摈弃；第四，太极拳推手的生命力在于民族性和对抗性，注重中华民族的特色，在对抗竞技和观赏中求生存、求发展（参见《武当》1991 年第 1 期，吴图南、于志钧《什么是太极拳的科学训练方法》一文）。

41. 摧僵化柔

此指太极拳训练的初级阶段。常人在用力时，是通过局部肌肉收缩来实现的。此时往往由于兴奋的扩散，使得某一关节或几个关节周围的肌肉紧张，作强直的等长或等张收缩，使动作显得僵硬、不协调。时长日久，便形成一用力则全身或局部僵硬的习惯，太极拳称之为拙劲或僵劲。太极拳用力（确切地说是劲）有其独特之处，即是在意气的引导下，肌肉主动肌与拮抗肌作特定的拮抗，使肢体对拉拔长，全身形成一个弹性体，通过全身肌肉的协调动作体现出富有弹性的“劲”。所以练太极，在初学时必须改掉原有的用力习惯，通过一系列身法调节，以及缓慢松柔、圆活连贯的动作，培养节节贯穿、周身一家、“一动无有不动”的整体劲，为意气劲毫不阻滞地抵达全身任何一部位打下基础。

42. 积柔成刚

亦指训练的阶段性，是在摧僵化柔的基础上，继续坚持松柔的训练，但此时除了保持身法正确之外，练习时有意识贯劲，使松柔之上又有沉着的感觉，使全身积累一种富有弹性的劲。再者，有意识地进行“柔运动、刚落点”的练习。通过锻炼，逐渐由松柔之中产生出坚刚的劲力来。这种坚刚的劲力，源动于腰，形于身体各部，若劲力深厚，则有雷霆万钧之势，无坚而不摧。

43. 刚而复柔

此时的柔，已是高级阶段的柔，它的发展路径不是在一个平面上，而是螺旋上升。此时的柔，已从原来意义上的柔发展成随心所欲的、随时可变化的柔。正如拳论所描述的那样：“看似至柔，其实至刚；看似至刚，其实至柔。刚柔相交，无端可寻。”到了这一阶段，刚柔相生相济，变化无穷，随意举动，自成法度，这才是太极拳所要追求的境界。

44. 柔筋拔骨和以柔促刚

此二术语出自赵堡太极拳“忽雷架”（亦叫“圪颤架”），亦表示练拳的阶段。该拳诀说：“转大圈、盘软拳、柔筋拔骨两三年。柔劲出，刚要来，以柔促刚寸劲拳。”“忽雷架”的练习过程由浅入深，共分十一层功夫，即一联、二圈、三自转、四分、五劲、六圪节、七起、八落、九自尊、十朝、十一哲。在五层功夫以前，主要是锻炼周身的协调性及“柔筋拔骨”的柔韧性。在完成柔筋拔骨阶段后，就要及时换劲，以柔促刚，重视发劲练习。每个动作都要发劲，动作刚劲精巧，两脚挫碾地面“嚓嚓”有声，身体忽起忽落，吐气发声，哼哈劲出，如春雷乍响，旱天雷击；又如寒冬打颤，周身抖动。刚开始练发劲时，一个动作发一次或两次（不是重复发劲），以后逐渐增多，最后达到内方外圆，变圆为方，一圈数发，一动就发的连续发劲阶段。所发的劲，全是由丹田入，由腰出的柔中有刚的小巧寸劲，发劲击声，周身抖动，身灵脚活。练五层只要按要求下苦功，见效很快，实用性也很强（参见《少林与太极》1991年第1期，张满宏“太极奇葩——‘忽雷架’”一文）。

聚精会神　圆润自然

——太极拳的慢与仿水的性质

一、太极拳的慢

太极拳在推手打轮时，讲究慢、匀、稳，主要是为了练习和体会内力连绵不断的感觉，通俗些说，叫“找劲”，它通过缓慢的动作来养成正确的动力定型，使得在恰当的时机来临时，一动便可发出整力。在这里的“慢”，并不是散慢，也不是懈怠，而是一种聚精会神、圆润自然的协调运动。太极拳手衡量“快”与“慢”不是以肢体运动的速度为判断根据，而是以发出力的速度作为判断标准。如果动作虽然慢于对手，但是发力快于对手，同样可以取胜，这就是太极拳快与慢的实质。

二、水的性质

老子讲：“水善利万物而不争，处众人之所恶，故几于道。”水柔顺轻灵，积柔成刚，滴水穿石，可起波涛，渗浸地下，产漩涡，连绵不断。

三、太极拳的模仿

①平静的水，质柔而沉静。因此，太极拳要求全身放松，胸虚腹实，气沉丹田，由放松而形成一种沉力。

②点滴的水轻灵，所以，太极拳举手投足要求“举手如抽丝，迈步如猫行”，以求能有敏锐的感知“听力”。

③海水的波涛，足以打翻大船，靠的是整体力量。因此太极拳要求运动要节节贯穿，松而不懈，紧而不僵，一动无有不动，全身协调发出整力，“靠要崩”，发劲如泉涌出，信手发人于丈外。

④水能渗浸入地，因此太极拳发劲追求穿透力，有渗透效果。即将对方发出，或者使对方受打击的部位从里向外痛，而不是表皮受损。

⑤水能产生漩涡，因此练习太极拳举手投足都是圆，通过圆来化对方的力，通过圆的切线曲中求直，发放对方，通过圆来积蓄自己的力量，通过圆将敌擒住或发出。

⑥流水动起来连绵不断，因此，太极拳要求招式连绵不断，环环相扣，随机变化。通过连绵不断的招式和劲力，使对手感到防不胜防。

四、太极功夫如水，无坚不摧

太极拳的技击就是没有任何形式上的束缚，强调用头脑去防卫对方的攻击，并还击对方。重要的是争取时间，制敌于机先。

太极拳的技击反对既定的形式，是一种完全自由的搏击术。太极拳没有固定的招式，但却包涵着所有的招式，你不能预知他怎样打，甚至他自己也不知道自己将怎样打。他的动作是你的动作的结果，他的武技就是你的武技的终归。太极拳的技击就是在最短的时间内，以最简捷的方法，而使学生领悟。太极拳的技击以无限为有限，以无法为有法的原则，就是吸收有用的，抛弃无用的，再加上自己的专长，解除对方的武装。

对于一个太极功夫入门者，功夫不仅是技击方法，其主要目的也不在于杀死或伤残对方，而是一种哲学，其道理则是在困境中懂得退让，然后以进为退，要能忍，在困境中学习、理解。

太极功夫包容的内容很广泛，是教人生存和防身之法。太极功夫有两方面的内容，一是刚发，二是柔化。所谓刚发，就是着重于速度与动作的配合、功力的发挥，注重力度，讲求刚脆迅猛，富于攻击性。柔化则正好相反，着重于中和，运气调息，行于周身，注重内功，讲求柔滑。

太极拳的出拳犹如链锤之击，就如铁链上的铁球，砰地一声飞来，撞击力直入人体之内。这种力度具有非常的穿透力，往往是致命的一击。

太极功夫如水，你可以用拳头去打海水，就在这一刹那，你可以感悟，水，这种最基本的物质，即使用拳头怎么样地打，水也不会受伤，想去抓它一把，可是却不可能。水是世界上最柔软的，可适应任何容器。所以，练太极拳一定要体悟像水的本性一样。

太极功夫如水，无形无极，富于流动。就如每个动作之后而不停滞，绵绵不断。将太极功夫比作水是最贴切的。因为水是世界上最柔的物体，无孔不入；水又可以说是极刚之物体，因为水可以完全无抵抗地任意受击打而不受一丝伤害，其汹涌澎湃可将最坚固的城池、岩礁摧毁。是以自古以来的习武者，皆以水为目标，像水一样柔而自由发挥，像水一样无坚不摧。

灵机一动　瞬间爆发

——“劲力妙用”乃太极拳技击之魂

“变劲不变招，伸手把敌消”，太极拳之妙，全在于劲力，这是一切武艺的基础，任何不许和不提用力都是不对的。所以说，劲力及其应用，是太极拳的精髓和灵魂。胆、力、智、法是功夫的综合表现，搏击之术的太极拳武功也同样如此。

“劲”是在正确理论指导下通过特有的训练，艰苦的磨砺才能领悟到的。“劲”速度快而灵活。就“劲”字本身的字义讲，“劲”字的头是由“久”字演变而成，再加上“工”“力”三个字型组合而成。其含义是，长久时间用“工”、用“力”去磨炼，才能领悟形成“劲”。因此说，“劲”大必然会“力”大。

“起如风，落如箭，打倒还嫌慢；起如箭，落如风，追风赶月不放松”，这便是“劲”的真实写照。

在物理学中，力和劲可划为同一个概念，但在武技中，却成了两个不同的概念，因为在武技中还讲究灵活与变化，这与人的操作密切相关。劲是瞬间、变幻、爆发的，但从力学角度讲，在武技产生作用的瞬间，实质上却是力的作用。

事实上，不管是哪国、哪派、哪家武技，当其作用于一个事物（人或物）时，其最终效果就只会体现在一个元素上：劲。

不是吗？招术的变化是劲的方向的变化，发力方式的变化是劲的大小的变化，我们在与对手过招时，终究要体现在对敌方劲力大小和方向的控制上。所以，历来拳家都强调劲的训练。

太极拳练功人的劲、力绝非常人的用力方法，它是意识支配下按太极拳的运动规律，通过气息吐纳和肌肉伸缩产生的一种能量。此劲具有传递迅速、变换灵活、随意性大的特点。太极拳的用意，用的是合乎拳理规矩的意，并非只讲意而不讲用力，那种单纯求意、不敢用力的认识，是不符合武术对抗规律的。

万法皆于力

“一力降十会，一巧破千斤”，究竟是力重要，还是招重要呢？答案是力重要。所谓“一力降十会”的意思是指当一个人的力量大到一定程度，就可以战胜那些会一些招式但力量明显不足的对手。而“一巧破千斤”的意思，是运用功力便可以破解更大的拙力。由此可见，这一句话谈的都是力的问题。

太极拳的技击是通过自身肢体的巧妙运动，将力作用于对手身体，达到将对手击倒或击伤之目的的一种技术。我们也可以运用力学理论来解释技击，将对手击倒（或我方身体的运动），是对手（或我方的身体）产生位移，属于理论力学的研究范畴。而将对手击伤，即以我之坚硬部位或巧妙方法挫伤对手身体，属于材料力学的研究范畴。因此，在技击中没有需要力还是不需要力的问题，只有如何用力的问题。也就是说首先要有力，其后才谈得到力的技巧。

力有三个要素，即大小、方向、作用点。其中力的大小是首要的，而力的方向、作用点，甚至力的大小变换均属于用力技巧。作为一个技击家首先应谈练力，只有具备了雄厚的力量，才足以与强悍的对手搏斗，也就是人们常说的"一击必杀"。那么如何练力呢？按照传统的说法，力有先天力与后天力之分。所谓先天力叫本力，它是局部肌肉的绝对力量，它一般是通过负重锻炼即外功（如石锁、石担等）来提高。所谓后天力，也叫内力，它是通过整个身体的协调发力，使相关的肌肉紧张，使无关的肌肉放松，并使身体各个部位肌肉的力量聚合在一起由身体的某个部位放出。后天力一般是通过一些与心理、呼吸、肌肉、骨骼有关的徒手操练（如站桩、走架等）来训练。后天力与先天力的关系如下。

先天力是后天力的基础。为什么几乎所有的武术流派在选择门徒时都以身高体壮为优先选择的条件之一？这是由于"身大力不亏"的原因。为什么几乎所有的技击家都有苦练外功的经历？这是因为先天力是后天力的基础。试想，如果没有基本的肌肉力量，则如同无源之水、无本之木，何谈发力的协调性？此外，在训练时良好的先天力素质可以帮助拳手尽快找到后天力的感觉。在技击中，良好的先天力素质也可以弥补后天力技术上的不足。

练后天力可望趋于大乘。如果我们将武功分为初级、中级和高级的话，初级与高级之间最本质的区别就在于前者不会发后天力，即不会运用内力。不会发后天力的拳手会产生这样或那样一些问题。

①杀伤力小。用后天力打人可以在瞬间产生巨大的力量，并且这种力量是可以持续作用于对手的身上，从而将对手发起并在对方的受击部位，以至于全身产生巨大的震荡和渗透力，使对手的身体受到极大的伤害。而以先天力打人，即使拳手本人的肌肉力量很大，由于不同肌肉的互相牵制，使得作用于对手身上的力量减弱很多，并且呈断续状态，其结果只限于使对手局部受伤。

②变化慢。高明的拳手在发后天力的同时就在听力，因此他可以根据对方的变化顺势变力，通常一个很小的动作，便能产生新的打击效果。而仅凭先天力的拳手，主要是依靠局部肌肉的屈伸而积蓄和发出能量，因此

对方变招时，便需要换手，或采用其他肢体来续招，由此产生的动作就要大得多，同时也就需要更多的时间。再者，不练后天力的拳手，往往听力较差，因此，他们对于对手变招的反应时间也相对较长。

③连续性较差。打拳讲究打连环，但是不同水平的拳手招式连环的方式不同。高明的拳手是根据听力来变招，并且由于是发后天力，因此在对方后撤时蓄力跟进会连绵不断。而初级拳手连环招往往是根据练习时所熟悉的组合，这些通常是一厢情愿的，倘若对手没有按其事先设想的方式出招，他便无法继续连环了。

④省力。单纯运用先天力格斗，体力消耗极大。我们以拳击运动来作比较可以看到，运动员每一回合打三分钟便相当累了，更何况若是打多人时，体力更是难以承受。而且，随着年龄的增大，拳击运动员技击能力下降的速度也相当快。然而，对于掌握后天力的内家拳手来说，即使是年龄很大，也可以在两三个回合之内轻松地将对手打出，却无需花费多少体力，端的是潇洒似闲庭信步。

⑤难于周身浑圆。先天力是靠局部肌肉的屈伸来发力的，因此，身体上那些肌肉屈伸幅度小的部位便无法发力，所以，它不能做到身体的每个部位都能打人。而后天力是靠整体发力，并可凭意念将这种整体力由身体的任何一点向外发出，所以它可以使人达到周身浑圆、无处不弹簧的境界。这样拳手才有可能反应极快，变招迅速，才可能一人胜多人。

无招难尽人力之巧。拳可无招乎？否。招为何物？技击中引导巧妙发力之技术和战术也。兵法云："以正合，以奇胜。"有力而无招是有法而无术，必然难夺天地之造化，难尽人力之巧妙。练习技击不是为了战胜常人，而是为了与其他的技击高手较技，一人胜多人，从而向人类徒手或器械格斗的能力极限挑战。当你面对一个比你力量大很多的对手时，正面以力相抗最多能打个平手，当你被一人或数人拿住时，只有用招才易于引动内力，从而达到一击即开的效果。

武术是打出来的，它需要不断进行格斗实践，通过身体接触时听到对手的发力，从而下意识地接招拆招，发力伤敌。如果期望在格斗时通过大脑进行逻辑思维再指挥手足去发招，那只能回家去写武侠小说。所以，"武术是两个人练的"，这句话永远是武术界的至理名言。

用力之久方可豁然贯通

太极拳的用力，既有柔力，又有刚力，还有刚柔兼用之力，这样才能符合太极的用力。太极拳的练力程式为：轻力、柔力、刚力、巧力四步骤。

轻力练拳架是对初练太极拳者的要求。拳论曰“用意不用力”，强调了用轻劲练习。这种练法是为了催其僵劲，增加肌肤灵敏而提出的。如果从高层次技击角度讲，还应练出柔力、刚力、巧力才好。即有灵感能借力，又能用千斤之力合之发劲。这样技击时，强敌能掤，重体能抛。以重击轻，一举成功。

太极拳练成的力称之为劲，它是通过盘架子与推手练成的活力。力与劲不可截然划分，但是，有一定区别。概括言之，力方而劲圆，混厚而充满；力滞而劲畅，遍及全身，通于四梢；力迟而劲速，意到劲至，刹那遍体；力散而劲聚，集中一点，威力无穷；力浮而劲沉，劲力，它像水银那样沉甸甸的；力钝而劲锐，发劲能入骨三分。直力显而横力稳，虚力刚实力柔。太极之劲，灵捷无形，手到劲发，内劲潜转，巧用结合，避实击虚，寸劲击发。

太极拳的劲力，一般称之为柔、刚两劲，这是基础劲。再从力的三要素研究。从力的大小讲，太极拳要练出重、轻、空三劲。从力的方向讲，太极拳练柔劲走圆弧，打刚劲出方点。从劲力的运行速度讲，盘架要求先慢后快，然后快而复慢，最后能快能慢。推手时，能与对方合拍，能“动急则急应，动缓则缓随”，随心所欲。

怎样练太极拳的劲力呢？

（一）轻劲练法

拳论曰“用意不用力”，这个原则是初学者遵循的原则。同时，要求心静用意，螺旋转动，筋骨松开，劲力合住。其目的是为了排除身体僵劲，增加灵感。轻是保证全身内外充分放松的必要措施。所谓“一举动，周身俱要轻灵”。只有用力越少越好的“轻”的练法，动作才能越练越灵活；不轻就不能松，不松就不能灵活。灵是轻的发展，在轻的基础上发展灵，方能达到“一羽不能加，蝇虫不能落”的高度敏感的“灵”。将来在“忽隐忽现”中兼练沉着的功夫时，也不致于妄动拙力。

（二）柔劲练法

由轻入松，由松入柔。运劲走圆弧，凡动要在圆中注力。两个矛盾力同时表现出外似棉花内似钢。柔劲增加浑厚的掤力，与敌搭手不被对方所制。

决不能误解“练拳始终不用力”。试想，力不增怎样能掤住对方的千斤之力呢？又怎样把重体抛得很远呢？推手重量级比赛就说明这一点。两人体重悬殊大，重量小者推逼重量大者绝对费力。

这种柔力练法，外形不论平圆圈，还是立圆圈，是顺螺旋，还是逆螺旋，要有规律的反复绞转，配以内动。里边不动，外边不发。要用意引导，气沉丹田，气宜鼓荡，内气潜转的调动，逐渐对架势注力。

怎样注力呢？要注意研究呼吸。内劲运转全在呼吸，呼吸是摧力的动力。要有规律的进行逆腹式呼吸。开实用呼，合虚用吸，要与动作合拍。运气在呼，增气在吸。通过深呼吸扩大肺活量，推动内气潜转。先求气达四梢，再求内气充满，再次求内气灵转，最后研究气力的冲出。柔劲练成，既有打硬拳的劲力，又不使外形显露；既无断劲（丢劲），又不显于外的掘动。柔劲像活成的面团，柔软丝连，拉拽不断。

（三）刚劲练习

何为刚？在发时内外合一，意气风发，将自己的力量发到出击点，即为刚。能将自己百分之百的力量发到出击点就是刚劲的最高标准。

练习刚发劲，首先须明拳理。拳论曰：“以心行气，务令沉着，专注一方。”其二要研究发劲的根源，其根在脚。要在意识指导下，进行腹式呼吸，使气沉丹田。放劲时，有助于稳定重心，增强两足力量，使下盘稳固，利用地面反作用力，加注爆发力。练时要注意纠正形不到位，气不跟随，形到气不到之病。

拳论曰，“身如弓弦，手如箭”，“劲起脚跟行于腿，主宰于腰，发于梢”。这里的“手”和“梢”，并非局限于“手”和“四梢”，而是指击点即劲的气头，要达到周身各个部位能发劲。按照循序渐进练习，先单式练习，把拳、掌、肩、肘、膝、脚等武器练好，然后再求挨着何处何处击的技击要领，达到随心所欲发劲。

（四）巧劲练习

巧劲是太极拳达到神化地步的综合技击功能。表现为高度的敏感，精确的判断，采用绝妙的招法，处处得机得势。

俗话说“熟能生巧”，只有量变才能质变。盘架子细心研磨知己的功夫；推手总结知彼的经验，不断总结，不断升华，久练方可得到太极真功。

太极劲体乃筋骨要松皮毛要攻

（一）松柔功

太极拳强调以柔克刚，不丢不顶，顺势借力，粘连黏随，节节贯串，松活抖弹。为此，必须百分之百地放松。只有周身放松，才能灵敏地体察敌情，便于重新组合，集中周身力量，非常顺遂地把劲力迅速地从施力点发透到着力点上去，所谓“集中兵力打歼灭战”。

（二）意念力

太极拳特别强调用意。意念是人体潜在的一种隐形的、强大的力。拳论云“势势存心揆用意”，就是强调在练拳时，每招每式，每个动作运行都要用意。“意领形，腰走劲”。懂得每个动作的技击含义、劲点所在、劲路变化，用意念引导每个动作，使全身的意、气、力、精神调动起来，集中周身精力于一点（劲点），“运劲”的实质也就是用意。

（三）螺旋劲

根据人体力学原理，运用自身以腰为枢纽的立体螺旋力，忽顺忽逆地随势变化，从而充分发挥以丹田带动周身的向心力（合）和离心力（开），摧动四肢而发放劲力，是太极拳运动的主要特征之一。太极拳的粘连黏随劲，就是靠这种顺逆变化的螺旋运动来实现的。

（四）整体感

太极拳主要之发劲，体现在整体感上，这不仅要根据人体力学来调顺整合，而且要注意阴阳的搭配，以求整体协调、对称、平衡和统一，如左发右塌、右发左塌、欲左先右、欲右先左，从反面入手而形成“一动无有不动”的整体协调劲。

（五）弹簧性

太极拳运劲强调不断加大掤劲。掤劲是一种周身处处都向外膨胀、灵敏而柔韧的弹性劲，拳论中“周身无处不弹簧”“筋骨要松，皮毛要攻”都是这个意思。平时练拳力求做到“松透掤圆”，一旦发劲则可达到“松活弹抖”。

太极拳的劲别、劲源、劲路、劲点

由着熟而渐悟懂劲，由懂劲而阶及神明，这是太极拳练习的必经过程。何谓懂劲，首先要弄懂太极拳劲力的特征、组成、源泉、种类（劲别）、劲力运行的枢纽，以及每个拳式、动作中劲点所在及其变化。要把每个拳式动作中的劲源、劲路、劲别、劲点的变化搞清楚，练拳才会越练越充实。一式可以多用，一动可以多劲，劲力可以变化多端，奥妙无穷。

打拳行功过程中，最重要的是弄明白每个动作起点到落点的劲路和劲点变化，即弄清楚每招每式动作中的劲点所在，以及这个劲点在整个动作运行中的变化。否则，练一辈子太极拳仍是空架子或半空架子。

传统太极拳每式、每动都有鲜明的技击含义，劲点、劲路都十分清楚。练习这些劲路、劲点及其变化，在推手和散手中也大有作为。通过单式训练和发劲练习，可以在健身的同时练出特殊的护身本领。

劲别。即太极拳的掤捋挤按、采挒肘靠八种劲，以及其他撩、戳、切、劈、摔、打、擒拿诸法，加上各种腿法。要明白通常说的“太极八法”（八门劲别）主要是用于推手锻炼的一些手法，而散打实战中的手法、身法、腿法还非常丰富，万万不可仅局限于“八法”的锻炼。

劲源。劲起于脚，脚蹬地，借助大地的反弹力而形成人体力的主要根源。所以，打拳要弄清人体劲力的起点（即施力点，如同电源）、支撑点、劲力运行的路线，以及枢纽（如同电动机），乃至发力点（着力点）。意识上弄清，运动中注意这些劲力运行的路线，才可以逐渐使周身劲力顺遂、协调而形成一股整体劲。

劲路。劲路如同电子器械之电路，即每个动作劲力从起点到落点的运行路线。不论这个动作走上弧、下弧、里弧、外弧，还是走圆圈、走s线，都要求弄清每个过节中劲点的变化。节节贯串，节节明白。“线中有点，积点成线”。往往粗看某一个动作只是走了一个上弧线，其实内含丰富多变的劲点。

劲点。每个动作运行中往往包括若干个劲点。如果不注意，丢掉一个力点，就丢掉一个技击含义。要把拳打得非常精到，就必须弄清每个动作中的力点所在，以及力点在路线中的多种变化。这些变化练到身上，一旦同敌人搏击时，就可以不假思索、得心应手、淋漓尽致地发挥出来。

太极拳运劲的枢纽——丹田内转

太极拳运劲，主要是采用螺旋形式的力，而形成周身主体螺旋的枢纽在于人体的腰部，也即丹田部位（含骨盆包涵的腰椎肌、腹肌及小腹内的脏腑，以及中医所讲的命门、气海、海底、会阴等穴位）。

拳论一再强调“腰为主宰”，“刻刻留心在腰间”，“活泼于腰”，“以腰为轴”，“命意源头在腰隙”，“紧要处全在胸中腰间运化”，“松胯塌腰”，“有不得劲处，必于腰腿求之”。拳论所云“一动无有不动”，其“一”者，腰也，丹田也。所以，太极拳各种劲力的启动关键在于腰部（丹田）。要把腰劲练出来，首先要练好“丹田内转”功。

丹田内转功："主宰于腰"，实质上是在意念引导下主宰于丹田内转。丹田内转并非小腹内的脏腑如何转动，而是依靠意念引导内气鼓荡，而使腹肌、腰肌之内的小腹（包括腰椎及小腹内的脏腑）形成一个万向轴心。通过它的鼓荡作用，使腰部在左右旋转、前后（上下）折叠，运化时运动自如而有力，起到人体上下左右劲力运行的枢纽作用。一句话，使它既有向外膨胀的八面支撑的力量，又有灵活的旋转力量。丹田内转的起点（导引入手处）在海底穴（会阴穴处），它的力源在于脚蹬地时大地的反弹力。

勤学苦练出功夫

功夫养成，要从以下几个方面去努力。

一要反复地、不间断地勤学苦练，认真仔细地揣摩技术，悟出搏击技术要领，体会技术中劲力的变化，在实战中才能不误时机地发挥技术的特长，打出一个真正的"巧"字来。

二要真打实作。在熟练掌握搏击技术之后，经常与人练习、实战。老拳师们经常讲："不会挨打，就不会打人。"在练习搏击时，只想打别人，占别人便宜，光想赢对方，不亲自尝一尝被别人打是什么滋味，就不可能知道对方是什么劲道、用什么手法破对方招式更合适。真可谓："要想知道梨子是什么味道，就得亲口尝一尝。"这样，从实践中不仅练就了快速反应能力和应变能力，还能培养出敢打、敢进、敢拿、敢拼的勇敢精神。艺高人胆大，胆大才能艺更高，更重要的是通过交战思磨，真正体会养成"运动知觉"。

三要有恒心毅力。做到"拳不离手，曲不离口""学艺容易练艺难，练艺容易守艺难，守艺容易懂艺难"。守艺就是锻炼，终身不懈地锻炼，要的就是习武者的恒心和毅力。而懂艺就是明其精髓，知其真谛，善其应用，真正练到艺上身，达到运用自如的程度。

四要勤于实战运用。武的本意是搏击实战，然而有不少习武者，一辈子练拳，可就是在实战比武中发挥不出来。究其原因，第一是练艺不精，所学的招法华而不实，没有实战价值。第二只注意学套路，不注意养练功夫。常言道："练武不练功，到老一场空。"没有功夫，所学的套路再多，也只是一个空架子。第三只注意练功，不注意实战，缺乏应变能力。招法、套路都是为了实战，所以当熟练地掌握了套路和招法之后就应当不断地在实战中去体会，不假思索地百拿百破、百打百破、克敌制胜，挥洒自如。

（六）基本技术与方法

举手投足有分寸　称彼来力无差错

——太极拳技击运动对身体各部位的要求

1. 头

头部在人身中最为重要，是维持平衡的关键，起着方向盘、船舵的作用。如秤之定盘星，为周身之主宰，前进、后退、左顾、右盼等行动，均以它为准绳。

要时刻注意尾骶骨与鼻尖上下对成一垂直之线，达到“尾闾中正神贯顶，满身轻利顶头悬”的要求，使百会与丹田两处的虚领顶劲（即提起精神）、气沉丹田（松腰下垂）相配合，形成对拉拔长，如皮筋、似弹簧，应用时，如张弓搭箭，随机即发。

2. 眼

须知“眼为心之苗”，意在领先，目光亦随之变换，身手步随目光之动向而转动，所以眼神在引、发劲中占重要地位。如将人发远，眼神仍须前注，此有“一克如始战”“劲断意不断”“神气不令割断”“放劲如入木三分”的作用。此外，眼观六路，耳听八方之说，指的是目光对于上下、前后、左右几方面都要照顾到，即余光四射，不可呆视。同时要与耳朵这个听觉，再和人身上的神经末梢这个触觉等方面有机地结合起来，用在推手中所起的作用会更大。

发劲时，为了避免闭目现象，眼光一定要注视，跟随发劲部位（落点），这样，即可克服人使劲时容易闭眼的习惯，又可提高眼眸的运转能力。目光常有神意贯通的刺激，战时亦不至于对方来手而眨动，并且神意贯透于目光，日久目光神威，阴冷中透出杀机，令敌胆寒。但不可全偏于目视，高手对敌当用“神视”，即全神“聆听”，待机而发。

拳经曰“神如捕鼠之猫”，即是指在眼睛神态方面体现目光如电，光芒四射，威猛利坚，透逼克慑，有利于在心理上战胜对手，在技击中己主动，彼被动，处处控制对手，推送发放的主动权在我。真所谓“其机在目，敌情预晓”，一触即发，先发制人，发无不中。

3. 肩

肩要活、要松、要沉，所谓“沉肩坠肘”就是这个意思。此外，在技击训练方面，在松肩的同时，肩窝则要撑，要留有空隙和弹性，千万不能夹死，这主要是为了训练手臂在运动中的掤劲。具体做法是，在两肩下腋部好像放着两个弹簧，两臂如在弹簧之上，被弹簧力支撑起来，按之则顺其落，抬之则随之起，随高则高，随低则低，攻时能发出弹簧性的弹力，即以机警的动力，向外抖发出去，这就是臂膀的弹劲。这种能力在静时则含而不露，动时则得机即显，不得机则守，平时只起保护身体中心不被攻击破坏的防线作用。俗话说这种内在的弹簧劲不发动时，似棉裹铁，软中有硬，发动时利如钢锉，无坚不摧。可以做到极柔软和极坚刚，刚柔俱备，刚柔相济。

4. 腰

腰为人体的主干，它支撑着人体的重量，又是上下两部协调运动的枢纽。腰要是发死，人走起路来就显得僵涩。如果对于腰部锻炼下过功夫，那就显得分外灵活利索。太极发人全凭腰功，所以拳经特别强调“势势存心揆用意，命意源头在腰际。刻刻留心在腰间，腹内松净气腾然”。发劲时要命门后突，始能做到下沉发劲，借助地面的反弹力，才掷得人起，放得人出。

任何拳种都注意腰功的运用，腰力运用得当，可以加强发劲，提高速度，并使周身力量集中于一点。太极拳家曾说：“掌腕肘和肩，背腰胯膝脚，上下九节劲，节节腰中发。”倒卷肱的诀窍也强调“拧腰变脸”，都说明腰在技击上是何等重要。

5. 腕

腕部如果松懈无掤劲，手背必然也没有掤劲，推手时就容易被对方拿住手腕而受制。所以，在技击运动中，要求鼓起腕子，使手势松软平直，有助于内劲由松柔趋于沉着，手臂极为轻灵圆活，又极为柔软沉重，使内劲由中指根发出和便于变换手势手法。

腕部的圆活扣转，也是解脱对方使用反筋背骨、分筋挫骨、按脉截脉等的擒拿方法，而不致受制于人。

6. 踝

拳经曰“其根（指太极拳每举动之劲力）在脚”，劲过踝、发劲全靠踝关节的支撑旋转，如上翘、下垂、里扣、外撇、扭转等。踝关节轻灵坚韧又灵活，使上下劲力贯通，才能产生骤然的弹力。可见，踝关节在技击活动中非常重要，不容忽视。拳击技术中把它的训练亦放到了非常明显的位置，如通过跳绳来锻炼踝关节的坚韧、灵活和力量。再成熟的拳手也要坚持不懈地进行跳绳训练，截拳道、泰拳均如此。太极拳对踝的训练和其他部位一样，综合地放在盘架子中，通过不断地、长期的盘架子而使踝部在扭曲旋转中锻炼得到。除此之外，还可以单独旋转而锻炼之，并在太极拳独特的步法（迈步如猫行，加强了踝部的控制能力和轻灵活动）、划圈和腿法练习中锻炼踝部。

7. 手

打拳者，手极虚极灵，物有挨着即知，即能随机应之。

《拳经》要求“举手不可有呆像，彼之力挨我皮毛，我之意已入彼骨里，手上有分寸，秤彼劲之大小，分厘不错，权彼来之长短，毫发无差，前进后退，起落转换，处处恰合”，得心应手。

《拳经》对全身总的要求是，“活泼于腰，灵机于顶，流行于气，行之于腿，蹬之于足，运之于掌，通之于指，敛之于髓，达之于神，凝之于耳，息之于鼻，呼之于口，哼之于沉，哈之于快，咳之于远，开之于发，合之于蓄，撑之于膝，纵之于踝，浑灵于身，全身透发之于汗毛，重在要求其根在脚，发于腿，主宰于腰，意气劲集达于手指，由脚而腿而腰总须完整，协调一致，一气呵成”，始能应用。

果能粘黏连随字　得其环中不支离

——太极拳技击运动的基本技术方法

一、粘连黏随不丢顶，顺势借力求懂劲

1. 粘

粘者，粘贴之意。彼进我退，彼退我进；彼浮我升，彼沉我松。使对方感觉丢之不开，投之不脱，如粘如贴，难分难解。在我是有机则乘，无机则俟。其进引而困之，其退截而击之，于被动中争取主动。

古人云："不入虎穴，焉得虎子。"尽管粘强调侦察，又只能是微粘对方皮肤，了解对方的动态规律，而又不能全力以赴，将自己完全暴露给对方，因此，用"粘"既不允许用力过大，也不允许用力过小。粘着对方，就开始对其动态侦察、了解，此项要求应该贯彻于打手的始终。

2. 连

是连贯、不中断、不脱离。此法有被动和主动之分。属被动时，其意即在接触之中始终跟进跟退，不自停息；属主动时，问劲、发劲，招招相连，法法相随，环环相套，千变万化，使对方没有喘息之机。

3. 黏

即在用粘的同时，还要如胶样黏住对方，不即不离，即能灵活转动，又寓意于走、随时防止任何突然袭击，在"粘"的基础上取"黏"字。"黏"要求在推手中要像"伤湿止痛膏"似的贴住对方接触自己的点，通过黏着点，处处探寻对方的重心点，动摇对方平衡，使之动作不得劲，进攻不得逞，欲逃又不能脱，迫使对方走向被动挨打的境地。高超的黏，只在皮肤上接触，即可把对方套入己圈，使其手足被网所缠缚，进退不得。水平越高，接触越轻，听劲越灵，越易控制对方。

4. 随

跟、依之意。缓急相随，进退相依；不先不后，舍己从人，就是随。拳经曰："因敌变化示神奇，须在随之下功夫。"要在对方得意处，使其失败，此即被动中取胜之道。

拳经云："若能轻灵并坚硬，粘连黏随俱无疑。果能粘黏连随字，得其环中不支离。"功夫深的拳家，全身各处均俱备粘连黏随的本领，无论在何种情况下，也不管对方攻达他的哪个部位，他都能在不丢不顶的原则下，将来劲就地消化，而安然无恙。

5. 不丢顶

是不离脱开，也不硬抵的意思。不脱离，须全身处处均能黏住敌劲方为合法，不抵抗，不抢先，不落后，转换轻灵。通俗地说，不丢顶的含义就是：你来了吗，请进吧，我决不阻挡你；你想走吗，对不起，我紧跟上来，叫你走不脱。心平气静，心之所使，意之所述，先之所行，劲之所到。进退变化，攻击防守，粘连黏随不丢顶，体无不备，用无不赅。

欲练不顶之法，首先在于腰和步的变化，腰活步灵方可变转虚实。虚实分明，轻松柔和，重心稳定，不用拙力，自然不顶。

6. 顺势借力

太极拳推手不尚用拙力，而尚借力，即借用对方之反抗力。

借力发人在太极拳中可称为基本特点之一，非艺高者不能运用。因借力发人无引劲，无拿劲，其间仅仅含有少许化劲，随到随发，不加思索，其快就像闪电一般，乘人之势，借人之力，高来高往，低临低去，不需要觅其焦点和背势，能使对方在不知不觉中而被发出。最奇的是敌来亦去，敌不来亦往，来势愈大则被击之劲愈猛，所形容"四两拨千斤"，也就是借力的意思。若擅长此法，则人之任何部位皆可借用，而自己身上任何部位皆可发人。

怎样借力：

①知己知彼，引劲落空。两人一搭手，首先要充分了解对方情况，以

便心中有数。比如，对方究竟力有多大，常喜欢用什么手法，他有什么优点和缺点。如果对方喜欢用直劲向前猛推，我即向左右闪化，使其劲落空，然后乘其劲落空的一霎那，迅速发我之劲，使其失势而倾跌。

②掌握重心。力大者攻我，我不能让他打中我“重心”。他打中我“重心”，我必跌出。我走化他，要使他找不到我的重心。我黏逼他时，要使他失去重心，则我一发劲，他必倾跌。

③得机得势。机是时机，借力发劲，要掌握恰当的时机。过早对方力还未出，我力已先出，变成我采取主动，如打对方不出，反为对方所制。对方打来，我想借他的力打他，但是我略一迟疑，时机已过，反为对方打中了。必须在对方力已发出，我略收一收，迅速发我之劲，抢先打中对方，方为得势。

④动作熟练。“人刚我柔”这句话，也要正确的理解。对方以刚劲打来，我上半身松开是正确的，但不是一味地松下去，必须松到一定的程度时，立即变招，或用横劲，或用其他手法，立即将对方打出，不能因循等待，以致被动挨打。

⑤发劲迅速。借对方的力，截对方的劲，发劲要短要快。不必将手臂伸得过长，贪远求长，这样发劲速度必慢。发劲如放箭，时机准确，力点集中，只须轻轻一点，对方必然弹跳出去，如炸弹爆炸，使对方无法化解。

⑥虚实变化。能借人之力打人，必须虚实变化，极为迅速，始能得心应手。不懂虚实，腰腿必然重滞，既谈不到化人之力，更不用说能借对方之力，还打对方了。

⑦懂劲。能借力，必须先懂劲。懂了劲才能借力，并借助圆化而直发，将对方的力，还到对方身上。这样对方被我打出，还是用了他自己的力，这才叫借力。

7. 求懂劲

懂劲在推手中可以说是最难练的一种技能，非由明师口授与自己切身实践研究不可。拳经云“懂劲后，愈练愈精”，可见懂劲于技击极端重要。粘黏功夫好，听劲准确，方能懂劲。若不懂劲，易犯顶、匾、丢、抗（顶者出头，匾者不及、丢者离开、抗者太过）等病。若懂而非全懂，又易犯断、结、俯、仰等病。这是因为还没有达到真正懂劲所致。若能知“闪、还、撩、了、转、换、进、退”，行动自然，都能随心所欲，这样才能说真正懂劲。真正懂劲后，“不必顾盼拟合，信手而应，纵横前后，悉逢肯綮”，百战百胜了。

懂劲包括听劲和发劲两个内容。只有熟练地掌握了听劲技巧，才能“称彼劲之大小，分厘不错；权彼来之长短，毫发无差”，从容走化，引进落空。发劲完整干脆，一触即发，如炮弹出膛，威力无比，使人不及变化。听劲准，发劲狠，是为真懂劲。

二、听探顺化，擎引拿发

1. 听

听劲在推手中是锻炼触觉的灵敏度。太极拳中的听劲，并非用耳听，乃是指由手腕、肘、臂及身体皮肤的磨搓而生出来的知觉，是便于攻和守的方法，在与对方接手时，感觉出对方或刚或柔的出处和运动的方向，就可以化解对方的来势和乘机顺势向对方发招进击。听者不是完全以静待动，而是在动的里边，沉着应付，随机进取之意。

为此，非先掌握粘黏劲将敌紧紧吸住不可。能粘黏，才能听；能听，才能懂敌劲之变化。犹如言语，若不用耳静听，即不能理解人意。听劲的练习方法，首先要把自己身上的呆力抛弃，放松腰腿，静心思索，集中精神，以皮肤上的极灵敏感觉神经先听对方劲的来路方向和所发的是哪一种劲的功夫。

2. 探

是在沉着应付中，审知对方的虚实，可攻者，就以迅雷不及掩耳之势进击，宜守者，就蓄意待机。

3. 顺

是不与对方的来势顶抗，在顺随之中，存暗中袭取之意，也可以说是顺其势而取其法，随着对方来势的高低进退而顺势变化，叫对方不能得逞。

顺由懂劲锻炼而来，故不懂劲便不能顺走。譬如人来势，或高或低，或横或直，或左或右，或长或短，原无一定标准。若不懂其势，就不能顺走。顺走者，走避人之重力，而不与之相抵。故推手时，手部一觉人有重意，即变为虚，绝不给对方有支撑点。即遇偏重，则偏松，遇双重，则偏沉，泄去其力，随其力之方向而顺走，使对方处处落空。

4. 化

是分化转变对方的拳势而取主动的方法，化去其来势而进我的招数，遇虚变实，遇实变虚，以柔化刚，而刚紧随其后，以刚运柔，而柔不失其坚。初学推手，因为多是手上走化，腰腿未必合法，走化的动作，必然是大幅度。只有到了较高的水平，全身到了完整的程度，懂得了腰部走圈的道理，化劲的动作，会不求小而自然小，这就是紧凑。到此水平，才能凭听劲、化劲使人落空。当外力与之接触时，如同按在一个圆转滚动的球体上，全身不由己地失去平衡。力猛时，有如坠深渊、入激流，对方的身体犹如被裹入了漩涡之中，大有不能自拔之势。此时只要信手发放，无不腾空而起，飞跌丈外，而自己也爽然自若，谈笑风生。

①化劲与用力：化劲既要用力又不可用力。因为对方推你时，就需要有一定的掤劲顶住，不使压瘪和压垮。特别在向你胸部压来的瞬间，更需要用力掤住，并设法将力引偏胸部，但不可引得过偏，以防对方发觉，然后再轻轻掤住或黏住。如对方再用力时，便可引进落空而击之。对方力大，或进击速度极快，难以将力引偏时，只能将手掤住对方，以身体为轴向左右转动以避之。

推手时，所谓放松不用力，主要是指全身的关节和肌肉，以防僵硬而不能灵活转动，呆滞而被击中或牵动。推手时，觉得对方轻松，不一定是对方松浮无力，而是对方在用力、接力、粘力以及利用关节和腰部在进行走化，必须引起注意。

②化劲与路线：对方用力推来，如以直线走化，容易造成顶拼，难以顺利走脱。因为强行走化，易造成关节僵硬，给对方有机可乘而被击中，所以一般采用螺旋形的走法。先调整好下部，利用气沉丹田劲，把对方着力点引往下，再向前向上转一圈，使着力点偏斜，从而到达引进落空的前

沿。若再用力，可乘对方落空失重时将他击败。

③化劲与位置：身体给对方用双手推住，当他调节到最佳攻击力时，即在你身体上的接触点，是对方处在最佳攻击的位置而很难走化，必须稳住上部，同时松开关节，并掤住对方，用螺旋劲向上或下或左或右走化1厘米左右，即可破坏对方的最佳进攻位置。走化距离，以自我感到威胁力不大为宜，随着对方不断变化而变化，使对方时时处于落空或无机可乘，并可引进落空以击败对方。

④化劲与接触面：对方用双手掌推住你，由于手掌接触面大，双手控制范围又大，走化较难，此时可调整好下部，用螺旋圈走化。先使对方一只手的力点偏离身体，但仍用假力粘住，使对方造成未有变化的错觉，但已破坏了控制范围。另一只手也已从手掌的面接触转移到小指下方的点接触，此时仍要用虚假的接触，使对方不知角度，进而使对方被引进落空。

⑤化劲与关节：对方用手推住你胸时，可用同一面的手黏附于对方肘的关节处。手再随身体转一个螺旋圈，在转动的瞬时，使对方的肘关节和肩关节，不得动弹，便可趁机将对方击倒，如对方力大，可结合含胸拔背，以螺旋圈的走化，使其腕关节疼痛不敢用力，或缩手时跟进一步，借力胜对方。若要抵住大的力，一定要把膝盖伸直，再含胸拔背，并尽量将头向前伸到与脚尖平。

⑥化劲与轻灵：走化之灵，不是一日之功，但只要认真锻炼，一定能做到。一般可从如下几方面去锻炼。

a. 黏的功夫要好。手、臂、肩及背等周身都能黏，才不怕对方袭击任何部位。

b. 意气要沉得下。一般沉于丹田，走化时应沉于脚底。

c. 全身关节应放松。要松得开，拔得长。要锻炼到对方“拿不住”“拿不痛”。

d. 周身不能有僵劲和呆滞。对方在我身上动一动，我全身关节、肌肉相应的都要在动，要动到轻灵活泼，无一处僵硬和呆滞为止，因此与对方接手后，周身内外应不停地随机而动。

e. 跟着走。手及全身应跟着对方的力走，不可主动走。即使对方用手直逼我身体的中心时，也不主动引偏对方，而用身体避过力点，待对方走到手臂伸直（不敢用力）时，我再走。

f. 虚实分明。脚、手周身都要虚实分明。

g. 要定。初期推手，最好是采用定步推手，只许倒换步，不许走动，能在腰腿上打下坚强的基础。有时对方来逼只能用坐腿腰的方法去消化对方的来势，习之既久，腰腿自有功夫，对训练化劲能力大有好处。

h. 要近。凡找劲，听劲，化劲锻炼腰腿功夫，都须逼近和贴紧对方才能切实，有利于随化随发。

⑦化劲之要诀。是在保持“身腰一条线”（即身腰中正，不前俯后仰）的基础上，当对方用力压迫时，便以腰为轴，向左右转化，或转胯走立圆，使彼力落空。当对方之力作用于我身时，何处受力，于何处化解。化要化得自然，合拍，无过不及，恰到好处。同时应随机变换重心，使彼无从捉摸。变换重心的方法，全在两腿的虚实变化，两腿的虚实变化全在于腰胯的转换，为此要求周身松静，灵活自如，此为化之要诀。

⑧徒化不发，不能胜人。拳经曰：“彼不动，己不动；彼微动，己先动。”其中“己不动”是听劲功夫，当对方的劲力被摸清并走化成强弩之末，想发起新的攻击而又没发的瞬间，己立即动劲出击，这就形成“己先动”，并非被动挨打。发劲紧随着化，连化带发，快得像一个动作，不能有间隔，更不能舍近求远，哪里化就在哪里发。发劲必须用整体劲，出手同时进足，劲起于后足跟，经腰而至身，前腿一弓，手臂一长，配之呼气，其劲即出。“发劲如放箭”，用意须远，即发劲走直线，意在把对方发向远处，以利快、狠、准地击中对方重心。己力加于对方，对方若丢，就跟踪进去，这叫“逢丢必打”，对方如用大力顶抗，则应即刻放松，让对方受惯性的支配，继续前进，随即顺彼发劲，两者的合力将发挥出最大的效能，从而把对方发得更快、更远。

推手双方都是凭触觉去感知对方劲力的大小与方向，加以走化，随即发劲出击。谁听劲准确，化劲完美，发劲得势，谁就能把对方击出圈外。化与发是太极推手的技击核心，乃是双方比技斗智斗力的较量，其内容至为博大精深，非长期刻苦研练揣摩，断难有得，一旦领悟其理，豁然贯通，就能愈练愈精，趋于神化之境。

5. 擎

是用“串劲”，即用劲接入对方并破坏其身法，使对方劲路封闭不能活变而受制，即所谓“擎起彼身借彼力”。

6. 引

是不与对方顶抗，顺对方来势把对方的劲引开，同时微微送劲，牵动对方重心，使其丧失平衡而受制。所以说，以意寻劲，随彼之动而动，对来势用逆来顺受之法，引入壳中，然后从而制之。彼屈则我伸，彼伸则我屈，虚实应付毫厘不爽，忽隐忽现，变化莫测，是谓引劲。

对方不动，要引诱他动，或对方即动而引其入于自己所理想的路线(即使其重心不稳，落于空处)。谱云：“能引进落空，才能四两拨千斤。”引化进出的诀窍，在于内劲不令人知，在以意为先的前提下，粘黏从人，两手臂旋转更须轻灵松软，圆活下沉，动静无偏，不丢不顶，顺彼来势，灵活运用，先引后进，半引半进，即引即进，乘势借力，以利于我之还击。如能这样，自能灵活无滞，使其不易察觉我之动向，而逐步求及引进落空的技巧。

有一些人只知化劲、拿劲、发劲，而不知此引劲，其实引劲是处于化、拿中间。引劲比化劲难，因为对方的来势没有一定，不可能随着自己的意愿行事，而又必须设法把他诱出背势中之焦点，同时引诱的方法又必须在对方的攻势化到将尽未尽之时，这样才能引其入壳。如对方艺浅，则不成问题，若是功夫较高者，又须用假引之法，如引高打低，引直打横，引左打右，声东击西，或故意发一虚拳假引，使对方神散气浮，丹田气上升，重心不稳，正在惊惶之际，“出其不意，攻其不备”，即可拿而后发，犹如弹丸脱手，无往不利。此种引劲之法，非经专心研究不能成功，因为引进不仅是用手引，而且还可以用身法、步法、腰法等等。引之愈长，则发之愈促愈便利，但始终不能离开粘黏二字。

7. 拿

就是拿住对方的劲路，使其丧失反抗的能力，形成我顺人背的局面。

拿即是管，管即是拿，拿不住即管不住，管得住即拿得起。意思是说在管拿之间的时候才是拿的最好良机，机不可失，时不再来。把对方的活关节要管死、管严拿死才省劲。拿劲之妙在于堵，劲道被拿，是毫无反抗余地的。其所以能如此巧妙，靠的是黏劲，即高度灵敏的触觉。高手之所以高，就在于听劲灵敏，引劲巧妙，不论对方想如何化解，总能破坏他的美梦，从而迫使他处于化不了、走不脱的绝路。再顺势陡然击之，就是发劲。

拿劲比引劲、化劲还要难学，因为不能拿即不能发，拿不起来也放不出去，发之不中，皆因引之不妙，化之不好，拿之不准。欲拿便要拿实，不实则不发，发也无效。拿实为发之先锋，拿至敌发呆顿而已之意到劲到之时，即发其焦点，未有不中的。在用拿法时，必须注意动作要轻灵，重则易为人发觉而变化脱去，此劲之难学也即在此。将拿到而未拿到之时，要注意不露形象；若拿到后，不能使敌之逃脱。所以，运用拿人时，要在人不知不觉之间，而且拿人必须拿人之活关节，如指、腕、肘、肩、腰、胯、膝等处，否则易被化脱。拿人之时，好像用秤衡物，体重者秤砣往外移，体轻者向内移。务要使高低轻重相等，不要失去平衡。对于自己的重心，尤须注意，务使尾闾中正，顶悬步稳，所谓“拿人不过膝，过膝即不拿”，就是说如离人远，非自己进步不可，否则会影响重心的不稳。功深者一搭手，无论何处一索即得，且能使被拿者身不由己，随其所欲，俗语说的“入榫”，就是这个意思。拿劲又分有形无形两种。有形者拿的圆圈愈小其功愈深，反之，圆圈愈大其功愈浅。无形者在两人之皮肤相黏各施引拿时，艺浅者所运用之圆圈常被艺高者遮蔽，因为这是一种重意不重形的功夫，须要下苦功锻炼才会成功。

太极拳的擒拿法是以膜、脉、筋、穴四者为目的物，运用节、拿、抓、闭的手法，由揉摩推量觅得其点，不局限于反筋背骨，并发展为以擒拿对方的劲道，乘势借力为主，使对方不得活变，这是在太极拳推手实践中发展创造出的擒拿技巧，腕掌指骨之间有抓、拿、捋、缠、锁、拧、扣、撇”之功，骨节被拿，易为折断；脉络被拿，气血难行；筋肌被拿，身无主宰；穴道被拿，神气不合，血不周流，给对方极易造成极大的伤害。身上有“提、拦、贴、空、挤、撞、抖、崩”之能，以及粘、黏、欺、逼之诀，捏住了劲路、牵动了重心、摇动了根力的时候，对方则毫无反抗化解余地。

一方随其进或退的方向发劲，将身势一沉，顺势一掷，对方一飞就出去了，不仅发得远，挨的人惊心动魄，还觉得干脆痛快。这是因为听准了劲，引进了坑，拿好了点，借到了力，掌握了火候，才觉得毫不费力，打得轻松自在。由于全身松柔自然，还会出现潇洒的优美姿态。挨的人可能吓出冷汗，六神无主，但擒拿发放的人确实实在在是一种艺术享受，称心如意极了。

8. 发

是根据各种我顺人背的时机采用与之相应的发劲形式把对方发出。

在推手中身要欺人，步要过人，闪开正中定横中，黏招相融，挨在何处何处动，而心用在何处，须向不丢不顶中讨消息。身灵步活发劲之妙在于随，要想打得妙，必须借力打，跟随其进或退的方向打。力应击实，击点要准，打上要狠，方法要多，变化要快，发时紧，放后松。且记有上即有下，有前即有后，有左即有右。如意要向上，即寓下意，若将其擎起，而加之以扭挫之力，则其根自断，乃随意抛掷发放，往往会出现精彩镜头。

太极拳的发劲艺术，其特点在于听化引拿，粘黏不离，随化随发。听敌之劲准确，化敌之劲恰到好处，引敌之劲使其不得活便，拿住敌劲之焦点，使其失去重心，身不由己。也就是在取得"我顺人背"的机势之际，我即运用折叠之术，转换之法，让中不让之妙用，发劲使敌立扑。高手能化劲令人不知，发劲威力惊人，以实破虚，沉着松静，专注一方，由弧形的化劲而求得笔直的前发，对准目标，又稳又准，犹如放箭时箭头射入金钱眼内一样，乘势将对方干脆利落地发出去。其关键即在于全身内劲的完整协调，化发同时进行，这是太极拳最为突出的优点之一。

太极拳中发劲有截劲、长劲、沉劲、钻劲、寸劲、分劲、冷劲、断劲、抖跳劲等。其中截劲较长劲为猛，钻劲较沉劲为厉，分劲较寸劲为狠。其发人能将人双足离地，一次腾出为优秀；如人双足不能离地只有带跳带退，则为次，此是由于气与劲不足的缘故，所以不能使敌连根腾起。冷劲引人发人都在不知不觉中，所以其势极猛，但用起来很不容易。断劲是在引得势后内劲稍微缓一缓，随即以全身蓄劲直发于人身，此劲猛烈异常，用于不知太极劲，或知而不精者，最为灵验。相传昔日杨班侯发人，能使人双足离地，一跃腾出3丈6尺。近代又有如杨少侯、陈发科、郑伯英、侯春秀、郑悟清等人无不如此。就是现今的民间太极高师中亦大有人在。此外，还有抖跳劲，当自己被对方黏住时，即用腰腿劲抖拍于敌身，则敌双脚腾起，应之而拍地上，好像拍球一样，特别奇怪的是先拍若干下，复用长劲发出，敌被发出后仍能腾跳若干起，故此劲甚为奥妙。

三、蓄沉滚错，折磨弹抖

1. 蓄

即蓄劲。如欲以拳击人，于发拳之前必须吸气提力，吐气发劲，吸蓄得足，呼发得透。吸得足以见其巧，发得透以见其妙。能蓄得巧，才能发得妙，否则其劲不蓄，则拳不坚，仅等于普通人之拳击而已。

发劲前先要有蓄劲准备，意气内敛而配合吸气。发劲时，要提起全副精神，意到气到，如皮燃火，如泉涌出，快速将劲发出。功夫纯粹者，动之至微，引之至长，发之至骤。吸则能提得起对方的脚根，用其反力，动其重心。呼则能沉得下，发得人出而干脆，杨澄甫哼、哈、咳放人就是如此。

太极拳的快速发劲是在蓄劲已达到较高水平时才进行的。初练时，宜先进行简单的徒手单式，然后逐渐过渡到利用身体不同部位做较复杂的蓄发练习，最后应在实际对抗练习中不断实践运用。通过一系列的由慢到快、由简到繁的练，就能取得一通百通的效果。

2. 沉

即沉劲。为极猛之发劲，如拍球，为使球腾起，必先下拍，拍之愈急，腾之愈高，用以击人，可使人腾空跃出。许多人都以为“沉”与“重”是一样的，其实是有区别的。因为重力呆滞，则易显出拙笨之状态；而沉劲是活，且有似松非松、似紧非紧状态，尤能随着对方来势或引势发挥作用。初学者在推手时对于沉、重、轻、浮大都不能分辨清楚，很容易理解错了，这一点不可不注意。

《拳经》曰：“双重为病，乖于填实，与沉不同。双轻不为病，由于感觉灵敏，所以轻灵与飘浮不一样。半轻半重不为病，偏轻偏重为病。半者，半有着落，所以不为病。偏者，偏无着落，所以为病。偏无着落，已失方圆，半有着落岂出方圆。半浮半沉失于不及，偏浮偏沉失于太过，半重偏重滞而不正，半轻偏轻灵而不圆，半沉偏沉虚而不正，半浮偏浮漂而不圆。若能双轻而不近于浮则为轻灵。双沉不近于重则为离虚。”

3. 滚

是旋转的意思。与对方一接触，就在接触点上根据接触方式向上下或左右滚动。滚动时要内外相合，使对方劲头落空，并将己之内劲渗入对方体内。

4. 错

是前后移动的意思。在与对方接手时，在接触点，根据接手方式向前后错劲，避开对方顶力，将内劲渗入对方体中。

5. 折

如翻板或折板，起着杠杆作用，上下翻滚向内外折动，即与对方一接手，就在接触点使用折劲。对方来的劲头即陷入翻板而落空。“折板”上翻，内劲由下方渗入对方体内；“折板”下压，内劲由上方渗入对方体内。

6. 磨

是研磨的意思。即接手时，在接触点以平圈转动，圈的大小根据来力情况而定，使来力陷入圆圈之内而落空。在练习时，主要是手与肘的相互配合、好像研墨的动作一样。手与肘转动的圆圈大小不同，内外旋转也不同。向外转时，要有抛出之意，来力必被抛出；向内转动时，要如旋涡向里旋入，来力必坠入旋涡之中。

7. 弹

即是弹簧力。在用时要先有蓄力而后弹出。弹劲借对方之力蓄好弹簧，然后将其弹出。弹簧力取决于内气的鼓荡，内中要有弹性，方有发箭之力。

功夫全凭苦练而得，要注意对抗、操练。既得疾用骤发、迅如奔雷的爆发刚劲，就有了弹发人的真正本钱。精炼内在的神、意、气和内劲功力，使内劲自丹田发，运至周身，无微不至，感之遂通，使身体各部都有弹簧似的弹力，充分发挥“无处不弹簧”，一触即发的高超技能。

8. 抖

就是在推手过程中，突然施予的一种脉冲劲，其作用时间短，冲量大，幅值大。利用对方在这突如其来的震惊力冲击下神呆气散，来不及反应，使原来保持的最佳身法状态在瞬间失去控制，这时紧接着再来一个冲劲，便可把对方抖散击出。

抖劲应有良好的蓄劲素质，内不动外不发，要求劲短、劲弹而意长，有极大的振动作用。如利用对方贯劲顶上时，使用抖劲能起很好的效果，这就是所谓的“逢顶必抖”。抖劲往往与另外一些招法配合，也就是短劲与长劲的配合，利用抖劲后对方出现的空隙，再加以相应的招法，更能加大发劲的威力。

太极拳锻炼特别讲究松活弹抖，这种刚快之劲是建立在全身高度放松的基础上，以螺旋形式发出的一种爆发力。其要领是在全身放松的基础上，由大脑指挥，以腰背为总枢纽，结合丹田带动，以螺旋弹抖的形式，调动全身力量，节节贯串，集中到一个发射点上，一瞬间，以迅雷不及掩耳的速度，从肢体的某一部分爆发出来，产生巨大威力。有人曾形象地比喻说：“就好像遛牲口时，骡子打完滚后，站起来，突然全身一抖，轻松而有力地抖掉身上的尘土一样。”又说：“像卷紧的钟表发条，一旦失去控制，突然爆发出来的那种弹簧劲。”但是，不善于松活，也就谈不上弹抖。

四、开合提钻，敷盖对吞

1. 开

见入则开，即见人劲来立即化开的意思。开劲近于方，且有展开之意，用以走人之内门，其势非常勇猛。同时身法、步法要互相配合好，距离不能过远，过远则不能运用。开时须用腰腿劲，加以意气，并不是只用手、臂来开。若仅用手臂硬开，则呆而钝。在敌进招处于适当程度（即恰到好处时），当即发开劲，过时则自己之劲易断，效果不大，又反被敌乘机所击。总之，须开的得时，使我为势顺，人为背势为止。开的得势，即可直迫敌身，任意所为。但艺高者往往自开其门，任敌进攻，待彼深入，即乘机反击。

2. 合

开之反为合，而又是两个相对照的方法。有开必有合，有合必有开，所以有些拳架干脆既称“开合架”。开合二字确有连带关系，敌来则开、敌去即合。开劲方而合劲圆，有紧凑之意。合时须用腰腿劲，并且含胸拔背、松肩坠肘，使气贴于脊背，发出之劲才能感觉到特别整而有力。因为能将全身之气集中在一起，合而后发敌之焦点，可收无坚不摧之效，使敌不能逃避此击。合劲在太极拳中很重要，发劲时多含此劲，无此劲则气不凝，气不凝则劲散，发也无效。

3. 提

是提上拔高的意思，其效用是拔敌之根，使其重心倾斜。重心既歪，则势必败，如自己身体重对方身体轻时，还容易提拿，反之则非用巧法不可，即乘对方不觉时，往前进步用腰腿劲向上黏提，使人在不知不觉中重心倾斜。提劲的方法全在腰腿，所以用提劲时，脚步要站稳实，腹部放松，虚领顶劲，气贴脊背，尾闾中正，敛气凝神，两眼注视对方之势。此外，对于方向、距离、身法、步法尤应与对方凑合，不然仍是没用。运用者要善于随机应变，如提之得势，再加以后引，使敌身不能自主，这时无论用任何劲都可以把敌人发出去。《打手歌》中“引进落空合即出”，就是指此而说。

4. 钻

即入劲，如钻之入木，旋转而入。此劲甚为勇猛，可以击伤人之内脏器官。亦可破人内功，如气功、闭口功之类。

5. 敷

是轻微接触对方的劲力，即使我的呼吸与劲力和对方相粘接，并将对方包裹细密，随屈就伸，人不知我，我独知人地改变其劲力，破坏其平衡。自己双手的内劲似松非松，刚柔内含，轻轻黏住对方手臂和身躯、腰腿身手，一气贯串，蓄劲于腰脊骨节间，渐渐进逼对方，使之既不能顶抗，又不能引化，即所谓“一举动刚柔轻重俱备，使人欲进不敢，欲退不能”。

6. 盖

是当对方劲将出动，我劲在先，意识和呼吸早已集中覆盖于彼劲头或将作用处，因其动而动，使之不能发挥作用。“敷”是轻灵地将对方笼住，蓄劲于内，运劲上为外柔内刚。“盖”是我内劲涌出，彼微动，已先动，把对方劲力势头遏制。运劲上为柔中寓刚。

7. 对

是吐法，呼吸和劲力与对方作用处相应合，对准其落空失招之处，沉气外呼而发放。即拳经所讲：“对者，以气对彼来处也，认定准头而去也。”

对方已出劲，我对准其劲路，黏着只微微一转，避实就虚地用整体劲发之，即所谓小圈转关，干脆直射，动之至微，发之至骤，运劲上是“运劲如百炼钢，何坚不摧”，刚中有柔，也称作堵截劲。

8. 吞

是吸法，即不承受对方劲力，用身法吸入对方来劲，使其莫测深浅。

对方劲来，我轻灵地黏以弧形走化，使其处处落空而失去平衡。我运劲是有若无、实若虚，使对方陷入我包围圈中而无知从何处化解突围，这时我即吞而化之，全部、彻底、干净地解决对方的进攻。

遭着何处何处击　摧枯拉朽谁能敌

——太极拳技击功夫入门的金钥匙内功势能

杨澄甫先生说："巧内功不能胜大力者，何必练拳。"具备深厚的太极内功，方能"行气如九曲珠，无微不到，运劲似百练钢，无坚不摧！"以增强身体的抗击力和加大攻击性的爆发力。"脚踢拳打下乘拳，妙处无处不浑然，任他四周都是敌，此身一动悉颠连，我身无处非太极，无心成化成珠圆，遭着何处何处击。如遇劲敌，内力猝发，如迅雷烈风摧枯拉朽，孰能当之"，此正是太极拳内功劲力（势能）的真实写照。

太极拳的内功，也称作内劲功力，它是太极拳的力量素质——劲力的体现，它不仅是肌肉工作时外部表现出来的力量，而且是在太极拳特定形式和意气活动的支配下，通过一系列身法调整，使身体各个部分的活动达到高度协调时所产生的极富弹性的综合整体的劲力，它是区别于其他长拳类拳术的主要标志。由于这种劲力与单纯外部肌肉表现出来的力量不同，所以人们一般习惯将其称为"内劲"。

陈鑫说："心劲一发，而周身之筋脉骨节无不随之，外之所形，皆由中之所发，故曰内劲。内劲何发何行？发于心，而行于四肢之骨髓，充于四肢之肌肤。"太极拳的内劲表现出独特的沉实重厚，如内部灌有水银那样沉甸甸的，但流动又如行云，又极为快速、轻灵、圆转，它一般隐于内，而不显于外，能随人之动而不断改变方向或集中到某一点，变换极为迅速灵活。功夫纯粹者，能随对方的劲力和方向，粘黏走化丝毫不差。内劲贯注其臂如棉裹铁，柔软沉重，柔中寓刚，刚中有柔，似柔非柔，似刚非刚，极柔软，然后极坚刚，推手时虽手极轻而威慑力量极大。内劲潜移，化劲松静，意在人先，人不知我，我独知人，依着何处何处放劲，干脆利落，如矢离弦。

太极拳的内劲，其瞬间的爆发力能将人跌出几丈以外，它的内劲与激光的作用原理确有相似之处。太极拳锻炼时要求全身关节松开，肌肉松弛，与人交手时亦是如此，只有在内劲发放的瞬间，将需要发劲部位的关节和肌肉，由脚而腿，通于背而形于手。同时一紧，这好比激光的光波，同时同步集中向一个方向发射（发劲需沉着松静，专注一方），发出巨大的威力。

太极拳的内劲质量及其运用技巧，是评价太极拳训练水平的两个基本要素。作为竞技性的推手，如果没有雄厚的内劲，技巧就无法发挥出来。所以，要练好太极拳技击功夫，必须首先练好内劲。

太极拳的内劲训练是在放松意识的支配下，通过意气活动与骨肉活动，由动作螺旋式地划弧转圈，反复运转，以松紧交替的方法和两人的内力抗衡锻炼所取得的。该放松的肌肉、关节要充分放松，该用力的肌肉、关节要充分用力（用力的肌肉、关节仍需要放松的意念贯注其中，此谓实中有虚），并且要有韧性和耐性，拖不垮、打不烂、咬得住。

具体的训练方法是：在通过多种途径进行基本功、基本动作和套路练习时，首先学会柔运劲，刚落点，缓慢运动和快速发劲相结合，发展刚柔相济的内劲。再次是采用两人实战抗衡和辅助器械（如拉橡皮筋、抖麻辫、抖大杆等手段），加大原运动强度，使身体内部和外部都得到广泛的适应性发展，大幅度提高内劲质量。最后进入练习性推手，在与对手的互相推揉摩荡中进一步提高自己的内劲素质，使之达到雄浑沉厚、刚柔相济的境界。

第一步喂劲。所谓喂劲是以有高深内功的人，以母亲给婴儿喂奶的方式，喂劲给对方，也是给初学者引路加功的过程。从古到今，技击教学总是强调言传身教。在身教中，教者在开始阶段有意给对方以一定重量，令对方感到沉重难受，以增长学生的体力（内劲的抗衡能力）和锻炼筋骨肌肉的揉扭能力，以及承受打击时的敢接劲能力。教师往往可以适度地放手打学生，或者有意敞开门户任学生打，然后做出各种各样的变招进行防守反击，让学生懂得在什么情况下会遭到什么样的攻击，从而学到多种多样的变招，使学者初步摸到一些基本规律。日久则讲求轻灵善变的吞吐运化能力，使推手逐渐向实战过渡。李雅轩先生认为这是必经的阶段，太极拳有形、气、神之三阶段，此是练形的初级，以后则向气与神转化。

作为喂劲的教师，本身必须有高深的内功和高超的太极拳技击本领。技击运动时，可以做到不假思索，不期然而然，莫知至而至，不以一招一式制对方，而是靠身法、凭内劲，随心所欲，顺其自然。内劲已练得纯熟，功夫上了身；推手时同机械自动化动作一样，一开动便能因敌变化（这是由于双方动作变化可以快到百分之几秒，是来不及用意思索分析的。利用皮肤感觉的灵敏，固然能探知对方的来力动向，而制定应付的方法，在极快的动作速度的情况下，往往是不容许临阵“探知”“制定”的），身无定向，脚无定位，周身各处似弹簧，又似水中鱼身，有感皆应，全身处处都可击人又可化人。不论往来行住坐卧，已不假思索，有意无意之间，一触就能将人放出丈外，或控制于手中。

喂劲的老师应该随时指出化解、还击之法，使学者不致流于自行摸索，走入歧途。对重点培养的学生，教师更要以自身为试验对象，多给学生坐桩当靶子，试验技法和放劲，随时指出缺点。当教者与学者技术水平不分上下时，学者应尊重老师的正确指导，但教师应当允许或推荐学者请教技术水平更高的老师，以便迅速提高。

作为被喂劲的学者，必须懂得在老师手里虽然不能自主，但同样受到训练，知道老师的劲是怎样作用于自己身体各部位的，身体的神经、肌肉感觉，会自然而然接受教师身传的技术。运动中要意识中正，方能气势饱满，支撑八面，虚实才能转换。当与教师接劲时，静听其劲路、劲别和体察其重心、外形上的虚实变化，这都要通过身躯、肢体骨肉的活动来执行和体现，即“意气为君，骨肉为臣”。所以，有拳家说先练意后练力，先求松沉，后求柔活，再达刚强。先里后外，意为先柔，形为后随。身柔者可以克刚，意松者，身轻步灵。以意贯力，是为内劲，达于肌表遂为外形，内劲通灵。彼来击之，如打自影，如撞墙壁。上乘功夫，法从心生，苦学勤练，拳中出功。

推手以竞技为目的，极讲究内劲的增长。因此，习拳一定要苦练功夫。功力是最重要的基础，功力越深，所遵守的法则也越少，也更能发挥人体技击潜能。作为学生，要求被喂劲，而增长自己的内劲功力时，一定要拿出浑身的解数，真打实干地在老师身上发力使劲。尽量做到动作时，体内的力量与意念相互为用，或者说是力到意及，意及力到，意力相融，意力合一，即“力断意不断，意断神犹连，神连再生力，力量不空忙”。只有这样，才能真正学到老师那真实的高超技能。但作为发力使劲的初学者，首先必须懂得作用力的路线和发力的方法。

脚为根节，身为中节，手臂为梢节；上臂为根节，前臂为中节，手到腕部为梢节。力的传递是由根节经中节最后到达梢节的。在推手中，经常与对方接触的是中节和梢节，也就是前臂和手腕部分。就节段来讲，根节的力量大于中节，中节的力量又大于梢节。所以怎样加强梢节的意力是非常关键和切实的问题。只有梢节得到加强，配合根节的力量传导，方能在与对手接触的中节上得到力的表现。梢节的软弱无力等于自己的胳膊短了一节儿，无形中等于加强了对手的力量，故诀曰手头不丢，手腕平直，要有掤劲贯串。在力的传递上，不仅要弄清自身力的传递顺序，而且要把自身的力量传递到对方的身上去，这样才能起到摧败之功。一般说来，自身力量的传递来自根节，形于梢节，而作用到对方身上时，则是要通过他的梢节、中节到根节传到他的身上去。当然，高手也可以直接作用到对方中节和根节，这是中、上乘功夫所为。

其方法是根节松，梢节紧；梢节松，根节紧。上虚下实，下虚上实；点上松，身上紧；身上松，点上紧等等。只有随意自然地掌握，才能做到周身无处不是点，无处不弹簧，无处不发劲，无处不技击。

在推、拉、开、合的转换过程中，要不断用头和身体去“凑合”手，从中摸索种种变化。力求“有一势可变百千势，百千势而归于一势之基也”。又必须注意步法和身法的配合，因为攻击往往是在进半步与退半步或更小移动的矛盾状态中进行的，正如拳谚所云：“脚踏中门夺敌位，即是神仙也难防”。譬如，对方双手从下往上奔我的胸部推来时，不要用拙力去顶，而要用在我的双手做向两侧分拧的动作时，肩撑肘横，使对方指向我中线的力量分向两侧，从而失去其构成的威胁，我即将前脚踏进对方裆下（中门），用正面的发劲，将其推出。这样就可以慢慢走向懂劲。只有懂劲了，推手时方可以随时取得主动的地位，才能达到对方不动则已，只要一动就总是被我借力，总是受我指挥。但是，必须懂得，懂劲也是没有止境的，你懂劲了，如果对方比你功夫高，他就比你更懂劲，懂得更细致、更精确，他就取得了“我独知人”的能力，两相比较，你就成了什么也不知，只有被动挨打的份儿了。实际上，受高手喂劲应该贯彻始终，不断向更高功夫的老师学习，是提高自己功夫的极好方法。

第二步问答劲。所谓问答，即我有所问，彼有所答，一问一答则生动静，既存动静又分虚实。在推手时，以意探之，以劲问之，俟其答复，再听其虚实。若问而不答（不会走化），则可进而攻之。若有所答，则须听其动静之缓急及进退之方向，始能辨别出对方真正的虚实和变化，这都要通过实践中的问答训练而得到。问答劲训练的目的是为了听其劲，观其动，得其机，攻其势。所谓听其劲，即权其轻重虚实的意思，在推手为侦察敌情。听之于心，凝之于耳，行之于气，运之于手。所以说以心行意、以意运气、以气运身、听而后发。听劲要准确灵敏，随其伸就其屈，乃能进退自如。

灵敏的反应速度训练，首先是进行问答劲练习。由一方主动问劲，另一方根据问劲的方向、大小、强弱、速度作出反应，时时刻刻保持不丢不顶、舍己从人的状态，以达到提高反应速度的目的。其次是在实际对抗练习中，进一步实践提高，特别是要多与不同类型的对手练习，以及运用多种不同的对抗练习形式，提高在复杂多变形势下的反应速度，即急来急应，迅速处理。

问答劲训练是为了练习全身皮肤触觉和内体感觉的灵敏度，探知对方劲力的虚实、长短、迟速、动向，然后选择粘黏点为支点，运用摩擦力的牵引作用，发挥“引进落空”“乘势借力”“以轻制重”的技巧，牵动对方重心，使成我顺人背之势。在时间和力点最为恰当的时机，则又“以重击轻”“以实破虚”，将全身劲力迅速集中于一点发击对方。

问答劲以掤、捋、挤、按、採、挒、肘、靠为基本方法，是最基本的功课。问答劲越练越细密，推起手来也就会得心应手，“打轮”时在任何角度都能走化，任何角度都能越过对方防守点而控制其重心，将对方打出。这种基本功是无止境的，老一辈推手名家都坚持训练，练达到紧小脱化，能化能发，化劲松静，发劲干脆，信手而应，不假思索方为妙手。

通过问答劲阶段的训练，掌握基本八法的劲路变化形式，了解推手运动的基本规律，提高在对抗中根据对手信息，运用劲路变化的能力。

问答劲训练。首先要找一位在太极拳技击运动中和自己“情投意合”、敢打敢摔、愿意互相帮助提高技艺、又不红脸、不好面子的知己为对手。双方分为上下手互相配合练习，由一方主动变化劲力的大小、方向和速度等，让另一方通过劲点来讨对方的信息，并做出相应的变化。主动出劲的一方为问劲，作出相应变化的一方为答劲。所以，问答劲练习为问劲的一方主动向对方发送劲力的信息，而答劲的一方根据对方的信息调整自己，尽量与对方保持不丢不顶、粘连黏随的状态，逐步掌握“动急则急应，动缓则缓随”“彼不动、己不动；彼微动，己先动”的功夫。

其次，二人进行听劲感知和反应调节的练习。从劲点来讨到对方运劲的大小、方向和速度信息，在太极拳术语上也称听劲。在问答劲练习中，主动送劲的一方是容易做的，困难的是答劲的一方，他必须先听出对方的劲，并进行反应调节。

听劲感知。因为要通过与对方手的接触点去感知对方所问劲的大小、方向和速度等，从劲点听出对方劲力的变化，所以这个环节练的是皮肤的感觉，以及大脑的判断力，是灵敏的训练。它要求精神高度集中，从松静、轻柔入手，动中求静，视动犹静，逐步提高听劲的灵敏度，最终达到“一羽不能加，蝇虫不能落”的高度灵敏境界。

反应调节。当从劲点听到对方的信息后，如何作出反应，进行自身的调整，这是问答劲练习中的重要环节。一般人习惯于在手接触点处发现对方来劲，然后马上由手作出反应，但在太极拳训练中，一般不这样。因为只由手作出反应，容易犯太极拳“梢动”受牵的毛病。应该如何做？太极拳家罗基宏先生曾提出：劲先由里边变换（力点、方向、路线、快慢、刚柔、轻重……），才能解决知己知彼，特别是“人不知我，我独知人”的懂劲功夫。拳论十三势歌中也有：“命意源头在腰际，变换虚实需留意……刻刻留心在腰间，腹内松净气腾然。”这里所说的“里边变换”，主要指的是腰脊命门穴为调节全身平衡的轴心，即是说，从接触点感知对方的劲之后，根据对方的劲路首先进行命门内换，然后调整身体的各部分、各关节。命门内换包括命门的向左右及前后的位移、命门的转动。其位移及转动量的大小根据对方的劲路决定，命门位移与转动带动身体及四肢各关节作出相应的调整，为化发做好准备。所以反应调节这一环主要是练命门内换的功夫。命门内换要求隐而不露，当命门进行调节时，与对方接触的劲点必须在动态下保持相对静止，使对方感觉不到我的内部变换。所以有人把听劲比喻为“神以知来”的功夫，把反应调节的分析处理看作“智以藏往”的功夫。

在两人练习中，可以先让一方问劲，另一方答劲，然后交换问答方。在练习过程中应随时交流感觉，随时检查自身的身法调整状况与对劲路变化的反应能力，以及反应调节的准确性，及时发现问题，及时纠正，随着问答劲练习的逐步深入，问劲的一方可随时变换攻击形式，到最后可以进行无规则的、任意变化的问答劲推手，到此，已基本接近实际对抗了。

第三步是实战对抗的“抗衡”式“抗劲”训练。所谓抗衡就是不怕对方突然性的、连续性的或持久性的发大力、使大劲。敢于接对方的大劲，能将对方这种大力、大劲拒之于门外，使其丝毫不能动摇我的重心平衡点。所谓抗劲，就是要像发威的公牛一样，不怕一切、勇往直前，用劲具有顽性，有持久和变化的能力。利用沉重浑厚的内力，贯注于动作之中，随意变换和极快速灵活地集中到某一点，着重练功找劲，使形神合一。抗劲抗衡练习是在双方贯劲情况下互相运化的练习，因为动作有内劲贯注，方能有威力。所以，久练此功的人，当他贯劲时就使人感觉到他有一股沉重而强大、坚韧极富弹性、威力无穷的劲力，其威慑力极大。这种硬掤硬化练习，不仅可以快速地提高运化水平，还可以极为有效地增强功力，发展内功。

抗劲推手练习一般也使用喂劲的方法，即当一方的劲力比另一方稍强时，劲力强的一方用喂劲。但必须根据对方的承受能力，确定自己贯劲的强度，使这个贯劲强度刚好使对方感到满负荷。当然，如果双方的劲力相当，则双方都在满负荷全力以赴下进行练习。

与问答劲推手练习一样，抗劲推手首先也用单个的特定形式练习，熟练后可以串起来练习，最后是不拘形式的练习。往返折迭的来回劲随机应变，刚柔相济的劲力用得适时、巧妙，使其刚则发而必中，柔则躲而必化，软不吃、硬不啃、拖不垮、打不烂，粘连黏随咬得住，欺拿逼横打得中。在抗劲练习中，尽管运劲沉重，仍应保持自身的调节，使上体、下肢能灵活屈伸和挪转，扩大各方面的稳定角和基底范围，并降低重心以使重力作用线不超出基底面。除此之外，还要善于使肌肉群适时地放松和绷紧，参照对方的变化保持不丢不顶的状态。

在实际推手中，抗劲推手是一种具有威慑力的重武器，又是侦察对方实力的一种重要手段。与对方搭手之前，我可以初步估计对方的实力，确定某一贯劲强度，如果对方接到我的劲后不能运化，出现丢与背势状态，我则可按照拳论“逢丢必打”，马上干脆将对方发出；如果对方接到我的劲后还能作出反应变化，则应参照对方的劲再加以运化，使用“推手先着力，随即松开”的方法，将对方的劲力引化。

抗劲练习有了一定的功夫以后，可适当瞄准机会运用肩、肘、膝、胯、踢、打、勾、绊、抛、撩、抓、抢、摔等方法，以加强难度练习。

通过以上三个步骤的训练，就基本具备了较强的内劲功力，在此基础上，再进一步细究太极拳的高妙技巧。

筋肉含力骨生棱　神意内敛灵变动

——太极拳内功的实质

马岳梁摆出吴式太极拳中的“金鸡独立”之势，当6人合力迎面推来时，即以腹部接力。霎时之间，6个大汉便在马岳梁岿然不动中纷纷落空而跌倒。

太极拳内功的实质是内劲。对于太极拳家来说，一切都应该为技击服务。内功修炼的本身，也必须服务于技击。技击目的实现，必须以力的形式来体现，任何高明的技术与内功，如果不能落实在力上，就太极拳而言是毫无意义的。所以，太极拳内功的核心，就是研究与获得太极拳应用所需要的力量，由于这种力量区别于一般形式的力量，是太极拳运动所特殊拥有的，特别敏感，特别善于变化，特别强大的内在劲力，所以我们把它称之为“内劲”。

1. 内劲为太极拳服务的三种主要形式

①是发放力。

②抗打力（抗打在本质上也是一种发放）。

③是控制力。

2. 内劲的构成

由意、气、力三个方面构成。

①“意”就是精神（意识）或感觉。实际上，它是人类神经活动的结果，“意”的实质是神经活动。因为任何力量的产生与传递，都必须依靠神经的调节作用。神经作用越充分，作用的越集中、快速，则内劲的强度与效用就越大。

②“气”，是人体接受刺激而产生的一种生物效应。受不同程度的激发而产生不同的效应。训练有素的话，可以增强生命活力，激发人体潜能，充分改善人体内环境，强化神经与器官功能，造就强大的体能，实战中可以产生令人震惊的打击效果。

③“力”就是在人体的运动器（骨骼、肌肉、韧带、关节）作用下而产生的动力形态。这种形态的外化就是所谓“发力”。这些运动器的兴奋工作，首先是神经的兴奋，意识的指挥，生物效应的产生，所以俗语说“以气摧力”。由此可知，意、气、力是一个统一的链条整体，缺一不可，由此武术的功力才得以产生。

3. 内劲的性能特征与表现

（1）穿透力

多以螺旋劲、寸劲、击劲、冷劲等形态反映，一般说其发力时间短、动幅小、速度快，作用在对方身体时破坏力极大，像子弹击穿物体一样，引起内脏、骨骼的破裂以及严重的功能障碍。在实战中，这种力是攻击的首要方式。

（2）震荡力

多以抖擞劲、踩扑劲等形式反映。一般来说其发力接触面比较大，动幅也较穿透力大一些，以气催力的特征明显。它产生的是像汽车碰撞一样的效果，作用于对方身体时大多形成蒙厥效应，使对方产生气急、胸闷、呕吐以及暂时的意识丧失，严重的可造成休克。这种力一般是辅助穿透力实施的，有时也能在特定场合发挥特定的作用。

（3）崩弹力

多以弹簧劲、抖放劲、鼓荡劲等形态反映。它一般以手掌、前臂、躯体等部位发放。它产生的是像弹簧一样的弹性效果，可以将对手发放到丈外或者打得凌空翻转飞跌。表现为抗打时可以利用躯体鼓荡产生的瞬间压弹，抵抗住对手的强大打击，发力得法时还可以将对方的手腕震断，或者摧动其根节，使其立足不稳造成被动。在进行了充分的躯体发力训练之后，还可以运用身体的肩部、腹部、背部、胯部等发放崩弹力，形成“遍体为拳”的攻击效果。

（4）走转力

多以化劲、黏劲、捋劲、塌劲等形态反映。它是在接触、控制、转化、衔接或者被动状态下使用。它是在高度的神经反应功能下形成的柔化力量，表现为不与对手顶抗、较力，专以快速变化灵敏反应调动与控制对手，消截对方力量，致其被动，控制先机，使其长处难以发挥，并可以使其产生技术或精神障碍，为其他力量的发放创造条件。

4. 内劲成长的三个阶段

①第一阶段为初级阶段，此时运用高强度的体力练习，反复强化肌肉、骨骼、韧带、关节的力度、密度与强度。训练时动作的幅度、发力的强度以及运动量尽量加大，通过极限练习建立运动器对于太极拳高强度运动的适应力，以及为实战对抗造就坚实的“硬件”支撑。要求充分形成“外三合”的对应关系，即上下一体的初步整体力，为力的发放建立良好的构架。这一阶段的力比较“粗糙”，变化比较少，显得单调而强硬。不过这种劲已经可以在实战中运用，与适当的实战技术相配合，也能产生一定的技击效果。

②第二阶段为中级阶段。这一阶段必须在上一阶段的基础上进行练习，决不能省略掉上一阶段而直接跨越到这一阶段，这是极其重要的，千万不可忽视。在这期间，动作力度、幅度均缩小，着重通过意念调节身形动作，细致体验劲力路线与感觉，充分调动神经的主导作用。建立敏感的肌体触觉，使动作与力量均圆转流畅，变化快捷，进一步强化神经的条件反射作用，形成劲力的下意识随机变化与发放，建立内外统一的高度整体结构。

此时表现为遍体活泼，轻灵敏感，随机而动，应感而发，使各种攻防动作均能运转自如，控制与打击都可以得心应手。

③第三阶段属高级阶段。它是第二阶段的进一步深化，是长期各种劲力的自动渗透，并且向动作技术“自动化”动力定型突变的阶段。这一阶段一般需要十几年的高强度的有效训练才能达到。这一阶段劲力圆转无端，时隐时现，收发随意，“人不知我，我独知人”，英雄所向无敌，概皆由此而及也！

任他巨力来打我，牵动四两拨千斤

——“四两拨千斤”之法

王宗岳祖师的《打手歌》说：“任他巨力来打我，牵动四两拨千斤。”所以，学太极拳的人都无不向往“四两拨千斤”之妙技，这也正是太极拳武技最吸引人之处。

何谓牵动四两拨千斤？千斤表示对方的身躯，但是牵动的四两在对方什么地方？牛的千斤之躯，其四两之处是牛的鼻子，用小的力牵动着鼻子，就带动了牛的千斤之躯。那么，人的四两之处在哪里呢？人不像牛，只有一个受制的地方，但是人却处处有受制之处，就是说处处有似“牛鼻子”的地方。有人说，弱者当然周身处处是“牛鼻子”，强者保护得天衣无缝，哪能让你牵他的“牛鼻子”，如果我们不牵强者的“牛鼻子”，就算不上“四两拨千斤”。强者的“牛鼻子”在哪里？这就是双方接触点，就要在这个地方“讨消息”。

那么，又如何能在接触点上讨得消息，以实现“牵动四两拨千斤”呢？其实，先辈太极拳大师早就给我们指出了经典的方法。

请看，郝少如大师如是说：“能黏得住人，然后能吸得住人，使之不能走脱。能吸得住人，然后能随意牵引得人进，而使之落空。若要将物漂出，务要往下加以浮物之力，斯其根自断，乃无生根立足之地，如江海浮舟则自然浮得起彼身；彼身既已浮起，然则随漂即出，极能轻松也。须切记：借力打人须断彼根，彼之根未断，则力未接着而不能发；能断彼之根，打人才能省力而清脆，乃能使人心悦诚服。若要将彼跌空，须加以掀起之意，随引、随化、随蓄、一气呵成，则自然能使彼犹如跌入深渊一般而落空，其劲全为我接定所掌握。彼身既已腾空，而劲力全为我所借尽，然则一呼即出，远近多少，取之何样抛跌，顺势能及。此所谓“借力打人，仍是引进落空，四两拨千斤之妙也”。

听探顺化求懂劲　擎引拿发任我行

——太极拳推手

推手是中国武术独有的技击方法，尤其是太极（内家）拳，把推手做为散手（实作）的基础训练课目。

在技击实战中，双方一交手，就会出现相互搭手的现象，于是就出现了在双方肢体相互接触下如何攻防的问题。推手所要解决的就是这一问题。双方一搭手就离不开力的作用点、力的大小、力的方向，如果具有听劲、懂劲的推手素质，马上就能体察到对方力的虚实、强弱、方向，从而通过自身力量的变化，控制对方的手臂，施以有效打击。因此，推手的主要目的就是培养与对方相接触时控制对方力量的能力。

这里所讲的控制包括听劲与懂劲两个方面。所谓听劲，就是具备感觉到对方手上及脚上细微之变化的能力。所谓懂劲，就是感觉到对方力量的变化之后，立刻能做出反应，通过接触点，依靠自身灵活的身法和步法，利用力量的松紧变化而制敌于未动之先的能力。

对于推手必须从力的角度去理解，力从根本上讲就是一种松紧转换。松紧转换越快，时间越短，力的质量也越高。但力的松紧转换不能全由主观随意而定，而应依靠触觉本能地做出反应。所谓推手中控制住对方的力量，就是我的力量松紧转换总是在对方力量松紧变化之前，在其旧力未断、新力未生之时，我的力就迅速变化，因而能控制住对方的力量，借用对方的力量打击对方。

一、太极推手并不排斥力量的应用

太极推手并不排斥力量的应用，但要用得适于时势、恰到好处。应该在柔化中运用瞬间的发放劲使对方跌出。在平时太极推手训练中，也不可忽视力量方面的训练，但重点应放在以柔克刚的太极推手技巧训练上。

拳谚讲：练就金刚太极尊，浑身合下力千斤。推手较技时，彼不动，己不动，彼微动，己先动；或对方劲力刚触及到我皮毛时，我即用惊战之法，使周身内外各部位急骤地惊炸，突然地松紧，内气鼓荡，内劲猝发，疾如闪电，迅似炸雷，以震动对方的脑神经，威慑对方的精神，破散对方的内气，以迅雷不及掩耳的速度，干脆直射地把对方腾空发放出去。

如果没有深厚的练拳功夫，“四两拨千斤”是不可能的！傅钟文先生说，推手是太极拳的一部分，技击性很强，非有深厚的练拳功夫不可；如果没有深厚的练拳功夫，“四两拨千斤”是不可能的。过去杨澄甫老师与人推手，略一用意对方就腾空而出。特别是杨少侯老师一搭上手，对方就被掷出。这种高深的功夫是多年勤学苦练才能获得的。现在推手经常出现“顶牛”，是功夫不到所致，真有了功夫，比试起来就不讲斤两了。

从一定意义上讲，推手的目的就是改造人的力量属性，不要一听见“力”就大惊小怪，推手必须要从力的角度去理解。力从根本上讲是一种松紧转换，松紧转换的速度越快，力的质量就越高。推手的目的是改造人的力量属性，使之变成拳术中所需要的力量，这种力量有多方面的属性，太极拳概括为听劲和懂劲。

推手中发力的水平是由多种因素决定的，但不论何种发力都离不开肌肉的松紧变化。松是手段，紧是目的，有极松才有极紧，所以《太极拳论》中说“极松软，然后极坚刚”。松是经常的，紧是刹那间的。所谓发力，就是肌肉群骤然发生的合理松紧变化，这是现代生理学早已证明了的。

也可以说“顶牛”在比赛中应该是个正常现象。推手属于激烈的对抗性比赛项目，出现力量对峙的情况是正常的，尤其是在两名选手实力相当时，肯定要顶，就像世界拳王争霸赛，谁打谁都不容易。

力量对峙是对抗性项目（拳击、摔跤都不例外）的一种必然表现，也是其自身发展的必然规律。对抗的艰苦性、真实性、顶牛、较劲、比功力、凭实力获胜恰是其运动的本质。

假如两名运动员一个训练了十年，多次参加推手比赛，另一名只训练了两年，第一次参加全国比赛，水平很悬殊，决不会出现顶牛，肯定好看。如河南省的张东武在1991年全国比赛中，前几轮就没顶，发对方很漂亮，因为功夫悬殊，可到最后争夺前三名时，和山东选手的水平实力相当，就顶了起来，最后力量决定了胜负，张屈居第三名。

推手比赛不仅现在顶，以后肯定还要顶，两个技艺盖世的太极大师上场，谁能用“用意不用力、四两拨千斤”把谁打到房上呢？

归根结底，我们必须尊重现实，清楚的认识，作为一个体育比赛项目的竞技推手，和过去那种仅凭两人之间的感悟来定优劣相比，就是精确性取代了模糊性，由过去那种师徒之间的说手或爱好者之间的交友式（比到为止）切磋交流体会，转到了势均力敌的争霸，当然体现不出过去那诱人的理论描述。

对顶牛我们大可不必失望，也不可大惊小怪，更不必有数典忘祖的罪恶感，必须真诚地接受这个事实，面对现实，采取对策，以利更好的工作。

二、推手的功能

推手来自技击实战，实战中双方相互拉开，发拳进击，称之为断手；双方一交手，两臂相接称之为搭手。断手是经常的，而搭手是刹那间的，技击中没有纯粹的断手，也不可能总处于搭手状态，而是搭断互为。

搭手是手段，断手是目的。搭手有三种作用：一是可以阻挡对方手臂的进攻，使之进攻路线偏离，通常所说的格挡即有此意，这是外家拳经常使用的方法；二是一经与对方相搭就黏住其手臂，感觉对方劲路的轻重虚实、刚柔顺逆、直横方圆、大小方向，太极拳谓之听劲；三是在听劲的基础上，控制住对方的力量，所谓控制并不是指死死地让对方手臂不能动弹，而是以粘连黏随为法，通过自身劲力的变化，化解对方之刚力，造成我顺人背之势，太极拳谓之懂劲。

听劲与懂劲是较高的拳术素质，使人触觉灵敏，力量空灵沉实。再通过一定的散手训练，实作时就可掌握技击的主动性，能够以柔克刚，以慢制快，借力打力，后发先至。但如何获得这种高级的实战技能呢？内家太极拳创造出了一种科学的训练方法——推手，以此来培养这种拳术素质。

1. 推手还能不怕摔

推手练习是身体接触性练习，重心的主动移动和被动移动频频发生。练习俯仰伸缩法，僵来搅去，松抱，身体大面积接触于黏僵中，重心也会瞬间倾离赖以支撑的点或面，时有被摔倒的危险。同时也要经受频频的重心移动和重心失控的刺激，自然锤炼了不怕摔。

2. 推手还能抗击打

经常习练推手者即使不习排打之功，也自然会具备在运动中抗击打的能力。练推手到了相当水平后，用意不用力，四两拨千斤，制人凭气势和巧劲而不仗力的功夫自然上身。但这个水平是循着力、劲、意三个阶梯渐进的。在练习前、中期，即力、劲层次时，推手先要培育出大、顺之劲力，此阶段的训练既吃苦又吃力，肌体会受到强烈的内渗和一定深度劲力的百般搓揉，同时也要受到经常沉重浑厚的发力刺激和寸劲透击。肌体百炼而成钢，搏击时自然不怕击打冲撞。

3. 爆发力和抗击打在推手中练

爆发力要在推手中练，老师喂劲，让学生每发必中，连环发放，直至精疲力尽。因每发必中，容易找到发劲打人的感觉和窍要。同学之间喂劲，在得机得势时，也应猛烈爆发。其辅助练法是单操发劲，不拘形式，全方位发劲。借助器械练发劲还不如直接在活人身上练，其效果可事半功倍，推手中练出的爆发力实作极有效。

抗打不必专门练，在推手初期练力、劲的层次时，有个推“老牛劲”的过程。此过程的用力、承力方式都明显异于他种运动过程，肌体受刺激程度几近于折磨，周身骨节酸不可耐。经过这两个时期的磨难，肌体百炼成钢，就不畏拳打脚踢。在我强人弱的情况下，故意敞开门户，接受头顶、肩撞、拳击。在我弱人强的情况下，可半开门户，故意打折扣的击撞。所谓打折扣，就是让人发力到身的同时，把他的力卸去一部分。如对方冲拳打过来，我手毫不着力地迎过去与来臂轻触，并随来臂收缩。待来拳触接我体的同时，我手在彼臂的中节处（肘）或根节（肩）处拨弄一下，迫使敌劲力半卸。

4. 推手摔打擒拿击撞是其终极目的

推中有轻击（打）、有控制、有摔、有大擒拿，一般不在易被损伤的关节擒拿。所谓大擒拿，其实和摔差不多，就是当对方太注重击打而出现断劲的空隙时，抢身进步将其躯体搂抱住，或将其手臂逼贴在其躯体上。先是松抱，感觉得劲，就越抱越紧，令其不得动弹，彻底被治。若不得劲，迅速松手退身，绝不用蛮力。大擒拿成功的标志是，对方自觉身无用力之处，彻底放弃反抗意图。成功者可将被擒者双足擎离地面，也可将其往地面压放。

推手是练习太极拳术的主要方法之一，摔打、擒拿、击撞是太极拳术的终极目的。推手是基础，是根本，同时也是内家拳的一大特色。在推手上把功夫下足，才可能在散手时表现出内家拳的特色，各骨节才能圆活滚动打出挨何处何处发的寸劲，才会取得击、撞、钩、锉等兼而有之的技击之效。

三、推手的十三劲法

①“掤”是暗劲，初学推手，只有懂得了掤劲，才能够谈得上入门。掤劲是测量对方力量和来势的一种反应。在推手时不仅是手和臂，凡是和对方身体接触的任何部分都要有掤劲，才能做到“动急则急应，动缓则缓随”。可以这样说，所谓听劲，也就是掤劲。掤劲也是推手手法转换的基础，在对抗中掌握来势后可以乘机转换其他劲制服对方。掤劲似实非实，似虚非虚，又虚又实，人不知我，我独知人，因此称之为暗劲。

掤劲也称为衬托劲，形容者常以水做比喻。水能漂浮落叶，但也能负起巨舟，在推手时不论来力大小，我都能以掤劲应付之。但掤不是水和舟那样的浮力关系，而是一种细致而微妙的动作。当接到对方来力时，我以中定劲为支点，乘势将来力向前上方牵动，使对方的力悬空，这样我就可以用比对方较小的力做到“任有千斤重，飘浮亦不难”。在上，犹如机械上齿轮的上旋。如果推手没有掤劲，那就无法承受对方较大的来力，也无从探测对方的意向，这样就要处处陷于被动。即使在发劲时也要有掤劲，这样可使对方难以脱离我的进逼，也难以还击。

②“捋”是明劲，当对方击我时，我以捋劲掌握其动向，加以引导，使对方不自觉地继续前进。我将来力引向身旁两侧，或右或左，轻重快慢全以对方来力与快慢为转移。等到对方力量失势，我就可以丢之、击之，完全掌握主动。捋劲在力学上，犹如轮轴的左右旋转作用。

③“挤”是明劲。如对方捋我一臂，我乘势平屈被捋的前臂，另一手掌根贴肘弯内侧，两手同时正方向向对方胸部进击，或利用对方虚点，向对方斜线进迫。这是所谓隔一个打一个的手法。挤劲在力学上犹如压面机之滚轴，同时向内旋转，面片在并旋之中逼挤而出。

④“按”是明劲。按法主要用单掌或双掌按击对方虚点。如对方挤我，我可以双手按之，使其力下沉，或随对方来势斜线出击。用按劲时动作宜有折叠，犹如波浪起伏，可使对方脚跟浮动，失去重心。形容者将按劲的妙用比作如水下行，柔中寓刚，无孔不入。按劲在力学上犹如轮带的挫动作用，轮带连接发动机与车轮，轮带挫动车轮旋转，轮带表面为掤劲，与车轮接触处属按劲，起挫动作用。

⑤“採”是半明半暗劲。採劲不是强拉，而是像采摘果子时择而采子，用力小而效果大。用採劲时要权衡来力轻重，乘势牵引。如我臂在对方上侧，我利用来势，斜向牵引，名谓上採，为明劲。如我手或臂在对方下侧，则我以衬托劲牵引，使其改变方向，然后借势用其他方法斜线反击，这是暗劲。採劲的原理，犹如在机械长臂上加一轮轻轴，加速其作用，因之能做到“仰之则弥高，俯之则弥深，进之则愈长，退之则愈速”。

⑥“挒”是明劲。我以双手接住对方一臂，借其来力，乘势旋转，还击其身，犹如将物掀起而挫之，使对方难以招架。另一种更为厉害的挒劲是当对方突然击我时，我接到来力，运用突然爆发的内劲，转动身体，使对方猛烈抛离。力学上，犹如投物于旋转的轮盘上，一接触即乓然飞去。

⑦“肘”是明劲。这是用弯曲的前臂外侧贴住对方肘部外侧，压对方虚点，谓之肘打。或顺对方来势，用肘部外侧贴住对方肘部外侧，向我身旁下按，谓之肘捋。太极推手的肘法，应用时变化繁多，非常奥妙。肘法也可与掤、捋、挤、按、採、挒其他六种劲混合应用。

⑧“靠”是明劲。这是用肩或背顺势击对方虚点，是借力使力，也是在受到对方攻击时来不及换手时常常使用的一种方法。靠劲犹如气体的膨胀，突然爆发，可使被击对方受到强烈震撼。

⑨“进”是明劲，是上步向前追击的方法，也是黏劲。对方要逃，我黏住他，对方退步，我上步跟踪，所谓“我顺人背谓之黏”。

⑩“退”是明劲。由于对方攻击猛烈，我退步以柔劲缓和其攻势，但并非逃却，而是“人刚我柔谓之走”的意思。

⑪“顾”是明劲。对方攻击我右面，我用接劲法向左旋转90°，以柔劲应付之，双目注视对方，即所谓“左顾”，也是“动急则急应”。

⑫“盼”是明劲。对方从左侧击我，我接劲后向右转90°，以柔劲应付，双目注视对方，以观其变，即所谓“右盼”，也是“动缓则缓随”。

⑬中定是暗劲。这是太极拳最根本的基本功。一切势（指十三势）均不能脱离中定，有中定始可以言虚实，处处有虚实，即处处有中定。

实际上太极拳法无定法，而一切法皆立足于中定，中定的重要性可以想见。中定在应用上为稳定重心，平衡力矩，立如平准，其根在脚，发于腿，主宰于腰，形于手指。

中定在推手时有至精至妙的作用，功夫扎实者即使以一腿站立，亦可同时对付多人的进攻。在与人推手时如失去中定，就将陷于被动而不得机、不得势，盘架子时主要练的也是中定劲。

四、太极推手的风格及技术要点

太极拳在技击推手时，讲究接人劲、打人劲。打人劲主要为三种劲，即打来劲、打回劲、打闷劲。近身管位、手擒脚绊、肘压肩靠、胯打腿缠、断其劲路、内聚外发。

散推还讲究旋绕撑拧、滚锉双迭、半让半随、随让牵随、迎随紧随、截让截迎、银头拷打。

1. 太极推手的四字口诀

推手也有四字口诀，叫做轻、灵、变、化。

有四句话叫做："动则轻，轻则灵，灵则变，变则化。"

"动则轻"，是说当双方一接手就要轻，轻不是说完全没有力，而是指有力不用。双方的手接触后不可用力抵抗，这里就有掤劲的意义。轻也要全身放松，如果手部虽然很轻，而肩部僵硬而用力，那不是真轻而是假轻。要做到立如平准，平准就是天平。轻也是整体的，好像天平，即使加上一丝一毫，也都能感觉出来，这就是灵。即轻则灵，灵才能应用变化。对方的攻势不论是自上来的、自下来的或自左右两旁来的，我都能将其转换而化掉，这就是灵，"灵则变"。所以推手入门三步曲是轻为灵，由灵而变的过程。这前三个字练好就可以称为入门了。关于化，简单讲是化劲，但也可指随心所欲，无所不能，即是进入化境的高级阶段。

2. 太极推手要刻刻留心在腰间

拳论中"……主宰于腰，形于手指"明确指出腰是动力源，手只是表达体。所以，推手的实质是推腰。

"刻刻留心在腰间"。"刻刻"非夸大之词，不能做到"刻刻"就很难练出高质量的"太极腰"。一搭手在臂保持绵软的牵动往来中，腰就要始终吃力，刻刻都保持一定的紧张度，手的运动不过是一种表面形式而已。为使腰部紧张不僵死，无过不及，可请高明的老师带劲。老师把劲传到你腰部，不重不轻，你化，实际上是化不了的。见劲来就丢或顶，这不是练功夫，你要顺着老师的劲不断做腰的挣扎，接受刺激。腰被拿，全身空，老师的劲必然贯渗到你的足底。如果劲不会达足底，有两种常见的原因，一是老师水平不高，在你挣扎时他的劲跟不上，断了，带不了劲；二是你手太软，无掤劲或太硬，用力顶使劲无通路造成断腰。只要接顺劲你就会被连根掀起，这时千万不要动步，仍用手黏住老师，不是抓住。老师不放劲，但要放长，尽老师的水平有多长放多长。你的重心随着老师劲的放长越来越远离足底，这实际上你已经是倒了，是节节贯串着倒的，此时对节节贯串也最有体验。尔后老师把你黏回来，重心又回到足下。重心的反复偏离、回归，都是在老师的带劲、你的腰始终保持适度紧张的状态下完成。练有相当时日后，与老师调个位置，你带劲老师喂劲让你拿。好的教师能让你的劲贯渗到他的足底下，任你摇来摆去，你就能进一步体验出：推手实质就是双方腰的对话。

3. 要身法端正、轻松自然

在严格要求下的不丢不顶，粘连黏随往来中，双方劲力的互克也在一刻不停地进行中。在连绵不断，抽丝一般的劲力冲撞中，劲意不可能只紧不松，也不可能只松不紧。只紧不松既浪费体能又易被对方捕捉，只松不紧则失去主动性和推手的意义。忽隐忽现、时紧时松、似松非松、将展未展的劲力交替，是从对方搭手始，而随之无断续进行。这种只有太极拳推手才具有的特别刺激，培养了拳手在受到外力刺激时，能自然的、本能的把身躯调节得轻松自如，神态安祥。

4. 出手指中线，打轮不折点

太极推手在打轮过程中，双方听化旋转，避锋引进，一方使另一方力量分散、落空，失去平衡，同时乘机将对方发出去。高手可使对方两脚腾空，摔跌于地，自己却泰然自若。不过，高手拿人并不轻意发放，因为将人发出去摔跌较重，且一拿之际，对方身不由己，重心失衡，胜负已判，这就是所谓的“点到而已”。

推手中，意念要始终护住自己中线，并要控制对方的中线，眼睛也要盯住对方眉宇之间或注视对方前胸，精神意念要始终放在对方身上，密切注意对方的意图动向；切不可忽快忽慢，忽轻忽重，始终要圆活匀速，外形不可见方见棱（折点）。

5. 推手手不空回

立身中正，虚领顶劲，神如捕鼠之猫，两手毫不着力，以跟步，可快疾，可缓缓向人逼近。近则舒臂前伸，遇拦阻，顺势缩手回带或左右拨动。拨动中，若彼劲被拿控，可实施发放或进一步拿控。若彼未被有效拿控，只是致其背势而非失去拦阻和攻击能力，此时，双手不可回收。一收便属空回，迟慢了许多。应双手很绵软地溜滑进去，贴近后用寸劲击撞对方。若彼之拦阻不力或落空，就直接进取指向身躯，或发放回击打，不触目标不收手，触着目标或锉或钩随势走，不空去不空回。臂膀绵软不着力，使劲达于手指，蛇行无定向，是对手不空回的要求。

6. 推手寸劲击打

由于有不空回的练习要求，所以击打往往是在离击打部位很近的地方或与击打部位接触后才开始发力。发力前，手极为绵软而无定向或极为沉重而不可抵挡。绵软无定向，可富于变化致防不胜防。如，身被阻，改用肩打；肩被阻，改用肘打；肘被阻，改用腕打；腕被阻，改用指挑戳。全身各骨节均可依次滚动出击并发寸劲，挨何处何处发。敌防你这一点，你偏不来真的，偏要似水渗流，软绵绵地滑溜到对方想不到的部位，猛整一下。这就是浑身是手不见手。练习时，先由轻击开始，待肢体慢慢适应后再过渡到重击。功夫相当者，可放开手脚，万一失手打重了，马上憋气不吐，以防骨折或内伤。

7. 推手击打胸和肋腹

对方臂膀软塌无力，则可以从其臂上滑进，不需理睬他的手，直接指向其前胸以掌根或拳面寸劲击撞。其受震动，可能后仰或后退。此时，跟步挺逼，两手快速连环锉击，不给其喘息之机。如对方本身有着极强的抗打功夫，既挺得住又不退不后仰，可改用指或拳尖点戳冲击其天突，掐其咽喉，或抓拍其面部，但要点到为止。如对方臂膀硬劲有力拦阻不让我直进，亦可不理睬其生硬不活的双手，只以双手快速贴上对方臂肘部划弧下滑，哪有空隙，哪里钻，无招无式，劲意自然的或击或摔对方。

五、太极推手的深层次技术方法

1.“问劲”的应用训练

太极推手技击时，在不了解对方意图、劲力的情况下，决不能贸然进取，以防其中有诈，而中对方“埋伏”。因此，应根据具体情况，首先以投石问路的方法，给对方不定量的劲，主动探试对方的虚实，借此“问劲”，想方设法地引诱出对方的“火力”来，以了解对方意图和实力。

“问劲”运用得恰到好处时，能收到事半功倍的效果。“问劲”本身阴中有阳，阳中有阴，虚中有实，实中有虚。“问劲”是手段，“听劲”才是目的。所以，“问劲”的同时“听劲”必在其中。在应用时，必然是问劲在前，听劲随后。问劲又是综合性技术，所以运用时要见机行事，灵活多变，又要有勇有谋，更妙于以智、以巧取胜，才能掌握住推手技击的主动权。

“问劲”运用时的表现方法，一般以掌法为多见，但也有在被动的情况下施用“问劲”的。又称为反“问劲”。例如，推手技击时，在被对方抓住我手腕、胳膊或被对方推住我胸腹时，方可使用反“问劲”。反“问劲”是太极推手技击中高级阶段的训练方法，只有在熟练地掌握“问劲”的基础上，经过不断提高，才能逐渐达到反“问劲”的功夫。反“问劲”运用巧妙时，不仅能化险为夷，还能结合别的劲法达到反败为胜的技击效果。

推手技击时的任何一方使用“问劲”时，对方必然会有问有答，对此作出相应的反应。其表现形式有以下三种。

一是当我以暗劲较轻手法向对方运用“问劲”时，在没有触及对方要害的情况下，也就是对方没有感到自己受到威胁时，可能会置之不理，静以待动，此时我应继续向对方略施压力，以取得问劲的效应，以观察对方的反应变化。

二是当我更进一步以暗劲向对方施加压力进行渗透时，让我劲力逐渐侵入对方的身体重心，已经给对方的中正构成严重威胁或达到破坏其中正的目的。此时对方如感到不适时会以走化的方法化解我“问劲”，以维护身体的中正。这时我应由问劲迅速转化为挤跟劲，直逼对方要害，以全面击溃对方的防线。但此时值得注意的是，必须在自己首先保持中正不偏的情况下，才能向外延伸挤跟劲。如果一旦运用挤跟劲出了中正范围，很可能反被对方所利用，即授之以柄。

三是当我“问劲”给对方严重威胁时，如果出现互相对峙的情况，对方以自己的实力相抵抗，以维护自身的中正、重心的平衡时，我应在相抗衡的一瞬间迅速撤回“问劲”，使对方产生突然的失落感，这样会导致对方因失去支撑点而造成身体重心的前倾之势，引进落空即成事实。此时，我应当机立断，抓住战机迅速出击，就势而发，则必然取胜。

推手“问劲”时，如何掌握好尺度与火候很是关键，既要做到运用得恰到好处，点到为止，又要无过不及，防止出现物极必反。过之必然会把我意图、劲力暴露给对方，反被对方所利用，以致误中“埋伏”后受人所制，让人牵着鼻子走；不及则不能全面了解、掌握对方详情，因此就不能引蛇出洞，试探出对方的真正“火候”来。在保持高度警惕的前提下，同时又要敢于深入虎穴，才能达到问劲的目的。

2. 太极推手中时间差与角度的掌握

时间差：旧力略过，新力未生之瞬间。

角度：在实战中根据对方所站的位置来调整自己的位置，从而达到一个有利于自己重心平衡，并且有利于击倒对方的角度。如无论谁在对抗中能抢占有利角度得到（二人搭手后所产生的）第三重心，谁就能立于不败之地。

在推手中自己在做试探性进攻时，对方做出相应的动作反应，然后自己立即改变用力角度和方向，宗旨是以顺应对方的用力方向为准，时间上要抢在对方没有做出第二次反应以前，由于惯性原理，对方就会顺其运动方向继续运动，以至跌倒。另外，要改变自己与对方之间的角度，关键是身法与步法的变化，以移动步法或变化身法来调整自己与对方的角度，目的是使对方被动自己得势，而后再抓住这个时机将对方发出，这就是角度和时间差的综合运用。

只有将角度与时间差密切地结合起来，在实战中才能够更好地掌握，做到最恰当的时间、角度，用最有力的方法将对方发出。

3. 引进落空的方法

出乎意料，致人落空在日常生活里时有碰到，如下楼时，以为再一阶就到底了，实还有二阶，结果一足踩下不到底，落空受惊；背倚大门，门突然开启，人后仰落空，等等，太极拳打手时被引进落空，也有相似的感觉。

“引”有诱迫、强迫的意思。“进”就是靠近、向内。太极拳“引进落空”的意思是，诱迫对方前行向我靠近，在这个过程中致其落空。落空则失却重心自跌无疑。这种“引进”在太极拳技上讲不是避其锋芒，而是冒着相当的风险迎向锋芒，吞吸利用锋芒。喻用“引火烧身”一点也不过分。

引进落空的方法：

举个例子。譬如人已不能再退欲反进时，顺人后退方向轻轻刺激一下，诱其顶抗前冲向我靠近。此时有三种不同处理方法。

一是在人前冲时，自身突然闪开，同时向左或向右拨动，用格挡力引人前冲时偏转。结果人跟冲几步往往尚能站住。

二是加大接触压力，得到一个较大的摩擦力，利用这个摩擦力继续牵引和拨动对方，恰到好处时加力发出。结果常取得人被发出丈外或跌扑的效果。

三是舍己从人，顺劲随曲就伸，和对方的运动完全一致。由于双方合二为一构成一个统一体，所以无摩擦可言，彼此间不存在摩擦力。我用意不用力，刻意和人黏贴得天衣无缝。因人的运动得不到力的响应，处处不得力，便产生莫名恐惧。此时，人必被架空，我方完全控制了人的腰劲。腰劲被拿全身空，要抱要放随我便。如果加点上拔意，人必挣扎欲求稳，殊不知腰已空，一挣却得一地面反冲力，全身反要上冲浮飘出去。

用格挡力，用摩擦力、用意不用力的三种处理方法，以第二种最普遍，以第三种最为少见，也最符合王宗岳《拳经》之意。

六、太极拳推手要求真求实

1.“乱推”见功夫，“乱来”中找师傅

著名太极拳家王荣泽先生在其“太极拳教师的遗憾”一文中讲：

推手较技，要对等毫不客气地对抗，“我赢了，你就听我的；我输了，你就看着办”。我从来不叫学生先上去跟客人试推，要推，我第一个上。我输了，客人也就没有必要再浪费时间跟我学生推了。我赢了，客人再跟我的学生们推才有意思。我先上，也是对客人的尊重。问输赢如何？答：输赢都有。摔跤的，太极推手的，有的体重很大且技术很优秀，他们把我打

痛了，摔倒了，我从地上爬起来，他们仍叫我老师，仍很尊重我。因为通过搭手，他们发现我的东西很有特色，别处没有。如能将我的东西武装到他的优良体能上，将如虎添翼。接下来他们把自己出色的实力先放下去，恭恭敬敬地当小学生，我也毫不客气地当起先生，毫无保留传授我的练法。

如果是相同级别的，年长的练习有多年的，又是所谓的正宗传人，却难敌年轻的一般水平的运动员（指推手），这就有问题了。人们不禁要问，你为什么不会以柔克刚，平时练习有没有柔到点子上？在体能悬殊不大的情况下，小胜大，老胜壮也是有的，这才叫有功夫。各行各业，真有水平的顶尖人材都是很少的，太极拳界也不例外。从培养、传授后学者的角度讲，即使真对抗赢不了你，还是可以当你的先生，可以从技术上、方法上等某方面指导你成才。作为太极拳教师要明白上述事与理，在学生面前不要躲躲闪闪。可放下包袱，轻装上阵，有一就不说二，不吹牛，不乱讲，赢得学生尊重和理解是很要紧的。如果日子一长，待学生把先生看穿了，那时脸面上就不好看了。

学生找上门，想请你当先生，你故弄玄虚，似乎电影、小说里的情景是真的，胡子越白越利害。谈吐间设关置卡，好像有许多绝技藏着，不能试，试了会受不了，要试也只是定格在某特定姿势中进行。进行中“轻轻”地用了“一二成”功夫把人家打倒了，打痛打伤似有不妥。学生找上门，我是否有资格为人之师，自己心里也没谱，有必要先比较一番，检查来者和我之间的水平。倘若来者比我高，老师送上门，赶快学点东西。倘若是我高，也就不用客套了，只要来者谦虚，品行好，他能接受多少，我都给。学生寻师傅不要跟着感觉走，“乱推”见功夫，“乱来”中找师傅。

2. 耄耋亦能御众

王荣泽先生又讲：

我老师是吴鉴泉的入室弟子，已 98 岁（1996 年），还能推手，论走劲无人可及，把我们弄得东倒西歪，徒子徒孙走马灯似的围着他转，他哈哈大笑乐不可支。他是我们的核心，是大家十分需要的人，他对生活充满信心和乐趣。试问，武术中有多少拳种具备太极拳的这种生命之永恒，近百岁之高龄尚有如此之功夫！

从我师傅现在的推手功夫看，制人是靠劲准，极少施爆发劲。虽不施爆发劲，然一搭手便受其笼罩和控制，立不稳，没有反击的机会和有效发劲的可能性。他打你，就一个法子“拨”，像打算盘珠一样，拨得你团团转，一不用发，二不用大力。在王宗岳《太极拳论》中谈打人的也是一个“拨”字，“四两拨千斤”便是，无有“发”。“拨”与“发”很是不同，值得玩味、深思。

“拨”用小力，这才是太极拳的特长。“拨”非动作之谓，其内涵要更深刻更丰富。以力打力或借力打力为之精髓。秤砣虽小，可平衡、调动千钧重量却轻而易举，可谓以小力打大力。如人骑在平伸出去的大象鼻子上，大象就不轻松，坐在它的背上，大象则轻若无物。实战中把自己的体重压放在对方的“鼻子”上，壮汉又何所惧哉？以力打力不靠大力。

轻灵圆活　神气逼真

——太极拳的盘架

太极拳的盘架大致有两种类型，一种是出于养生的需要而盘架，属养生架；一种是出于力求技击功夫而盘架，属技击架或称行功架。前一种盘架其规矩要求不太严格，甚至可以在不出太极基本原则的前提下，随意而行，技击意识不强，练不出技击功夫，目前流行的健身操式的大众化太极拳就属这一类型。

后一种盘架则截然不同，规矩要求极其严格，甚至是有一定拳术基础的人，一趟架子也调不下来即累得大汗淋漓，确是苦功。先辈太极拳家为了在盘架子中求得一定的腿功，每用低架子在八仙桌下行拳，历来意在技击真功夫的训练，在筑基阶段皆以练到精疲力竭为准。这种盘架，技击味道很浓，力求技击招术的路线、运转、落点以及复杂的变化，细微的动作都要一丝不苟。以技击交手对抗实用为出发点，侧重于内功发劲，招术结合，一举一动都是为了技击实战。无论是技击散手，还是推手较技，都是凭借着三分技巧，七分内功，拳不敌法，法不敌功。没有深厚的内功根基，拳法纵有万千，仍不能克敌制胜。招法万而万法一，内功是根本。所以，求内功是技击行动盘架的本质。

明白了盘架的两种类型，就必须根据练太极拳的目的，有所侧重，选择训练，熟练架势，善于用意，巧于用功。

一、松

小腿、大腿、腰、背、肩、上臂、前臂、手指称八段，脚腕、膝、胯、腰椎、颈椎、肩关节、肘、手腕、指关节称九节，俗称“八段九节”。练习太极拳套路时，必须首先把八段九节真正松开，这是学习太极拳的关键。这里要注意，松不是懈。什么是松、什么是懈？松，关节是开的。懈，关节是闭合的。懈是人之自然本能，即从上到下堆为一摊。脖颈懈则垂头，腕懈则垂手，肩懈则垂臂，脊椎懈则弓背，腰懈则身瘫，胯懈则身不正，膝懈则立不稳，脚腕懈则无力。如何能松而不懈是练松功的关键，太极拳走架，出手时用指端把手臂领出去，而不是用胳臂把手推出去；出腿时用脚趾端把腿领出去。以头领导全身，是所谓“头悬”，也叫“虚领顶劲”，好像头发悬挂在空中。这种“端领”是靠意识导引，太极拳为什么练得极轻灵缓慢，其道理就在于此。

拳家说：“肩松气到肘，肘沉气到手，手心一空气到指梢。”练太极拳时，力求节节松开，全身放松，在中枢神经系统的控制下，能在瞬间将放松的肌肉同时一紧，拳经所谓极柔软然后极坚刚就是这个意思。没有全身的真正放松，就不可能有同时的一紧，这就是太极拳内功劲力作用的原理。

肌肉的放松，也是保持平衡的一种因素。因为，肌肉放松，则施加到身体上的外力就不能完全传递到身体的其他部分上去，这就是所说的放空泄劲。

人体上的肌肉跟弹簧类似，如全身肌肉紧张僵硬，则作用在身体局部的外力就可沿其作用线传递到全身，这样就易于被制倒。所以，为了在强大的外力下有效地保持自身平衡，必须使全身肌肉放松，这就是“柔能克刚”的基本道理。但在有些情况下，肌肉突然崩紧也可以抵消对方施加的力量，甚至达到使用暗法，起到意想不到的效果，这就是“四字密诀”中“对”法的妙用。如对方拳头刚到我胸面时，我突然胸大肌紧缩，用内劲直贯对方臂膀，因为对方发力冲拳的臂膀一定是直的、硬的，所以，这一贯劲一定是直达对方力源，即中心点、僵滞处，发落即刻点对，发无不中，对方即被崩弹而出。再如，对方刚要后壁我腿，当他即要用劲时，我立刻抢先崩膝窝，破坏对方的平衡，使其劈叉或扑地（此为太极密腿用法之一）。

各家太极的练法都是从放松入手，初学艺入门阶段可说是越松越好，松是此时的关键，是训练的核心，运动的灵魂。如能达到松而不散，整而不僵，沉而不滞，周身一家的程度，表明拙力基本已化，入门以松到底的阶段已经完成，应向深度进发，即盘调内劲，用意念贯劲，积柔成刚，但外形上还不失松柔的表象，以至达到刚柔相济。紧接着再结合推手向听劲、懂劲方面追求。所谓听劲是知彼劲之真假虚实，所谓懂劲则是善于利用真假虚实。如彼欲制我一臂将我推出，我应迅速放松。彼若不进，谈何引进落空、四两拨千斤，故欲要引进落空，必须造成假象，使彼感觉已得势，即俗话说，给他一个拐棍儿，待他一拄上（即已支撑住），则立即抽掉拐棍，使彼在得势中突然失势，栽一个大跟斗，这种假象一般多是用“掤”法来完成，拳经曰“擎起彼身，借彼力”，即此也。

实际上，松柔并不难，难的是钢能不能恰巧使在刀刃上，运动是否能刚柔相济。现在社会上练太极拳松柔者比比皆是，到处都人云亦云用意不用力、四两拨千斤，不知其松实则是懈，究其原因，则因失之真正对抗实战。

二、放

放指练太极拳身肢必须放长，以加强全身的弹性。如在行功中力求做到上部虚领顶劲，身法端正，下部腰裆劲下沉，贯到足底，犹如大树的干枝在上升，而根枝在下扎。如此练习，应用时即如跷跷板儿，对方一触即站立不稳，动大劲时，则如强弹簧，一触即发。生理学的研究结果也表明，肌肉的预先拉长（即松柔），能产生反射性肌紧张，而反射性肌紧张为爆发式收缩创造了条件，爆发劲由此而生。

三、轻缓圆活

一趟太极拳，从头至尾，在轻、慢、圆、匀、稳的动作之中，连绵不断，滔滔不绝。气势磅礴，动中有静，静中有动，处处贯穿精神，时时生有意境。使外形完满、协调、空松圆活，虚领顶劲，气沉丹田，含胸拔背，通脊挺项，沉肩坠肘，掤腕舒指，圆裆裹臀，后突命门，尾闾中正。腕随掌转，虚实分明，内劲运转，以意承先。内劲轻灵流利，变化万端，进而身灵神聚，内外合一，柔中寓刚，圆融精妙。

“由极静中生出来的动是极动，由极慢中生出来的快是极快”。平日行架，由起至止，须慢慢运行，架势要低，能慢尽管慢，但须内劲贯串，此时慢到十分功夫，则功可上到十分，亦能灵到十分，惟能灵到十分火候，斯对方各方面都跟不上我，反以为我术奇异，是人之恒情也，殊不知此是先难之功效矣。

平日行功走架，又须研究揣摩空松圆活之道，全身好似气球，又尤如弹簧，灵活自如，无不随心所欲。

四、神气逼真

走架要形象端庄稳重，虚颈顶劲，不偏不倚，中正安舒，气沉丹田，固守中定，四方转旋，立如平准，活似车轮。巍然沉静，神舒体逸，圆活犀利，进退灵动，呼吸深长，神态大方，虚实分明，转动轻灵，开合有致，蓄而后发，滚卷起落，纤巧精密，悠然松活，沉静雄浑。

练拳要外形精炼，内意纯中，伸手投足，动必有由，不务招法，但重内劲。严禁努气使拙力，要求从轻松、自然、和谐中去追求迅猛刚实的功力。

手如春风杨柳，步如风摆荷叶。轻如杨花，坚如金石。出手软如棉，落手金刚钻。意之所向，全神贯注。行拳架势，气势磅礴，神意内敛，静如山岳，动若江河，虎威比猛，鹰扬比疾，变化犹龙，人莫能测。无人如有人，形态逼真。

总之，如能按要求练习，久之必然气势饱满，内劲雄厚，前进后退，顾盼中定，皆成法度，举手投足，无不随心所欲，不但有助于竞技能够得心应手，健身攻效也自在其中。

五、盘架三层意境

初练时，如身在水中，两足踏地，动作如有水之阻力。第二层则如身在水中，两足浮起，如泅者浮游水中，能自如运动。第三层则身体轻灵，两足如在水面上行走，临渊履冰，神气内敛，不敢有丝毫散乱，此则拳成矣（此为郝为真先生所记）。

六、盘架与推手相辅而行

从盘架的阶段性来讲，一般要求第一阶段松轻慢圆匀。第二阶段灵活、沉静、完整、贯劲积柔蓄刚。第三阶段分虚实、调呼吸、求神舒体静，内劲饱满。但必须指出，这三个阶段最好还是拳架的练习和推手相辅而行，拳架练得纯熟细腻、中正圆满、内外合一、虚实刚柔之后，就可以充分发挥推手的技巧。练拳的同时，再练推手，可将练拳架中得来的方法，缠绕圆转、弧形螺旋的技术，运用于对抗性推手实践，同时又可以检验练习太极拳架的正确程度，充实其姿势和动作。

相互搭手　点上较量

——太极拳点的概念及其应用

一、概念

双方在推手练习中，一般是以双方各自的前臂相交构成搭手的形式，而线相交必有一“点”，双方接触的部位，在推手中称之为“点”，这个“点”体现着双方力量的大小和方向。“点”，既然是双方手臂相接的所在，那么就引出了关于“听力”和“指力”的概念。所谓“听力”就是要靠“点”上的灵敏触觉，去察觉对方力量的方向、大小和虚实，并相应做出必要的反应来控制对方。所谓“指力”，系指“点”上的指向之力，非手指之指。推手时无论何时何地都要用“点”指向对方的中线，不管具体形式如何，或上或下，或里或外，或高或低，要始终保持“点”上的力量。如果是双推手，有时是两个“点”，在不同的位置一齐指，但通常都是始终有一个“点”保持住指力，左右交替使用。这一指力和“点”的概念是推手中不容须臾忽视的法则。推手技艺的优劣，也全在于“点”上变化的多少和反应的灵敏程度。防守时，当对方指向我中线时，只消在“点”上稍加拨转，对方的企图就会落空。相反在主动进攻时，由于“点”上变化灵活、敏捷，将会使对手防不胜防，因此研究推手就要在“点”上多下一番工夫。

双方一搭手，就有了“点”上的较量。这个“点”就是双方短兵相接的焦点。在“点”上是互不相让的。既保持一定的紧张程度，不使对方相交的手臂滑脱，又要保持“点”上的灵活和反应的灵敏。要随时掌握对方的动向和企图，要靠这个“点”去感觉辨别对方的松紧、虚实、力的大小、力的方向，以及有无整体的力量等等。这就是听力的实质。兵法云：知己知彼，百战不殆。在推手的过程中，我们时刻要注意“点”上的风云变幻，成败之机亦在于此。

搭手以后，无论怎样变化，“点”上的力量一定要指向对方的中线。从实战的角度来分析，搭手局面的形成乃是散手攻防交换的结果。如果能直接击中岂不省了许多能量，但事情总不是一厢情愿，你出手攻击，他必定出手相迎，于是便出现了搭手的局面。至于推手的画圈打轮，乃是互相找攻击的空隙和拨转对方威胁力量的方向，从而形成了对抗性运动。

二、实点、滞点、聚点、空点、拿点、发点的意义和用法

①实点：是对方向我用力之点。不能在这个点上与对方相顶，要设法避开。因此，接手时，要接触对方实点的周围，即接侧点。如果在对方的实点周围找不到侧点，就要引进落空后，再重接，寻找对方的侧点。

②滞点：是对方不能灵活变化，不舒服之处。如我内劲控制住对方的

滞点，对方就不敢用力顶碰。若顶碰，对方必自跌出。

③聚点：即是滞点，是对方僵滞，不能灵活变动之处。

④空点：是对方没有力或使不出力之处。如果我控制或击发对方“空点”，对方则无反抗的余地。只有先将对方来力引进落空，才能击发对方的空点。

⑤拿点：是用来拿对方中心的点。

⑥发点：是用来击发对方中心的点。

与对方推手，一接手先不在接触点上加任何内劲外力（即轻劲），让对方合适，这时应听清对方的劲点，然后在侧点上使对方不合适（即在侧点上用重劲）；也可先用重劲使对方不合适，再用轻劲使对方合适，这时，对方失控，中心会自然暴露。无论是先“轻”后“重”，还是先“重”后“轻”，都要针对接触点和中心（即劲头和劲源）而言，都是为了避开对方的顶点（即实点），寻找控制点，击发对方的侧点（找滞点、聚点、空点）。

信手而应　犯者立仆

——太极拳的技击方法

太极拳法理唯一，顺人之势借人力。劲由腰发多根基，贯入两肋四肢躯，发到手脚成一点，丹田叫力山也移。力如千斤压顶，劲似利箭穿革。趋避须眼快，左右见机行。趋从避中取，实自虚处生。山重身难压，隙开进莫停。势猛君休惧，四两拨千斤。实践出真知，苦练出好手，熟读王宗岳，不如临阵多，一招功底硬，余招一点通。明劲在手，暗劲在肘，化劲在身。眼要明、心要毒，手要狠，只要平日练得熟。实力与技巧并胜，方才是武林高手。

太极拳讲究炼精化气，炼气化神，炼神还虚，炼虚合道，性命双修。变“僵”为“松”，由“松”入“柔”，积“柔”成“刚”（柔极生刚）。拳势运行力求外示安逸，轻灵柔顺，圆活连绵，势势曲走，处处皆环，劲力变化讲究曲蓄善变的螺旋顺逆之巧，柔化刚发之妙。

一、运之潇洒，用之雄浑

心法诀：“气沉于渊，巧运气血；力凝山根，劲走螺旋；故亦以虚，以无胜有；无所为有，无所为无。”

技法诀：“倏来即往，随屈就伸，随人所动，避实就虚；彼实我虚守无定势，彼虚我实发无常法；或虚或柔不及到处，或实或刚不到及里；见绽即乘，见隙即趁；意在力先，柔在变外，柔化刚发，随化而发，意到劲到，意走力随；势慢而意快，后发须先至；己劲接彼劲，由中倏求直。”

由此可见，技击实战之法，需要达到“心法明了，技法娴熟”的珠联璧合之境，临阵时方能镇静自若，泰然处之，准确无误地辨位于寸毫里，于举手投足之间制彼于擒扑封闭之中。

二、太极拳打实不打虚与固定起来打

“打实不打虚”就是专门打击敌方身体上有意着力的部位；专门打击其有抗击能力的部位；专门顺其发力方向迎击；专门攻击其严密控制的空间范围；特意给对方以进攻机会，然后击之。比如：

①对方抱好间架，其两臂为实，我以双手劈砸刀挂其两臂，可使其全身受震，身体倾斜，失去重心。

②有此对手，恃身强力大，胸部有抗击能力，强欺硬进，我可以直击其胸，如力量猛烈，可将其精神打散。

③对方以双掌扑我胸，我迎面而上，堵住其力量，以双掌由其两臂外侧扑击对方胸部。

④对方以双手护住其头面部，我以双手由上向下猛砸其头部及两臂，不管落点，只向其中线攻击。

⑤对方以右直拳击我左胸，我不躲不闪，以左胸接其右拳，但在接触刹那，左胸略后转，卸掉其部分力量，然后以右拳猛击其胸肋部位。

以上五种皆为打实之例。

那么，为什么采用“打实不打虚”的手段呢？其原因大致有二。

第一，在搏击过程中，虚处往往是人们严密防护的地方或者是很难击中的地方。

第二，实则变虚，虚则变实，如我攻击对方虚处，其一变即可为实，我若打其实处，其一变即可为虚。

使用“打实不打虚”这一手段，应具备以下几个条件。

①须精神振奋，无恐无惧，将对面强敌视如草芥，存必胜之信念。此种精神境界为取胜之重要条件。

②须具备相当的功力，否则根本无法打动对方，如何能克敌制胜。

③须具备一定的抗击打能力，因此，运用此法时，对方必然碰撞。倘一接触，自身先承受不起，又何能继续进击。

所谓“固定起来打”，就是用尽一切手段使对手在承受我的打击时，尽可能少地发生位移。位移越小，敌人身体承受的打击力量越大，受到的伤害就越大。典型的例子就是拉住打、抵在墙上，压在坐椅上，用大衣布子、领带等裹缠捆住打等。推手中这种采回来、放出去、捌过来、折过去掷打的方法相当普遍。另外，在散手中如双峰贯耳、撩阴踢裆、箍颈膝撞的招法就属此类，非常凶残有效。

三、太极拳的化实虚折与炸力无断续

化即指化劲必须寓有反击之意，或者说化即是反击。彼手接触我身发劲，我稍抗即卸，一卸即反，身躯一松马上把劲返回敌身。本来敌力作用于我身，变为我力作用于敌身。这就是“转换”、“折迭”之理。

实即指实接法，在拳经中叫“舍己从人”。当敌方攻击我时，我让他打实，然后破坏敌我之平衡而化解之。

虚即指虚接法，是一种“引进落空”的化解方法。当敌攻势很猛时，我虚以身接，实则毫无抗劲，引诱其发猛力推我，我借其力，顺手牵羊，使之落空，攻势自解。

折即指折迭法，《十三势行功心解》中有“往复须有折迭”。这是太极拳推手化劲的高级动作，非有很深厚的太极拳功底者不能取得效果。顶——卸——反，形成折迭，故称之为“折迭法”。

散打妙绝讲：精神要振，目光要锐，下手要狠，存心要毒，对接要正，欺身夺位，固守中线，头欲撞人，手要打人，身要拥人，步要过人，足要踢人，神要逼人，势要袭人。

猛攻快上，抬腿不让，举手不留情，留情艺不灵。出手箭出弦，回手似火烧，发力如竹爆。

所以，太极拳讲究炸力无断续。在格斗中，妄想一次击打就会瓦解对方的战斗力，是不现实的。甚至当对方在承受一次重击后，反而被激起更强烈的斗志。故当得势后发力应如潮水袭岸般地一浪高过一浪，不但要把对方的肌体破坏，更要摧毁对方的精神支柱。我们可以细心回想一下，老虎、猎豹扑食的迅猛情景，当其一口咬住猎物的咽喉，而随后又拼命甩动头部的目的是扯断猎物的喉管，致猎物于死地，这就是“炸力无断续力”的真实写照。

四、太极拳崇尚惊弹冷炸技击爆发

太极拳动作多讲究异趣莫测，用力愿崇尚惊弹冷炸。在较量时，使对方措手不及的乍然快攻或反攻可博得满堂彩声，使敌手鲜血狂吐的杀手却易被奉为神明。

爆发是不需要时间，而速度无限大的不连续的变化。

爆发力，动作节奏突变，野性突发，意念闪动……

在各式各样的徒手和持械格斗中，当一名拳手面对比自己高大而素质和技术又毫不逊色的敌人时，应当承认自己无论是击打范围、躯体稳定性，还是打击的力量或动量、抗打击能力等实力指标都处于劣势，在正常情况下失败是必然的。爆发的功用就在于能使正常的格斗过程，在局部产生暂时的异常扰动。

其一，爆发能使整体上处于劣势的人在某些短时间和小空间内获得局部的优势，这种局部的优势可简称时机或战机。对于一个惯于角斗的人，若想观察、等待和寻找他的破绽，以静待动来得到战机几乎是不可能的。良好的战机是以积极地运用爆发“打”出来的，尤其是对那些陌生爆发的劲敌，经过专门训练而形成的某种爆发，经常能使弱者的优势瞄准强者的劣势。

其二，战机的出现在时间上转瞬即逝，在空间上纤微逼仄。这暗示着没有审视、判断和思考的余地。假如你已经看清了对方的破绽，就等于错过了战机；假如你已明确了攻击的方法和目标，那就最好取消这次进攻。抓住了战机，意味着一次迅速、准确而简单的行动。这种行动的指挥，必须是平时有意训练出来的、自由意志在临战时凭直觉预感进行无意识的发挥。不仅如此，行动还必须具备威慑力和杀伤力，如果行动只能使对手摇摆、后退或产生微弱的不愉快感觉，那么能立刻恢复原状的对手会变成更凶猛的强敌。所以，行动必须产生不可逆的效果，包括造成肢体和生理功能的破坏和抑制，或者比赛规则上的得分和获胜。最低限度也应造成对方心理的压力或不能马上恢复优势。对于瘦小者来说，这种行动也只有由爆发承担。因为一名力量素质较差的人，却能通过爆发尽可能地把躯体内的动量挖掘、积蓄、集中起来，在刹那间和某出击部位使力量明显超过对手。

然而，爆发与“速度快”还不尽相同。动作速度快是指用较短的时间改变姿势，但不等于动作上出现爆发。人体运动上的爆发则要看运动部分由静到动、由动到静、由慢动到快动、由快动到慢动的速度。

爆发从何而来？在这里举一种对多数人适用的爆发引动术——崩溃与切换。

一名训练有素的爆发型拳手在临敌时不刻意强化攻击，而是要努力克制住攻击。因为此时燃烧着的攻击欲仿佛在他全身的每条血管中沸腾，在每根毛孔中喷射。就好似在猎物前跃跃欲试的猎犬，烦燥地等待着主人松开绳子。我们大脑的理智就是在没有必要行动的时候拉紧这个“绳子”使攻击储藏能量，松开或崩断“绳子”，攻击就会像困兽出笼一样爆发出来，不用费力，不用劳神，而且迅速、准确、威力无比。

同样，爆发也可来源于阴阳的切换。当阴与阳，或说是行动的动力与反动力在剧烈的顶抗时，阴阳的每一次互换和转化均可激起爆发。比方说，实用性拳理爱谈意念，而重要的意念之一是攻击的意识，即通过激发心灵深处的野性而产生的决斗和死战的倾向。呐喊着“实战第一”的拳师们多敦促门徒在厮搏中要藐视对手，幻想着自我独立宇宙之间，具有战无不胜的法力，即使与敌同死也是光荣而神圣的。这样的心理操纵对野性的激励虽十分有效，但还不大可能唤起野性爆发式的冲动。反之，对那些最勇敢的人，即便自己否认和极力压抑，他们确实也存在着难以消除的恐惧。因为恐惧与激奋互为阴阳，当一个人预感到巨大的危险逼近而恐慌到难以自制时，便会骤然发出强烈的逃脱冲动，此刻如果有人企图阻挡，逃避者的求生欲望把极度的恐惧蓦地切换成激奋来踢开绊脚石，不管他是否真能做到，他的野性已爆发到横扫一切，把阻挡者撕成碎片后仍不满足的疯狂地步。这才引动了野性的爆发。

五、太极拳技击的劲力和变劲

所谓劲力，包含着动量和力量两种涵义。人体某部位互相冲撞时，动量越大，越易使体位变动抛向远处；而在固定的接触面上力量愈大，愈容易致伤。动作的爆发是指身体的某些部分或整体骤然起动或加速，陡然减速或急停，以及在高速运动中改变方位和角度。动作爆发需要强大的劲力来推动，随即又能释放出强大的劲力。虽然此刻劲力很大，但却不一定产生劲力的爆发。就是说，“爆发力”“刚劲”等谈法指的不是劲力爆发，而是动作爆发。

对于某一打击动作，若想使该动作形成爆发或获得极大的劲力，就需要尽可能多调动起肌肉束来参与，使每根参与肌束尽可能完全地收缩，同时把许许多多肌缩所得到的动量在肢体协调的运动储存、积累和集中起来，并以尽可能小的衰减和耗散，把集合的动量由出击的坚硬部位传递给对手。这样，每一爆发性打击动作在人体中皆仿佛暂时存在着一条流淌的动量的河流，在包围着主干的支流附近，肌束的收缩使动量流入支叉，而肌束与逆肌束的松紧互换促进支叉中的动量前冲。神经的兴奋决定着支叉中动量的多少，而神经的整体和谐决定着千万个支叉无内耗地推动着主干中强大的动量流。

动作爆发的质量低或动作不能形成爆发的原因是，其一，肌肉的神经发育不良，肌束参与较少，神经兴奋程度较低，导致基础动量贫乏。其二，逆肌肉的过度阻碍使肌力自耗而不产生动量，或者得不到逆肌肉的阻挡量不能前进和集中。其三，动量传输的主干不畅通，由于动作的肩架不整或运动不协调使动量在主干道受阻，出现逆流，或者主干分叉动量分别流向各方。故此，我们不能片面强调劲力来源与腰、腿或后足，在漫长的动量流主干道上，只要任何一点相对薄弱，那整体的劲力就是这个最薄弱处所能流过的动量。

变劲与速度的爆发成正比例。一个好的劲力能产生战胜对手的“绝对一击”效果。而一个好的变劲则可使对手在心理上来不及反应，在生理上来不及适应，在动作上来不及到位，在劲力上来不及抗御。如果劲力往往在强攻下施用，那变劲自然频频出现在快攻之中，用于对峙、周旋后的短兵相接。在一次攻击中，可以引动一次动作的爆发，也可连续不断地释放出许多爆发。有时一组密集的爆发群像一次爆发一样的紧凑，有时一组又一组的连续爆发像海潮一样的一波一波地涌来。有些高手是能够忍受住一二次爆发的袭击的，但他们却难以应付接二连三的爆发，最终会完全垮掉。一连串的爆发还不能算作理想的变劲，因为每个爆发与其他爆发在大小、节奏上变化甚微，只有当一组爆发的节奏变紧变松，强度变大变小才可称其为变劲。而更为完美的变劲方式是爆发与爆发之间的间隔、大小、方向等因素出现不重复、不可预测、毫无规则的阵阵紊乱，使自己、对方和旁观者都颇感冥蒙的混沌状态，这才能最大限度地开发自身的本能向对手渲泄能量。

除此之外，这种阵发的爆发虽然不能使力量叠加，却可使动量积聚。有时一次单爆发只能微弱地催动对方躯体，而一系列的爆发却能打飞对手。

爆发，可以作为你可以说得出来的一切“劲”的基础。这些“劲”都可以由爆发构造或模拟出来。

千招百能　无劲不成

——力、巧结合话擒拿

在擒拿技术手法上，有些人对“巧”和“力”之间的关系，认识不清，处理得不好，其实，“巧”和“力”是相辅相成，缺一不可的。

顾名思义，“擒”字是捉住、抓牢的意思，就是说要用“巧”，巧中求快，快中求准，准中求狠；“拿”字是合手握拢的意思，就是说要用“力”。在擒拿中，擒拿两字的含义是很深的，当然不能只从字面上去肤浅地理解。太极拳中的擒拿，“擒”是指反挫关节，分筋错骨，“拿”就是指掐拿穴位，刁拿锁扣。

俗话说，百巧夺能，无力不行。“巧”法的有效发挥，大都是通过“力”来表现的。所谓“以巧破千斤”只是话的一半，应该还有另一半，那就是“千斤力在后”，这样意思才算完整。

擒拿中“只有抓得住，才能拿得住”，要想把对方拿住，就得想办法抓住对方。抓住对方第一靠手感，即训练程度；第二靠力量，即有一定的功力，就如同吊车要吊起一件重物，他本身的承受力必须超出重物，甚至大大地超出重物；第三讲速度和时机；第四要懂得拿和抓技法的要领和奥妙。

虽说“千招百能，无力不成”，但是一个人光有傻力、蛮力、笨力、拙力，以之乱拧乱撅是拿不住对方的。如果只会靠傻力、蛮力、笨力、拙力去抓拿对手，那么碰到力气比自己还要大的对手，就会束手无策，甚至俯首就擒。因此拿法的精要是巧拙相济，刚柔结合，即不是逞强力，也不是只注意“巧”字。只注意了技巧招法，而忽略了力量在拿法的重要作用，以大人与小童比试拿法，小童即使精熟抓拿技法，由于本身力量相差太远，其作用于大人之手时，犹如蚍蜉撼树，无可奈何。因此，“巧”和“力”为整体，同样重要，缺一不可。

随机应变　冷脆快狠

——太极拳发人如弹丸

太极拳技击出手快，“彼不动，已不动；彼微动，我先动”，由于我处处时时占敌之先，产生于使敌攻击速度大减的趋势而为我所控制。会信手而应、不思而得，使观察、判断、防守、反击同时进行，就是无论攻击或防守反击都不假思索信手而应。太极拳的高级阶段讲“无形无意”。无形指攻防招式随机应变，完全不守套路模式；无意指不经过大脑思维过程，这是合乎科学道理的。不经过思维并不是不思维，而是经过先期思维组织好的一套或许多套处理攻防的模式、机能，能发指令都存放在大脑的缓冲部位（前线部位），当敌方攻击时，我捕捉到敌方的一些细微攻击特征信息，立即就把大脑缓冲部位存放的对应攻防组合拿出付诸实施。这个速度极速，使我“不必顾盼拟合，信手而应，纵横前后，悉逢肯綮”，发人如弹丸。

一、发人如弹丸是对抗双方的一方功夫水平明显超出另一方

太极并非不讲力气，功与力是密切结合的，没有力根本不能发挥巧的作用来制敌，只是讲究不与对方顶劲，不与对方拼体力，自己的力量达到一定水准就足够了。

走进河北省永年县广府镇李锦藩先生的家，一眼瞥见南墙壁上靠有一根约长一丈的铁棍，感到很特别。李先生说，这根铁棍是先贤李亦畬师徒练功用的。过去李亦畬和家人、门徒就把它当杆子练。李家有铁棍两根，一根 80 来斤重，一根 40 来斤重。武式太极名家郝为真跟李亦畬学拳时用那根 80 多斤的铁棍一口气可捅 100 多下，那条铁棍后来给弄断化了铁了。眼前这根铁棍，一些学生和门人还用它来练功。现在一些来访者见了这根铁棍，也想用来抖几下，但大家都力不从心。这根铁棍让人看到了李家先人及其门人练功的刻苦。

……比试开始，李香远揎起衣袖，伸出一只大拇指来，武生随即用手握住。谁知轻握犹可，一经使力，李香远之指非但未被扳动分毫而仅一个抖动，该武生竟两足离地，被弹出一丈余远倒于地上。

俗话说，蛮拳打死老师傅，力量是武艺的基础。只有在力量胜过对方或双方力量接近的条件下，快速、熟练、不失时机地运用技法，才能收到预期的效果。若在力量上和对方过于悬殊，再巧妙的技法也是施展不出来的。比如一些人学会了太极推手，却难化解和抵御大力，可见弱者仅凭技术优势，亦不一定取胜。古代的项羽、李元霸、武松均以其神力使敌丧胆，关公 83 斤的大刀，鲁智深 60 多斤的禅杖，都显示了过人的膂力。所以练武必须练力。应练出刚柔相济的劲力，即能将全身之力集中于发力部位，而发出刚劲，又要掌握柔化走脱的阴柔劲。这样就能随心所欲，立于不败之地。

人的力分为“先天自然之能”的“本力”（即人自身固有的力量）和拳术训练得来的功力。常人的气是通过心肺功能，使空气氧化增加形成力，若心肺功能强大，吸收的氧气就多，其力量就大，反之亦然。习武者的气则是在锻炼中练出的丹田真气（功力），即先天的肾气和后天的心肺呼吸之气的结合。这种气运到人体某一部位就会产生超乎异常的功能，拳家常称“丹田一叫力，泰山也能移”。

心意、气力实为一体，久练则合为一体。力、气二者不可分，全凭意念往上跟。但功力又分为外力（明劲）和内力（暗劲）。二者随功夫不同而有侧重，但它们相互联系，不能截然分开。如出手轻轻一粘对手便跌出丈外，用的是内劲；出拳呼呼有风而对手仍在原地，用的是外力。

静中求力为内力，指桩功。桩力韧劲含蓄，刚柔各半，发之无形，触之崩塌。谚云：“桩功不动法无形，静态里边大力生。”动中求力为外力，指练习套路、散手所形成的力量，特点是刚劲。谚云：“腿腰肩臂力要聚，出手不凡力自整”。

力量的练习有动力和静力两大类。动力训练是当肌肉收缩或拉长时，使身体或其某一部分发生移位，或推动别的物体产生运动。当肌肉收缩时，所产生的力量可以实现某些静止不动或在整个动作中肢体不产生明显的移位，这就是静力练习，如站桩等。动力中的爆发力，为在最短的时间内发挥肌肉最大力量的能力。武术家闪电般一击使砖、石、钢条截断，一跳数米远，即是爆发力。

力量还取决于肌肉体积的大小和神经调节机能的好坏。凡能提高肌肉体积和神经协调性的力量训练，都能发展力量。另外，速度也是增加力量的重要条件。运动速度越快，产生的力量就越大，技击的效果就越佳。力还受着精神的支配。精神百倍，力量就大，无精打采，思想无准备时，力量就小。

太极拳亦是手快打手慢，太极拳强调“四两拨千斤”，并不说明它不用力，而是要用合理的力。然而，太极技击更需闪电般的速度，所以太极拳论中有“出手不见形”的说法。练拳有素者，静如山岳，急如闪电，练拳时柔和自然，交手时迅雷不及掩耳，一搭手便胜负立断，这种高深的太极功夫，是高级神经系统长期锻炼的结果。

二、发人如弹丸是发得“得机得势”，即发的时机、力度、着力点配合得好

太极拳讲究我意在先，以意接力，彼之力挨我何处，我意用在何处，以我之意接彼之力，而不是以我之力顶彼之力，我意与彼力相合，听、探、顺、化，抓、拿、击、发。因此“要刻刻留心（意为先），挨何处，心要用在何处”，这就是太极拳家临战接手的真谛。

技击家讲究会、对、好、妙、绝，会了不一定都对；练对了，未必算好；练好了，还须练到妙处；练到了妙处未必能称绝。要高标准、严要求。这便有了“一巧破千斤”的说法，也是对高妙武功的概括。

太极拳的技击，对来手一般不硬性招架，而是强调不顶、不丢，凭化劲消人之力，凭发劲击人之虚，故称“任他巨力来打我，牵动四两拨千斤”。或者使用“不招不架，只是一下”的打法。利用躲闪腾挪诱敌扑空，破坏其平衡，此时或重击之，或顺手牵羊，或顺水推舟，或圆劲化直劲，或横力破直力。总之，根据对方的力量、方向、惯性和死角来打击对手。当然，要达到以巧破千斤，需有高超的战术、技术和丰富的实战经验。

这说明“力”与“法”均为太极打手所必需，拳谚有“一力降十会”之说，表明体力在武术竞技中的重要性。我国任何武术拳种，无不在习练技击招法的同时，重视体力的培养。力大可以胜法，法高可以胜力，这是技击的规律。拳击、摔跤、散打等项目的比赛，无不受此规律的支配，太极打手竞技也不例外。尽管太极打手十分强调以柔克刚，四两拨千斤，但也讲求浑身合下千斤力。杨式太极拳有对敌法说：“遇强者智取，遇弱者力取。”智取就是以法取胜，力取就是以力取胜，可见，“力”与“法”均为太极打手所必需，缺一不能成高手。

三、发人如弹丸与力量对抗型和技巧型的动作特征和技术特点都有关系

力量对抗型动作特征：强硬刚健，滑行飘忽，简明灵便，攻势凌厉，

一往无前。讲究勇猛快捷，沉重有力，强攻强打的力量显示。

技术特点：拳重、手快、步灵。强调手上力量，依托体力，进攻方式凌厉，争取“更高、更快、更强”。

讲究在练习中对每个动作，一招一式，要劲透全身，一丝不苟，“无纤巧之事”的扎扎实实的精神。戚继光说：“运动之进取宜蛮，蛮则勇力雄，筋骨劲。”功夫要真正进步，必须基础牢固，功夫过硬，气力雄厚，才能提高格斗能力。练功时须精神十足，勇猛顽强，全身的筋骨都要充满劲力。

技巧型动作特征：形不破体，力不出尖，腰如轴立，手似轮转，外松内紧，意气领先，有进有退，占中求圆。

技术特点：上虚、下实、中间灵。突出下盘功夫，就势借力，防守体系严密。注意“适度、合理、可行”。

讲究治劲有三策，一导二分三堵。疏导是上策，分劲是中策，堵是下策。但在实际中，须视具体情况灵活运用。常规是对方大力打来，必须用顺势借力的疏导法；中力打来，可以直力破横力，横力消直力的分劲法；小力打来，可以迎头截击堵塞其劲，并予反击。然则主次不可颠倒，反之就非碰壁不可。

久练自化，熟极自神。黄百家曰：“在乎练，练既熟，不必顾盼拟合，信手而应，纵横前后，悉逢肯綮。”许多事实证明，武功达化境时，临阵对敌丝毫不假思索，随意出手但又无不合乎规矩，虽逢不测之变化也能应付自如，克敌制胜即在倾刻之间。

人体与技击最密切的器官是视觉、听觉和触觉。眼可察对方的巧变乘化，耳可听四方偷袭之蚁声，皮肤触觉可感知对方来力的大小和方向。这些外界“刺激”经传入神经传到人体的最高司令部——大脑皮质，其分析、综合，并发出“命令”，经传出神经传到手足等效应器官，作出防御、进攻或攻守兼施的反应。经过长期训练，反复强化刺激，形成了条件反射，这种反射起了质的变化。如遇外界刺激，便立即发生反射。心理学认为，人的心理在意识底下有一个意识层，它是已往经验知识储存的仓库，包括当时不在意识之中而随时可以进入意识的材料。如学新动作时，精神贯注，每个细微处都能清楚意识到，当动作熟练后，即使在思考其他问题时也能自动进行。功夫愈深，能辨别的刺激就愈精细，发生反应就像电光石火一样快速。

技击运动时，一接手就必须感知出敌方的劲力大小、方向，从而进行有效的截力、化力或借力打力。太极功深者，能达到“任他巨力来打我，牵动四两拨千斤”，“一羽不能加，蝇虫不能落”的地步。

古往今来，学者多如牛毛，而功达化境者稀如犄角。这是因为中华武术博大精深，须穷毕生精力钻研，非有明师口传心授、自己的刻苦研练和实践（实战训练）是不能达到的。宋代著名诗人刘克庄诗云“格力穷方进，功夫老始知”，于习武者大可借鉴。

四、发人如弹丸与刻苦训练和实战经验有关

要做到发人如弹丸，除了要有高水平的师承和良好的个人自身素质外，还与刻苦训练和有丰富的实战经验密不可分。

①既得艺，必试敌。身体力行是掌握拳法的唯一途径。学会的拳术，只有结合技击应用，才能检验出拳术技击水平的深浅粗精。试敌是指和不同的对手较量技艺高低，通过竞技，找出胜败的原因，要胜不骄，败不馁，勉力久试，达到“艺精”的目的。戚继光说：“既得艺，必试敌，切不可以胜负为愧为奇，当思何以胜之，何以败之，而久试怯敌还是艺浅，善战必定艺精，古云：‘艺高人胆大’，信不诬矣。”

试敌的形式多种多样。有条件的试敌，即双方或一方限制攻守方法，及反攻方法进行较量，检验单一技术的技艺，或限制击打范围、时间，通过有条件试敌，过渡到无条件试敌，即按一定规则进行较量。但不许插喉、穿眼，使用错筋、断骨等技法。

试敌是增长临场实战经验的有效手段，因为每一位对手的打法风格迥异，还可以培养实战的应变能力。

②出手软如棉，粘身硬似铁。软如棉是指所出之手松而不僵，意气流走。硬似铁是指手接触到对方身体以后，手硬如铁，所发之劲，既能直透肌理，致人内伤；也可手下留情，力浮表面，秋毫无损。这是武功中的上乘功夫，是武术家梦寐以求的。但练成达到粘身硬似铁者只是极少数人，

多数人只能练到硬似铁粘身，出手则易伤人，如遇高手会致自伤。

拳家把拳劲概括为“松紧、紧松勿过正”，松紧是拳劲的根本问题。练武者若不知晓这一原则，拳技将长期停留在较低的水平上。拳论说：“运劲的功夫，先化硬为柔，然后练柔成刚。”

“力”是靠肌肉收缩产生的，肌肉就像弹性的皮筋，只有首先拉长，放开时它才能产生收缩力，而肌肉的拉长主要靠支配肌肉的神经主动把它放松；这只有通过放松“精神”，即心静来实现。大脑中枢中支配动作的中枢兴奋，对动作不能协同作用的中枢不兴奋，其所支配的肌肉就放松了。当动作转换到该中枢所支配的肌肉时，这个中枢兴奋，它所支配的肌肉收缩就增大了。通俗地说，经过锻炼，神经系统对肌肉的调节机能大大提高，训练水平低的肌肉，在极度用力时肌肉中只有60%的肌纤维参加运动，训练有素的肌肉，肌纤维可达90%，力量自然就增大了。极度放松和极度发劲，这种张弛差越大，爆发力就越大。

用力时必须放松某一部分肌肉、紧张另一部分的肌肉，而打拳时人们常常下意识地（人体的本能）处处想用劲，致使所有的肌肉同时紧张。主动肌和对抗肌（又叫拮抗肌）互相干扰、互相抵消，换句话说，就是该收缩的肌肉收不短，该放松的肌肉拉不长，力的作用就很弱，或发不出来，或产生“僵劲”。尤其是运动过程中的瞬间用力，客观上没有时间协调身体的各个部位，此时更需神经的支配。在练习中要时刻注意放松。使那些与动作无关的中枢不兴奋，建立起发力时身体各肌肉松与紧的合理配合，即形成正确的、牢固的、快速的条件反射。

动作时要松而不懈，紧而不僵，轻而不浮，沉而不重。反复进行松与紧、快与慢的刚柔变换练习。运动过程中都用柔劲，动作落近时用刚劲。极松、极柔、极静是最大限度的蓄劲，极紧、极刚、极动则是最大限度的释放能量。必须经久锻炼方能将全身力量在瞬间从肢体某一部位爆发出来，如此才是协调的、高级的弹射力。拳论谓“静为本体，动为作为，寂然不动，感而遂通”。

总而言之，要懂得拳之再拳不在拳。高深武功的获得，是由单练一个技法（精、气、神贯穿其中）开始的，一天几百遍，甚至上千遍，成年累月不间断地反复锤炼，就可以练出惊人的速度、力度、准确度。虽然这种练习方法非常单调乏味，但练的次数愈多功夫越深，即功夫拳吃功夫。这样一个技法练纯熟后，再练另一个技法等等，乃至运用时可以不假思索随意千变万化，神出鬼没，处处是拳，浑身都是手，发人如弹丸。

往返摺叠　巧借人力

——散推手中的“顺人之意，借人之力，四两拨千斤”

“顺人之意，借人之力”，四两拨千斤，是中国太极拳技术，特别是散推手技术的最基本方法。也是在手法、步法、身法练熟、用熟的基础上，技术水平达到技巧阶段的一个显著特征。“顺人之意，借人之力”“往返摺叠，四两拨千斤”，实质上就是巧用“来回劲”和“反弹力”。

来回劲或反弹力，是太极散推手中，施技者采用“欲前先后”或“欲左先右”的方法来调动对方，使其受制。来回劲与反弹力，虽然都是为了调动对方，但在运用的方式和劲力上有所不同。来回劲是施技者我意为先，较为主动，靠实力和技术的变化赢人，而反弹力则是利用对方的力摔跌对方，二者体现了一个问题的两个层面。

运用来回劲和反弹力，要求施技者须熟练掌握一前一后或一左一右两个方向以上的技术动作和劲道，并具备很好的“听劲”，与对方接触后能较准确地感知对方劲的走向、大小及重心所在。

来回劲大致分为真来真回（前后两个技法均是真动作）、假来真回（前后动作一假一真）两种方式。

真来真回。例如，我左腿在前为扣绊腿，右腿在后为支撑腿。左手抓握对方左腕或左臂袖头，右手扣抓对方左臂肘部向我左下一压、一捋，迫使其抬臂或撤臂。此时我双手松、顺势进左步于其右侧身后，以绊住其左脚的同时，左手采抓其左手上吊、下折，右手上搬、左前下狠压其左肘，使其后仰倒地。或者进右腿插入对方裆内，直接捌臂前按，也可使其后仰倒地。这一系列动作要一气呵成，如果准确到位，一般情况下，对方必定倒地。如果因为某些原因未能奏效，应立即变招，或倒手换把、或进步扣绊、或撤步勾挂、或冲撞挤靠。由于我主动用前后两个技术动作调动了对方，对方因猝不及防而倒地。

假来真回。如上所述，我双手抓握其左臂，向我左下捋带可以是假动作，但一定要做得逼真，还要蓄存着一大部分劲力，给真动作留出富余的劲力来，以打得既狠又准。

假来真回在实战中的组合很多，如假借真用、假入真进、假击真打、假摔真跌等。

假来真回与真来真回是一种辩证关系，真所谓“真亦假来假亦真，真真假假难辨认”。

反弹力是来回劲的延伸，其动作更小，隐蔽性更强。反弹力是给对方施加一定的外力，迫使对方向相反的方向抗劲，施技者借着这股抗劲，随之也顺应这个方向使用技术动作。这种“反弹力”稍纵即逝，很难捕捉，需要施技者具备把握时机的能力，巧妙而熟练地运用各种劲道（诸如捋、挤、按、靠、勾、挂、挑、撩等）。

还是以上式为例，我左腿在前为扣绊腿，右腿在后为支撑腿。左手抓握对方左腕或左臂袖头，右手扣抓对方左臂肘部向我左下，以短促冷脆劲抖捋，对方必用力抽臂后撤。此时我顺势进步进身，在绊住其左脚的同时，双手前推远送，加上身涌势逼，快速迫使其在回撤逃跑路线的尽头，仰面朝天腾空摔落地面，这就是反弹力的最佳运用。但关键还是动作要一气呵成，如果准确到位，所有的势、法、技、能、功、神几乎同时使出，形成一个整劲。

由于是借对方向后的“反弹力”，施技者顺势顺劲，对方也就很顺当地倒下了。“反弹力”与“来回劲”一样，都要根据当时的不同情况，凭借听劲感知，采取不同的方式及劲道随机应变。

练习散推手到了一定程度，须培养加强“来回劲”与“反弹力”的意识，这样才能够有的放矢，提高胜率，上升层次，才会表现出散推手的“劲”与“味”来。

缓进有益　宁慢匆乱

——太极拳的练功心法

武术领域中，把“意”理解为基本功、招法运用、劲力发挥和实战经验积累的综合表现。这是科学的，故有“用意不用力”之说。

太极拳是不重外表而重内涵的。注重外表，全身就僵滞，外表气势汹汹，实际上没有力量，而有力量者外表并不显露。太极拳出手接触敌身之前是软若无力不显于表，接敌之霎那，骤发刚劲，刚至极爆。由此可见，太极拳之气实为力的运用之妙达到得心应手的高级阶段的表现，并非以“气”击人的神话。

一、入门先找形

“入门先找形，练功不忘形”，“找形”即有意识地调整身体姿势，使身体的外部形态在静姿或动态时，符合拳术的规范和规律。

找形是习武者的基础课、必修课，初习者更应讲究。习武者只有首先依照要求，认真模拟，仔细纠偏，严格操练，才可能做到有模有样，早日登堂入室。

“外不顺，则内不合”，只有在姿势良好、动作正确的基础上，才能融揉进和顺、准确的神色、呼吸、意念，才能最有效地提高和发挥速度、力量、灵性，也才能获得内外并练、身心兼修、攻防兼备的效果。

找形的过程是习拳者从无规到有规、无法到有法、无序到有序挺进的初级阶段，也是主观思想尊重、服从拳术运动规律的过程。这一过程往往枯燥无味，若因贪图速成，囫囵吞枣，就会导致错误的动力定型，要重新修正特别困难，所以拳谚中有“练拳容易改拳难”的告诫。找形的过程中，习拳者最好能给自己以“缓进有益”、“宁慢匆乱”的自我暗示，以增加找形的信心、细心和耐心。

总而言之，初习者只有认真找形、刻苦训练后才能做到“形似”，才可进一步向“神似”、“意合”、“本能”的高境界迈进。

二、太极拳之动、静

静的优势是：头脑冷静，利于战术的发挥；根基稳定，不使敌人有可乘之机；观察敌攻击动作清楚，人不知我，我独知人，信手而应，犯者立仆。

太极拳要求“以静制动”，那么动的劣势恰与静的优势相反，即头脑紧张，基础不稳，观察敌方不清而易为人乘。

太极拳要求“动中求静”，意思是在技击中始终保持清醒的头脑和身躯的轻灵，即“神舒体静”。

静为势之本，动为势之末，舍本击末。例如。“蓄劲如开弓”是静，是一种势能；“发劲似放箭”是动，它的结果是把势能释放了，这个过程是不可逆的。我们说“静为势之本”，意思是蓄劲未发之前表现为静为势；击人一拳是消耗所蓄的势能，所以说“动为势之末”。这就是以静制动的科学依据。我静敌动，我在势之头（蓄劲未发），敌在势之尾（劲已发）。我击敌，敌则无力反击，我们把这叫作“舍本击末”。

三、太极拳修炼善养中气

中气运于心，一发莫比毒。何况进如风，疾速谁能敌。形骸与人同，用法只我独。不是别有方，只是中气足。

中气乃人体躯干中脉（冲脉）之气，拳家浩然之气。中气足，则可操作于心，得心应手。拳脚功夫是筋骨皮，中气粗壮膨大，则是太极的根本功夫。

遍体松净，把中脉竖直（立身中正）；顶门（百会周围一片）如有绳吊系而开启（顶头悬）；中脉如腕口筒，会阴为底（裆劲不失）；中气成光柱状立在天地间；形象呆痴，如老龟守默，忘掉气息，舌顶上腭，瞪目专注于中脉；心不外驰。此时即有天地间之灵气发微白光与光柱感应而汇集，片刻即用心将气沿光柱向中脉收摄，周而复始。有口诀专讲中气的练与养曰：“对待有往来，是早或是晚，合则发出去，犹如凌霄箭。滋养有多少，一气哈尔远。口授须祕传，开门见中天。”

练功时不可顾及表情而着相，气入中脉时，自上而下有如电流下行，使人寒噤（非真寒噤）不止；坐卧练功时常会使床铺拉拉有声。气至丹田密处，刺激会阴穴收紧，谷道上提，前脐轮后命门着力（带脉收束）。不久丹田发热，抄尾闾，过命门。沿夹脊而上行气贴于背，再练大椎过鹊桥直达顶门，气运小周天。由此，勇猛精进，中脉上各脉结打通，全身热遍，证得大周天通。大周天通后，摄积真气更快，周天通，随人根性不同时间久暂各有差别，不能刻意追求，刻意追求则易出现种种偏差。中气养足，周天自然易通。

（注：中气与人立正身时的中垂线相合；下起于海底会阴穴，通上中下丹田；靠于脊骨前侧，颈中靠后，上达头顶百会。）

四、太极拳的站桩秘诀

技击之站桩，要在身体空灵均整，精神饱满，神如雾豹，意若灵犀，具有烈马奔放、神龙嘶噬之势，头顶项坚，顶心按缩，周身鼓舞，四肢牵连，足趾抓地，双膝撑拔，力向上提，足跟微起，有如巨风卷树，拔地欲飞，拧摆横摇之势，而身体则有撑裹竖张，毛发如戟之力，上下枢纽，曲折百绕，垂线自乘，其抽拔之力，要与天地相争，肩撑肘横，裹卷回环，拔旋无已，上兜下坠，推抱互为，永不失平衡均整之力，指端斜插，左右钩拧，外翻内裹，有推动山岳地球之感，筋肉含力，骨节生棱，身体内敛，跃之欲动，含蓄吞吐，运力纵横，两肩开合，拧裹直前，有横滚推错兜搀之力，毛发森立，背紧腰直，小腹常圆，胸部微收，动则如怒虎出林搜山欲捕之状，全身若灵蛇惊变之态，亦犹似火烧身之急，更有哲龙横摆直飞之神气，尤感筋肉之激荡，力如火药拳如弹，神机微动雀难飞，颇有神助之勇焉。故凡遇之物，则神意一交，如网天罗，无物能逃。

接定彼劲　彼自跌出

——太极“一触即发”之弹放

太极拳家李亦畲在谈到推手技术时讲：“人一挨我，我不动彼丝毫，趁势而入，接定彼劲，彼自跌出。”这是对其师武禹襄“敷、盖、对、吞”(敷者，运气于彼身，敷布彼劲之上，使不得动也。盖者，以气盖彼来处也。对者，以气对彼来处，认定准头而去也。吞者，以气全吞而入于化也)四字密诀技术一针见血的具体表述。

人力进来，不加导引，不动其丝毫，而是对准其力头，斜向上方迎上，抵紧堵实，破坏其力向（斜上）和堵截折断其力所要到达的终点。给对方以刺激，使其发力被牵扯捆箍，极不舒服，难以挣扎。而且由于我的上迎是积极的、主动的、找其接火的，所以，一旦“接定彼劲”，便是在我“静观其变”的掌握和控制之中，控制有十分把握的情况下，借力“接火”对准其力，将对方堵弹而回，这便形成了“彼自跌出”的局面。恰似一个人，用猛力撞墙，而被墙弹回，反而倒地一样，唯不同的是人是有意识的，是在意念控制下完成的。

要做到“接定彼劲，彼自跌出”，就必须练好掤劲，可以把《四字密诀》中的气字，理解为“掤”字，那么，这一问题就可迎刃而解了。掤劲是太极拳的专利，也是彼自跌出的关键。

掤法的首要体现，便是“迎接”与“堵截”其来劲，是一种积极而有效的主动行动，所谓“兵半渡而击之”。“迎接”彼劲的方法是当对方的手或身的某部位攻击过来时，摸准其前进方法，迎头轻柔棉软地迎伸抵紧，粘黏顶实对方，然后随来力让彼使劲推，接着在听（感觉）走（运动）中不动声色地将彼某处拿空，使其疲软不得力，出现欲撤、转换或挣扎时，合力从该接触处将彼体挤抛出。

如果刚一接触，对对方的脉把得很准，确有十分把握时，可不随来力运动（费时)，使我之掤弹直接指向来力，以“堵、涌、撑、弹”四劲合一之势，将对方发出。因为堵涌撑弹之劲，能使对方全身冲来之力在接触处

"溃决"。这种反弹之力运用恰到好处时，可使对方受到的力却被他自己放大几倍或几十倍，跌出的远度和高度都很漂亮，这就是太极拳"一触即发"高级弹放术的实质。

堵涌撑弹之法应用时，迎粘接黏时具有柔软性，火力接实抵紧时，身体内部要表现出异常之刚硬（这就是常讲的棉里裹铁），这时全身掤劲甚优。堵撑是消截对方的攻击力，并能使之窝憋回缩，欲抽回再进行二次进攻但此时又极不舒服、又很不由己，涌弹恰好就是利用此一时机如弹簧压足之势，欲弹发而等到的时机，使涌弹的力度几倍或几十倍地大于对方缩回的速度和距离，因而对方被弹出相当漂亮。这种迎堵涌撑弹放的用法和过程还是概括成那一个字——"掤"。

"掤"是太极拳技击的核心，也是太极拳的专利产品。掤劲的质量以其达到极柔软与极坚刚为衡量标准，也就是说在既能柔软到极限的同时又可坚刚到极限（无坚不摧和工具钢一样）。此种柔软与坚刚又可在忽然间转换，又可忽然间全部消失（忽隐忽现），又可大可小，伸缩自如，灵活变化。功夫越高，此种变化莫测之"掤"的技能越显神妙莫测。

掤劲的练习和掌握主要是从长期推手实践中得来，而绝非单纯调架子和站桩可以得到。掤劲的练习有轻推也有重推，以重推为要。大力大劲推习方得大柔大软大刚之掤劲；小力小劲只能得小柔小软小刚之掤劲；无力无劲松松垮垮划空圈的推转，任何掤劲也得不到，于实践没有多大用场，甚至毫无用场，反而贻害无穷。大力大劲大刚推练成功之后，再和人推手较技时，高手便表现出不怎么用力，甚至是轻描淡写（旁观者可能误解甚多，以为平时练习也如此，导致太极推手练习要轻，不用力的不正常现象长期存在，难以消除），但在一瞬间就可表现出惊天动地的"无坚不摧"，将对方远远地抛出的局面。人常说"练就千斤力，只用四两功"，的确不无道理。

众所周知，几乎所有技术都强调不用蛮力，都推崇借力打人，四两拨千斤。但这些技术都未因此在练习时要轻、不用力。看柔道、摔跤也与太极拳术一样十分强调不用蛮力，要巧力，都推崇借力打人，四两拨千斤，然而它的练习又是何等的强劲？再看前人练太极拳术，哪一家没有强壮体能，没有需大力大劲才玩得转的练习？（参见《精武》1999 年第 5 期拙作“理清概念、悟透真经——太极先辈练功启示”）故《拳经》云“运劲如百练钢，何坚不摧”、“差之毫厘，谬之千里，学者不可不详辨焉”。

练意蓄势　能量积聚

——太极拳的功力和技巧

太极拳研究的核心内容是武术，武术研究的内容是如何求取力量和运用力量，制人而不制于人。从这个角度讲，太极拳的使命就是打，就是要能够防身自卫，克敌制胜。

其次，太极拳是研究如何调动和发挥人的生命力（包括潜能）的科学。它研究的内容和其他自然科学一样，能够延伸人的手脚，世界上所有存在的一切科学，都应该直接或间接为人类的健康长寿服务。所以，为人类的健康服务也是太极拳的使命。

太极拳是超级武学，太极拳表现在技击上是招招制敌，表现在养生上是能使人健康长寿，享尽天年。古代人们对此理想是“度百岁乃去”。今天用现代科学的目光来看，活到一百七十岁乃至二百岁才是享尽“天年”，甚至还会更长。太极武学是几千年来中国道家所追求的人间大道，是攀登生命科学的阶梯。有了这种志向才不至于迷茫；认识到这一点便永远有追求，永无止境。明代道士张三丰就是杰出的代表人物，所以许多门派都尊其为祖师。

一、蓄养内气，升华能量

有人说练武的最佳方法应该是使有病者治愈疾病，身体达到健康水平；有了健康的身体，再培养内气，充实内气，蓄养升华能量；有了超越一般人的内力（通常称之为力量），然后学习锻炼运用力量的技术。简言之，先求取力量，再学如何运用力量。

我们知道支配物体的能量叫力，本体具备的能量叫实力，本体输出的能量叫功力，功力由实力产生，实力是功力的本体，功力是实力的运用，实力通过科学的运动变成功力。

把实力转换成功力的过程叫发力。实力好比资本，发力好比投资运作，功力好比投资效益。如果投资技术高明，平常的资本即可产生可观的效益。但是毫无疑问，同样优秀的投资技术，资本越充足，效益就越显著。同样的道理，如果发力技术优秀，平常的实力即可产生可观的功力。但是毫无疑问，同样优秀的发力技术，实力越充足，产生的功力就越强大！

二、功力是实力和发力技术的乘积

实力和功力成正比，欲求强大的功力，实力和发力技术缺一不可！资本是投资的前提，实力是发力的前提。没有资本谈不上投资，没有实力谈不上发力。实力产生于两个途径，一个是天然实力，一个是人为实力。天然实力如幼儿长成青壮年，自然具备一定的实力。人为实力如病夫练成大力士，通过练功造就实力。由于几乎所有的人都不满足于天然实力，所以人为实力就成为拳学必需的实力之一。

力由肌肉收缩而产生，肌肉的数量和质量直接影响力的大小，肌肉束的粗细与力的大小成正比。肌肉的数量从肌肉的粗细就可以看出来，肌肉的质量可以通过弹性程度看出。众所周知，肌肉发达的人力大，肌肉弹性好的人速度快，所以，肌肉发达且富有弹性的人肯定实力强。由此可见，要造就强大的实力，就必须增加肌肉数量，提高肌肉质量，因此可以肯定，凡是能够使肌肉发达且富有弹性的手段，都是造就实力的功法。

在传统太极拳功力训练中，增加实力的功法俯拾皆是。例如徒手的俯卧撑、单腿屈伸、玩锁石、盘杠子、搬重石、揉石球、拧大缸等等，都可以发展肌肉能量；而打烛光、打布条、打空拳、抖大杆、抖小杆、抖皮条、抖麻鞭、抖重物、打棉球、打桩板等等，均可提高弹性。因此，有志于实力修证的，尽可以择便而练，不一定要特定的专门器材。

三、意与力的辩证关系

①意必须经过力来体现，世间没有隔空打人之术。

②力受意识支配，意识流畅，力才能顺达。

③为确保意识流畅，心身必须放松、松净、冷静、沉着……

太极拳的意识强调势能的积聚，练意就是蓄势。它像拉弓的过程，弓拉得越满越好。

只有不出过头力，才能在感觉本身各部位重量的基础上，体验外力的大小、方向、作用点。当外力加到身上，若不能预测身体将如何形变，就做不到知己知彼，必败无疑。

意应该这样来用，想别人的力加到我身上任何一部位后，我怎样去承受，趁身体状态变化之际，该用多大的力，什么方向的力去化解。练意应以模拟受力为主，把相关的意识装到大脑贮存起来，用意识再现各种受力的情景，不断调节结构，行动时，后靠一下，前推一把，扫清周围障碍，如四面临敌，乃不得不进，不得不退。接到来力，先想卸掉对方一部分力，把手上所承受的力经过躯干传于脚，卸到地下，再想承受其余的力，甚至要想着用更大的力去回击。

四、力与劲之亲密关系

力者，劲之本也，劲从力；劲者力之至，劲者力之曲也，劲者力之功也，劲者力之法也，劲者力之效也，劲者力之运化也。

力仅以大小、疾缓、方向论，而劲既有刚柔之属性，又具其位，且含其度。故“劲为曲使之道，力为直出之门”。也就是说，从物理的角度看，力是劲的母本，没有力就无所谓劲，劲离不开力的范畴。所以民间常以“劲力”合称。我国的北方地区，有的干脆称力为劲，或劲力不分，如“使劲儿”、“加把劲儿”、“上下一股劲”、“浑身是劲”等。在这些用“劲”或“劲儿”的地方，口语中已几乎不用“力”字，换上了“力”字也就变了味。正如太极拳说“劲”不说“力”，说力就是指拙力、蛮力了。从化学方面来理解，劲是精、气、神、意、力综合因素“酿化”的结果，它具备了虚实、刚柔、阴阳之属性，性质发生了根本的变化。虚实阴阳，变转神会，刚柔二元相摩相推，生生不息。这时的劲寓力之因素，但决非力之等用，也不再是力这样简单，或重复了。它是力的柔化、协调、整合和统一。

它黏沾随意，传递疾速，应变灵活，而又至柔至刚，刚柔互乘，刚柔浑然，阴阳合德。所以，有人又称劲为“活力”，一个活字点出了太极劲的特点。

太极拳打手对抗中，一切招法都离不开“力”与“巧”。力、巧虽然是对立的，实则互相依存，不能孤立。力体现出素质，巧是方法。素质是天然的，虽然通过习拳练功而有所增强，但因不同的体格条件，必然有不同的极限；方法是通过习拳学来的。只要善于科学的练习，就能出现不同的奇迹。武术界早就流传两句话，即“一力降十会”，“以巧破千斤”。这两种说法，应当承认都是对的。但，我们也应当辩证地来进行分析。所谓“一力降十会”者，不一定没有巧的方法；所谓“以巧破千斤”者，也不可能没有力的配合。大概说来，力与巧体现在每个人身上，总不免因体质和学力不同，而各有异。力大能胜巧，而力小者、巧精者又能胜力大而拙者。如果双方力巧相等，则对抗必成和局。太极拳打手主张四两拨千斤，就是用科学的巧力来胜千斤力的。所谓“四两”不过言其用力之少，并非仅有四两的力。

力与巧结合有螺丝钉劲法，“攻人如同上螺丝钉那样，不能硬拔出去”。这句话，从实战体会到螺丝钉进退的螺旋劲作用，是力、巧结合的一种体现。螺丝钉的纹有凸、有凹，纹是随曲就伸的，纹虽是弧线而钉却是直的、硬的，凹处便为阴、为虚，凸出便为阳、为实，当螺丝钉向左旋转时，后方的上边必然逐渐向上转动变为向左，为收、为虚，左方下边又必然逐渐同时向下转动，而向右上转，为实、为发，方向虽然对立，时间却是统一的。枪弹出膛和钻探机的作用，它们不但利用了螺旋运动的形式，而且结合着时间的迅速。螺旋的旋转固然属于技巧，旋转的迅速更是有赖于推力的加强。古人论射箭，有的说：“其至尔力也，其中非尔力也?”意思是说，力虽然使箭射到靶子，但无巧不能射中，让人重视巧的方法；又云：“强弩之末不能穿鲁缟。”意思是说强弩之强在于力大，虽射而能中，却力已竭，反而穿不透一层薄绸子，又让人重视力的作用。可见，巧与力必须结合，要善于应用。我们从世界上各种事物的运动观察，可以认识到力与巧同等重要，相辅相成，不能孤立。太极拳推手和散手这种运动也是如此。不过各种拳法有不同的训练力与巧的方法，只是善于掌握应用而已。

五、“四两拨千斤”是太极拳技击的一种比喻，也是一种方法

“牵”和“拨”是对自己而言，“四两”“千斤”是对他人而言。“牵动四两拨千斤”的做法是，自己与人搭手通过双方的接触点，接住对方的劲，自己与对方连成一体。掌握住对方的要害处，通过自己的腰胯来牵动对方，对方的要害处比喻为“四两”，而对方的身体和使用的力量比喻为“千斤”。更具体一点，双方搭手接触后，通过接劲变化和意念，使劲集中到对方的一只脚上，对方脚的这一点就是对方的“四两”，通过这个“四两”来发（牵）动对方外形整体的“千斤”。这就是传统太极拳论对“牵动四两拨千斤”的基本解释和操作方法。

“虚”是太极拳的一种功夫，不是指外形。太极拳练习到了一定程度，能做到“虚领”就是动作开合很灵活了。而“顶劲”是指对方的劲，而不是头顶上的劲。“顶劲”是指在交手中对方击打来的劲，也可以说是对方的“对劲”“拙力”。双方在搭手中，“虚领”是言己；“顶劲”是言他，是自己虚领别人的顶劲。“顶”是对方顶，对方出现“顶劲”了，我要“虚领”对方的顶劲。《撒放密诀》中的“擎起彼身借彼力”的“擎”是“惊”的意思，使对方突然受惊，而马上紧张，把自己团聚为一体，这样才好打。

六、实现“以弱胜强、四两拨千斤”的有效途径

“四两拨千斤”之说，原意指太极拳技击术是一种含高度功力技巧，不以拙力示人的功夫；太极拳功深者，以触处成圆、引进落空、避实就虚等技法，使外力难以作用于自己身上；又以敷盖、封闭等技法使对手无法起动发力，从而体现出太极拳独特的技击特点。

“四两拨千斤”就是对功深者以综合的优势控制对手后，从心所欲的潇洒境界的描述。但后来不少太极拳著述却舍本求末，沉迷和沉醉于对这一境界的描述，而忽视了对如何达到这一境界的途径和方法的研究。就像仅

描述小牧童和农夫只凭一条小小的系着牛鼻子的绳索，就能轻松自如地控制和驾驭有千斤力的大水牛，却不去介绍为什么要穿牛鼻子和如何穿牛鼻子，使后来者面对强大的水牛不知如何下手控制，只好“望牛兴叹”了。由于这些太极拳理论的偏颇形成了一个误区，不少初学者误以为练了太极拳就能够以力小打力大，以弱胜强。一些传授者也着意夸大“巧”的成分，将学习者引至神秘化的歧途，而不是走踏踏实实练功夫的路。这样到头来一事无成，严重影响了太极拳技击技术的发展。

其实，在任何对抗中，最终都是强胜弱败。太极拳作为竞技武艺，与人对抗时，也同样遵循这一规律。所谓“四两拨千斤”、“以弱胜强”之说，是有条件的、有前提的。

强弱是一个笼统的概念，从武术竞技上讲，它包括多方面的内容。如，身体强壮与虚弱，年轻与年老是体质上的强弱；勇敢与怯弱是心理上的强弱；善变与不变，懂不懂劲是技巧上的强弱；反应敏捷与迟钝，手快与手慢，出劲时威力的大小是运动水平、素质上的强弱。以上是从静止意义上讲强弱。从动态的角度看，强弱又是一对矛盾，是相对的、可转化的，上述几个方面的强弱，在一定条件上都是可以向各自的对立面转化。比如“四两”与“千斤”之比，前弱后强，自不得言，但当“四两”能够拨动“千斤”之时，它已不是静态意义上的“四两”，而是处于控制地位上的“四两”；要控制的“千斤”也再不是静态意义上的“千斤”了，强弱在这种条件下正好易位。弄清楚上述强弱的含义及转化的条件，有助于我们理解太极拳运动中强弱的本质。

实质上太极拳与其他对抗项目一样，也是刻意求强的，只不过它的训练方法独特而已。它很讲究“积柔成刚”，注重内壮功夫和发挥身体潜能的练习。这是一条变弱成强的极富成效的途径。学习者明此理且不断揣摩，坚持不辍，就能实现由弱到强的转化。功成之时，自身的弱点诸如体弱力小将得到克服，强大的内劲质量及纯熟的技巧将取而代之，从而成为整体上的强者。只有到了这个阶段，才可能做到“四两拨千斤”，否则是不可能的。尽管从力学原理上讲，利用杠杆可以实现“四两拨千斤”，但竞技的对方毕竟不是千斤重的静物，而是运动着、变化着、时时威胁着你的强敌。

这时你想用“走”柔化对方，用“黏”贴住对方，以控制对方的变化，然后伺机击之，若自身没有足够的内劲是做不到的。“要想四两拨千斤，须先练就千斤力”，必先自强，然后才能胜人，就是这层道理。

必须指出的是，这里所说的“强”不是单纯强壮，而是包括内劲、技巧和心理素质的整体优势。其中练就强韧的内劲是最主要的因素。很多太极拳家晚年尽管年龄和外壮方面不占优势，但与人推手时气势磅礴，加上强大内劲和高超的技巧，搭手就产生一种巨大威摄力，就像将牛鼻子穿上而控制对方，任凭对方身强力壮，来势凶猛，也不能摆脱处处受制被动挨打的地位。他们靠的就是综合优势。如太极拳名师杨澄甫、杨少侯、陈发科等，常常是一搭手即以强大的内劲令对方没有丝毫反抗的能力，或者一接手便把对方抛出，充分体现了一个强者的实力，正所谓“若非此身成铁汉，掷地何来金石声”。

实现由弱到强转化的另一种表现形式，是要善于掌握时机，创造条件，使对方由“强”变“弱”。例如，巧妙地运用黏走，转化对方的来劲，破坏对方的平衡，形成我顺人背的局面，然后击之。或者用“串劲”锁住对方的劲路，控制对方的重心，即所谓“擎起彼身借彼力”，使其由强变弱而受制于我。正如牵牛鼻子样，用“串劲”串住了对方，使他成为一个名符其实的弱者，处于被动挨打的地位。

愈练愈精　随心所欲

——太极拳推手的发放技巧

太极拳崇尚顺势击人，四两拨千斤。但是，太极拳毕竟是一门应用技术，如果功力不足，沉劲不大，给对方一拳或发放对方一招则毫无威胁，甚至失利，即使幸而打着，也不痛不痒，无济于事，所以绝不能光追求击打省力，而不讲究击打效果。因此，太极拳的发放应力求在瞬间调动和集中全身各处潜在的强大内功力量，恰到好处地对准其被引化落空后的极不平衡处，如激光冲射而去，无坚不摧。

一、发放及其味道

太极拳传统推手发放效果非常精彩，有令人惊奇之效，将对方拔地腾空而起打出一丈以外或突然栽倒于脚下，极为常见。高手则可能打出三丈以外，或是接二连三将人打出二三十次，而且次次打得干脆，打得准确、冷脆快狠。更奇妙的是发人动作小到看不见圈，无形无象，全身透空，应物自然，发劲松静、干脆，到了“打人不见形”的程度，对方只觉身上有受重力一撞，如黑夜撞墙和触电一样，就飞倒出去了。一次成功的发放，对发者来说，是非常美妙的，会感到无比的清爽和畅快，而被发者会感到皮毛发炸，但又很有趣味。正是这精彩而令人惊奇的发劲，成了很多人，特别是青年人学拳的一个动力，使太极拳技击运动日渐繁衍昌盛起来。

会不会发放，是学拳是否取得成绩的一个标志。发放是否精彩，如打出的远近，打得是否干净利落，是否一下子就能解决对方的战斗力，也可表明学拳成就的高低。

要松得干净，能量不内耗，发放的速度才会极快。速度越快，位移越小，冲击的力量才会越大。一瞬间全身劲力突然集中发出，一发之后，立即放松，贯彻用力经济而又集中的原则，只有如此，才能取得太极拳独具的发放效果。

发放的味道，大致可分为重、轻、脆三种。如果发放者身体壮，沉劲好，功力足，能量大，就能发出分量极为沉重的劲来。但重决不是硬，当细辨之。硬是局部的拳脚动作，全身未能完整一气，或用力过多，用意不足所致。

如果时机、方向掌握准确，而又在借力借得特别好的条件下发放，就可能感到不是被重力打出，而出现轻感，如秋风扫落叶。轻：一飘就飞过去，而且还可能飘飞得相当远，就不是一两丈，很可能飘出三丈以外。

性格开朗，聪慧过人，功夫纯正，功力强大，做事干脆，行动敏捷的人发放，常易发出特别清脆的劲来，如夏天暴风雨中特别脆响震耳的雷声一般，惊奇感和极快是其特色。这种发放最易解除对方思想上的武装，使人膛目结舌，吓出冷汗来，有令人不可思议的效果。

但是，一般来讲，功夫已臻炉火纯青的人，发放时接骨斗隼，浑迹无涯，变幻莫测，多种味道同时俱备。

二、发放与呼吸、速度的关系

劲力发放要与呼吸相结合，呼吸对劲力发放是一个关键。呼发得愈透，劲力就愈足。故前辈试验发劲时，讲究用哼、哈、咳三种呼发。哼音是用螺旋劲向上打放，使对方腾空掷出。哈音是用螺旋劲向前远打放，意欲将对方拍透于墙壁。咳音是用螺旋劲向下打放，意欲将对方打入地中，这种结合呼吸的发放，均是采用极短促的一呼一吸来完成。

在推手时气贯丹田，劲沉脚底，不但强若不倒翁，而且脚与地面接触紧密，即劲与地相通。丹田为内劲的总根源，气呼下沉丹田，能使重心下降增大稳度，使身体处于万变的运动过程中，始终保持平衡而不易倾跌，又能使全身各处分散的力量汇集为整体劲力。这样练出来的功夫，轻松自然，发劲时，腿、脚的弹性很强，既快且猛，干净利落，有发劲人不知之妙，被发者有惊恐万状、如坠悬崖之感。

在推手时，时时要寻找机会，一旦得机得势，即吸气收腹放松全身肌肉，集中意念大量蓄存劲力，呼气时气沉丹田，以气催力发生动作，全身肌肉骤然变硬，猛力发放劲力，这样所产生的劲力是不可抗拒的，因为下沉发劲，是直接产生的弹力，或称反座力，只要思想上一动念，即可在下沉中完成发劲的动作，极快极自然。太极拳以自然为法，这才是太极拳发劲的真谛。所以在推手时的劲力发放一定要做到，吸要吸蓄得愈足，呼要呼得愈透——吸得足以见其巧，劲力才能大量蓄存，呼得透，才能输送大量的劲力，方能见其妙。

一般人认为，太极拳的技击是相当神秘的，说穿了就是在运动中掌握对方运动惯性，在失重的状态下，我即以己之劲迫使对方继续加速的失重，直至重栽下去，倒飞而出。

在发放尽量大的劲力时，首先是速度问题。要能集中全身合并的力量，聚集于一点，加快速度猛力发放，如弹簧压缩后的突然弹射一般。这样发放出的劲力，有着无比的威力，从竞技角度上讲就是杀伤力很强，一般是难以躲避的。拳经说，“来宜听真，去贵神速”，“机由己发，力从人借，发劲须上下相随，乃一往无敌”。在推手中得机得势时，劲力的发放要干脆、轻快而决不拖泥带水，这样发出的劲力速度才是理想的。拳经又说：“进如疾风吹人、电光猛闪，愈速愈好。”力量和速度是劲力的重要因素，大多数情况下，速度比力量更重要。速度越快，发出的劲力就相应来得越大，越有价值，所以太极拳发放有“冷”字的要求，拳经形容说“如皮肤无意燃火星，如雪地冰天打寒战”，练就这种劲力虽不能说已到了登峰造极的地步，但也已达到了比较完美的境界了。

三、推手的发放训练

推手是内劲的互相探索，是以本能触觉为主，去寻找对方的重心和缺点，开始一定要讲究“掤、捋、挤、按须认真”，不可流于形式，养成细心听劲，完整走化，不乱动等好习惯。随着训练程度的不断提高，进一步运用采、挒、肘、靠，进行散推，相互找劲，使两手触觉异常灵敏，无异于在两眼之外，又生了两眼，这也是太极粘连黏随听探顺化内功训练的极好方法。这样逐步懂得推手以后，如果对方功夫稍差，我在手上凭触觉就能知道对方一切情况，如力量的大小、方向、意图等等。觉得对方到处都有弱点，可在极端轻松自如的情况下，引进落空化解对方的来力，随时随处可以进击。

要取得满意的发放效果和真正精彩的发劲，必须具备强大的内劲功力和神经体察上极快极灵的反应，以及高度熟练的发放技巧。其中最重要的是首先要练就超高压式的内劲功力，因为这是发放人的本钱。可以将人体想象成一个内部气压很强，承受能力很大的气球，表里内外浑然一体，在意识的统率下，动作开合，虚实转换，节节贯串，呼吸鼓荡。裆劲下足，重心下沉，劲往前去，命门穴往后反撑，气沉丹田呼（发）时，腹部（脐下）舒张（带脉鼓胀），呼足正好脊力发足（脊椎的弓性弹力）内劲沉着透达，如彼力顶来，不让其力发出，我意就接定彼劲，使力一吐，发劲如放箭，彼自跌出。其次在运动中要力求躯干和四肢肌肤关节，处处张开，有松沉之意，不后不先，迎送相当，让中不让。身虽动，心贵静。以身带手，以手领身。不用力时，有畅顺之感，然稍一有力，则使对方脚如浮萍，进退不能自如。对方欲发手时，则以静制动，使彼用力愈疾，跌之愈促。高手也可在接手瞬间体察对方的劲路去向和变化，甚至察其神知其力，使对方防不胜防。但在双方功力内劲技术悬殊很大时，强的一方可以不躲不闪，有意让对方击打，令其感觉如击铁石，使对方心理上感到震慑，不战自退。

训练发劲，需要找一个对手互相研究练习，先练一种劲，千万不可一劲未通又练他劲，更不可同时练习数种，须知一劲通，任何劲都能通达，若一劲学不好，其他劲也不会学好。

在未练拿劲、发劲之前，须尽量让教师或较自己高明的人任意发放，视其如何引己，如何拿己，如何发己，拿发之点在何处，拿发之时间迟早，拿发方向正隅，以己身体验，总结规律，作为领悟之门径，万不可求之过急。

推手练至相当程度后，又不可专与一人推练，应与多人推练，因人各异。有的性格急躁，有的性格温和，或有手刚、手柔、劲大、劲小、艺浅、艺深之别，均须推练发放。倘不如此练习，那么遇到熟悉的人能拿能发，不熟悉的人则不能，或勉强发之，拖泥带水，照这样下去难以达到高深程度。

四、发放劲法

太极高手发放用劲，敏捷无形，手到劲发，未中之先无劲，既中之后无劲，只在中敌之刹那间发劲，疾如闪电，一发便收，敛气凝神毫不费力。

若能纯熟地运用太极拳众多发放劲法，则可以明太极拳之奥妙。虽然太极拳之大成时，有重意不重劲法之说，但学习过程中，则必须升阶有级、入室有门，必须从熟练的懂劲发放着手，因为不知发放用劲之法，则不知太极拳之真谛。所谓登高必自卑，行远必自迩，可见发放用劲之法实为太极之纲领，巧妙的用劲发放是太极拳技击关键。

1. 长劲

长劲是以后脚向前蹬为主要动力，依次节节贯串，由下而上，顺势涌出的劲。优点是力的作用时间长，能将对方掷出很远。特点是不会使对方受伤，对功力不深、腰胯不适的人，可多用长劲。

长劲柔缓而沉长，用之于手、臂、肘、肩、腰、胯、膝、腿、脚或周身各部，在推手中引拿人之后，将自己之劲慢慢伸长发于敌身焦点之上。倘其后化至不能再化时，势必腾出。如遇敌劲阻挠，则自己之劲须绕弯前进，随其势以不丢不顶之法乘隙而入。此种情形可以打一个比方，譬如我们想把一串珠子用线穿起来，当线穿珠时，所用之力不能过大或过小，劲大珠子不能穿过，劲小遇阻也不能穿过去，非随其弯曲之势用巧劲穿之不可，所以说长劲发人，就如穿珠子。当发人时须沉肩坠肘，尾闾中正，用腰腿劲，加以意气。艺高者用长劲时，或先用截劲加着长劲，或先用长劲，至敌力将出未出时补以截劲。先截后长则对方先倒退至长劲完时复腾出。先长后截则对方先腾出后倒退。因先后所发劲完全蓄于敌身，可以先入后出，后入先出。譬如钟表发条旋之愈久则驰也愈久，旋之甚暂则驰也甚暂，非松至尽处不止。这种长劲是为太极拳主要劲法之一。

2. 短劲

短劲是快速的弹力，与压缩弹簧突然弹出原理相同，由于时间短、速度快、内劲整、发劲充实，产生极大的压力与震撼神经的力量，能入里透内，可以使对方惊惶失措，打倒栽跌的时候较多，轻则吓出冷汗，甚则当即昏厥，乃是彻底击败对方的好法子。

初学发劲或没有沉劲时，只能发长劲。水平较高或懂得沉劲的，才会发长短两种劲。

3. 断劲

拳谱中讲“要劲断意不断”。断劲亦不能断意，必须在粘连黏随的基础上，掌握对方中心，然后与对方脱离接触（手距对方身体不可过近或过远，以利于吸引对方和我发劲）。断后即拍，为“断拍”，发拍劲如投石，拍劲要影响人的内气。用断劲顺对方来力方向吸引称为“断吸”或“断引”。用断劲憋住对方的内气，称做“断截”。用断劲要求得机得势，掌握好时机是非常关键的，发劲时必须用手法找出对方的缺陷，一断即发。断劲的发放原理即拳经上所讲的：“每一动，惟手先着力，随即松开。”腾出空来，使对方向我怀中吸引扑空，我立即发快劲以放之，给对方造成错觉，此法始为沉重，后为轻灵，变化奇特，灵妙无比。

4. 拍劲

要求手不用力，腕部灵活不能僵硬，以腰部内劲由肘通向掌，由掌拍出手外。拍时，掌不能与肘、腰接死。腕部只有松活，内劲才能由手拍出。拍在对方身上如同把东西从手中投出，对方不应感到疼痛。拍要拍在对方的顶力上，哪里有力就在那里使用拍劲。对方被拍后，会像皮球那样跳起，如果拍一次不能将对方拍出，可连续拍之，直至将对方拍得跳起。

5. 截劲

是接对方来力而转换方向发劲，即先轻微顺转以化解敌劲，再逆转以发击敌身，或对方劲还未发足，我以更快的劲将其堵回去，这要功夫较深时，才能做得到。很多名家一接手只须一个幅度很小的动作，便能将对方的劲化解并将其打出，使对方像一个皮球碰上一个弹性很强的弹板，一触即出。这时的动作显得沉稳刚劲，意深而远，准而狠，一发就是丈外，这就是太极拳的截劲、寸劲。

截劲为刚性，与长劲一样，周身各处均可发此劲。手、臂、肘、肩、胯、膝、腿、脚均可引入落于空处，正当对方欲变化而又不能变化之际（即发呆的时候），随即运用截劲向其中心发去，其作用力特别显出速而促，被击之人跌势甚猛。在发劲时，本身应虚领顶劲、含胸拔背、松肩坠肘，眼神注视对方。

6. 乘劲

是乘人发劲之时，或推或牵或托，均以乘其来势使之前倾，或借其来势使之旁跌。以我微力，倾彼强壮之躯。以我妙巧之方，击其倾斜之处，都是劲的作用。

7. 正劲

即正直之劲。与对方一接手，要很快听出对方发出正直之劲的两端。一端是劲头一端是劲源。只有这样才能掌握劲头之侧，由侧点问清劲源，点到劲源。对方劲头无论有什么变化，都不要放松对劲源的控制。

8. 侧劲

是与对方一接手，即避开对方来力的顶峰（即劲头的正面），而是接顶峰周围（即接侧）使对方用出正力来。接到侧点后，可利用侧点控制对方的劲源，然后由侧点向对方劲源发内劲（以意领先，以意运臂，以气贯指，内劲始显）将其击出。接侧点和发侧劲是为了避开对方来力的正顶，迂回进攻。

9. 定劲

与对方接手后，首先要听对方力的变化情况。如果对方旋转灵活自如而无定向，此时发之必然落空，必须先把对方灵活变动的身形定住，然后才能发之。定劲有两种，一种是“指定”，亦称“点定”，就是要在对方身上任意一部位，以手指的刺劲，向其劲源上刺点，对方必产生反应，借此反应发之。第二种是“吸定”，如上面所提及的，当对方变化不定，我无发劲之机可乘时，可用手法听出对方来力的方向，用掌心吸引其来力，使对方感觉一空而产生暂时的停滞，我可借此时机击发对方。

10. 刀劲

由“手如刀锯”而来。刀劲是要以尺骨窄刃部正切对方接触处。切时要肘往下沉坠，向上旋崩。刀劲要求短促，刀劲决非用肘部在对方接触处，像割肉一样去切对方，要以意想自己尺骨窄立处如锋利刀刃，用内功切入对方身内。向前切要配合以按挤，向后切要配合以采捋、挒内劲。

11. 锯劲

亦由“手如刀锯”而来。在刀劲未能切入时，尺骨部立即内旋，用尺骨内侧向前或向后锉锯，肘向后援力。往前未锯成，就向后锯。使用锯劲时，要动中求屈以错骨、曲中求直以折捌，往复有折叠相锉，进退有转换勾挂劈撩，力由脊发，达于尺骨。锯劲要长，要以意想自己的前臂好像锯锉，将内劲锯向对方中心。向前锯配合以采、按、挤内劲，向后锯配合以采、捋、捌内劲。

12. 撢劲

就是要像撢东西那样，用手将内劲撢出，击向对方中心。使撢劲时，自己之手必须离对方中心近，否则就不动对方，内劲必须发到手，再由手撢出，只有撢得既快又准，对方才能被击出。

13. 拽劲

这种劲可看成是向对方抛出的劲，与拍劲相似。与对方接手时，中指根要虚接，然后手一张，将内劲由中指根拽出，同时要以腰作为后援，才能把对方发出。

14. 擎劲

遇对方来劲的顶力，要先下按其顶点，再将下按之手擎劲微提（但仍将对方的点擎在手中），使对方脚根提起，然后，立即将肘下沉，朝对方中心发之。

15. 踏劲

与对方接手，我即将意念放松，随之肩肘松沉，手的动作如同足之下踏一样，将内力踏向对方足跟。踏劲不能用在顶点上，而应用在顶点之侧，踏可有微左、微右、微上、微下的变化，使内劲沿顶点周围踏出。踏劲有如下三种使用方法。

①踏发：用按、挤、弹簧劲、螺旋劲等劲法的混合踏劲，将对方发出，称为踏发。

②踏离：是踏上对方又急分开，使对方失中，并将对方打来之势引向我身后侧，绝不能有任何阻挡对方的动作，才能将对方顺利引出。

③踏断：是踏上对方后，再用的拍断劲，将对方发出，步骤为踏上、分开、断拍。

16. 重劲

是与对方接触时，将自己的松沉劲施放在对方中心。自己的内力越充足，对方便越感到沉重。

17. 离劲

在对方欲听我劲时，我要以似离非离、似黏非黏之劲，不让对方听清我之劲点，此劲称为离劲。与对方接手，我即化离而不暴露我劲，若对方欲发我时，我即用离劲引化，同时听清对方的劲，再以内劲将对方发出。

18. 冷劲

也是快速精彩的短劲，发冷劲要突然，是在对方身体重要部位，突然以短暂、刚坚的内劲击之。冷劲被形象地比喻为柔中刚、软中硬。击到对方身上，要不伤表皮，使内脏不适，易造成内伤。

19. 透劲

指的是击中对方后，力量透过其身体，使其内部器官受到强烈震动而失去反抗能力。

透劲打击的主要目标是对方的头、胸、腹、背等部位，如果打在臂、腿、臀等部位，效果就不明显，这是因为，人体的头、胸、腹、背等位置都靠近脑、内脏等重要器官，一旦使用渗透劲，就会使对方受到重大伤害，因此，除非是现实社会中的敌人，一般不应使用高强度渗透刺伤力。但是，作为技击功夫训练有素者，必须具备这种本领。我们拥有这种“核武器”并不是为了使用它，而是为了防御和限制对方使用它。

透劲的训练很简单，只要在发劲时意念放长，超过打击点，延伸射击作用时间就可以了。有的武术家曾编成“一二三”秘诀来总结透劲的训练和使用。所谓“一、二、三”，指的是发劲的力量运行过程。“一”指发劲力量处在我身体的发劲部位；“二”指我发劲部位发出的劲力能到达身体的表面；“三”指虽然我的发劲部位仍停留在对方身体表面，但劲力已透到对方身体的另一面（震力波的作用）。也就是说，我发出的劲力应该从一直接到三，而二只不过是劲力运行过程中不小心碰到的物体而已。只要按这种方法训练，就可以练出透劲。

检验是否具备透劲，可以在功夫相当的同伴身上做试验，不过，不可过重，“点到为止”。

当然，有的人经过内功训练或其他功法训练，身体有承受重击的能力，通过身体的反应可以拒透劲之力于身外，则又当别论。

20. 凌空劲

此为太极拳术中一种异常奇特奥妙的“劲”，高手发出此劲，一粘对方之身，便可将其发出，似近于神秘。精神震慑作用是此劲的关键。艺高者发此劲时，仅须口中一哈，对方即双脚离地、腾空而出，盖因被发者精神已为发者所吸引，无可抵抗。然发者必须具有高超的功力和内功质量，方可一触即发。

已故太极名家吴图南在早年曾写有一首歌来说明凌空劲，其歌如下：

露禅班侯孟祥间，三世心传凌空难。
我今道破其中秘，洞彻全貌反掌间。
只因传功皆口授，未尝公开告世人。
且幸恩师多器重，教我其中步骤全。
先须啄劲练到手，再练汤劲不费难。
高空诸劲都学会，哼哈运气也使全。
彼此呼吸成一体，坚持功夫一二年。
手舞足蹈随心意，至此方叫功夫全。

凌空劲法是学会许多高级劲法以后才能掌握的。按凌空的“凌”字取侵犯、迫近、冒着、升高、逾越诸义，而以逾越为主，着眼一“空”字。对手对垒，高手发出凌空劲，只须口中一哈，对方即双足离地面而后退，此除劲气外，尚有相当精神作用的因素，即所谓艺高人胆大，胆大艺更高，意到劲发也。

太极技击中哼哈二气的运用，有帮助蓄劲、吐劲的作用，力用极处以哼哈泄之。发者要学会在用劲的基础上运用哼哈二气，不仅己身内部有知己功夫，而且对方体内之气或升或降，或前或后，亦可感知，而且发人之际，要成为如吴先生所说的：“彼此呼吸成一体”，此时一发成功。

必近其身　探而取之

——太极拳採拿术中的手法与应用

实用採拿技术千变万化，手法运用的好坏，是技术的关键。拳诀曰：“拳之摧人，必近其身，方能跌出。如物之藏室，不得其门而入时，纵有神仙拳，无由升堂直入，探而取之。”说明应用採拿必须“得门而入”，必须接近对方的身体，这是制住或撂倒对方的先决条件。要突破对方的三层防线（手、肘、肩），在採拿技击时，我们要刁住、抓住、挑开、拨开的只是手尖手腕或是肘部，没有控制住对方的膀根部，此时出手快者得先，慢者吃亏，而这仅仅是一拳一脚的得与失，并没有将对方控制住，对方仍然有机会、有能力更拳换势，改变招法和进攻的策略，向我们发起新的攻势。採拿技击中只有控制住对方的膀根，也就是必须打开对方的第三道大门（最后一道防线），才能随我变化，使得对方只有招架之功，再无还手之力。

手法有两种类型。

1. 先发制人

当与对方击打格斗时，不等对方出手攻击，就先出手，打对方一个措手不及，出其不意，以我们的气势及闪电般的连环招法，制住对方，压服对手，赢得胜利，这种进攻的策略称之为先发制人。

2. 后发制人

即指当对方出手向我进攻时，避其锋芒，然后再出手还击对方的一种策略。

后发制人的优点是，能够清楚地观察对方招法的特点和弱点，摸清来龙去脉，抓住有利的时机和空隙，准确有力地还击对方。

后发制人这种策略手法要求技击时，出手进招在对方动作之后，虽然我方出手晚于对方，可迅猛如雷霆闪电，完成整套进攻动作却在对方之前。这种策略手法既有后发制人的效果，又有先发制人的威力。但必须切记，不论是“先”还是“后”发制人，决不能忘记一出手就应该突破对方的第三道防线，控制对方膀根部，黏连不离，随它任意变化，都不让对方逃出自己的控制范围。否则再好的战略战术，再好的手法招法，也会落得竹篮打水一场空。

控制对方膀根，就能收到开寸离尺的效果。拨开对方膀根部一寸，对方的梢节（手指或手腕）就会离开或是移动一尺，对方必然会出现防御中的空隙漏洞，我方再近其身，制住对方，这种手法叫“闪门之法”。

不但要打开对方的三道大门，而且还需要从採拿的劲力上控制住对方的三道大门。有些採拿技法从表面看只是拿住了对方的梢节部位（手指或手腕），但是我们所拿的劲力通过梢节传至中节，直到根节，仍然控制住了对方的三道大门，使对方全身无法转动（这就是技击“运动知觉”）。

採拿技术手法上虽然再三强调一个“巧”字，突出一个“巧”字，甚至有的采拿方法就叫巧拿，讲究“以巧破千斤”，但是，我们决不能忽视力量在采拿中的作用。没有强大的力量作为后盾，也就谈不上巧劲。人们常讲的“以巧破千斤”只是一半，应该还有“千斤力在后”，这样才完整。如果只懂得采拿技巧，没有本力、功力，搏击中抓时抓不住，托时托不起，拨时拨不开，拿时拿不狠，再好的採拿技术也不可能发挥出来。

而死拿硬要不但採拿不出好的效果，还会造成反受人制的被动局面。所以要想在擒拿搏斗中将所学的招法、手法运用自如，一要勤学苦练，养成手与手法的快速反应能力和应变能力。“功夫”就是时间加勤奋，只有我们反复地练、不间断地练，认真仔细地练，方能正确地掌握採拿技术，正确体会採拿中的劲力变化，在实践中不误时机地使用採拿中的手与手法，拿出一个真正的“巧”字来；二要真打实作，在熟练掌握採拿技法之后，经常实践应用。“要想知道梨子是什么滋味，就得亲口尝一尝”，没挨过打，没挨过摔，没挨过採拿，没尝过挨打、挨摔、挨拿是什么滋味，就不可能採拿好别人。从实战中，不仅能练出手与手法的快速反应能力和应变能力，还能培养出敢打、敢进、敢拿、敢拼的果敢精神。艺高人胆大，胆大艺更高。只有通过实战，才能真正养成技击“运动知觉”，在惊心动魄、瞬息万变的采拿变化中，用好我们所学的手法和招法。

手上的串子，脚下的绊子，“招有精奋处，全在挑勾连”，採拿的同时可顺势前挑后勾，用招十分精妙。往往在对方张牙舞爪冲进来时，只需脚下顺势一挑，就可以收到以技制力、以巧破千斤之功效。

拳谚云：“进击连环相应，搭手上下齐开。”一旦从力和点上控制住对方，无论对方怎样躲避反抗，我们都要步步紧逼，随时对对方造成威胁，绝不给对方以喘息之机。敌欲变而不得其变，敌欲攻而不得逞，敌欲逃而不得脱，斯为上乘。

差之毫厘　谬之千里

——舍己从人方法谈

太极拳先祖王宗岳在其经典《太极拳论》中讲道：“本是舍己从人，多误舍近求近。所谓‘差之毫厘，谬之千里，学者不可不详辨焉’。”可见，舍己从人之术，不但是太极拳技击最高艺术之一，而且是太极拳技艺之核心。

要做到舍己从人，必须有相当的功底和修为。否则，你的舍己从人就完全处于被动的劣势，只能是任人牵着鼻子转，任人摆布，而使自己节节败退而已。如果处处受制于人，何谈舍己从人。真所谓“差之毫厘，谬之千里”，真不虚言也。

其实，真正的舍己从人，从人仍是由己，这是最重要的，也是舍己从人的精神实质，否则，便真所谓“谬之千里”了。

舍己从人是以我为主，在我的意识支配下，任对方东跳西窜，也逃不出我“如来佛的掌心”。武式太极拳大师郝少如先生在这方面，有精辟的论述。他说："从人则活，由己则滞。而从人仍是为了自己，若彼欲往左，则我以意领其往左；彼欲往右，则我以意领其往右；若彼欲进，则我以意牵引其而进；彼欲退，则我以意顺其退；若彼欲开，则我以意擎其而开；彼欲合，则我以意挚其而合。能达此地步，乃能左重则左虚，右重则右杳；仰之则弥高，俯之则弥深；进之则愈长，退之则愈促。从外观之，似随人而动，然则为人我之内形所控制，故舍己从人仍是由己。舍己从人非纯粹外形的随人，没有内形的支配是舍近求远。"

接着大师郝月如也说："太极拳有舍己从人之术，挨何处，何处灵活。假使挨手，手腕灵活；挨肘，肘能灵活；挨胸，胸能灵活。周身处处如此。"

为什么挨何处，何处要灵活呢？因为不灵活易受制于人，灵活则进可以随，退可以走，在走随之中制人。大师又进一步说："挨手意在肘，挨肘意在肩，挨肩意在胸，挨胸意在腰，挨腰意在股。以此推之，如粘连黏随，不丢不顶，引进落空，借力打人，皆此意也。"

为什么挨手意在肘而意不在手呢？如果意在手，则顶、对抗。将意移在肘，称为"脱壳"，则既不顶，又不丢，而且因为意在肘，则手有力，对方也不易牵挂动你。所谓意在肘，就是心里想肘，以下皆类此意。即对方挨我肘时，要想肩；挨我肩时，想我胸；挨我胸时，想我腰；挨我腰时，想我股；等等。使自己在舍己从人中，仍处处立于主动地位。利用"脱壳"方法，不易受人牵动，大家一试便知，方知郝大师之言不虚也。

舍己从人之术，是一个制人之术，不是随着人家被动之术，在从人之瞬间便要制人。要真正做到舍己从人，还必须具备四个条件。第一，一身之劲必须完整统一，我要牵得动人，而人牵不动我。否则一身散漫，又手无缚鸡之力，且站立不稳，东倒西歪，何谈舍己从人！所以要多练身法、整劲、桩功等。第二，能黏得住人，不使走脱，并牵引使之落空。这仍然是一个整劲问题。黏得住，还要牵得动。黏不是握住，更不是擒拿，手一搭上，就使人有被黏住，走不脱之感，像黏蝇胶黏住苍蝇一样。但如没有整劲或整劲很小，也是白黏，因为黏住了，若牵不动，反会被别人牵动。第三，懂阴阳虚实，刚柔相济，懂劲。第四是善于发劲、发放对方。

视人如蒿草　打人如行路

——太极拳技击散手

技击训练要求真实的功夫，所以无论是过渡形式的推手，还是最高形式的散手，在训练中都切忌虚为招架比比划划，徒具你来我往之形式。要发扬拳术技击的“真”，要有必胜的信念和无畏、机智、果断、坚韧不拔的精神。正如拳家所形容的“习拳时须假定三尺以外七尺以内，四周如有大刀阔斧之巨敌与猛兽毒蛇蜿蜒而来，其共存生之情景，须当以大无畏之精神而应付之，以求虚中之实也。如一旦大敌林立，在我如入无人之境以周旋之，则为实中求虚也”。太极拳技击散手神速手快，手不空出，亦不空回，随时捎带，一索即得，发劲迅猛，动作敏捷，发必求中。视人如蒿草，打人如行路，神态庄重，动作自如，使敌手望而生畏，未战先怯，既战必败。

一、技击散手实战的基本条件

1. 必须具备太极拳技击的基本功夫

推手功夫相当纯熟，内劲功力和发放技巧精微巧妙，达到了较高的程度，方可言散手实战，对敌比试。

如果没有基本功，一上来就练散手，最终也不过是个“打熟”，不能成为拳家上乘，但是散手又是练习技击的必经之路，只有身经百战，才可谓“实作通家”。世上绝没有哪一个技击家，不是在反复实战中取得成就的。

基本拳法要求“用拳须透爪，用掌要有气”。拳须透爪指，击打的瞬间握起拳头好像手指能把掌心穿透；所谓用掌要有气，指用掌击打的瞬间要有挺劲，不能松懈。气自丹田吐，内功注掌心，按实始用劲，吐气要开声。推宜朝上举，紧逼跟步冲。发手以得人为准，以不见形为妙。发手快似电闪雷鸣，闪电不及合眸，迅雷不及掩耳。拳从心内发，指向鼻尖落，力从足下起，快向心火作。心如火药，手为子，扳机一动鸟难飞，身似弓弦手似箭，弦响鸟落显神威。

基本足法要求前足夺后足，后足站前踪，打人如亲嘴，手到身要拥。前足稍横后足顺，横顺相扣十字劲，趾不仰来跟不拔，足趾扣地空心抓，步桩沉稳进退走，旋转轻灵掌重心，勾挂掏绊足全能。

基本身法要求，立身须中正安舒，支撑八面，静如山岳，动若江河，随机应变，因势利导，占住中定。身法原无定，无定内有定，贵乎在自用，起落与进退，转换与吞吐，千变与万化，重心要掌握，奇正得相生。内要提气外要随，起要横起落要顺，打要近取气要摧，拳如炮发龙折身，连环进取莫思误，遇敌好似火烧身。

总之，散手实战的基本身体素质力求头欲撞人，手要打人，身要摧人，步要过人，足要踏人，神要逼人，气要袭人。意一动全身俱动，拳一发劲力全赴。出击设遇众围，似巨炮摧薄壁，勇跃直吞。未曾交手，以神气当先。既入其手，灵动为妙。手不望空起，也不望空落，见窟窿就塞。精明灵巧全在于活，能去能就，能刚能柔，能进能退，全凭自如。如此去做，将使对方在精神与肢体上都会受到极大的威胁，自能具备“制人而不制于人”的本领。

2. 要使精神凝重浑厚，忘我无惧，斗志昂扬

在精神力量的作用下，人们能够克服许多困难，产生非凡的功力，干出超乎寻常的事情。根据科学测算，一个正常的成年人身上具有上千斤力量，也有资料记载人全身肌肉力量的总和为30吨。经过特殊训练的太极拳家，可控肌的范围大大加强，使大量的分散肌力集中起来，具备了常人所发不出的那种均整协调的内力，这就是太极拳技击高手的功力，在技击实战中可以起到超乎寻常的作用。

在通常情况下，你若偶然遇见了一只凶猛的狼向自己扑来，就想转身逃走。可是假如你背后是汹涌澎湃、恶浪滔天的汪洋大海，你只好硬着头皮同狼搏斗，这时你可能最大地发挥身体潜在的拼搏能力，甚至化险为夷。据说有人以单人赤手空拳生擒虎豹为业。这就是一种置之死地而后生的气概。精神抖擞则胆力生，胆力生则精神满，精神满则气势险，只有在精神

上一往无前，无所畏惧，大敌当前或身处逆境时，才能保持清醒的头脑和必胜的信念以及从容不迫的应变能力。技击实战，讲究以精神为主，气势争先，思想高度集中，毛发如戟，遇敌犹如身着火般的神经激发状态，有一触即发之感，周身内外全力以赴，不管对手是谁，首先从精神上压倒对方，面前有人似无人，“剑到身边意不乱，拳到眼前亦等闲”。不管出拳踢腿，必须神在手前，意透敌背，做到“人未动，意先动，步过人，身夺位”。起如箭攒落如风，斩取中堂势如虎，勇不可挡。拳诀曰“不胜必因胆寒心，计谋施运化，霹雳走精神，心毒称上策，手眼方胜人”，就是指此而言。

3. 具有平衡守中的均整、浑然一体的浑元力

意自心生，拳随意发。心气一发，四肢皆动。拧裹、攒翻、螺旋、崩炸、惊弹、抖擞之六合劲完整一气，浑然一体。中气贯足，以静制动，身劲合并，中正元气运转摧迫，令其不得不退，不得不倒。一索即得，一放即出，如抛弹丸，使其即刻丧失继续战斗的能力。

切记，人身鼻居中央，是重心之所在，也就是“人中”。对方不管是拳是掌，只要拨转来力出我鼻子七八寸，则将危险化为乌有。而我则始终要对准攻击目标的中心，只要击“中”，轻拳也将变成重拳，所以拳谚说：“拳打丈外不为远，近者只在寸间变。”

4. 反应灵敏，机智灵活

要做到功、顺、智、勇、准、疾、狠、真、连、避十个字。

什么是功？就是功夫要练到家，拳技要精臻巧妙、机动灵活，一招一势，体现出打中有防、防中有打。

顺，就是气宜顺行、架宜顺取，借人之力，顺人之势，不与来力硬顶。

智，指智慧、指应变能力，在实战中要保持清醒的头脑，机智灵活的反应，审时度势，以不变应万变，沉着冷静，舒松自然，力求智取。

勇，两军相对勇者胜，就是要勇敢果断，与人搏斗，审势进取，闪空疾入。胆大人艺高，艺高胆更大，要敢于同对手做殊死搏斗，但应避免硬拼、盲目进击。

准，俗话说，踢打不准，犹如跳井，必须动有方，用有法，准确精细，拳不空发，亦不空回。

疾，就是要迅速地攻防，能使自己主动灵活，一快能制百慢，在快速中赢得取胜的时间，捕捉战机，攻其不备，克敌制胜，疾中求得稳准、灵活、巧妙。拳诀曰：拳之有形，打之无形，就是这层意思。

狠，就是出手无情，心一颤内劲皆出，击其要害。一打太阳为首，二打眉头双睛，三打唇上人中，四打串腮耳门，五打两耳抽风，六打海底撩阴，七打两肾对心，八打尾间缝府，九打背后骨缝，十打肺腑胸膛，十一打脑后命枢，十二打鹤膝虎胫，十三打破骨千斤，此太极之十三打也。正如拳经所说："得进步搅靠无别，钩脚锁臂不容离，上惊下取一跌。""抢人先着颠披揭，穿心肘靠妙难言，进步火焰攒心，遇巧就拿就跌，举手不留情。"

真，就是看得真确，一发必中，使对方措手不及，难以变化，练出真正实用的功夫。

连，指连续进击对手，一旦打乱对方阵脚，即刻以快速准确的拳脚连续攻击对手，不让其有喘息和调整的机会，迅速解决战斗。

避，声东击西，指南打北，晃左击右，上惊下取，避让其锋芒，进击其空虚之处。

二、散手技法要诀

1. 披

分开之意，由侧方的分进就叫披。

2. 闪

侧身避开，让也。瞥然一见的意思，不是完全离出了很大空隙的样子。

手凶势猛莫怕他，让开一步自枉然。敌我相搏，敌一发手，我若闪让开被攻击之位置，则敌无论何招式必落空。

能让能随是高手，如胶似漆紧相连。遇敌交手，能让开敌方进攻，避其锐气，又能看准时机击其惰者，方可胜敌。当敌向我进攻，我向后让开，前手在体侧前；当敌招势要收未收、要发未发时，跟而击敌，敌则无能为力。

3. 担

任敌袭击，待其劲将着身时，负牵其攻势下坠或上旋提领拔跟以擎发。

4. 搓

相磨试其劲之去向，趁势攻之，在粘黏不脱之中有圆滚之意。

5. 歉

试探敌劲要能仄不盈，出手不可太满，当留有余地。

6. 舔

积极主动地与对方黏、染、相着、胶附之。

7. 随

主动顺从、跟随，听其动向。

8. 拘

趁势抓取住对方手腕、臂呆滞不动处。

9. 拏

顺势擒捕，牵引控制住对方。

10. 扳

顺势挽手援手牵引控制对方身肢。牵引对方须用内外螺旋劲引之，令其立脚不稳，并徐徐引进使人莫晓，渐渐停留意自深，右实左虚藏戛击，上提下打寓纵擒。

11. 软

听其动向，纯任自然，用黏连走转之法化敌之劲。

12. 挪搂

握、持或拽抱对方手腕臂膀使其不得逃脱。

13. 摧

乘势挫折敌锋，疾速摧迫莫迟疑。

14. 掩

遮避而袭敌、闭守敌攻覆攫以化其劲。

15. 撮

用手指采取敌各要害部位或穴道。

16. 坠

坠牵对方重心，再乘其隙以袭之，无不应手奏效。

17. 续

粘黏不脱，劲断意不断、连续进击乃起手进连环也。

18. 挤摊

展开发放，或先有意敞开被攻击部位，再施以后发先制，发劲意整、形整、劲整，冷脆快狠。

19. 等打

临场之际，心平气和，以逸待劳，可占优胜，可先发手击人，待人发手之际，我则乘机以挫其锋。即你打我打先打你，欲动已动即动拳。彼一动或刚一出手，未等彼之拳到即发手击之，使彼所发之招一出即被击回，即后彼发手，先彼打到，则敌无论何招何式俱不起作用。

20. 赶打

即打之后，继续追打，不给对方喘息之机，一气呵成，取得彻底胜利。往往也采取你打你的、我打我的，敢于和对方换拳的方法。两军相遇勇者胜，“夫战，勇气也”，怕挨打的结果必然是挨打。

21. 残

毁，发手致残敌人之意。所谓拳手一推盼彼心胸。

诀曰：手从身边起，弦响箭已发，防身兼带援，泼胆推进功。

22. 推

手出时疾速紧黏捺撤。

诀曰：发手未黏切莫吐，若已一黏即用推，削肩直腕龙伸爪，进步探身势展开。

23. 援

“进步防其内门披拦截砍，退步变吾边门随意发挥”。但有时来势猛勇迅雷急电，不及换势即要援手给以补救。

诀曰：手抵其胸前，内来急变援，随风跟进足，疾吐莫迟延。

24. 夺

倘遇外门披拦截砍，双手擒拿即变此以强取之，吾一转势，发手急手，隐急擦掇疾推击之。

诀曰：夺之猛如风，迎门照架冲，回身势莫夺，分推气更雄。

25. 牵

顺其来势引其使之前倾，在顺带中用牵动对方，使其不能维持重心平衡。

诀曰：任君发手向前冲，顺带牵起还借势，借势其中还借力，即以其道制其身。

26. 捺

按意，此法须练熟一股沉重的活劲。在运动中跟彼方向沉按不离，彼左亦左，彼右亦右，在彼动虚之际进前一步，隐撒推出。

诀曰：披拦按托意沉然，未黏粘处分虚实，个里玄机在两肩。

27. 逼

强迫对方实变虚而击之。要逼占对方半步，使其不能前进，而后趁机一推而击。

诀曰：逼字迎门把手扬，任他豪杰也慌忙，听凭熟练手形势，下手宜先我占强。

28. 吸

吸者缩进，吸逼二字相连，互相配用。

诀曰：吸逼虽然判避迫，同为一气应分明，千钧一发毫厘际，只在微先方寸精。

29. 贴

不近不贴，一近即贴，一贴即吐。

诀曰：贴字紧随身，窥虚便入门，周身都是胆，妙手功夫深。

30. 擗

随转随发，推掇而去。

诀曰：避其锋锐气，不计更神奇，擗入空门里，来援亦意迟。

31. 圈

随彼跟进，顺手一转，势正凶勇，乘虚而击。

诀曰：圈手圆圆划一圈，横披斜砍避连肩，若教练就钢筋臂，任走江湖仍占先。

32. 插

插者刺也，竖而入之也，全在一股竖劲之功。

诀曰：还手无须转身，顺其来势击其人，要知一拨随时插，莫待稍停彼已伸。

33. 抛

丢掷法。惊彼慌张为我借机用招。

诀曰：兜时心，抛时慌，浮力其中难审详，术至通灵神化境，脱离潇洒怎提防？

34. 托

托者，帮也，有补救之功。

诀曰：托来宜快不宜迟，插劲还须趁势推，毫忽微艺分胜负，得来秘诀擅英奇。

35. 擦

擦者，近也。手滞在何处，用紧近推之意。

诀曰：擦字飘来急似风，轻描淡写转飞蓬，莫云着处难伤骨，泥雪斑斑印爪鸿。

36. 撒

撒者，挡也，周身练熟，取其力猛隐撒疾推相连，运用快速。

诀曰：撒手从来万事休，匹夫亦可傲五侯，得来一字传千古，博的英名熟与俦。

37. 吞

吞者，没也。防内、外、上、中、下五门，披拦截砍，双分手，双盖手，来势凶猛，即变此法，使彼莫测。

诀曰：丈夫能屈自能伸，进退全凭巧技能，侧步轻移藏变化，窍道之至入于神。

38. 吐

吐者，伸也。舒伸吞吐相连，运用出没。

诀曰：吞吐明知两字连，其中变化几人全，任他学有超人技，不及千金一诀传。

三、散手技击论法

上右进左，上左进右。发步时，脚跟先着地，脚以十趾抓地，步要稳当，身要庄重，手要沉实而有骨力，去是撒手，着人成拳。用拳拳要卷紧，用把把要有力。拳从心发，以身劲摧手，手以心把，心以手把，进人进步，一屈浑身皆屈，一伸浑身皆伸，伸要伸得尽，屈要屈得狠，如卷炮筒卷得紧，崩炸得有力。出手先占正门，此是要诀。以手当枪，高打高顾，低打低应，进打进乘，退打退跟，紧紧相随，开降未定，粘黏不脱，拳打立根。骨节要对，不对则无力。手把要灵，不灵则生变。发手要快，不快则迟误。举手要火，不火则不快。打手要狠，不狠则不济。存心要毒，不毒则不准。脚手要活，不活则担险。存心要精，不精则受遇。发作要鹰扬勇猛，泼皮胆大，机熟连环，勿畏惧迟疑，心细胆大，面善心恶，静似书生，动如雷发。

脚踢头歪，拳打膀炸，侧身进步，伏身起发，斜行换步，把势审人。能教一丝进，莫教一丝退。有意莫带形，带形必不赢。捷取人法，审顾地形，拳打上风，手要急，足要轻，把势走动如猫行。劲要整，目聚睛，手足齐到定能赢。若是手到步不到，打人不得妙；手到步亦到，打人如薅草。是以善拳者，先看地形，后下手势，上打咽喉下打阴，左右两肋中打心，前打一丈不为远，近者只在一寸间。身动时如山崩墙倒，脚落时如树扎根。手起如炮直冲，身如活蛇，击首则尾应，击尾则首应，击中则首尾皆呼应。

打前要顾后，打左要顾右，打高要顾低。操练时面前无人如有人，交手时有人如无人。前手起，后手紧摧，前脚迈，后脚紧随，面前有手摸不见手，胸前有肘封不住肘。手起足落，足落手起。心要占先，意要胜人，身要攻人，步要过人，势要欺人，神要逼人，艺要压人。拳术如战斗，击其不备，袭其不意，乘击而袭，乘袭而击，虚而实之，实而虚之，避实击虚，取本为末。

（七）技理探索

武为功　术为技　习拳练功艺更精

——"技"与"功"之关系

武谚讲："练武不练功，到老一场空。"可见，习拳练武离不开功力训练。

让我们先来分析一下"技"与"功"之间的关系。"技"指招法、拳技。"功"即功力、力量。功力包括外发力、耐力。如果你练习赵堡太极拳，功力主要就是指内力。练习拳技是为了掌握攻防动作，而练功的最终目的就是提高功力。

武谚又讲："一胆、二力、三功、四技。"没有强大的功力，就谈不上"胆力"二字，正所谓"艺高人胆大"是也，另一方面，练拳下得功夫越大，力量就越大，因此，力量是功力训练的结果。由此可见，功力训练在拳术技击训练中占有多么重要的地位。

但是这里必须注意，如果你真想一心一意追求武学的真谛，你就必须在功力训练上下功夫，决不可只练拳术套路而不练功，成为花拳绣腿。现举一例给大家提个醒。

在一篇资料中，有位武友说他曾认识一位先生，当时这位先生已有五十多岁，对武术的热爱之情可以用"如痴如醉"来形容。他从十几岁就习武，什么长拳、八极拳、形意拳、太极拳、八卦掌都无所不会，所练套路不下几十种，刀枪剑棍也都能耍弄，可以说是一位老把式了，但未曾练功，未曾经历实战。一次，他竟被几个小流氓打得鼻青脸肿。几天前，他与这位武友，以其双臂和武友的单臂较力，结果武友稍一发力，这位"套路把式"便坐在两米外的沙发上了，感到非常惊讶。

此正所谓"武为功，术为技"。人们往往忽视了功，而只讲技，只讲招法，这与武术"日久功深"的道理是背道而驰的。古语也说"一力降十会"，我们为什么不在功力上多下功夫，而要专门练习套路呀、招法呀、技巧呀之类？先贤老子曾说"胜人者有力"，试想，如果杨班侯没有超人的功力和过人的胆识，能被誉为"杨无敌"吗？

“练武不练功，到老一场空；习武又练功，功夫几倍增”，是句简而透彻的武训。如果我们能细心玩味，就不难发现其中所蕴含的深邃哲理。大道至简，只要经年累月地下苦功、下真功，功夫自然很快上身。当你将功力训练作为每日习武的必修课时，你会渐渐体会到“苦尽甘来”的真正含义。但是切记，这里的功力训练绝不是单纯的蛮力训练，而是力与技紧密结合的。专项类力量训练，极讲究爆发和脆快，又灵活多变，实用性特强。

翻跌绝妙　惊心丧胆

——太极拳推手技击之实质

传统太极拳推手是一种验证拳势动作是否正确和向散手顺利过渡的一种训练手段，旧时称为打手、擖手。技击性非常强，其中包括踢、打、跌、拿等法，伤害性极大，许多动作都是实战技法的体现。当推手练到十分纯熟时，即运用各种招法，可黏可脱，可近可远，声东击西，黏上打下，或擒或拿，摔跌兼用，以长、短、冷、截、拧、裹、钻、翻等等，做到分秒毫厘不差地去准确地打击对方。温和时，可以使人毫无痛楚；而翻跌绝妙，猛烈时亦可使人惊心丧胆、五脏俱裂。这就是传统太极拳推手的目的、实质和真实写照。

传统推手注重技击，更重于散手应用，其推手尤其注重于拿法。因此，拿法在推手技击中以及散手之应用，占着重要之地位。如果没有拿的本领，即无发的功夫，能拿才能发。拿法很多，有里拿外拿，先引后拿，骗拿、采拿、拿臂吊腕、骨节对照等均属于拿法之列。采拿折别、摔跌靠打是传统太极拳推手的基础。

一、推手的基本要求

①身松点紧。保持肌肉放松，但要有弹性和支撑力，身体各部要保持或明或暗的掤劲，周身要最大程度的松沉；与对方搭手的“点”要紧，身体的松在推手中可使自己具有较大的灵活性，而“点”紧则会给对方造成

很大的威胁，同时，在身体放松的前提下，有助于锻炼自身的“听劲”。

②力点多变。推手时，我力点要灵活多变。“周旋无定意”，使敌无所适从，防不胜防，陷于败势。例如，我先用手击打对方，之后以前臂撞击对方，再用拳穿打其胸部等，我力我法，无始无终，“如网天罗”，敌焉有逃脱之理！

③连续炸力。“炸力无断续”。有时，一次发力难以奏效，或只能破坏对方重心，我可采用连续发力的方法，将对方放倒或摔出。连续炸力，是属于发力具体应用的问题，发力时如同炮弹出膛，浑元炸力，连续不断，直至将对方放倒。

④承接反弹。对方力量过来时，不但不化，反而以身承接，再以笃实纯厚功力将对方弹出。

⑤精神假借。无论以何种实用方法，均要注意精神假借的应用。“两目神光敛，指端力如电，肌肉似惊蛇，步履风卷席，纵横起巨波，若鲸游旋势”，就是这层意思。我还可以把敌人当蚊虫一样看待，或似老叟戏顽童，大敌当前，我如入无人之境，任我所为。

二、推手的实质应该是“力”在起作用

①不用力不是不要力。在推手或散手中，因人、因时、因势，根据双方变化的需要，而恰到好处地随着对方，在用力与不用力的转换中，找出机会不使劲，而达到可能达到的结果。如双方贴身缠绕在一起，自身双腿一松，不支撑自己的体重了，由于地球引力产生的重力作用，身体自然松沉下坠，产生了重力势能。虽然仅有短暂时间，但自身不使劲而产生的重力，就可以结合技法加在对方身上，足够战胜对手之用了。当用完这“自身不用力”而产生的力后，腿部再不失时机的用点支撑力保持自身的平衡。

②不用力不是没有力，在特定情况下反而是有力。如果对方右反臂掌向我搧来，我以右手腕部或前臂部迎搭粘黏（掤）在对方肘关节上部，此时，如果我右臂放松搁在对方胳膊上（自己不用力，或称用零劲），对方反而感觉沉甸甸的，这是因为对方抬着我胳膊重量产生的力量。

③借助于“用力”产生的形变势能，“不用力”可以达到“用力”达

不到的目的。如在推手或散手双方你来我往的较技中，出手向对方面部推去，对方掳腕下压，自己顺势放松不用劲，把出手抬胳膊时储存的形变势能和重力加速度产生的力量，松沉到对方身上（机械能再利用），能合上对方的运动趋势时，完全可以达到对方倒地的效果。一般情况下，对方感觉你就是没用力，而自己也顶不上劲就倒了。如果这时你用力下按，往往是对方反而借助你用力下按之力支撑住身体。这就是拳友们常说的，有时侯“用力”不倒，“不用力”反而能倒。肌肉是把化学能转化为机械能而做功的，“不用力”是把举胳膊时产生的能量在后继的运作中转化为动能。

④运动实践中，所谓的“用力”与“不用力”都是客观存在的，其实质还是“力”在起作用，不然，对方的平衡是不会遭到破坏而倒地的（“用力”与“不用力”是一种辩证统一的关系）。“不用力”的技法成功使用，一般是在“用力”有一定基础后逐步达到的。而要学会“用力”，又是在“放松不用力”的训练过程中逐步掌握的。“用力”的技法没有止境，“不用力”的技法也是没有止境；不经过“放松不用力”的途径难得“用力”之精巧；不经过“用力”的修炼而难得“不用力”虚无之奥妙。

“用力”与“不用力”交互为用，相继出现，相互转化。依具体情况而言，“用力”与“不用力”可以达到相同的目标，可以达到不同的目标。“用力”可以达到“不用力”达不到的效果，“不用力”也可以达到“用力”达不到的效果。“用力”是“加兵于人”可以赢人，“不用力”是“不兵于人”也可以赢人，而在于哪个水平更高一些。正所谓“以刚制柔”是一种可能，“刚极能制柔”；“以柔克刚”也是一种可能，“柔极能克刚”。“不用力”的技法是与静、松、净紧密相联的；是招熟、懂劲达到一定程度后应当修炼的，是攀登“人不知我，我独知人”的阶梯。妙手空空，虚空无物；有中生无，一无所有；无中生有，应有尽有。愿天下习武者“用力”与“不用力”得心应手，达刚柔相济、空灵神明之界，拳学修炼圆满。

三、推手是在刻意寻找抵触中，训练由丢顶到不丢不顶功夫的

丢，对于高水平一方来讲，就是放弃对对方的控制，劲力不再在对方

身上产生渗透、牵引的作用。对于水平低的一方来说，丢就是丧失将高水平的一方的每一作用力自手而肩而腰而腿贯串至足底的受力过程。

双方水平差距大，又严格遵循不丢不顶法则进行配合性推手，不丢的程度、质量就会很高。高手能将“功”顺利地“传”给低手，长功会很快。如果双方不配合或不知如何配合，或是断手、散手，那么不管水平多么悬殊，丢是不可避免的，甚至是没有“不丢”的。

现行的太极推手比赛，其实质内容是断手，断手时丢顶属正常现象。人们以推手的标准来评判断手比赛，自然得出比赛没有体现“不丢不顶”的结论。其实这不是参赛队员的过错，谁走进这个赛场都如此，无一例外。逢丢必打，逢顶用摔，比赛中加上打和快摔，那么平日配合性推手中练就的不丢不顶、粘连黏随的功夫就都用得出了，所谓的太极推手比赛存在的一系列问题，就能从根本上加以解决。真正意义上的太极推手是无法进行比赛的，它仅是一个配合性练习而已，离开配合，就不存在推手。既然是比赛，就不会有配合。没有配合，怎能不丢不顶？

初学推手，头脑中不准存有所谓的化的念头，只管接劲、受劲，追求如何让对方的每一用力都渗透到自己的足底。推手的高级功夫是，当你用力打我的时候，你用的力同时是打在你自己身上。把你的力化没了，滑掉了，躲开了，我用什么打你？用我的力打你，太费劲，太极拳术最讲究借力打人，最讲究经济用力，也唯有太极拳能实现“耄耋御众”的境界。要让对方打着你，然后才能反作用于对方，反给其身。

今天，先学不丢，学被打，学被打个正着，是为了明天的不受打，打不着。化即是打，打即是化。可见，打难，自然化亦难。一开始就讲化，本末倒置，是不科学的。化不需要专练，受刺激多了，刺激最终不起作用，那时，化、打都有了。平时推手，创造条件，让对方用力，打中我，然后才是如球撞壁还。万万不可老虎屁股摸不得，见力就躲，就错开，把来力丢失了。

配合性推手练习中所谓的顶有其特定的含意，主要是指双方同时对着用力的时候，感觉用力不顺达，力量丧失弹性特征。一方感觉用力顺达、得劲，这一方就没有顶。用力顺达说明所用之力正在产生预期效果，该用力时用得对。双方力的作用稍有抵触，就顺对方的力走化，怕犯顶，这在实战中是没有用的。推手中刻意寻找抵触，形成抵触。抵触形成后不急于走化，反而增强抵触，令对方不能抵挡。这不靠力大，而靠劲准，将对方的力从其身体某一关节折断漏出。如果对方主动猛攻，这时不刻意寻找抵触，抵触自会找上门来。如果对方推得保守或我主动进攻，那就要刻意寻找抵触了。只要用力顺达，不失去弹性，必要的抵触不算顶，反而是必不可少的。

目前，在太极拳推手方面，练习时是丢多顶少，在激烈对抗时则是顶多。练习时，双方手始终是贴着没有分开的，如果是老搭档，一来一往还推得默契合拍。可是，在这表面的连绵不断往来中，却没有腰腿臂背的强有力搓揉，双方都没有将自己整体劲力加于对方，推来无关痛痒，不能入骨三分，毫无功力可言。这充其量只是手上功夫的练习，与太极拳的整体功夫相去甚远，只是健身娱乐而已。如此练习，几无实战价值。在推手中，手可以做到似松非松、将展未展的劲力运用。然而，腰、背、腿能做到吗？自腿、腰、背、臂全身无不在做似松非松，将展未展的劲力运动，这才叫整体运动，才叫不丢不顶，才会出功夫。

全身劲力似松非松、将展未展，在推手中偶尔会出现，但在推手中始终保持着这样的劲力运动状态，就需有一个正确的、特别的练法。练习时不自觉地养成了见力就躲的丢病，在激烈对抗时便会吃到苦头。平时好像很有效的走化功夫，在对抗时不知跑到哪里去了，只能要么消极逃跑不抵抗，甘拜下风，要么本能硬抗。于是硬抗死顶还是被逼出来，吃的苦头就更多。练习时有几分丢，用时就会有几分顶，丢越严重，顶越厉害，苦头吃得就越多。平时全身心不丢不顶，就会高质量感知对方的动向，该顶、可顶，就顶他，顶他个两头受力中间折断，自己打自己。不该顶、不可顶就减少抵触力度，不丢不顶保持适度抵触（不丢），再看机会。

若平日实行逃丢不抵抗政策，用时被逼硬抗死顶，则想丢丢不了，要顶顶不住。我曾遇到过几位练大成拳推手和练“无关痛痒式”太极拳推手的朋友，与他们推手，给我的总体感觉是，大成拳推手普遍偏硬，太极拳推手普遍偏软。前者顶（硬抗死顶）多，后者丢（躲、逃、不敢用力）多。顶、丢都不好，但从实战上说，顶比丢管用。顶使矛盾激化，增强冲突，至少能强化体能素质。而丢者，什么都得不到。不管是大成拳还是太极拳，有成就者，必定是软硬适中，不丢（不逃）不顶（死抗）的功夫都是不错的。

练时不丢不顶，用时忽隐忽现，充分运用顶丢。当我顶时，你恰处于不得力状态，抵抗不住。当我丢时，你手足无措，不知如何动作，尽失机势。有一个现象值得注意，甲乙两人，甲平时推手严格不丢不顶（轻随和不抵触）、粘连黏随（无关痛痒的化转），乙平时推手因师承或悟性的关系，推起来总是丢丢顶顶，丢时丢的干净彻底，顶时顶得全身有力。当甲乙较技时，甲无所适从，乙却得心应手。原因何在呢？较技时，谁能够主动丢顶，抢占先机，谁就占优。甲那种无关痛痒的不丢不顶、粘黏连随的习惯已根深蒂固，较技时，即使心中想着不一味粘连黏随，该丢时丢，该顶时顶，无奈手上总表现不出多少丢顶，显然要处劣势。在推手人群里，大多情形是，平时丢顶者，在较技时，较平时不丢不顶（无关痛痒）者占优势。

真正掌握不丢（不避、不躲、不逃、积极迎合寻找时机）不顶（不硬抗死顶，而是在刻意抵触中锻炼自己）的推手技术，如长年坚持散推对抗练习，就能很快成为不丢不顶、功夫高强的高手。

周身含蓄　有感即应

——太极拳的发力之秘

提到发力，有人可能认为，发力不就是使劲吗？使劲谁不会使呢？实际上，拳术之“劲”不是人人都会使的。有的人力气很大，可是在拳术上却有劲使不出来，有的人力气并不甚大，可是能发挥得很好。侯春秀老先生到晚年时，端一小簸箕就喘，可当他与人推手时，一发力能把人弹出丈外。

1. 太极拳的发力之秘

拳术力量乃为精神之集结，周身含蓄，紧密结合，一致而为用。夫拳之所重者，在精神、在意感。养成神圆力方，形屈意直，虚实无定，练成触觉活力之本能。以言其体，则无力不具；以言其用，则有感即应。发力是无定位的，无论是头、手、肩、足、肘、膝、胯任何一个部位，只要有感觉就要立即发力，所以称之为“有感即应”。

发力，归根到底仍然是一松一紧的矛盾对立统一的问题。松和紧，是构成人体运动的基本矛盾。所谓松紧，就是肌肉的松紧和精神上的、心理上的松紧，而首先是精神上的松紧。一个人如果精神上不放松，老是处于紧张状态，有什么功夫也发挥不出来。

太极拳的训练就是从训练放松开始的，然后训练松紧的转换，达到松紧高度协调。只有会松才能会紧。也可以说有什么程度的松，就有什么程度的紧。而在太极拳的训练过程中是要求松的时候多，而紧的时候少。发力就是紧的一瞬间的作用，当触及到对方后就马上松下来，准备再做下一次的紧，在松紧转换的过程中就有个速度问题，力量加速度，作用力才大。

太极拳的发力是要求冷、脆、快，也就是瞬间的爆发力。以极大的力量，在很短的时间内，集中地发到对方的身上某一部位。如果是打的话，穿透力强，伤害性大。所谓穿透力，是说打在人的前面而痛在后面，往往使人难以接受。若是“放”的话，也就是“发”，能使人因失去重心而摔倒，伤害性小。与人较技时，有时用打，有时用放，有时打放结合，这是须酌情处理的问题。如果是友好切磋，以放为好；如果已经是生死相关，用打为宜；如果竞技，可以打放结合。

一般，打是在最近的距离、极短的时间中的动作。而放是在打击的过程中，接触对方的肢体时加大了动作幅度，延长了动作距离，增大了接触面积，因此作用的时间也就相应延长，身体在运动的情况比打要大。也就是说放比打要慢些。但是“放”比打还难些。

在相等的力的情况下，速度越大，而冲量就越大，所以太极拳技击很讲究速度，要在一刹那调动全身各部位均整一致，把力量发放到对方身上去，使对方感到迅雷不及掩耳，惊恐万状，而防不胜防。

在发力前精神紧张，肌肉僵滞，有力发不出来。动作不仅不协调，有时发抖发软，害怕就是这样。例如，你遇上一个手持凶器的壮汉，你一紧张，就束手无策；你若遇上一个小孩也手持凶器，你认为一个小孩没有什么可怕的，精神放松，可能发挥得很好。这就说明精神的作用是很重要的。

太极拳要求一动无处不动，意到力到，时间短促的爆发。时间越短，而力量越大；速度越快，力量也就越大。正如从高空落下的冰雹，虽然个头不大，但能砸死人。

太极拳技击训练首先是精神训练，从站桩、行功走架开始就要有意念假借，虽不露形，而在意念上，设有大敌当前，生死相关，与其搏斗，求己生存，应当以大无畏的精神与之搏斗。全身毛发皆竖，时刻准备迎敌。有了这样一种意境，才能全力以赴，一旦交手，一触即发，一发即止。精神上有断木碎石之意，当之即摧之势。意念中的力的指向，要向远方伸延，有力透敌背之意。精神上的真切是发力的关键所在。无畏的精神，必胜的勇气，是练技击的首要条件。

蓄力，要求周身都要保持内清虚而外脱化，松和自然，神庄、力均，意念放大，发挺腰松，周身关节似有微屈之意，体认各项力量及神情，以期真实效用。要做到似松非松、松紧适度的待发状态。如果过紧则无力可发，没有后劲。过松则发力迟缓，往往被动，可能给对方乘虚而入的机会。若想再变主动就比较困难，而过紧时也可能正是对方的所需。所以应刚柔相济，一定要掌握住火候。

发力须保持身体松和，发力含蓄而有听力，以得其触，神宜内敛，骨宜藏棱，要身外三尺以内，似有一层罗网包护之，而包罗之内，尽如刀叉钩错，并蓄有万弓待发之势，然却在毛发筋肉，伸缩拨转，全身内外无微不有滚珠起棱之感。动则如怒虎出林，全身如灵蛇惊变，急若火烧，颇有神助之勇。精神上要求放大，力指向远方，意如摧动高楼，一推即垮的气势。在意念上要追求意境的真实感，诱导周身的精神“激发”状态。具有烈马奔放，神龙嘶噬之势，要有谷应山摇一起撞的情景。确如拳诀所讲：猛劲变柔柔成刚，拳打爆发重炮忙。头顶颈梗贯精神，呼吸深长身放松。周身统一腰如龙，气劲根节巧快猛。极柔化作极刚劲，劲到梢头似炮轰。肩项肘手要沉坠，足膝胯背要提拔，全身气劲归丹田，突然一声惊雷炸。丹田用力鼓，两手如抓虎，身内劲要整，两足如掘土。内壮则生胆，气正则胆壮，有胆有力才直勇。利斧破硬柴，勇猛直闯，所向无敌。总之，精神上要压倒一切。

2. 太极拳的力源

从生物力学的原理看，生物力是肌腱松弛和缩收产生的。所以说人的机体的任何部分都可以产生力。举例说，你吊在空中，双脚离开地，你的双手仍可发生力量攻击他人。这时的力是从哪发的呢？我们认为不能简单地作结论。“力发于足”是从人体下肢肌腱产生力而言，是蹬地产生反作用力，这个力由腿而腰而脊而臂，形于手指，作用于对方。当然，形于手指时已不单纯是下肢肌腱产生的力了，还包含背肌和上肢肌腱产生的力。所以又有“力由脊发”的说法。拳经讲“腰为枢纽”或说“主宰于腰”是正确的。腰处于人的机体上下之间，承上启下非常重要，所以太极拳家都非常重视腰的作用。

内力的传递不同于机件，脚作用于地产生反作用力，由于复杂的肌腱、骨骼、关节等生物力的传递系统，力可能完全被传递系统吸收（消耗）变得无形无踪，这是因为生物力的传递不是靠刚体而是肌腱的伸缩和关节的转动。以前的太极拳宗师虽然不可能从生物力学原理上认识这个道理，但他们从实践中也体会出了这一点。所以他们提出“发劲须沉着松净”，在关键一个字——“松”上下功夫。这是提高生物力传递效率的有效途径。陈炎林《太极拳刀剑杆散手合编》里透彻地写道：“发劲时须求周身一致，且出于不知不觉，发者本身自觉愈无劲，而受者愈觉沉重。反之，本身自觉出劲甚猛，但被击者并未受到如其理想中之重量。此中缘由，实因发者自觉有劲，其劲并未全部透出；其自觉无劲者，彼劲已全部透出矣。”可见，发劲效率不高，多因力耗于传递系统了。

太极拳练“松”功的目的，除提高生物力传递系统效率外，还有增大所产生的生物力的作用。产生生物力的大小决定于肌腱松弛与收缩之差的大小，练松功使这个差增大，产生的生物力因之而增大。“蓄劲如开弓”是肌腱的最大限度的收缩，“发劲如放箭”是肌腱最大限度的放松。显然，这二者之差愈大，产生的生物力也愈大。

3. 提高自身力的效率

可以从以下几个方面入手：

一是减少力在自身体内的无用消耗，二是最大限度地提高打击力作用到对方身上的效果，二者相辅相成。

“一举动，周身俱要轻灵”，“发劲须沉着松净”。这里的“轻灵”和“松净”，都是讲减少力在体内的消耗。

“得机得势”，“四两拨千斤”，是讲发挥作用力的效果，即发劲时机得当，攻击部位恰当，力量用得巧妙。

同时对“四两拨千斤”也要一分为二理解，这一名言，确有些过分夸张，用弹簧作比喻，在弹簧反弹力的限度内，一按即起，但超过了它的反弹力，按到底弹簧就起不来了。必要的支撑力必须有，才能拨动千斤。

三是太极拳力量是松紧互用，在发力的一瞬间，要求做到极“整”，也就是极“紧”。要在极短的时间内，发动周身一切可能发动的力量，还要保持身体的平衡均整。一发之后，立即放松，以利再发。也就是说“发”和“收”都要求做得非常快。就是一触即发，一发即止。“松紧、紧松勿过正，虚实、实虚互为根”，必须配合适当才行。

四是加强实用性训练，可以压低身姿在屈膝蹲身状态下演练套路。由于动作缓慢，两腿便近于静力性运动，很费力，蹲身越低，速度越慢，上体松沉越彻底，下肢吃力越甚。所以，久练太极拳的人，腿部肌肉特别发达、结实、有力，就是得到大运动量锻炼的结果。

也可以利用沙包练习太极推手，这也是非常有益的。具体做法是将沙包悬吊于空中（室外、室内均可），高与胸齐，周围不得有障碍物；悬吊沙包的绳子长度要在 1 米以上，好让沙包来回荡动；沙包的大小、轻硬均可随人之便。以此悬吊着的沙包作为推手对象练习推手，别有一番情趣。由于是物不是人，可以尽量放劲发之，沙包被发出后会自动荡回，这时又可迎之以练习接劲、化劲，如此既可锻炼力量，又可锻炼技巧。

搏人之术　综合技能

——太极拳技击素质与推手战术

作为“搏人之术”的太极拳技击，同样需要力量、速度、技巧、灵敏、精神意识等重要素质，它是太极拳技击能力的综合体现，缺一不可。

一、力量、速度、技巧、灵敏、精神素质

1. 力量素质

力量，在武术运动中是个综合的概念，是练功者绝对力、耐力、意志力的综合体现。作为优秀的武术拳种之一的太极拳技击也同样要具备上述要求。

拳论中为什么提出“用意不用力”的原则呢？我们认为太极拳的用意说恰恰是为了长力。正如太极名家洪钧生先生指出的那样：“应当把‘意’理解为合乎拳法拳理的一种思维活动，是一种‘理想’，而非空洞的‘幻想’。”应当承认，力是第一个应当具备的条件。

太极拳劲、力绝非常人的用力方法，它是意识支配下按太极拳的运动规律，通过气息吐纳和肌肉舒缩，所产生的力。此劲具有传递迅速、变换灵活、随意性大的特点。太极拳的用意，用的是合乎拳理规矩的意，并非只讲意（想）而不让用力。那种单纯求意（空想）、不敢用力的认识是不符合武术对抗规律的。

2. 速度素质

速度，在太极拳技击中比力量更为重要，它与力量成正比，速度快，力量也会大，它包含出拳出腿的速度和攻防转换的速度等。如拳经所言“心如火药手如弹，灵机一动鸟难飞，身似弓弦手似箭，弦响鸟落显神奇，起手如闪电，电闪不及合眸，击敌迅雷，雷发不及掩耳”，故太极拳技击是十分重视速度的。由于太极拳行架中动作轻缓，给人以只能慢不能快的错觉，而太极拳手闪电般速度的产生也恰恰是在慢练中练就的。只有慢练，才做一日和尚撞一天钟于用脑细心体会分析、领会要领，强化心理意识训练，增强内力，也便于熟悉劲法路径及其变化，使量的积累达到质的飞跃。在慢练中耳听身后，眼神兼顾左右是练神；“一羽不能加，蝇虫不能落”，是练周身的灵敏。这些机能综合一体，周身处处皆如泄洪闸门的开关，只要碰上它，周身之力便会像洪水一样奔腾咆哮着向你扑来，其速其势，锐

不可挡。但太极拳的这种快猛并不是毫无变化的进击，而是因敌变化，无孔不入。一旦得机得势，要突然起动，使对方措手不及。所以，太极拳技击不但要有后发制人的机智，更要具备先发制人的敏捷，要达到制人而不制于人，就必须意速神玄，有备在先，速战速决而不失制胜之本。

3. 技巧素质

武术技击的技巧丰富多彩，内涵深广，它集中体现了技击的特点精髓。如用招用力方法、用力速度都是技巧范畴，技巧贯穿于技击中的闪、展、腾、挪、踢、打、摔、拿之中。太极拳法尤其重视技巧的运用，想那“四两拨千斤”之效，如果不使用技巧是达不到目的的，这就是太极拳特有的化劲技巧，这种化劲是通过太极拳圆运动、螺旋运动来实现的。在整个主体的太极体中包含了化打结合的技巧，当对方打来时，我必须在保持自身平衡的前提下掤劲接对方劲路，阻止对方改变我太极体的状态，或对方对我太极体进行侵害时，仅仅使对方之力作用于我太极体表层而不能伤内。因我的身体是立体的圆，“无凸凹处”，同时又是运动的，对方的力如同碰在飞转的车轮上，打来的力越大，自损越严重，加之强大而忽隐忽现的内功做后盾，就会实现“四两拨千斤”的目的。所以说圆运动是太极拳技击中技巧运用的核心，掌握了这种螺旋运动的规律，就等于找到了使用技巧的金钥匙。一切技巧尽在圆的变化之中。如果我的肩、臂、肘、手被对方所控制，通过圆转走化并控制或打击对方，以其人之道还制其人之身。当然，太极拳技击还包括用劲、速度、招法使用等等。只要我们认真实践，不断探索，定会创造出更完美的技巧来。

4. 灵敏素质

太极拳所谓的“灵”，不单是指外形上手眼身法步的灵活快速，不是单纯的眼快手快之灵，也不是步活、身活之灵，它更重要的是指人体内在的“灵”——神经感应的快速灵敏，亦即触觉和内体感觉的灵敏。这种“灵”在拳术中的作用，好处很多：

①能增强皮肤触觉和内体感觉的灵敏度，能增强人体对外界变化（尤其是劲力变化）的敏捷性与适应性；

②能使周身活泼灵敏，身心舒泰，起到较好的健身作用；

③能增强“听劲”的灵敏度和准确度，使自己黏劲轻妙，化劲敏捷，拿劲灵巧，发劲准确，使对方防不胜防，有化劲令人不知，发劲使人莫测之感；

④能增强发劲和加快发劲的速度，因为神经感应灵敏了，全身才能毫无阻碍地迅速地集中于一点，才能加大发劲的劲力与加快发劲的速度，打出“迅雷不及掩耳”、惊心动魄的劲来；

⑤能使人在紧张的状态中镇定自若，由于周身极为协调灵敏，反应极为准确迅速，常能后发先至，不急而速，故能在紧张激烈的战斗中保持精神镇定自若，从容不迫，所谓“泰山崩于前而神不乱”；

⑥能使人体神志清新，精神舒畅，思维敏捷，从而更好地发挥人体应有的各种优质良能。

5. 精神素质

精神是人的思维、心理变化、意志品质的综合反映，训练有素的技击家即使是猝然遇敌，也不会惊慌失措、无所适从，而是灵活多变，泰然自若，克敌制胜。太极拳技击同样要求进行精神气质的锻炼，大敌当前要有与敌争生存的英雄气概，内固精神，外示安逸，“彼不动，我不动；彼微动，我先动”，后发先至，“手起足落，足落手起，心要占先，意要胜人，身要攻人，步要过人，势要欺人，神要逼人，艺要压人，快刀斩乱麻，头撞牙咬，肘打膝顶，拳打脚踢，全线出击，绝不留情”。正如拳谚云：“不胜必因心胆寒。”技击中计谋施运化，霹雳走精神，心毒称上策，手脚方胜人，精神是统帅。无论力量的运使、速度技巧、战术的运用，还是主观能动性的发挥，都与心理因素息息相关。所以提高太极拳的技击能力，就要加强心理素质训练，培养勇敢顽强果断机智的意志品质和一往无前的精神气质。

二、推手战术

太极推手，作为一种实习技击的方法，允许使用踢、打、跌、拿、采、挒、折、别等技击方法，但这些方法的运用，必须遵循太极拳粘连黏随、引进落空、借力打人的原则。

1. 先发制人，快速取胜

两人接手互相缠绕，当感觉对方掤劲不足，周身不随之时，要迅速抢占上风，快速直取，不给对方以调整身法的机会，将对方防线一举攻破。“遇虚则实，逞势追击”。如兵法所云：“其疾如风，侵掠如火，”“如烧炉出铁，人不敢摸”。一鼓作气，战胜对手。

2. 守中用中，后发制人

双方接手打轮，如对方中正圆满，无隙可击，要采取守中用中之策略，在粘黏连随中，守住自己的中线，等待对方发出攻势。等，并不等于等待挨打，而是以意听准对方的动向，是被动中的主动。当听准对方有欲进之机或在对方进攻的同时，我迅速乘势借力，在其攻势未作用到我身体之前，抢先发招，击对方措手不及，运用此战术，关键要听劲准确无误，神意贯注，即有“一羽不能加，蝇虫不能落”的轻灵、敏感功夫。

3. 利用规律，调动对手

太极推手是在两人双臂缠绕往来中寻机打击对方，这种缠绕往来的打轮，有其自身的规律性。推手中，有时双方各自以守为主，这时一方要在打轮的有利角度中加力于对方（问劲），迫使对方重心产生偏差而急于调整身法维持平衡，在对方调整身法的瞬间，出其不意发招抢攻，使对方失去重心而倾跌。

4. 上掠下取，声东击西

此法为诈敌之法。推手中双方势均力敌，没有进攻的机会，这时可采取用上掠下取、声东击西的战术，上边捆住对方双臂，给对方造成欲发的假象，将对方的注意力吸引到上盘，这时，我则突袭对方下盘，用挤、压、勾、挂等腿法，掀动对方重心，使其失去平衡而倒地。

5. 多点诱惑，一点突破

太极拳技击方法丰富多彩，除“八法”之外，尚有截、拿、抓、扣、挫、撅、叠等手法。推手中可采用多点诱惑的战术，灵活运用上述各法诱惑对方，使对方的注意力分散。在对方顾上顾下走神之际，我看准对方薄弱环节，迅速出击。应用此战术，必须在我使用诱手的过程中，迫使对方处处受到威胁，在被动防守之时方可能暴露弱点，为我出击创造条件。

打放结合　技能过渡

——推手的魅力和妙用

目前，武术的推手分为民间推手和竞技推手两种形式，并已形成相对独立的体系。民间推手（社会推手）可分为健身（养生）推手、娱乐（趣味）推手和竞技（交流）推手，前二者大多为公园式，后者则大多为流派之间或某流派师兄弟之间的技术交流，是以实用为目的。竞技推手中，从上世纪 70 年代又衍化出了一种用于比赛的项目“推手比赛”，此是由国家推行的属纯竞技比赛争名次的体育运动项目。

一、推手的历史称谓和起源

推手在历史和传统上称谓较多，如打手（有打手歌）、搭手、擖手、盘手、磨手、揉手等。民间有宋岳武穆王（岳飞）创建双推掌一说，可能就是推手运动早期的雏形。

二、推手的体系

对于推手体系来讲，单推手是双推手的基础。因此，应从两人单推手训练开始，然后渐入到双推手的训练之中。但是，单双推手的训练原则、原理并无大的差别，仅仅是单手为主的练习和双手相互配合训练之区别。从训练角度看，推手形式还是双人摸劲、找感觉、试力。基于搏击实战条件下的双人对抗练习要求，在与对方肢体接触时，应善于体察对方虚实、强弱和力量的方向，并在不同的情况下，去控制对方，同时施以有效打击，还要有攻中有防、防中有攻，以及攻防兼备意识。

三、推手发人的方式

在实战中，人们根据其阶段性功能和作用，创立了搭点揉手放人的竞赛推手和半搭点半断点的打放结合的实战推手（原始推手）两种形式。

将半搭半断的打放结合的实战推手形式又可作为竞赛推手的重要辅助性训练手段，用以提高竞赛推手中必备的整体协调灵敏性和触觉高度敏感性，以及增强对抗双方身体接触时的应变能力和攻防时空感，此外，还把强化实战技击意识作为主要训练内容，并将实战推手中的竞赛推手两种形式作为互为补充、互为促进的训练手段，使之构筑武术竞技推手的科学训练体系。

四、推手产生的根源

推手产生的根源是为解决在两人实战相搏中，时常发生的相互缠绕扭打、难解难分、不分胜负的问题。此外，更重要的是，在武艺实践中，前辈们意识到基础训练与实践搏击之间存在很大的训练距离，期盼着一种能拉近训练与实战距离的方法，同时，又感到训练体系中，应该有个把技击活动中人体用力的方式和规律与技术及安全性融为一体的双人技击训练方法。推手就是为能综合性地解决这些问题而产生的。

五、推手的功能

①能成为基础训练向实战应用的过渡手段，可提高和检验自身的功力和各项运动素质的水平。

②能作为拳术中找劲的重要手段，是得力之由，还是渐悟懂劲和由懂劲而阶及神明的重要方式。同时又是体认技击时的用力方式和规律的极佳形式。

③能在两人纠缠扭打混战中，充分体现中国武术在搭接状态下独特的打放结合的技击特色，可弥补散手之不足。

六、推手的妙用

明末清初以后，一些武术优秀拳种，在师徒授艺和师兄弟内部切磋技艺时，分别采用推手技术来作为交流研讨技击的手段。

从武术历史发展看，推手形式原为传统拳术的重要练功手段，是从基础训练向实战技击过渡的阶段性练功方法。在长期的技击实战中，武术前辈渐渐学会并掌握和运用刚柔、虚实、松紧变化，去巧妙地破坏对方的身体平衡，使其不能合理用力，而又处处为人所制。为了便于教学、易于训练和安全性，前辈们又将技击技术逐步由实搏技击的两人接触时的断点猛击向半搭点半断点的打人放人过渡，最终演变到了完全粘点的搭手放人与制人。在大量的实作中，通过对劲路的掌握、了解和运用，前辈人渐渐懂得拳劲的精巧和微妙，以及由拳劲中产生不可思议的爆炸力量。同时还体验到“借力打人”“四两拨千斤”“人不知我，我独知人”和“应敌犹如火烧身”的真实感受。通过锲而不舍的揣摩和探索，继而又悟到“一羽不能加，蝇虫不能落”的轻灵、飘逸的武术技击境界。大量的实践活动使他们认识到，只有在推手中，才能深刻细腻地体会到拳术中各种微妙的感受，这时前辈们已意识到，推手形式是感悟拳术真髓的极佳的练功方式。

七、推手的复杂和难度大于散手

环顾武术推手创立、演变、现状及未来发展，从纯技术角度看，推手的难度和复杂性及要求都远大于散手。有人曾说过：“可以补散手之不足，由于推手技术内在变化比散手技术更为精微，掌握推手技术，会大幅度提高散手水平。”也许这就是推手魅力所在。

实践证明，在实战中合理地运用推手技术，可以较好地解决实搏时纠缠不休的混打和难解难分的状况，因为运用敏感协调的整劲和灵敏度变化的点、力反应，可以击散缠绕及打破僵局，同时，还能利索地击打和发放对手。因此，将它作为散手训练的重要训练手段，毋庸置疑。从实战角度分析，搭手的局面形成是散手攻防交接的结果，因为实战中，你一出手攻击，对方必定出手一迎，于是，就出现了搭手的局面。至于推手的划圈，则是互相寻找攻击空隙和拨转对方之威胁手法及力量的方向，而形成的对抗性运动状态。

起手如闪电　击敌如迅雷

——太极拳的技击

八字诀曰“勇猛短毒，疾狠快利”，太极拳的本质是快。只知太极拳的柔，不知太极拳的刚；只懂太极拳的慢，不晓太极拳的快，不是一个真正的太极拳家。有柔有刚，有慢有快是互为依存、辩证统一的关系，这些一说人们都可明白，但一说太极拳技击运动的实质落在一个快字上，恐怕明白的人就不一定太多了。

其实，太极拳在技击实战中的表现形式必定是“快”，竞技对抗，双方争强斗胜，战机稍纵即逝，抓住战机，以威猛的内劲，加上迅雷不及掩耳的速度，方能克敌制胜。《拳论》中对“快”字有十分生动的描述，如“力贵迅发，机贵神速，一迟即败，一迅疾即得势”，“进如疾风吹人，电光猛闪，愈速愈好”，“彼挨我何处，我意即到何处，气也随着而出，如斯响应，疾如电挚”，“如皮燃火，如泉涌出”。七打谱曰：“头打乐意随脚走，即是神仙也难防；膀打起势进中意，去势好比虎扑羊；肘打去意占胸膛，两手只在洞中藏；脚打踩意不落空，消息全凭后脚蹬；膝打裆腹奔胸膛，灵机全在心中藏；胯打中节必相连，掀飞打倒不为难；手打几处要分明，好像猛虎出了笼！”

如此可见，太极拳的技击与其他对抗性的竞技运动一样，都是十分重视力量和速度。“快”才是实战和应用时必备的重要条件。

一、太极拳技击的实质仍是“大打小，慢让快”

“四两拨千斤”其实质就是集中优势兵力，攻击薄弱环节。有位太极先辈曾说：“我则从旁击之，以我之顺力，击彼之横而无力……”他干脆说出了“……顺力击……横而无力”的有力打无力。运动体在运动方向有力，而其他方向则无力，在流体则还会形成侧压力。在家不妨试试，如果一辆行进的自行车向你冲来，你让开正面，从侧面给他一巴掌，他会顺着你的力和运动方向的合力方向跑去，如果你使的劲大，他可能倒下。太极拳的技击法之一就是这个力的关系，如对方用百斤之拳直冲过来，他的力在拳头前进的拳峰或拳面上，其他方向是无力的，而且运动着的拳与臂还减轻了重力。另外，这百斤力的效果还必须是打到目标距离时才会有的。这样：①如果在来臂上加力，不管什么方向，都是打到了无力之所在，打击效果由打击角度和自己功夫来决定。截劲与采劲拖打即是这样体现的。②在来拳没到目标距离时的中途任何点上是体现不了百斤力的，如果在对方伸拳进攻的运动战线上以己身还以弹抖拦截，用力适度，对方照样可以被弹出而后退的，也就是把来劲捂回去。③太极拳的攻防劲是整劲，所谓“势虽不侔，而劲归一”，全体整劲比一肢之劲当然大。练出来充足的内劲是高目标，“如遇劲敌，内劲猝发……孰能当之”，显见是要大力的。

从许多情况都可以找到大力打小力的例证，如强调攻击的速度，力量和速度是互为因果的，像“发之至骤”，“发劲如放箭”，以及“练就全刚太极尊，浑身合下力千斤”等等，都说明大力才能打出好的效果。

太极拳的打击效果多产生于“防守反击”的战略战术思想，尤其是推手，人如果不“喂劲”，好效果很难出现，这劲喂得不好效果也会大打折扣，往出发一个躺在地下的人，是很难有效果的。“人不知我，我独知人”“彼不动，己不动；彼微动，己先动”等拳诀，多是用于粘在一起的推手。推手中的速度观是“动急则急应，动缓则缓随”，便宜占在利用彼劲上，所以必须“来宜听真”。经过很多时间的训练，身肢反应是高度灵敏的，有了灵敏的感知和反应，会利用彼劲，还以正确的劲力，造成好的打击效果，这就是敌我之间的“懂劲”。许多力学讲究正是在这个环节上出现的，有的先辈们曾用分合力、杠杆力、轮轴力、摩擦力等解释太极拳的打法，可以帮助人去理解，但太不够，也很难概括更多。人是活的，双方是站在那里，双手相搭，形成力的关系是复杂而瞬息万变的。不管双方劲力关系如何，速度还是至关重要的。“力贵迅发，机贵神迅，一迟则失败，一迅则得势……”“去贵神速”“心如火药，手如弹，灵机一动，鸟难飞……”“起手如闪电……击敌如迅雷……”这些论述都是指自身的绝对速度，就是出手要快，进击要快，快了既不误事，劲力又大。这本是生活中常见而人人都知道的道理，其实王宗岳所说的“快何能为”，是对耄耋之年常能御众现象的看法。耄耋之年而能御众，是诸多因素的综合，但其中绝不包括手迟脚缓、呆滞难动的状态，我们不应该向神秘的方面去想。太极拳师的快取决于松活弹抖和出击路线的简捷明快，对时间、距离、力度等综合因素掌握得准确无误、恰到好处，绝没有丝毫的浪费，所以常常应战时脑子冷静、动作果断，“挨着何处何处击”，简捷快速，立竿见影。

二、太极拳技击引进、化、空、击依次在瞬间完成

其原则是：不引不能进，不进不能化，不化不能空，不空不能击。

1. 不引不能进

太极拳属近身短打拳种，拳谚说“打人如亲嘴”，形象地说明只有贴近对方，才能发挥跌拿掷打的技击技术。技击格斗以肢体为利器，只有在有效的范围内，才能给对方以重创。运动中主动粘逼，将对方的直力转化为我方的切线力，用步法、身法的谐调配合，达到我顺人背，如对方用右拳向我进攻，我右手挒接，左手顺接其右肘向我右上挒引，同时我向对方身体左侧外上我之右步，瞬间达到上引下进（不可脱节），打其懒扎衣。

2. 不进不能化

引进的过程是诱敌深入的过程，如对方冲力大，即可顺势而发；如冲力小，对方可在我顺人背的状态下，为寻求得势而挣扎维持自身平衡，此时，我既以自身轴性运动体系走化其力，以黏粘劲紧紧黏逼对方，使其由

一个背势转变为另一个背势。迫使对方处处用力而不得力，欲向我进攻，又摸不准我的重心线，在螺旋运动中，使其险境丛生。

3. 不化不能空

当对方为寻求顺势而挣扎时，我劲已由内换，螺旋劲突然一松，同时配合惊抖手法，使对方的劲力顿时化为乌有，两脚腾虚失控，这谓之“空”。这种空并非完全劲之空，也是心之空。突如其来的化空，一般会使对方精神受到很大的震慑，精神一乱，其劲必散，就在其愣神之际，为我的发放创造了有利条件。

4. 不空不能击

当对方大势已去，再无法调整身法的时候，对我来说，瞬间内不能犹豫，不能迟疑。应紧抓战机，“远用手，近用肘、贴身用靠不让走”，以恰当的部位，集心劲、神气于一体，爆发出强有力的弹射劲，冷脆快狠，势如破竹，轰然而发。

三、太极拳技击注重“借力”之法

1. 顺势借力

这是运动惯性原则在技击中的具体应用。太极拳术以弱胜强、以巧取胜的核心，就是在运动中掌握并操纵对方的运动惯性。因此，顺势借力之法是太极拳术中借力打人的一个基本原则，贯穿在整个拳套的各势之中。顺势借力，即顺彼之来势，接彼之劲侧，引彼之劲落空，吸彼之劲与我之劲合在一起，改变其运动方向，使其劲锋偏离我身并作用于彼身上，并增大其运动惯力，令彼失去平衡或倾俯歪斜为我所制。例如太极拳术中的捋手抖势，彼以右直拳击我中上盘，我让过其拳锋，顺其来势接彼之劲侧，以右手接其右腕，左手抓其膀根，借其冲拳之惯力撤右步向右后大捋对方。即顺势加大其冲拳之力，彼必拔根前倾；我又及时向下45°角改变其拳锋方向，使其向我右后方跌出。如果我捋对方，对方不跟，换劲挣力后撤时，我即顺势进步上掀，此即放手抖发之势，所谓来者欢迎，去者欢送也。

2. 造势借力

即我先造一个态势迷惑对方，使对方误以为自己得势，而现力失势。在技击中如遇到练内家拳之高手，其进其退全是浑圆劲，周身上下相随，劲路不露凸凹，因其来力不明，一时很难找到可借之力。以静制动之高手，不显来力，更使你无从着手。此时就需要造势借力了，即所谓“没有条件创造条件也要上”。要制造出一个我背人顺的表象，以引对方进攻，通过引劲给对方造成假象，然后顺势取之。正如《十三总势说略》所云：“如意要向上，即寓下意，若将物掀起，而加以挫之之力，斯其根自断，乃坏之速而无疑。”例如太极拳术中的蝴蝶手势，我以右掌前穿对方之咽喉，有穿、措、挤、压之劲，如对方不接手，我即得势，乘势而击。此即虚中有实。对方若以相应之掤劲接，我即借其掤劲翻手刁腕下捋，彼必顺势靠我，而此时我左手早已托起，正等着对方之下颏往上撞。如果我穿右掌时对方锁掤，即顺势捋我，我则顺势跟步，落右臂扑左掌护脸，同时以右肩靠对方中门。

3. 蓄劲借力

即将对方打我之力蓄到自己身上，然后再造势或乘对方换劲之机借势把力还给对方。李亦畬先生在《四字撒放密诀》中云：“擎起彼身借彼力，引到身前劲使蓄；松开我劲勿使屈，放时腰脚认端的。”对于“引到身前劲使蓄”句，多数人只理解为“引彼到自己身前使之贴近自己的身体，与此同时曲蓄收敛自己的身体，为发劲做好充分的准备”。从太极拳术技击法的角度理解，则认为上述理解只是在技击上对形体要求的一个方面。还有一个很重要的方面，那就是不仅利用自己形体的收缩来蓄自己的劲，而是在将对方身体引到自己身前的同时，将对方的进攻之力蓄到自己身上，然后通过“松开我劲勿使屈”，再把劲还给对方。例如太极拳术中的搬弓子势，对方以右冲拳击我面部，我以右拦手让过其拳锋接其劲侧，掤住对方前臂。对方力大，继续续劲试图将我掤劲压扁或将我推倒。而我之右臂似弹簧弓子一样被对方一节节压缩，此即意味着把对方之劲蓄到了自己身上。当压缩到一定程度时，我即用左手上挑对方右手，将我被压缩的右臂、掌放开，此时我的右臂、掌则像被压缩的弹簧猛地被松开一样，将所蓄之劲崩还给对方面部或胸部。

4. 杠杆借力

即运用杠杆原理借用对方之力。古人云“秤砣虽小压千斤”，讲的就是杠杆原理。《十三总势说略》云：“其根在脚，发于腿，主宰于腰，形于手指。”讲的也是对这个杠杆原理的理解和运用。人身本来就是一个活的杠杆系统。其下肢是支撑点，有力的作用，即其根在脚。所发的力又通过腰的作用传导给上肢及手臂，在传导的同时又加大了手臂的力量，这就是腰的杠杆作用，即主宰于腰。掌握这一原理并将其运用于技击中，就可以借对方一指一掌一臂之力作用于对方全身，即所谓“牵一发而动全身”。如太极拳术中的采手抖势，对方以右手拳击打我下颏，我以拦手让过其劲锋，接其劲侧，并以右手转腕捏其右腕脉门，左手接其肘部顺其劲势向右、向后、向下方捋对方。在对方刚要跟劲靠我还未来得及动步时，我双手即合力向右下旋，造成对方反关节后，右手上提左手下压用采劲，对方关节疼痛自然后挣，我迅即随其后挣之力将彼送出，彼必失衡跌出。

5. 轴心转动借力

即将对方击我之力，通过以腰为轴心转运后返还给对方。《太极拳论》云：“立如枰准，活似车轮，偏沉则随，双重则滞。”在技击中，四肢如车轮，腰如车轮之轴心。一边沉则转，两边沉则滞，只要不使之双重，在技击中就可以达到“左重则左虚而右已去，右重则右杳而左已去”的顺势借力之高境界。所谓重者，对方击我之力也；虚者，我顺受其力也；去者，通过以腰为轴心的转动将我顺受对方之来力还给对方。如太极拳术中的叶底藏花势，对方以右冲拳击我右上侧，我以右前臂上拦，让过其拳锋接其劲侧，乘其来势，顺其来力，以腰右转化解其进攻之力，同时出左中平拳击对方之软肋。此左拳之力非我之力，乃对方打我之力，通过我腰之中轴转动还给对方。此即所谓黏走合一、阴阳相济之高级技法。柔走和刚黏是不可分割的一个整体。每逢柔走的同时必须有刚黏相随。即通过腰胯及黏着点的螺旋缠绕，将对方来力未被化走的部分通过自身的中轴作用加于对方身上。

6. 随彼换劲借力

就是借彼换劲后之劲力。武汝清之《太极拳论》云："人劲将来，未能发出，我即打去，谓之打闷劲。人劲已动，我早静待，着身便即打去，此谓之打来劲。人劲已落空，将欲换劲，就随打去，此谓之打回劲。"所谓随彼换劲借力，就是借彼换劲后之劲力。即将对方之原劲引进落空后，对方为保证自身平衡，并能继续进去，必然要随势而换劲。而我在其将换未换之际，就已摸清其将换之劲路，立即顺其劲势加大其力，使其失去平衡或被挫而为我所制。或我早已准备好，摆好架势等其自投罗网。例如太极拳术十四捶中的钻捶和肘下捶，对方以右拳击打我胸口部，我以右拦手避其拳锋接其劲侧，并翻手以双掌抓住对方前臂之衣袖，以双擒坐抖势顺彼劲撤步后捋。只要对方没有后挣之力，必然会顺势进步靠我，我在捋对方之后，就立即起右拳上钻，等着对方自己面部来撞我之拳。此面部撞拳之力非我之力，乃对方顺势靠我之力，只不过是在其要靠我的部位还未接上我身时，其面部就已经接上我的拳了。此时，对方发现自己的面部将被击，必然要撤身后仰，我则顺势进步以左拳从右肘下击出，此即肘下捶。如我双擒坐抖时未捋动对方，可迅即顺对方后挣之力前进半步，将双手向前上掀，此即放手抖也。

功夫练至懂劲阶段，其借力打人则完全是意、力的运用，非招势所能表述清楚的。如李亦畬先生所示，"彼有力，我亦有力，我力在先。彼无力，我亦无力，我意仍在先。于彼劲将出未发之际，我劲已接入彼劲，恰好不后不先……此谓'借力打人，四两拨千斤'也"。即"彼不动，我不动；彼微动，我先动"。我之意、力均在彼先，使对方之劲在将出未发之际就被我以敷、盖、拦、截等气势与技法控制住了，使其发不出来，闷在自身体内，自受其力，自食其果。

四、太极拳技击的自我训练与实战训练

太极拳技击有一套较为完整的训练体系，这其中就包含自我训练和实

战技击训练两个部分。

自我训练包括站桩、盘架子、推手（主要是程式化的单推、双推、大捋粘手和接手等）、功力（包括静态与动态训练）、发力、抗击打训练等。以上每种训练方式，实际上都有其独特的功效，可以分别培养技击实战中所必须的各种基本素质，各人都可以根据自己的具体情况进行有选择的训练。但必须指出的是，单靠这些盘架和程式化的推手训练，是不能成为太极功夫高手的，因为它和真正的实战，还有较大的距离。

实战技击训练，则是在自我训练有了一定基础后，进行的较为接近实际搏斗的训练。由此可以看出，这是两种不同层次的训练，是有实质性的、决定性的区别。但是，自我训练是实战技击训练的基础，这一点必须清楚。实战技击训练主要是在对方不断变化的情形下，自己随机应变，逐步培养充分发挥个人拳学素养的能力。这一阶段，主要训练与对方的距离感、时间差、角度、速度、步法的灵活变化、灵敏性与本能击打发放的力度等。是在动态中，针对实战状态的综合训练。如缺少此过程，就很难发挥出太极拳的技击威力，难成真正的太极拳技击实战高手。

五、传统太极拳技击还必进行抖大杆子及负重训练

上世纪 50 年代在北京健身太极拳武术总社的兵刃架子上立着两根很粗的白蜡杆，长有丈余，呈枣红色，光滑锃亮，这种器械就是太极大杆子。大杆子不是战斗武器，也不是演练套路用的，它是操练基本功用的器械。老师在教你练器械之前，先让你练习抖大杆子。太极大杆子和太极大枪不同，太极大枪演练有招法和套路，太极大杆子没有套路，只有九个杆子点，即抖、抽、点、拧、摔、扎、挑、拨、撩等。九个杆子点可以穿插，配合练习。例如，抖杆时可以用扎或摔杆混合练习，摔配合挑、点，拧配合拨、抽和撩等等，随心所欲，灵活运用。步法也同样随杆子点灵活变换，半马步、马步、弓步、虚步、仆步、丁步、横裆步、进步、退步、绕步、插步等等，总之要练成活步。抖大杆子要求用丹田的内气、周身之劲力，力由脊背发出，使周身松沉之气和力要贯到杆头向前抖动。抖动不超过 100 次就会大汗淋漓，练习日久则内劲渐增，功力大进。大杆子比较长又很粗，

其重量也是一般枪杆的 2~3 倍，练习时右手握大杆尾端，左手握大杆的中下端，右手如锁握紧，左手如管使大杆能前后滑动。大杆横在腰前，左脚向左迈出一步，两脚距离要比肩略宽。左脚尖向外撇，双腿下蹲成半马步。抖杆时要以腰为轴，肩、肘、腕、胯、膝要协调一致，随杆子点的变化而变换步法，抖起来虎虎生风，雄壮有力，整个杆身都在颤动，力量要达杆头。没有一定的太极拳功底，不掌握其要领是很难做到的。练习一定时间的大杆子，臂力和腰劲会与日俱增，对以后练习各种武术器械是很必要的。

抖大杆子，要当作一门功课，长期坚持，一天少说也得抖几百次，甚至上千次。必要时，练挑法可挑掷沙袋，可由轻到重。这样若能坚持几十年，其功力当然不可小视。

制作大杆子的白蜡杆，质量最好是山东和四川等地种植的，有韧性和弹性，不易折断。尺寸要达到一丈以上，杆头如鸭蛋黄，尾端如鸭蛋粗，上下直而光滑没有疤痕的为上品。大杆子使用多年以后变得绵软红亮，在尾部用双手一抖整根杆子都要突突乱颤。抖大杆子是很吃功夫的一项基本功训练，必须常抖、常练、坚持不懈，日久见真功。

太极拳最讲究技击，是技击当然就离不开力气的训练，在这方面，太极拳和其他功夫并没有太大的区别。以八卦掌的器械来说，单剑可达三四斤，单刀可达七八斤，还有负重行走，如腿绑沙袋、脚穿铁鞋；还有上肢功夫的负重练习，如用黏土和泥做成土坯，在土坯未干的时候先以五指插孔，泥块由小到大，晒干后抓、走、推、拉、轮转，以练指力；形意拳的大刀、抖大枪、舞石担子；赵堡和陈氏太极拳家自古舞春秋大刀，抖大杆，拧转水缸，拧太极尺，玩石球，另外，有资料显示著名的清代太极大师李亦畬曾用五六十斤重的铁棍练功，更可见一斑。

力从对抗求　巧从搏击得

——太极拳技击力与巧的关系

《武魂》1997 年第 3 期发表了某位先生的《力从何处求，巧从何处得》一文（以下简称“力文”），提出了一些不切实际的观点，现录出，以探讨之。

此文对于力的概念、得力的途径、感受、结果首先做了如下的论述：

对于力，当前武术界的一般说法是外力（也叫硬力、拙力）和内力（也叫内劲）。这两种力的不同在于：得力的途径不同。外力由练力得力，如举重、打沙袋、打拳、站桩中也要用力；内劲由放松、用意、练气而得力，如打太极拳、练气功，站桩都是用意不用力。感受不同。练外力要吃苦受累，练后大多气喘吁吁，有时会感到精疲力尽；练内劲有时也出汗，但不发喘，练时浑身舒坦，越练越想练。

结果不一样。练外力得到的是僵力、硬力、拙力；练内劲得到的是气，气即力。外力僵，内力活。外力收效快，内力收效慢，这或许就是历年太极推手比赛中，练外力的胜了练太极拳的原因吧。

从上述论述看，问题颇多。

第一是概念有误。

第二是不动脑筋，人云亦云。

第三是不切实际。

第四是拒现实于不顾。

说此文概念有误，是因为其把人体自身的力，错误的分为外力和内力，并且打出“武术界的一般说法”的牌为自己辩护，把不科学的、错误的东西，硬要说成是正确的。严格的讲，人体本身只有内力，而且是生物力，是由肌肉收缩与舒张交替而产生的。就像一个人吊在空中，他照样可以蹬腿用力一样，是自身由意识支配肌肉收缩产生的。外力是对内力而言的，外部的力（别的物体力）作用于我的身体，才应该称为外力，这才是符合物理力学原理的，而并非僵、硬、拙力的代表。

一般常识告诉我们，人体做任何一个技术动作（哪怕是生活和生产劳动中的），在练习之初都会表现为僵硬、笨拙和不协调，这在太极拳的初学者身上，亦表现得极为突出。原因很简单，这是由人体的生理规律和运动技能形成规律所决定的，是不以人的意志为转移的。所以说僵力、硬力、拙力只是初学动作时的一种表现形式，而并非指外力或练习的结果。僵力、硬力、拙力经过训练程度的进一步提高和深化，会逐渐消失，使动作变得柔顺、协调、轻灵、圆活，乃至运动自如、刚柔相济，发力节省、力量集中、用力巧妙，这都是由运动技能形成规律决定的，任何一项体育运动都不例外。

体育运动中的任何一项竞技运动，特别是对抗性强的项目，如拳击、柔道、摔跤、散打、自由搏击等，无不是以力量、速度、耐力、柔韧等素质训练为基础，得力的途径都是尽可能地给肌肉以强刺激，使其达到最大的收缩和舒张，使肌纤维参加的数量尽可能的增多，能量增大。使动作协调自如，灵活有力，爆发性好。在这一点上，太极拳功夫训练的传统方法更不例外，如陈式太极拳套路中就有许多明显发力的练习动作，练功中又要抖大杆子，以练身手的力量。武式太极拳先辈李亦畬、郝为真师还用80多斤重的铁棍做扎枪动作，可连续捅100多次，其练力的程度是可想而知的。所以说，只要是竞技性运动，得力的途径不存在什么不同，人为的臆想是不科学的。

此文不动脑筋，人云亦云是因为，其一讲“练习劲得到的是气”“气即力”，这不科学，气怎么能是力呢？那么可以换句话说发力就是发气、发力打人就是发气打人；发力摔人就是发气摔人；发力举重、跳远、跳高就是发气举重、跳远、跳高等等，符合逻辑吗？所以说“练内劲得到的是气”“气即力”是玄学，不是科学，只会把人引向歧途。

其二若按此文之“结果不一样”的逻辑讲，举重和中国式摔跤，以及拳击、散打、跆拳道、泰拳、搏击等竞技项目的力量训练，自然而然的应属于练外力，其练的最终结果也应该是僵力、硬力、拙力和不灵活。但事实却恰恰相反，举重运动员的瞬间爆发力既畅又顺、又大又猛，举起的重量可超出身体重量的几倍，并且动作的技术技巧性亦特别强；中国式摔跤运动员发力既脆又快，既灵又活，贴身即摔，刁手就掷，亦极讲究以巧破千斤；拳击、散打、跆拳道、泰拳、自由搏击亦无不表现为发力迅猛、脆快有力，动作自如，身法和步法灵活多变，表现为力量、速度、耐力、柔韧等综合素质的高度协调，并非僵、硬、拙和不灵活的表现。然而此文的“练法”却是没法对抗，“在历年太极推手比赛中”败下阵来，更不敢说和摔跤、拳击、散打等项目所练的“僵力、硬力、拙力”，一比高下了。说此文不切实际是因为，养生方法和练技击功夫本应是两码事，不能混为一谈。此文说的“有时也出汗，但不发喘，练时浑身舒坦，越练越想练”是活脱脱的纯养生之法，与技击功夫训练相差甚远，若果真是内“气”练成了，那我坚信，其对于赛台对搏也是根本无济于事的，只等于找着挨打。在这一点上，从民国时期的首届国术比武大会开始，就深刻的说明这一点，气打人是不可能的。

要练好太极拳技击功夫，就必须吃苦流汗，这是一条必由之路。杨振基先生说：“数趟拳练完，全身酸痛，上楼抬不起腿，只好爬着上。”傅钟文先生也讲：“练拳练到坐下不想起来，起来不想坐下，全身像上刑一样难受，必须练到这种程度。”

傅钟文先生还说过，杨露禅除了自己苦练外，为了让儿子们能接传自己的功夫，在健侯兄弟年轻时，天天拿大棒赶着他们练，稍有松懈，就用大棒打，下手之重，几乎令人无法忍受。杨班侯的一身无敌功夫，就是在这样严格的看管下苦练出来的。杨健侯小时，由于杨露禅天天督促，练拳几乎练到了身心不能承受的地步，后成为杨家第二代代表人物之一。杨班侯生有一女一子，女儿练拳时，达不到要求，他一失手竟把女儿打死了。

傅先生进一步说，过去的太极拳有不少人是乡下人，他们识字不多，靠的就是下苦功夫练，不怕吃苦、不怕累地练。因为没有好功夫，与人交手，只要一输，一辈子就完了，甚至还有生命危险，所以非下苦功夫不可。舍此，没有他途，只是嘴说、纸上谈兵、夸夸其谈，“半瓶子”水，晃晃荡荡，不愿下功夫出力流汗，是没有用的。

说此文拒现实于不顾，是因为其明明知道“在历年太极推手比赛中，练外力（实为内力——笔者）的胜了练太极拳（实为养生行气的——笔者）的”这一事实，却视而不见，不从自身的练功方法上找问题，而去一味地指责、批评比赛的对方，难道当年的杨家父子还要规定别人只能用太极劲比武不成？若按此文的练功逻辑，其内劲——气，代表了太极拳的真正功夫，那么其对付所谓的“僵力、硬力、拙力”，本应是更容易的事，怎么反而又连年败北呢？道理很明显，那就是不切合实际。“实践是检验真理的唯一标准”。任何违背这一客观规律的做法，都等于自取灭亡。所以，我们应该赞扬和鼓励那些勇于实践、不断探索的求真求实者。

1990 年 4 月 7 日至 13 日，中国武术研究院召开了部分在京的太极拳家和武术工作者会议，对太极拳推手进行了十分热烈的研讨，他们边研究、边实践。可敬的是北京信息工程学院的于志钧教授，亲自下场真推。他说："我输了没关系，就是想亲自尝一尝味道，以求其中的真谛。"通过竞技推手的实践，他提出推手不能只讲"用意不用力"。大家一致认为作为竞技体育，尤其是对抗形式的推手，应是技术、力量与速度的综合，认为以后不要再片面宣传"四两拨千斤"了。要使太极拳推手更健康地发展，就必须求实求真。

经过多年的太极推手试验性比赛证明，太极推手是实实在在的科学，是技击对抗性很强的体育竞技项目。太极拳出手接触对方身体之前，是软弱无力不显于表，接触之霎那，骤发刚猛，并可使瞬间刚柔骤变（极柔软、极坚刚，动急则急应，动缓则缓随）。由此可见，太极拳不是玄学，其对抗性推手实为对力的运用之妙达到了得心应手的高级自动化、动力定型阶段，并非以"气"击人的神话。

此文随后又讲"练太极拳先求一力是对的，但这一力应当是内力，应当从打太极拳中去求，应当从用意不用力、练气中去求"。前句应该是对的，后句就错了。岂不知推手搏击所需的力量（有很强的对抗性），是打太极拳"从用意不用力，练气中去求"永远也求不来的，其原因就是脱离对抗、脱离实际。所以，练拳几十年，不知内劲为何物的人，大有人在。甚至多少年来，还自以为是，认为自己的太极劲如何如何的好，可一上赛台却突然输得一塌糊涂，这样的例子比比皆是。归根结底只注重练架调气、用意不用力，不懂得用力之妙和对抗之妙。

此文也讲："谈太极推手的巧离不开守和攻，能守得住攻得下技艺成矣。"这句话讲得非常正确，但遗憾的是怎样才能"守得住"，如何才能"攻得下"，却没有多少说服力。此文讲："守得巧，要巧在走化上，即人用力攻时，不管力大力小，首先走化……能走化，可在我力不如人时，仍能从容应付，保持不败"，"巧要攻得巧，巧在打对方的空劲处……还巧在借力打力，即打顺劲——对方力往哪个方向走，我就顺这个方向推"。看看此文讲得多么轻松，多么有条理，多么顺理成章的事，熟记这些条条就可以成太极高手，搭手便可以赢对方，岂不知这纯属纸上谈兵，实际对抗哪有那么容易的事？更何况比赛的双方都懂这个，亦并非等闲之辈。快速的爆发，迅雷不及掩耳，能让你"守得住"？既然用力，还允许你化吗？即使你在非常激烈的对抗中，能从容应付，保持不败，那绝不是“柔弱之辈”。攻是主动的，守化是被动的，进攻容易守化难，这是一般的道理，所以说包括太极推手在内的任何一项竞技性对抗项目，如果其中一方能做到守化自如，主动权在握，那他的功力、技能水平肯定是高出对方一筹，他一定是强者，而非弱者。

“巧在打对方的空劲处”，谁能不晓，别人的空劲处就只等你来打，你的空劲处别人就不能打吗？尚若你真能处处打到他的“空劲处”，那你肯定也不是实际意义上的弱者。

“巧在借力打力”，凡是搞过对抗性竞技运动的人都懂这个，摔跤也不例外。所以说，在推手对抗中，假若你能处处做到“借力打力”，那也肯定是功力远远超出对方者，不用说你也不是实际意义上的“弱小”之辈。反之，即使是偶尔勉强借到对方之力，那恐怕自己也会吃不消。借来容易，送走难，弄巧成拙。

“守得住”、“攻得下”、“化得了”、“打得巧”、“借得好”，得有一定的对抗功力基础，也就是得有这个能量（身体素质）和能力（综合素质）才行。下面就让我们来看看几个例子，就可以更加说明这个问题。

杨澄甫先生出一掤手，屈置胸前，任对方力大如牛的壮汉怎样推，他一化发，对方就腾窜一丈开外。

马岳梁单腿独立，摆个“金鸡独立势”，令 6 个人合力迎面向他推去，他却是岿然不动。冯志强令 10 个小伙子排成一路纵队推他，其如大树盘根，不动分毫。但当冯先生用力反推时，10 个小伙子便顿时东歪西倒。

上述杨澄甫、马岳梁、冯志强的例子告诉我们，要“守得住”必须有高强度的内力素质（功力），否则就不可能守得住。有了如此守得住的能力（在对抗中，任对方如何抗，中枢脚不移位），才可谈“化得了”。有了如此的功力，才可谈“攻得下”，才可进一步深化为“借得好”、“打得了”。要练到对己能“化得了”，对彼我又能“攻得下”，进而又能“化得了”、“借得好”、“打得巧”，就必须由练对抗力开始，在用力对抗的实践中去求，除此别无他途。当然，“守得住”、“攻得下”、“化得了”、“打得巧”、“借得好”都是相对的，在势均力敌的情况下，就难表现得那么分明。据说日本的相扑就有几百种技法，但当棋逢对手的时候，就表现不出多少妙招，所以说太极推手比赛出现暂时的顶牛对峙，是很正常的事，任何一项对抗竞技比赛，都有类似的情况，但有一点是绝对的，那就是功力训练水平和综合素质的提高。千拳归一路，对于任何门派的拳术来讲，只要走上擂台对搏，最终还是要以功力浑厚而取胜。所以武术家们常讲“拳家功夫真，力大强十分”、“人是饭力，拳是功力”、“练武先练功，打铁先得自身硬”、“一力压十技，力为万技之本”、“若非此身成铁汉，掷地何来金石声”。所以，先辈的太极拳家们亦十分重视力量的训练，他们练得的那神奇般惊人的力量真令人敬佩。据《太极传奇》一书讲，杨露禅推车挑担，力气过人；李亦畬端坐于椅子上，令表弟苗兰圃双手摁住肩头，腰际注力，身子一挺，就将苗腾空摔出；郝为真一只手举着碌子，另一只手攀着大绳可从井下上来，一只脚可将石碌子挑起，抛出三丈多远；杨班侯可不闪不躲，猛然将烈马横空举起，脚尖一挑亦可把五六百斤重的平头车腾空挑起。现今的冯志强先生少年时，一百多斤的大铁砧，也是一抱就起，一餐能吃下 3 斤粮食。在车间干活时，一台重达千斤的电机因失衡，眼看就要从手推车上滑落砸地时，被他抢上一步稳稳地接住，可见其力亦是何等之大。

其实，太极拳本身就是非常讲辩证法的拳术，表面上看太极拳是以“巧”胜人，但在其巧的背后，所下的苦功夫，却是常人难以想象的。所以有人讲要想练成四两拨千斤，必先练就千斤力。太极拳表面上是以弱胜强，实质上却是在接触点上集中优势兵力，以强击弱。表面上是以慢胜快，实质上是因为时间差把握得好，曲中求直，寻的是两点间最短的直线，达到了后发先至，并不是跟着对方的屁股走，慢就可以胜快，那简直是梦话。太极功夫有句行话，叫作“出手软如绵，粘身硬似铁”，极柔软，又要极坚刚。棉、软都是起缓冲和虚假的作用，而硬似铁、极坚刚、无坚不摧才是其实际的、以强击弱的核心和攻击武器，是太极拳必胜的法宝。

通过多年的推手对抗实践，使我们深刻地认识到，练功一定要务实，踏踏实实、循序渐进，一步一个脚印，迈步有台，升阶有梯，操作有序，才是真正的进步。千万不可“没吃三天素，就想上西天”。没有学爬，不要练走。“用意不用力”“四两拨千斤”是太极拳高层次的事。其中有一定辩证关系，那就是必须把用力的功夫下足了，才能产生质的飞跃，高功夫才能最后产生，切不可入手强求，不然一定会被摔个粉碎，这也就是说，要练好太极推手功夫，必须从用力“动练出巧”开始，由不懂怎样用力，到知道如何用力；由不懂如何聚力，到懂得如何聚力；由不懂如何省力，到知道如何省力。而且这一过程还必须是在对抗中练习，用身体去体验，由身体去问答、说话、实现。如果脱离真实的对抗，仅练拳架、用意、调气，推起手来始终还是轻轻地转、慢慢地化，生怕顶着、撞着，生怕别人说练的不是太极拳，到头来功夫还是上不了身，走上赛台，亦还是必败无疑。

训练之初，人体每做一个动作都会表现为动作僵硬、不协调，有蛮力、死力，不该用力的地方都在用力，很不灵活，这是一般规律。

“动练出巧”，随着动作反复地强化训练和理论的指导，以及实际对抗中的接触、感觉，特别是作为推手时二人之间的对抗，从发力、堵力、截力、找力、变力的各种动作实际运用中，身体动作自动地变得协调、柔顺起来，表现为动作用力的有序化，使原来僵硬、笨拙的用力变成了自然灵活的用力。用力活了、也节省了，这就有了进一步技击对抗所需要的劲力。此时的活力通过对抗中大而顺、顺而活、活而灵、灵而敏、敏而捷、捷而准、准而巧、巧而妙地用力推揉搓磨、忍耐承受，并与技法紧密结合，在听探顺化、擎引拿发的实践过程中，身体便会自动配合技法将内力聚于一点，透发于外，或者在接触点上突然消失，弹放化解自如。技法熟练、运用妙巧自动化程度高，给人一种轻松自如“用意不用力、四两拨千斤”的感觉。

此文最后还讲：“无论是初学还是有所成就之后，都要在‘舍己从人’上下功夫，即‘随人所动，随曲就伸，不丢不顶，勿自伸缩’，敌进我退，敌退我进，进退始终能和敌黏在一起，不丢也不顶。”舍己从人本身没有错，但应该认为舍己从人是一种积极的态度，是对方在我控制、掌握之中，舍己以求对方“空劲处”“断续处”，以利我攻击省力、省时、准确无误。并非消极被动的跟随，否则他下台，你也跟着下台不成？那完全成了小孩子的游戏，不叫推手对抗。所以说“舍己从人”本是由已，为了更好地打击对方，主动权在我，由我不由彼。要能处处做到这一点，必须对抗训练有素，功夫高超，有控制对方的能力。也就是说如果比赛的一方，能积极地做到舍己从人，并且能很好地控制对方，那么，他本身就是强者。反之，被动的、盲目的所谓“舍己从人”，只等于挨打。

在这方面，我认为武式太极拳的训练方法，是很切合实际的，因为它的训练并不讲避让、走化或一开始就“舍己从人”，而是特别注意接劲打劲。乔松茂先生就介绍说推手要特别注意接好对方的劲，两劲相接，顶是相对的、有度的，自己的意识要用在与对方相接处。接劲时要守住自己的“疆土”，如果过于软，就守不住自己的“疆土”，也接不住对方的劲。

武式太极拳的发劲，要先练拥、撞，最后练漂。所谓撞就是对方力刚施于我之皮里膜外，我劲已砸彼全身，集中全身之力并加上借到的对方之力，得机得势一刹那间一触，彼自腾空跌出。此正如武汝清《太极拳论》所讲：“至与人交手，手先着力，只听人劲，……人劲将来，未能发出，我即打击，谓之打闷劲。人劲已动，我早静待，着身便即打击，所谓打来劲。人劲已落空，将欲换劲，我随打击，此谓打回劲。由此体验，留心揣摩，自然从心所欲，阶及神明焉。”可见，其积极的态度是显而易见的。

太极拳为了“多快好省”，亦最讲究“挨着何处何处击”，浑身都是手，简捷明快。要想做到“挨着何处何处击”，必须在训练中首先不避不让，把注意力用在接触点上接劲。接要接得住，要接得住，须要先堵得住、掤撑得好。要堵得住、掤撑得好，须先要身体处处有敢于承受对方来力的能力。要敢于承受，必须先要使身体如打足了气的球体，能抗摔打。要使身体能抗摔打，这就必须在真实的对抗训练中推揉搓磨。要使身体推揉搓磨产生内力能量，就必须用大力、不留余力，使出浑身的解数，全吃全耐的承受，给身体以强烈的刺激。要有狠劲压倒一切、韧劲百折不挠、后劲越推越勇的精神。如此，长期训练有素的话，身体感觉会非常灵敏，身体对外部刺激（进攻）的自动化处理程度极高，便可做到在接触点上“称彼劲之大小，分厘不错；权彼来之长短，毫发无差”，迎送合拍、弹放自然。如此一整套循序渐进的训练进程，亦并非婴儿学爬、练爬就必然要永远爬到老，身体的刺激越多，感受就越深，处理的次数越多，就越熟练、自如，这是一个量变到质变的过程，最后必然有一个飞跃。所以，只有通过对抗，使接劲、掤撑、推揉搓磨的训练一举一动都紧密配合技法，熟悉劲路到相当熟练，使和对方一接上火，便可以直（通）指达对方的根（发落点一接触就可以对准），或控制、或发放都由自己。此时的技法也已由会、对、好、熟，达到了灵、巧、妙、绝的程度，所以，其“一触即发”“无处不弹簧”“依哪哪发之”就是很自然的事了。

总之，谈太极拳推手的功力，只片面地谈“用意不用力”、练所谓的“气”，并由什么“多打太极拳”求内劲，而不谈真实的对抗竞技，以求内劲功力；谈推手的巧，一味地只谈走化、四两拨千斤、引进落空、借力打力、舍己从人、粘连黏随、不丢不顶，而不谈要用强劲的内力素质作基础，只会使太极推手丧失应有的对抗性，走入游戏化，误入歧途。

诗人陆游说过：“纸上得来终觉浅，觉知此事要躬行。”身体力行，注重于实践，在对抗中找答案，在对抗中求生存，才是竞技性太极推手唯一的出路。否则，也只能使太极推手竞技“当哀矣”！

满身空灵意　不容粘毫羽

——太极拳的功力之层次及内劲场

太极拳所谓的“功力”，系指力量的发出能在不同的情况下，可快可慢，经过的空间路线可长可短，动作或大或小，体、位斜正均可发出整劲的能力。可以简单地理解为功夫和力量。

一、功力之层次

低层次的力比较单纯，自身本能难以得到最大的发挥。高层次的力不再是某孤立的力，而是以一个劲力体系的面貌出现，即内劲场的形式出现，如此，方可千变万化，凭借自我敏感之触觉，应变出不同形式的劲力来。

要达到由低层到高层的转化，必须经过科学地、系统地锻炼。

第一阶段，“肌松力掤”，做到松而不懈，紧而不僵，即所谓“意中力”。

第二阶段，行功走架时，要极为舒适，感到胸部坦荡，腹部充实，动作时要有物体感应，比如推时，像推着一个船。

第三阶段，身体有膨胀感和重力感，自身力若千钧、稳如泰山。“力意相逆”，手部有沉重感和实物感，又似推之不动，拉之不能，已能感知到“内劲”的存在。

第四阶段，“内劲”加强，身肢有外撑胀大感觉。可“力意相随”，有“内劲”通过身肢向手部移动之感。

第五阶段，精神饱满、整体空灵。真乃“满身空灵意，不容粘毫羽，有形似流水，无形似大气”，只感到有一种特殊的力（内能）存在。此时已不是某个单一的、孤立的力，而是一种具有多层次、多效能、多可变性的“场”能，此即为太极拳的内劲场。

二、太极拳的内劲场

太极拳的内劲场，不仅限于本体重力感和加速度的发挥，更主要的是多了高一层次的内在东西。太极高师肢体弹人如弹丸的功夫，正是这种内劲场作用的结果。

“内劲场”也是由练功的深度由弱到强的，开始时在胸部、背部、肩部等有明显的崩胀感，如此，“内劲”在体内逐渐扩充、深化，直至通达肢梢。

有的感到这种“内劲”好似“紧”的感觉，而且越放松，此感应越明显，然又并非肌肉紧张，实为体内充实之表征。用手触之，肌肉仍然处相对的“松”的状态。“内劲”深化后，身体的抗击性也会相应增强，身上可经受一般人的攻击，这就是“内劲效应”。这种“内劲”是在体内深层或肌肉与骨骼之间形成的。

行功走架，胳膊意有温流感，深胀感，深重感，手部有增厚感，“内劲”日益增强、充实，身肢灵活，有一触即发，弹人的感觉。因为这种静力性功力锻炼，有助于整体发力。

随着行功盘架的深入，内劲的充实，其劲感均会发生质的变化，胀感、麻感、充实感一直深入骨骼或筋肉深层。自我力度效应是：身体特别放松，不是一般的松，而是真正的放松，放松的程度好像身体各骨骼之间既有联系，而又有脱节，身体的局部或整体有轻松的沉重感，两手、两臂乃至全身有与外界空气发生摩擦作用，自身之气与宇宙之气相结合。

听劲感知 渐悟懂劲 阶及神明

——从听知问给喂接变懂诸劲谈太极推手功夫的进阶

推手理论说：“不听，就不能懂；不懂，就不能走；不走，就不能化；不化，就不能发。”把“听劲”放在“听、化、拿、发”之首，列在了前提的位置，足见先人对“听劲”的重视。这里，首先让我们对太极推手的听劲感知做以下分析。

一、“听劲”的分类

①触听：通过皮肤接触，听对方劲道的感觉。

②视听：通过观察审视对方表情、动作的变化来觉察。

③神会听：是高层次的听劲，由触听、视听逐步修炼臻于上乘境界，由懂劲而阶及神明，达到“神之使也”的地步。

在推手中，“行家一搭手，便知有没有”，这里首先有一个认识过程。最简单的认识活动叫感觉过程，进一步的认识活动叫作知觉过程。人的一切活动都是在感觉的基础上建立和形成的，推手训练中的听劲感知训练也遵循这一规律。

二、“听劲”感觉

①听劲感觉，是人脑对双方直接作用于感受器和感觉器官的刺激的个别属性的反映。

②听劲感觉，在人们的推手实践中，起着极其重要的作用。它是认识推手运动的开端，是推手一切知识的最初源泉，我们只有通过感觉才能分辨出推手的各个属性，人对推手的认识正是从感觉推手的个别属性开始的。

③依据刺激的来源不同和产生感觉的分析器不同，可以把感觉分为两大类。一类是内部感觉：即接受内部刺激，反映身体的位置、运动和内脏

器官的不同状态。包括运动觉（又称本体感觉），平衡觉（又称位觉）和内脏感觉。另一类是外部感觉，接受外部刺激、反映外部事物的属性，包括视觉、听觉、嗅觉、味觉和皮肤感觉。在太极推手中，对本体感觉、平衡觉、视觉、听觉和痛觉、触压觉等等的感觉都是以直接使用为主。

三、“听劲”感觉的感受性及其变化规律

由于某种原因，丧失一种感觉能力的人，其他分析器由于锻炼而得到特殊发展，如盲人的听觉特别发达。这说明人的感觉能力经过专门训练可以不断完善和发展起来。在推手训练中，就有一个阶段采用蒙目训练，就是根据感受变化的这一规律，来提高发展自己的运动觉、平衡觉、位觉等感受能力。

四、“听劲”感觉运动的目的——“知觉运动”

知觉与感觉有着密切的关系，感觉是知觉的成分，知觉是在感觉的基础上产生的，知觉极大地依赖于一个人过去的知识、经验，受人的个性倾向性等因素的制约。知觉是感觉的深入，是比感觉复杂的认识过程。在实际推手中，人们多是以知觉的形式直接反映，感觉只是作为知觉的组成部分存在于知觉之中。由于关系极为密切，人们把感觉和知觉合称为感知。

其次，再让我们来分析一下太极拳推手从知劲到懂劲、问劲与给劲、喂劲与变劲的不断进阶。

众所周知，推手训练作为对抗性的攻防技击训练，务必手法、身法、步法于攻防转换中灵活变化，不拘一格，它没有任何人为形式化的东西。在一定的触觉应变能力及雄厚的内力保障下，才能使推手水平有质的飞跃。

推手的目的是什么？一言以蔽之，无非懂劲而已。拳经云“一羽不能加，蝇虫不能落”、“人不知我，我独知人”，所以，推手是直接服务于技击的，切不可将健身推手及竞技推手与真正传统的技击推手混为一谈。

推手训练必须循序渐进，了解其阶段性。在推手的各个阶段，最好多找一些水平比自己高的老师或拳友进行推手、接手训练，绝不要计较胜负，

相反应在推手中不断总结经验教训（发现自己的不足），使自己的功夫能更上一层楼。先贤云：不知挨打之味，如何领会打人之味。在推手时必须进行各种条件下的针对性训练，才更有利于太极拳技击水平的提高。如太极拳论所言：彼不动，己不动；彼微动，己先动。后发先至，动急则急应。

武术实践与交流活动中，我们常常会遇到这样一些所谓的太极名家，他们在对敌时，常常自己的手脚尚未启动，对方的拳脚已打到他身上了，被打倒还没反应过来，所以说，能“动急则急应”的速度训练在传统太极拳中占有绝对重要的地位。一个真正的太极拳名师一定要真正展现出太极拳技击的风格特点。要能适应对方急风暴雨、风驰电掣般的攻击，必须你快我更快。对方不可能与你慢悠悠比划玩耍。必须经过一定时期的高速度、高力度、高强度、多变化的严格训练，才能使你长期积累的各项太极拳素养淋漓尽致地发挥，从而坦然地面对各派拳家。以期体现《拳经》所讲：“心如火药拳如子，灵机一动鸟难飞；身似弓弦手似箭，枪响鸟落显神威；起手如闪电，电闪不及合眸，击敌如迅雷，雷发不及掩耳。”

先贤对太极拳技击实战高速度特征的体认，的确值得我们深思。无论何派高妙武功，没有经过“快”的训练，就很难在实践中发挥其应有的威力。要真正练好传统太极技击推手本领，体现高速度、高力度、高密度、多变化的“一羽不能加，蝇虫不能落，彼微动、己先动、后发先至、动急则急应，灵机一动鸟难飞”的风格特点，必须从实战出发，注重进行喂劲和变劲的训练，才能较好地达到这一目的。

这种训练程式为：喂劲（从问劲到给劲）→变劲→接劲快速处理。

何谓喂劲？打个形象的比喻来说，就像母亲给婴儿喂奶一样。在太极推手中，教师要让学生切身体验太极十三势（八门五步）的变化，从根本上对八门五步有一种直接的体认，并使学者通过习练，初步掌握其运用之法。

喂劲训练又分为问劲与给劲的两个训练过程，二者相辅相成，缺一不可。

我们首先来谈谈问劲，一个得到明师真传的太极拳习练者，通过太极功夫的修炼可以了解到，学练太极拳绝不同于习其他任何纯知识性的学问，不仅道理要明白，更需要实作训练才能使学者真正理解和掌握，绝不能单从形式上去认识它，否则永远难以步入太极之门。对于太极拳家来说，不同的外形动作其中蕴涵的劲力可能是相同的，而貌似同一的动作中的内在奥妙也会有所不同，其中微妙之处，非经亲身实战万难得知。那么在实作时就要“问”老师要“劲”，要“问”出着力点、火候等关键处，要“问”出劲力的转换和变化的种种特征。譬如掤劲，是太极八法之首，在太极拳盘架、推手、技击中无处不在，它是一种无固定模式的劲力，是在周身气血上下贯通并与劲力等其他素养相互融合的基础上产生的。在实际应用中，并不像某些名家所描述的那样，掤仅仅是两臂圆撑。实质上对方的攻击目标绝不会只停留在手臂上，而可能是身体的任何一个部位。即以掤劲而言，如果用手臂把对方的劲力完全掤住，使对方的劲力无法进来，又怎么能够“引进落空、四两拨千斤”？如果掤不住对方，对方的劲力可直接进来指向自己的重心，则己身反受对方之制。事情就是这样矛盾，完全掤住对方的劲力，不令其进来，不足取；完全放任对方的劲力进来，亦不足取。那么到底如何才能真正认识太极拳的掤劲呢？靠秘籍或名家的口传是无法掌握的，只有切实地在喂劲训练及实战运用中去体会。在实战训练时，学者将手按于老师手臂上或身上，马上就会体会到欲用力却无处着力的感觉，并感到重心上浮，站立不稳。在对手不同的情况下，掤劲的点上的变化也是相应不同的。接触点上的变化要恰到好处，无过无不及，这些微妙的东西用语言文字是无法描述的。正如没有吃过梅子的人，无论别人如何形容，你都无法知道梅子的滋味到底如何，只有亲自品尝，才能得知其味。

太极拳内在劲力的变化绝非靠外形动作就能明白的，必须亲自体验，反复揣摩，不断寻根，求其本，才能得到深刻的认识。再拿掤劲来说，掤劲并非局限在某个点或某个部位上，而是掤在周身，周身气血鼓荡，身如气囊，无处不在，大至无外，小至无内，其中玄妙之处，难以尽述。倘若不是周身处处皆生掤劲，又怎能轻易引进落空？“掤”劲如此，又其余劲法之领会亦然。俗话说名师出高徒，其实应是“明”师出高徒，如果师父都不“明”，学生又从何学起呢？所以习练太极拳单靠字面的理解是不行的，只有认真体验到老师的劲法并有深刻的体验后才能谈知劲，而不知劲就更谈不上懂劲了。

我们再来谈谈给劲。对于习练太极拳多年的人来说，“人背我顺”

“人顺我背”都是使用频度较高的词汇了，那么何谓“人背我顺”、何谓“我背人顺”？如何在“人背我顺”的情况下顺势进攻？如何在“我背人顺”的情况下化背为顺，以柔克刚？这就需要进行给劲的训练了。

在推手训练时，教师会根据学生功夫的深浅和对劲力的掌握程度，给学生一些适当的劲力来引导学生，使其得以入门，步入太极正轨。首先，在“人背我顺”的情况下，初步练习在问劲中所体会到的各种劲法，如掤、捋、挤、按、採、挒、肘、靠等劲法的应用。真正的名师首先应故意给学生一些直力让其化解，逐步由直到圆，以走随劲为主。

相对于问劲训练而言，给劲训练更进一步，是主动性的训练，习者要仔细体会自身如何随着老师的变化而变化。这一步训练在打手（推手）中较为重要，是推手入门的关键。如学生自己体会的劲法比较正确，教师则顺着学生的劲路走；如学生的劲法不正确，老师则会根据情况截化学生的动作，帮助学生寻找不足，纠正失误。这一阶段训练对习练者来说，犹如幼儿蹒跚学步，跟老师亦步亦趋，老师则如靶子，让学生把自已设想成敌人，为学生创造各种习练条件，创造各种情势，引领学生。在这一阶段训练中，负责任的明师会把自己重心点较为明显地给学生，以便学生更好地把握得机得势，不给对方留有机会。使学生熟悉如何在各种有利条件下，把握时机，战而胜之，接下来，在“师顺我背”的情况下，老师会引导示范学生，如何化背为顺，在对方攻击下后发先至，使对方失去着力点，陷于不利境地。在此阶段，相对学生而言，老师是周身无背势的，此时老师可配合学生做出任何学生认为是“师背我顺”的各种实搏形态，比如学生可双手抓住老师单手实施擒拿扛摔，甚至可以双手抓住老师一指实施反关节扭扳，也可采取任意手段发放老师，使学生处于比较有利的境地，而老师则在每一势或某一接触点上使学生无力可发，无点可击，通过劲力的巧妙运用，使学生能够更好地体会劲力，掌握其中技巧。在此阶段，学生需要认真体悟在引化发放时如何更好地把握时机，用最小的劲力发挥最大的效果，方能对劲力的运用有深一层的认识。“问劲”、“给劲”在传统太极拳“打手”中是极为重要的一步，学者必须对此深下苦功，打好基础。

变劲是在问劲与给劲训练的基础上进行的，是太极拳推手的进一步深化训练，训练难度相应加大，对劲力的转化及技巧的运用要求更高。变劲训练不同于问劲、给劲训练，变劲训练是随势走势、见势打势的功夫。如果说喂劲训练还属于守规矩的层次的话，变劲训练就进入破规矩的阶段了。在喂劲阶段，学生要严格遵守训练程序，在正确的指引下学习摸索掌握劲路的正确途径，舍此别无他途，而变劲则是在喂劲的基础上进行深入训练，力求达到劲力的运用自如，在任何情况下都可承接、引化对方的来势并发放对方。实战搏击不同于竞技推手，在引进落空、开发呼放的过程中，对方是运动着的人，并非草木站着不动任你击打，更不会按你的想象方式来进攻，其施发劲力、进攻方位及接触点绝非固定不变，各种人为的特定假设用法很难应用到高水平、高质量、高速度和高强度的实战技击中去。要适应瞬息万变、凶险难测的实战搏击，生死系于一线之间，若无强有力的技击功夫做后盾，太极拳是难以盛行不衰、流传至今的。

变劲训练就是使习者具备太极实战技击功能、适应各种搏击形势的重要手段之一。变劲训练本身并无固定模式，而要求在训练中逐步适应对方一式多变，尤其要适应对方从不同角度、不同方位发起攻势，训练在保持自身平衡的同时破坏对方的平衡。在变劲训练中，务求一种打法中包蕴不同的内涵，体现在不同情况下则有多种的技击变化，做到一式多变。从劲法角度讲，掤劲是否暗含挤、按、採、挒、肘、靠七种劲力？同样其余每种劲力是否含掤劲？在实际运用中各种力的转换并无固定程式可循，而应随机应变，顺其自然，也即前人所讲的一劲多变。诚如古人所云：运用之妙，存乎一心，此之谓也。在变劲阶段，对劲法的训练则更为精深，要求把劲法的运用形成自然本能，可在任何形式下运用自如。仍以掤劲为例。无论对方从你左右前后哪个方向攻来，我均可以掤劲承接、化发，对方无论采取何种劲力，我均可以掤劲承接来势。掤劲如此，余劲亦然，如此，方能对太极真谛有更深层次的体悟。

接下来便是完全意义上的实战接手（打手、比技）的实作训练，因为这一阶段的双方攻击往往是迅速而又出乎意料的。怎样才能在双方接触的一瞬间得机得势，做到我顺人背，这就需要在推手中进一步进行一接手就解决问题的接手、粘手、打手训练。粘手、接手是太极拳技击中最终要解决的重要问题，因为你最终面对的是各门派对武功的切磋交流，不可能人人都与你进行程式化的推手竞技，也不可能再等待双方粘手，而后再实施攻击。那么，如何解决在对方高速度、高密度的攻防转换中接住对方的来劲并且沾点就能感知对方的变化，做到人不知我，我独知人？

在实战中，第一接触点对胜负有至关重要的作用，传统太极技击打手（粘手、比手）是在双方还未搭上手的情况下，遇对方突然攻击时，练习如何接住对方的来力，并在接触的一瞬间感知对方的劲力变化，同时要达到人背我顺的境地，此接触点上的感知和变化是最直接，也是变化最快、最有效的。所以，对这一层次的太极拳技击真功夫的训练，必须在喂劲、问劲、给劲、变劲等一系列逐渐变为实做的基础上，以努力体验，潜心体悟，才是唯一正确的途径。

（八）真功训练

滑如冰凌黏如胶　软如棉花硬似铁

——太极拳技击基本功训练

太极拳训练要求重精神、重意感、重内劲功力的锻炼，必须不怕对方出手攻击、发大力气，并且越是高手越是喜欢对方猛扑硬撞，使对方自作自受。太极拳讲“挨得上，打不上”，要保证在近身生死搏斗时，丝毫不怕对方的打击力，就必须通过拳架和特殊手段来练出不怕对手打击的身体素质。

把认真练习传统太极拳技击架，作为基本功训练的主要课程。最好先请“明”师（明白太极拳理论和方法的师傅）悉心讲解、示范、喂劲、做桩摸劲。拳论指出“入门引路须口授”，经明师的口讲身演喂劲，传授经验、体会，学者方不致练习日久，仍不得要领，不入其门。

除练拳架之外，还须抽出几个式子练习发劲，并且要刻苦锻炼。一个动作，一个式子要练它上百遍、千遍、万遍，甚至十万遍，直至纯熟。但练习发劲仍然要遵守太极拳柔中寓刚的原则。腰裆劲下沉，掌、拳、腕、肘、肩、腰、胯、膝、脚，劲用在何处，浑身内力即集中于何处。一发之后，立即放松，切忌未到落点，就浑身鼓劲。

有了一定的基础后，拳架可以快练，同时为了全面了解技击运动规律，可适当练习拳击、摔跤、柔道、举重、八极拳、翻子拳、通备拳、形意拳等，特别是结合柔道和摔跤练最好。因为柔道与摔跤技巧的发挥，有助于太极拳的发劲，这种练习可提高发劲效果。

如果从事竞技性的推手或散打练习，就必须在练习拳架和推手之外，再练习身体及身体主要部位的基本功夫和辅助功力，这样才能在推手或散打竞赛中取得好的成绩。

站桩、单操、抖杆子、拧棒子、抓葫芦、太极球、拉皮筋、抖麻辫、抛沙袋、打狗皮袋等等许许多多的锻炼方法，都可以作为太极拳技击训练的基本功和辅助功进行练习，对太极拳技击功夫的提高都有很大帮助。尤其桩功、单操、步法（腰腿）、动作组合发劲练习是不可少的功力操练，是对拳功的深入锤炼和发展。桩功训练才能使定势尽快产生功力，腰腿强健，中线如轴立。

站桩有小骑马步、大骑马步、马蹬步、丁八步、丁字步、三体式步、仆步、独立步等多种方式。练习桩步稳固，要配合呼吸行气，发展内劲和耐力，练拳前后应练习 30 分钟。除此以外，调架子时，尽可能地将势下压，使大腿处在水平位，拉长时间慢慢行架，并且自始至终让体重落在一条腿上，这样练出来的腿功极佳。

腰腿功夫除在上述练法中获得以外，还要练习踢腿、下腰以提高柔韧性，重在追求腰腿功夫。另外还可进行如单腿跳、蛙跳、负重跳、旱地拔松（即深蹲跳提膝高抬）、压杠铃深蹲起、仰卧起坐、立卧撑、悬垂举腿等，来加强腰腿腹背韧性功力的训练。

单操是对拳架中各种动作、发劲的反复操练，也是对拳架的锻炼。单操手也可作为实战散手练习，但要准确掌握技击意图。实战散手的反复锤炼，才能独到地发展自己的实战手法，使之冷快绝伦。

练习太极，不能光追求柔，只有刚柔兼备，才是太极拳高水平的体现。为了进一步提高绝对功力，使功夫真正达到“滑如冰凌黏如胶，软如棉花硬似铁”的境地，就不但要练拳架，用于贯通内气，协调周身，还要练高强度的功力，练器械来增加耐力和爆发力。这其中最简便又实用的一种练法就是抖大杆子。

抖大杆子方便易行，能发达肌肉，增加浑身弹韧性，发展劲力。尤其抖劲，增加功力，同时防止笨拙，提高枪棍功夫，所以有的前辈才“大杆子不离手”。人皆言当年杨露禅身小力微，然又有“杨露禅推车——平端”之语形容其力大过人。力大力小无可考，但近代杨澄甫、陈发科却都是体重近三百斤和二百斤，加上技术全面、功力足，发之至骤，人不可当，所向披靡，饮誉武坛，便是例证。当今之太极技击名家妙手，亦大都身体强健，“豆芽菜”式的体格恐难成强手。当然有的拳术大师的身体外观上很瘦弱，但决不同于先天的弱不堪击，而是苦功操练已敛力入骨，功力卓著，或是独到之学已登峰造极，故而能在关键时刻异于凡人而转危为安。身体、功力是技击的本钱，一定要加强自身绝对功力的锻炼，纵然是灵巧，也不是在不花费力气中得来的。

抖杆子一般分为抖大枪和去掉枪头只划杆子两种形式，其方法基本相同。大杆子又名蜡木杆，是由长约 3 米、粗 5 厘米的白蜡圆木做成的（因其有弹性和韧性）。制作时，除了杆身木刺可以消掉，大头的一尺多长处，可削细点以便手能握住外，其他地方不能修理，否则一修就不耐用了。有"四面劲"的杆子是好杆子，即杆子四面，每面用力按弯，一松手就能还原。这种杆子，练习时杆梢不管怎样抖动，杆身仍能保持正直。如果杆子弹性不好，一抖便成了弓形，就无法练习了。练习抖划杆子，可以单人练，也可以双人对滑，每天用拦、拿、扎、绷、劈、压、封、闭、捅、捉等方法抖划杆子一百下（或分几次练，下肢成弓、马步互换式），杆子重量应视功夫而增加，尽量发身体和腰劲进行抖杆子。扎空回手，拧后，劲力深者能将对方的衣裳拧在杆子上，把人拖倒。所以，抖大杆子主要是训练腰腿和手腕的功力。

抖大枪是太极拳传统练习中的一种重要练法，也是加强太极拳劲力与耐力的一种重要练习手段。历代太极拳家对此练习十分重视，可惜的是一方面有些教师因某些原因不拟传习，另一方面是有些学习者一见此大器械就怕有用力之嫌而放弃。枪杆是用富有弹性的白蜡圆木，将其木刺用钉锤砸平制成。重 20~30 斤的枪，每天抖百下，或分几次练，与抖杆法相同。如果是铁枪，重量可视功夫增加至 40 斤，但总是以力所能及为准，练到精疲力尽为止。如果是将基础训练后得出的松弹劲加以应用，不过就是将手臂延长而已，把本身富于弹性的劲力通过富有弹性的白蜡木杆传递到枪头。这种强化练习反过来会加强自身的身法调节水平和劲力，特别是对于加强发劲威力程度，则更为重要。

双人划制是互用拦、拿、扎等方法，由轻而重，由慢到快，柔中寓刚，每次以力尽为度，既长功力，也实习了枪法基本功。

拧太极棒更方便（坚木制粗圆棒，以满把能全握住为准，棒长与自己的前臂长相等），两手各执一端如拧人臂，上下、左右、内外，缠绕绞转，落点时抖发，也可以用手指绞转，练习指力和灵活。长期练习拧棒子能更好地协调全身整劲、争力，手臂的拧劲、握力，使发劲前后两膊相系。是辅助训练握手中的擒拿捌採手法和散手中的乱环手法、十字手法等的极好方法。

在拧棒子的同时，有条件的可以单手或双手配合拧长把、有重量的石盘或跳高支架等。将其斜放在身前，一手从下向外，缠抓握长柄的顶端（重头着地），向外拧转，使圆盘底坐滚转至右前方，然后换左手拧转。随着手腕功夫的加深，可适当练习将重头上翘，并能尽力坚持一段时间，这对增加把力有一定的好处。

对手腕部的功力和忍耐力的训练，传统的练法还有拧卷重物、拉橡皮筋、抛掷沙袋、抖麻辫等方法。

传统推手是拿跌掷打兼施并用，上边推手，下边施脚，虽着重于“粘连黏随”的“懂劲”，提高拿跌掷打的技巧，也极重视速度快、爆发力强的发劲。使拿跌掷打的技巧凭借强大的发劲威力，显示其灵活。所以，上述的基本功及辅助功训练不可忽视，必须认真练习，为以后获得高深的功夫，打下坚实的基础。

若非此身成铁汉　掷地何来金石声

——太极拳推手功夫训练

拳谚说：“拳家功夫真，力大强十分；练拳不练功，到老一场空。”“功夫”在这里指的是有效地发挥实战搏击技术的能力。这个“力”指的并不是常人的笨力、拙力、呆力、僵力、蛮力，是专指习武者通过特殊训练而获得的、具有控制和变化能力的内劲活力（意气配合下的肌肉弹性张力和爆发收缩力）。它是身体接触型抗衡训练下所产生出的特有的东西，是神意气力与灵巧机智高度的结合表现。“一场空”指的则是没有技击搏斗能力、不具备内功劲力的人，练拳仅只像公园里大众健身的“拳操”，对于擂台上的实战搏击则毫无用处。古今中外，不管是泰国拳、空手道、跆拳道，还是拳击、散打、太极推手等技击运动项目，都无一例外地说明笃实的功夫体能训练是搏击运动的核心。武术搏技功夫的高深程度，历来是古今武术家享誉盛名的重要标志。

一、功夫是武术家技击技术的综合表现

1. 力、劲、内力、功力的本质

一般所说的力，是指普通人的常力，如人们走路和提重物等，都表现出一种力量，这是一种局部的、散乱而不集中的平庸力。这种常力如果不经过一番艰苦而系统的技击训练，要应付对敌实战，则一般表现为僵力、蛮力、呆力，武术家们把这统称为“拙劲”。僵力是在动作处于泛化阶段时，主动肌和对抗肌同时收缩产生的合力。这种力使关节僵紧、肌肉僵硬、动作不准确；蛮力是不按照动作的用力法则，而一味用力所表现的猛力。它使动作不顺达，易断滞而不连贯；呆力是不能因对方劲路的变化而变化的直杠子力，常表现为对方直来则直顶，横来则横抗。

习惯上把体内的肌肉、骨、韧带、关节、筋膜等组织的力称为人体的内力，人体自身的运动以内力为基础。内力牵动关节，产生人体各部位间的相对运动。它作用于外界，可以克服阻力而使物体产生运动，也可以获得外界给予的反作用力，引起人体的整个运动。武术运动中引起人体运动的“劲”，同样是人体内力，从这一点说，劲与力是一回事。所以《中国武术大辞典》对劲的解释是：①强；有力。②犹作“力”。民间劲、力多通用。③经揉练之力。武术界一般将经过反复揉练，并与武术技法相融合的肌肉力量称“劲”。这种劲善于变向，擅聚全身之劲发于一点，并能与武术技法紧密结合（见《中国武术大辞典》316页）。

劲是习武过程中经过特殊训练而获得的一种力法，如通过两人身体及手臂的对接推挤靠撞而得的崩闯之力等。也就是说，武术的劲，是通过肢体运动表现出来的一种融于武术技击术的力。这种力，是在意识支配下，通过气息吐纳和肌肉舒缩的有序化配合产生的。意识支配指神经系统对呼吸和肌肉的控制。有序化配合是指气息吐纳和肌肉舒缩按照武术技术动作的一定顺序和规格，同时起动，同步运行，同时到达一定部位。肢体动作依靠劲为动力，动作的技击规格又制约着劲的方向、大小和长短。训练有素者，能意到气到，意气到处，肌肉随意识的支配而收缩或舒张（劲到），使肢体产生运动（形到）。意、气、劲、形的统一，既能使全身的内力聚为

一整劲，又能使此整劲通过身体某一部位发放出去。

显然“劲”与通常所说的力是不能等同的。首先“力”指大脑指挥下的肌肉收缩力；“劲”是意识支配下的气息吐纳和肌肉舒缩，按照一定动作规格进行有序化配合产生的力，劲包含的要素比力多。其次力作用外界时，往往是局部用力，而且作用面积大，压强相对小；劲作用于外界时，强调聚全身之力（整劲）于一点发出，故作用面积小，压强相对大，也就是攻击力大。再次，力是先天具有的本能，传递较慢，变转滞钝，随意性较小；劲是经过意识支配，经“有序化”配合而锻炼获得的、传递迅速、变转灵活、随意性较大。

劲发放集中，如寸劲、冷劲、弹抖劲、崩撞劲，就是劲法快速而集中的表现；劲是刚柔结合的体现，武术的“劲”应发自柔，柔里含刚，没有充分柔和即不能产生真正的武“劲”，只能是常人的粗莽鲁笨之力。因此，只有学会和正确运用肌肉、关节的协调放松及收缩，才能表现出刚柔结合的“劲力”。

劲和力虽然不是一回事，但不可把“劲”看得神秘，它们有着内在的、本质的联系。应该说力是武术劲法的基础，一个人如果力气较大，那他就具备了练好武术劲道的基础。概要地说，习武者应将常力纳入柔和，使强烈爆发力寓于柔中，通过实践反复练习，定能够在技击实战中体现出上乘劲道。

所谓活劲、内劲、功力，就武术的技击功夫而言，实质上也都是一回事。活劲指一发即回，含蓄于内，能随意变化方向、大小的力；《中国武术大辞典》说内劲也是指经过武术锻炼获得的一种能随意转换方向、变化大小的力。因其运转隐于内而不显于外，故名“内劲”。这种劲具有聚全身气力于一点的威力，亦称“整劲”。内劲锻炼注意以意识引导动作，以呼吸配合力的蓄发，从而提高神经中枢系统驾驭肌肉张弛机能和以气催力的能力（见《中国武术大辞典》316页）。内劲也正是经过长期内、外功结合训练的人在体内蕴藏的一种劲源。在外表上，这种劲力难以看出，但运用时，则显出巨大的威力。古拳家称它寄于无形之中，而接于有形之表，可以意会，而难以言传；功力也是指技击家内力的大小和技能所达到的程度。如言内力深厚、膂力过人。就技击技能的基本功夫而言，功力则是专指内劲攻防的威力。俗话说，力不打拳，拳不打功。力大者不如会拳者，若与拳家交手，只能败北。只会拳脚而无功力，若与功深者交手，也必然溃败。武术名家如杨澄甫、陈发科、陈照奎、冯志强等人的练功实践和高超的功力就是很好的证明。

2. 太极名家内功功力及其规律

①杨澄甫。杨澄甫的学生金承珍回忆说："杨澄甫老师的手劲厉害极了，他出一手，几个年轻力壮的小伙子都按不下去，只要他轻轻一弹，对方便要跌出两三丈远。杨澄甫的体重300来斤，身高一米八，额头有白斑，人称他花和尚。他食量惊人，声言宏响，笑如铜钟……"

②陈发科。田秀臣说到他的老师陈发科的功夫时讲："陈老师推手时，粘手就拿，只要他的小指勾住了你的大指，顷刻之间就可以把你摔倒，如若被他的大拇指勾住，任你有多大本事，也只有听他的摆布了。"

③陈照奎。陈照奎先生之子陈瑜回忆说："照奎先生的擒拿手法堪称一绝，轻柔刚猛，变幻莫测，使人防不胜防。推手功夫也是出神入化，化劲轻灵、巧妙，发劲冷脆、威猛。当时，曾有一习举重者，随先生习拳，此人身强力大，体重逾百公斤。一次练习推手，先生命其捉住双腕，使全力推之，先生只微下沉，轻抖双臂，其人已被弹起数尺跌坐在身后数米之外的床上，床都被砸断了。"

④冯志强。陈式太极大师冯志强先生曾去日本访问传技，当时有一个身材高大健壮的青年想试一下他的太极功夫，便来了一个饿虎扑食。双手重重地推住了冯的前胸，而冯只就势向下一低，气沉丹田，在身体右转90°退右步的同时，以胸引化对方来劲，双手后捋其臂，由于对方用力过猛，顿时失去重心，被摔出四五米远。还有一位自恃身高体大和练了20多年柔道、空手道的有硬功功底的青年，一上来就双手狠狠地抓住冯先生的胳膊，使尽全力地推掷，冯引而后发，将其发出一丈多远，重重地摔在地上。他爬起来又推冯的肚子，而冯先生却丹田一转圈，又把他扔在了身后。后来冯用太极中的粘连黏随劲和他推手，将他推得东倒西歪，根本站不住脚。这时，冯对他说：这样吧，我拿两个手指点你一下，让您体会太极拳点点透骨的劲力。他同意后，冯用食指和中指点了一下他前胸，再见他脸

色大变，一会儿红、一会儿白，干张着嘴喘不过气来。

冯志强先生原来在北京电机厂工作，厂里人都知道他会武术。一天，有十多个青年找他比试，冯志强怕伤着他们，就说咱们比比劲吧。他站好，让十多个青年轮流推他，他纹丝不动，像树桩一样。接着，他又让十多个青年排成一排再推，他仍然站立不动。那些青年反过来让他推，他内中一动，双手一推，青年们像触了电一样，纷纷东倒西歪。又有一次，冯志强在车间干活时，一台重 500 公斤的电机从手推车上滑下来，眼看就要摔到地上，他眼疾手快，一步上前，双手将电机接住，随势平稳地放回车上，在场的工人看了大吃一惊，由此，工人们称他为“大力王”。

上述太极拳家的功夫事实说明，太极功夫是功和术的结合，实战中的所谓顺势借力、引进落空、后发先至、以静制动等技能，均是太极拳家功力和技巧的高度综合。

二、太极推手功力的训练

第一步，学拳架、练拳架、调拳架动作的内功劲力

《体育运动生理学》上的动作技能形成规律一般包括粗略地掌握、改进和提高以及巩固和运用自如三个阶段。在粗略的掌握动作阶段，大脑皮质兴奋过程扩散，做动作显得很吃力，紧张而不协调，并伴有多余或错误动作。经过指导和反复练习，大脑皮质兴奋与抑制过程逐步分化，初步建立动力定型，能正确地完成动作，但还不够熟练，此为改进和提高阶段。再进行反复练习，大脑皮质兴奋过程高度集中，形成牢固的动力定型，动作准确、熟练、轻快、省力和自动化，则已达到巩固和运用自如阶段。随着动作的不断重复和技术细节的不断改进，自动化程度也将不断提高。太极拳的拳架、推手、散手技术动作的形成当然也遵循这一规律。一般来讲，拳架中的每一个动作既是推手化、发的技术，又是散手实战搏斗的技法，不然的话，就是脱离实际的花架子（旨在健身娱乐，则另当别论）。所以，要学练太极拳的技击功夫，首先要一丝不苟地学习太极拳的套路，要按照动作技能的形成规律，逐步做到准确、熟练、轻松、自动化动力定型的程度。继而再进一步求太极拳独具特色的内功劲力。

太极拳内功劲力的标准是动作表现出柔而不软、刚而不僵。那么，怎样才能达到这样的标准呢？拳谚说："柔而不软在于韧，刚而不僵在于松。"说明要在"韧""松"二字上下工夫。那么，"韧""松"功夫如何获得呢？武术前辈们告诉我们："松在静中取，韧在动中求。"意思是说，要达到人体各部既松柔，又坚韧的效果，应采取动静结合的训练方法。如调架时外松内紧，外静内动，外慢内快，外柔内刚。其具体做法是在意识的指导下，一方面由丹田处向四周梢节徐徐贯劲，一方面在沉静的基础上，有意使身体内部上下、前后、左右各处产生对拉拔长和螺旋滚转的内力，但在外形上看去仍是轻缓柔和、连贯圆润的，这也就是术语所讲的无形的内练法。这种练法的好处是，能有效地促使身体各部位协调的配合行动，由于矛盾抗争而达到力出统一、气力充沛、生动和谐、整体机动灵活。又由于这种意识指挥下的内力在体内各关节肌群中不停的如链条式的滚转缠绕，时上时下，时左时右，以及螺旋运动的劲力转化，使得身体各部位动作准确合拍、变化无穷，所以，既训练了柔而不软，刚而不僵的内功劲力，又增加了动作技术的实用程度。

此外还有一种办法，那就是在自由散推手中求之。即当拳架动作达到能不假思索而准确自如的完成时，即进行散推实践。其做法是首先精神放松，不必紧张，注重粘连黏随、听探顺化，随彼运动而求训练沉静中的松柔。其次是当对方用大力、猛力推搠我时，不要怕倒，要有意接住对方来劲，并尽力以掤法捧架，随机监听，保持外柔内刚，虚灵沉着，以内力的虚撑控制好自己的重心，以防止对方突破我的防线而长躯直入，甚至要有意与对方相持一段时间，然后在控制好、有把握的基础上，积极主动地想办法或前或后、或左或右、或上或下地引化对方大力，或在保全自己万无一失的情况下，沉气发劲，以挤压劲灌注身肢，而达到接触部位，此时则身劲抖发，起如钢叉，在掀挫对方重心时，待对方将要倒地的一刻，复又施以重压，即贯劲下砸，方挫其锐气，始而训练出我之韧柔中坚刚，此法经过实践的检验，证明是有特效。

第二步，换劲训练

所谓换劲，就是要通过一定的练功方式，将人体固有的先天自然的笨拙力量，如僵力、蛮力、呆力转换成高质量的、便于技击实用的活力内劲。

因为当人遇到袭击时，会本能地进行防御，其防御的动作多显得僵硬呆板而缺少变化，它是妨碍发挥攻防效能的阻力。换劲就是要在训练中克服这种拙劲阻力的同时，将人体原来的这种本能的用力方式变换成符合太极拳技法要求的劲力。这一步也是求懂劲、身上装劲的训练。

1. 以内引外训练法

所谓以内引外训练法，是指以内动引导外动的练习方法。“内动”指人体内部的意、气、力三者的动转，“外动”指人体外部形态的变动。“外动”依赖“内动”而启动，内不动则外不发。“内动”通过“外动”来表达，外不动则内不显。这种训练法，能有效地形成内动外即随的条件反射，促进意、气、力、形四者的有序化配合，一动俱动，一到俱到，其主要手段是以调架子和单盘操练某一个或几个，或一组或几组式子来求得。

2. 以外导内训练法

所谓以外导内训练法，是指以外动导引内动的练习方法。“内动”指意识指挥内劲功力，“外动”主要指肢体的运动。这种训练法的要点是“以体训练”“开关利气”，在配合走转步法和身法的吞吐开合、起伏转折的同时，身体各关节依次松沉，协调而灵活自如地运动，即拳经所谓“筋骨要松，皮毛要攻，节节贯串，虚灵在中”，并能促使内力穿肩、越肘、过腕，达于指端。这种训练法由练外入手，看得见、摸得着、易于运用，因而较为科学有效，并有助于学者获得以外形变动，导引内劲贯注，从而形成形动劲随的条件反射，对听探顺化、粘连黏随劲法的形成特别有效，能促成意、气、劲、神、形的有序化配合。以外导内的主要手段是采用散推手及其接劲，以及接住对方劲力后的耗劲、问劲和滚旋钻撑磨合劲的推揉来训练发动内劲功力的方法。

（1）散推的好处和方法

散推的好处是能将僵硬不协调的动作揉顺、揉协调。因为它原则上是在身肢放松、放长的基础上进行的，运用内力的练习，可以消除动作时肌肉强直收缩的僵力，并使动作在意识的支配下，该收缩的肌肉（主动肌）适时收缩，不该收缩的肌肉（对抗肌）适时放松，又配以气息吐纳使得身体各部产生有序化配合行动，使得僵硬笨拙的动作很快搓揉得松沉圆满，轻灵柔和，外柔内刚。这个道理就如同揉搓面块一样，随着搓揉用劲的大小和时间的延长，散乱而生硬的面块会越来越变得筋柔而富有弹性，最后可拉扯成很细很长的龙须面供人饱食美餐。

散推中应注意不要做一些毫无意义的盲目动作。比如，在对方肢体和劲路不动的情况下，有人为了黏粘缠转而使自己没有目的地动了起来，而不是随对方势动和劲路而行。这样的盲目运动，是没有攻防意识的自动，是万万要不得的，否则极易给对方抓住破绽，造成可乘之机，使自己处于被动局面。但是，要分清主动的牵引或施以假动作，或故意卖个破绽而引对方上勾，或逼其送货上门，再施以变劲发击，则属于主动的、有目的、有意识的积极行动。

散推时身体要保持上下一条线，无贪于前，无先于后，步步立稳，身力贯联，手脚相应，并且放松，气沉丹田，身体不管在任何角度、方向，都必须保持中正。

那么，怎样才能做到身体放松和立身中正呢？首先要求我们在精神意识不紧张的指导下，使身体各个器官、各功能系统肌肉关节处处都达到放松的要求，保持“关节要松、皮毛要攻、周身贯穿、虚灵在中，上虚下实中间灵”的姿态。但是，要放松并不等于软弱无力，要辩证地看待松与合的关系。放松主要能起到关节灵活、劲力顺达的作用。内不合则外不顺，所以必须在放松的前提下合住劲后，才能随机应变提高敏捷、灵活的化发能力。皮毛要攻、周身贯穿、虚灵在中是要力求全身劲力圆整，以提高听劲的灵敏程度来提高应变能力。要重视练习听劲能力，通过听劲感知才能觉察对方劲力的来龙去脉，逐步达到人不知我，我已知人，这样才能有效地以自己的虚点来寻找对方的实点。听不仅耳听眼看，最重要的是通过自己的肢体与对方接触时，利用皮毛的触觉来察测判断来劲的方向、力量的大小和攻防意图。这种能力要在散推中形成习惯，使它成为一种灵敏的素质，同时这也是具备沉重的弹性和韧性的内功劲力不可缺少的东西。太极技击功夫愈深，这种身体的能力也就愈强。

上虚下实中间灵的上虚是指手上的技击意图要隐蔽，拳经说：“有意莫带形，带形必不赢。”就是不让对方摸清底细。下实，指底盘要牢固，搭手推磨如不倒翁。中间灵，指身法要灵活，内气要充盈，丹田要有劲，利于活腰转胯随机应变，化发自如，得心应手。

（2）接劲训练

散推手首要的是练好接劲，接者承接、迎接、连接、承合也。接劲一般有三种情况：一是用手或身体某一部分将对方加于我身之劲接住，这种接触是太极拳“听劲”的先决条件；二是与对方接触后，需将自己的劲与对方之劲连接起来，运用太极拳中引化拿发的技能将彼发出。三是将发劲之后断劲或在对抗中被迫产生的断劲重新连接起来，以利控制对方，发放对方。

接劲亦称接手、接招、接势。如何接劲并无具体动作，只能随着对方不同的进攻方法而随时运用身肢各个部位接劲，或主动牵引对方出劲，以此确定接转其劲力的方法。但切记，思想要高度集中，对来劲的判断准确无误。如果接得好、处理得法，会当即破坏对方推“大铲车”的方法；如果接不住，处理不好冲来的劲力，就会被动挨打，甚至于无法招架而沿着对方所指的方向直线后退。所以，接劲要求对于对方的进攻时间、运行路线、空间位置、攻击部位、功力大小以及用力方法等，都得反应灵敏、心中有数、严加控制、毫无差错。接劲是各种技法的先锋，多种劲别的应用无不在接劲之后，所以必须对接劲的练习给予高度重视。拳术是科学，只能循其规律，老老实实，苦练多悟，绝非巧取所能练就。

有意练接劲时，每次搭手可一人随便出手一人接手，发劲后得势一方可向对方突然出手进攻（以不造成伤害为原则），以此达到接劲的目的。达到一定水平后，可每天安排一些时间两人快速互喂，一人发大劲，一人掤接。发劲可由慢到快、由急到冷、由轻至重至沉刚，接劲者沉着冷静，在尽力维持好自己的重心平衡的基础上，自由自在的、随心所欲地将对方的大劲、快劲、冷劲掤住，顺势化转推掷。亦可做连环放劲，即攻者劲跟劲、劲变劲，接二连三的进攻，接者亦连续不断地应付控制对方，力求随心所欲、得心应手，使身体能自动化地处理对方的劲力攻势（这实际上也是在训练动急则急应，动缓则缓随的功夫）。

接住彼劲后首问知觉，运用皮肤触觉和内体感觉的灵敏性，探明对方劲力的大小、轻重、长短、速度、方向以及真假虚实等。

(3) 散推中耗滚旋钻撑磨合的推揉，以及粘连黏随方法的训练

在接住对方劲力后要做耗劲、滚旋钻撑磨合的推揉，以及粘连黏随方法的训练。所谓耗劲，就是两人适当地做静力性用力对抗，以增长内劲耐力。滚旋钻撑磨合劲是由滚、旋、钻、撑、磨、合六个方法所组成的联合劲法。滚旋钻与撑磨合联用，前者体现出转旋出击，后者体现出转旋外开内合。在这种圆转不滞、变化灵活的动作中，六种劲力相互转换，主次关节相互变化，将产生出多种劲力动作。滚劲是支配躯干左右扭转，四肢内旋、外旋的劲力。旋是指肢体作螺旋式升降或进退，其源动力在腰脊，通过旋腰拧脊，节节贯穿而至四肢。其劲向上行则经转膀旋腕，达于指端；其向下行，则经转腿旋踝，达于脚趾端。回转时，四梢劲循原路线向回缠旋，复归于腰脊。运用旋法能使对方直来之力，沿我方动作弧线上的切线方向而去，如果对方继续加力，其劲力将被我的转旋之力引化落空，我劲则越过对方防线逼入。钻是指内力发动集中时，使肢体产生极为集中的、内部坚刚的旋转穿透力，拳经谓“无坚不摧”。

撑是支配肢体由内往外推伸排挤的劲力，此劲既用于推排阻力，也用于维持自身平衡。其标准是猛拉不扑、冷推不倒，前者如遇到反抗力时，我以内力撑抗；后者如两手前推时，自身后背向后撑，即所谓“前去之中，必有后撑”。撑的关键是身内逐渐装配有提、沉、塌、崩、十字劲，截撞整劲之法。

磨是直挫、横抹、竖揉的推磨旋转的用力方法，由直、横、竖三力交错联合而行，产生搓磨揉转的劲力。直是着力点朝攻击目标直线出击，有戳挫克划之意。横是以腰的拧转带动上肢发放内力，有勾抹扫削之意。竖是向斜上或斜下发出的内力，意在掀根拔户，折叠挫根。合是肢体由外向内合聚的内力，多寓于吞法的吸化引转动作之中，并与撑法相连互用。一般先横撑化开对方来手，闯入其内门，一俟开至得势，马上变为合力，逼迫对方移位跌倒。内力汇聚相合又能使全身之气聚凝不散充沛而饱满，有一触即发之势。

接住对方劲力练习粘黏时，亦要不拘形式，即不管对方的劲路和动作如何千变万化，而我与对方相接之处就像胶漆一样，黏住不离，使对方脱不开、丢不掉，迫使对方无法进招用技，对方的招数与劲力在我身上不起

作用或减少作用，我则可以通过粘黏的方法伺机跟紧对方的劲路变化，寻出对方的破绽，找对方的僵滞点和重心平衡点，再随化随进，引动对方重心落空后掀挫之。连随亦是不拘形式，对方动作大，则我动作也大；对方动作小，则我动作也随之而小。总而言之，不管对方采用任何角度、方向和路线形式，我均相应地采用同样的形式来进行粘黏连随，跟住对方劲路的变化，以达到彼刚想变而我劲已至，着发彼前的目的。

接劲训练至此，不但换劲的目的已经达到，而且也可以说基本上达到了懂劲的程度，既明白自己动作所须的劲力规格，又了解对手所用劲力的来路去向和大小。前者是“知己劲”，后者是“知彼劲”，只有知己劲，才能正确的运动，使动作合规中矩；只有知彼劲，才能依对方的来势及时作出正确的反应。譬如，通过搓磨察试感觉对方的劲力后，会迅速、正确地判断出对方的攻防意图，并采取相应的攻防措施，或先发制人，或采用有效的防守，或堵截对方的劲路，破坏对方的企图。

第三步，抢着抢劲训练

抢着抢劲训练是两人相互搏斗，力求制人而不制于人的训练方法，其普遍运用于提高实战搏斗技能。抢着抢劲训练分为限定型和自由型两个阶段。

限定型抢着抢劲训练主要用于提高运用个别动作和组合动作的能力。常用限定条件包括攻防对象、攻击着法、攻击次数、攻击部位。开始时限定条件较多，随训练水平的提高减少限定条件，直至过渡到无限定条件的自由型抢着抢劲。

①全限定抢着抢劲。规定一方为进攻者，使用某一定进攻着法，攻击某一定部位一次或二次。同时规定另一方为防守者，进行化防练习。

②三限定抢着抢劲。在限定一方攻，一方守的基础上，减去进攻者另三个限定条件中的一个。例如，不限定进攻着法，可以用任一着法攻击对手某一指定部位一次或二次；或者，不限定攻击部位，可以用固定的进攻着法，攻击对手任一部位一次或二次；或者不限定攻击次数，在以固定着法攻击对方固定部位时，可以乘对方一防未了，又抢发一击、二击等。

③两限定抢着抢劲。在全限定抢着抢劲的基本上，减去进攻者另三个限定条件中的二个。例如，不限定攻击部位和攻击次数，但只准以固定着

法攻击对方；或者不限定攻击着法和攻击部位，但只准攻击一次或二次；或者不限定攻击次数和攻击着法，但只准攻击某一指定部位。

④一限定抢着抢劲。在攻防对象、攻击着法、攻击次数、攻击部位等四者中，只限定一个条件，进行两人的互搏抢着抢劲训练。

自由型抢着抢劲训练是在无任何条件限制的情况下，要尽可能地接近实战的环境。要注意和不同技术风格、不同身高，甚至是不同体重级别的对手进行自由抢着抢劲训练。提高推手中适应不同对手、不同打法的能力。此外，自由型抢着抢劲训练的目的是提高攻防技能和体能，而不是故意要伤害对方，因此，所谓“自由抢着抢劲”，应以友好为基础，相互切磋提高。如果是为参加推手运动竞赛进行专门训练，还应以竞赛规则的有关规定为准绳，在规则允许的范围内进行训练。

第四步，採拿折别训练

①学习必要的解剖知识，明白运动器官的结构及其运动的基本规律。例如，某关节有几个活动面，最大活动度是多少，其上附着几对主要韧带等。还要学习人体主要穴位和要害的准确位置，做到应手而得，方可在掐穴、拿筋、折别捏扣、钳制关节时灵活运用。

②锻炼手把抓拧握掐、捏扣折别能力。因为没有足够的把力，是很难得心应手的。要通过动作贯劲、空握抓扣，以及拧棒子、卷棒功、上罐功、麻辫功等功法的锻炼，有效地提高两手臂的抓钳扣折能力。

③学习基本採拿折别技法。在学习时，可采用一个喂招递手，一人训练的方法，反复练习一个採拿折别法，或採拿折别与化解反採拿交替进行，一法练熟再换一法，并在学习中逐步领悟採拿折别法的基本技法和原理。

④练习连环採拿折别法。将多个採拿折别技法连续不断地串起来练。即一方採拿折别住对方，对方先解脱再反採拿折别，又复而化解，又採拿折别，如此拿、解交替循环练习。

⑤两人抢机採拿折别练习。这种练习不限定谁进攻、谁防守，由练习者根据对手变化，抢到机会，随势应用。练习中，先采用只准用一种方法採拿折别某一部位的抢机练习，然后，逐次增加着法数量和可採拿折别的部位，直至两人进行完全无限定的抢机採拿折别。

第五步，跌掷发放用劲的实战应用训练

跌掷发放用劲的实战应用训练属太极推手功夫的应用训练阶段。这一阶段开始训练时，一般是先由老师诱导学生体会各种劲道和跌掷攻守应用的方法。老师打出不同的劲和跌掷技法，让学生感受，然后再让学生使用同样的劲力，跌掷之技用在老师身上，待教师鉴定正确无误时，再和对手进行比试相较、切磋提高。

此阶段的训练，以采用注重採拿折别、跌掷摔打兼施并用的推手方法为最佳。如传统的赵堡架三合一太极拳上下步（亦称进一退一）顺式推手法，它极讲究一胆、二巧、三功夫，重视运用上、中、下三盘明暗四十八技法。其中的抓拿折扣、别错掷跌，摔打兼施并用之法，几乎在训练中没有多大限制，非常接近于实战搏击，极易过渡到散打比技，实用性强、见效也快。

（1）首先训练内劲的蓄、发

蓄指体内积聚劲力。蓄的方法是将驰散的意识收敛集中，将散向四梢的意气收归丹田，同时以吸气配合，放松各部肌肉，肢体外形适度屈曲，以至被收敛的意气好似被压紧的弹簧，有一松即弹之势。放松的肌肉被屈曲的关节预先拉长，好似以躯肢为弓胎，以筋肉为弓弦而拉满的弓，有一放即发之势。

发指将体内蓄好了的劲力发放出去。各种进攻性劲力的发出过程，都是发的具体表现。发放体内劲力方法有两类。一类是以有意识的“蓄劲”为前奏，“蓄而后发”。这类发劲，要求意气先回敛，汇聚成一点，再迅速通过身体某部向攻击目标发出，同时以呼气配合，收缩主动肌和协调肌，肢体外形适度展开。

另一类是以任一形态为预备式“一触即发”。这类发劲一般是在运动过程中，通过加快呼气和收缩肌肉完成发劲。也有在静止和放松形态时，突然收缩肌肉，呼气发劲的。这类发劲，由于未经有意识的蓄劲准备，发劲较前一类快，无预兆，但劲的力度没有前一类大，冷劲和抖劲就属这一类。

（2）训练寸劲与长劲的发放

寸劲是指距离攻击目标很近时，或者动作接近终了时的瞬间，突然加速收缩肌肉发出的短促、刚脆的爆发力。发好“寸劲”的关键在于把握住运用加速度的时机，这个时机应在我肢体着力点出击至粘贴对方衣服时，突然加速的发劲。

长劲是在原有化发劲力的基础上，继续伸长的劲力，它是在意识的指挥下，加大了化、发动作的幅度（贯劲作用超过了对方维持平衡的极限），使对方随之不及、化之不尽被迫而受制，如挤、按、塌、压、靠、撞等均可附以长劲发之，让内劲蠕蠕出击，不断延伸，使对方愈退愈促。

(3) 训练透劲与通透劲的发放

透劲是指能穿透攻击目标的劲力。欲发此劲，首先意识要有穿透感，意气要有穿透感，目光要有穿透感，内劲冲力要有穿透感。其次要延长发劲的量度，使意感与劲力配合整体而行，譬如，穿心肘横击对方前胸，“意感”是透过对方前胸击其后背，劲力也须击中对方前胸后仍继续透达其后背，甚至延长于其背后远处或地内深处，其效果为最佳。

通透劲是指以腰脊发放内力，通肩串臂过腕于梢端，迅速爆发击出的内劲功力。发放此劲时，先舒胸含肩，挺腰拔背，使腰背部肌肉充分展开，以增加肌肉的初长度，然后突然展肩、吐胸、挺顶、撑腰，使内功活力在瞬间节节贯串而出。

(4) 训练鞭劲和飘打劲的发放

鞭劲是以臂喻鞭，似抽鞭样松柔抡摔上肢的内功劲力。发放此劲的要点是摧、探、抖、弹四字，要求以腰脊为劲源，通过活肩、松臂、抖腕，使内劲功力通肩过臂达于手梢，似鞭如棒弹击而出。

飘打劲是要打得飘摇多变，使对方应付不了，琢磨不透。其包括三种运动方法。一是在运动中加快速度；二是在运动中攻变运动方向；三是在力点上延长时间或加大压力强度，使对方难以承受。

三、结语

实践证明，通过上述五个步骤的训练，能快速有效地提高太极推手的技击功夫，因为这种训练始终是在看得见、摸得着的对抗中进行的，强调实、真二字，所以实用性强，见效也快。这种高效率的训练，同时也打破了传统的依靠自“悟”的局限和“太极十年不出门”的说法，为太极拳推手技击运动的科学训练闯出了一条新路。

体悟懂劲　阶及神明

——太极拳技击功夫层次及其训练阶段

太极拳的技击是一门科学，有它自身的规律，这个规律并不高深莫测，可以通过实践逐步认识和掌握。

一、太极拳技击功夫层次

太极拳功夫计分十成。一至三成功夫是谓下乘，也就是入门功夫，有三成功夫可谓入门，不具三成功夫不能谓入门。四至六成功夫是谓中乘功夫，通常即谓已登堂入室。七成功夫是中乘功夫与上乘功夫之过渡阶段，也是习太极拳的关键性一步，常谓之炉火纯青阶段，也是中乘功夫的最后阶段。八至十成功夫是为登峰造极上乘功夫，八成者登峰而未造极。凡太极功夫具十成而造极者必是出类拔萃之代表人物，屈指可数，古今不多。非数十年纯功不能达此境地。

太极拳训练过程是化僵硬为柔，积柔成刚。一至三成功夫是化僵硬劲阶段。是进行“不受制于人”的训练。“不受制于人”即“舍己从人”，“人刚我柔”，“随人而动”，这是入门功夫。它是在拳架已初步练到使形体比较轻柔、圆活的情况下，开始进行的训练，要求和人推手时，处处不和对方发生顶撞或脱离的现象。是自己根据对方接触点上力量的大小、方向、速率的虚实变换而变换，使对方的力始终不要落到我的身体重心上。

四至六成的功夫是开始逐渐“控制人”。所谓“控制人”就是指和对方推手时，在不受力的基础上，时时处处用心通过双方的接触点，寻找对方的重心点，控制对方的重心变化。它的关键在于自己的意念处处在对方之先，他一动我就找到他的重心。通过接触点能始终将对方的力源或重心支撑腿的脚根控制住。

这一时期的拳架练习，已使形体具备了轻灵、圆满、均匀的一种浑圆感。体现在运动方法上，即可形体转动得更为灵活、敏捷，意念想怎么控制对方，形体自然能做得出来，并且协调而自如。

至四成功夫以上，则是拳经上所谓“是时功夫一日，技进一日”阶段，也是“功夫无息法自修”的开始。是时“入门引路需口授”阶段已基本结束，即使不推手，个人单练仍能增加技击功夫。当然，此时不脱离名师、高手的指点和不丢掉推手竞技实践则更好。

六成功夫是“然非功力之久不能豁然贯通”阶段，是时太极拳已登堂入室，运用自如，左右逢源，开始步入随心所欲阶段。“豁然贯通”不是一句空话，而是有朝一日确实豁然贯通，一通百通，不禁自思“原来如此”。

七成功夫是太极拳关键性阶段，也是由中乘功夫进入上乘功夫的过渡阶段，也就是常语所谓炉火纯青、随心所欲阶段。是时，无处不柔，无处不刚，处处能化，处处能发，挨着何处何处击。练成自身感觉的高度灵敏协调，并通过松紧转换，培养了整体的弹劲，浑身都是手，无处不弹发，搭上就放，接触就发。同时，自己的拳架已练到周身一家，形体完全具备了极好的整体劲力。此时，意有所思，形有所动。为推手步入散手打下了良好的基础，已达到“出手就有”、“不招不架，只是一下，若犯了招架，就有十下”，基本已达到使“犯者应手即仆”的境界。因为此时内劲已经非常充足，全身形成的体系比较巩固，神经系统的灵活性提高，身体每一块肌肉都能在极短的时间内做出反应，这时体现出一种混元整体爆发力，所发出的劲极速极猛，一触即发。与对手练习时，双方两手一接触，对方立即跌出，感受有如被汽车撞出，满天星斗，往往撞墙后跌坐在地上才知道已被击出，前人所说“打人如挂画”，相信便是指此而言。

在推手技击上，一至三成是外圈化，四至五成是内圈化，六成功夫是贴身化，可以将对方力点引向自身泄力而转化发出。至七成功夫时即是无圈打法，即不仅具有一般打法，而且可以将对方劲引向自身不化而发。此时在推手中，立不摆架，打不露形，站着即打，一点之处有化有发，可柔可刚，可化可发，说柔即柔，说刚即刚，使人莫测。

八至十成功夫是谓上乘功夫。是时太极拳已入化境，所谓人不知我，我独知人，一羽不能加，蝇虫不能落，拳法已登峰造极；机体的反应，由有意识变为高级的无意识，即“下意识”，只要与敌稍接触，即能使敌飞出，全是自然的本能反应，即使是突然刺激，也不会使这种协调关系破坏。

所谓十成，造极是无止境的，有的太极拳名家甚至达到一般人几乎认为不可能的神乎其神的境地，如相传杨露禅、武禹襄、李亦畬等人均能停麻雀于手掌而雀不能飞出，即是达到出神入化境地，此时，拳术上甚至不练外形，而只练气养神练意，讲求悟“道”。

二、训练阶段

第一阶段也叫明劲阶段，是以外形引内气的阶段。所谓明劲，就是形于外，可以看得到的一种劲，也就是从外形上不断出现的刚劲（即发劲），还达不到外柔内刚、轻而不浮、沉而不僵，还存在着丢顶、断劲的现象。在这一阶段训练中，着重一个“松”字。拳经云：“筋骨要松，皮手要攻；节节贯串，虚灵在中”、“肌肤骨节，处处开张”。只要遵循在放松的前提下去训练，不论发劲与否，都能走上正规的道路。

这一阶段的训练，在“松”的宗旨下，必须做到立身中正，虚领顶劲，沉肩坠肘，含胸拔背，活胯屈膝，圆转自如，心气下降，气沉丹田。同时，在基本知识方面要了解人体“三节”的内涵。不仅全体可分三节，局部也可分为三节。以一身言之，头为上节，自咽喉至丹田为中节，由大腿到脚趾为下节。以腿言之，胯为根节，膝为中节，足为梢节。以手臂言之，肩为根节，肘为中节，手为梢节。必须知道每节的要求。根节起、中节摧、梢节发，在训练中，要逐步做到。拳论说“上节不明，无依无宗；中节不明，浑身自空；下节不明，颠覆必生”，指的就是明“三节”的重要意义。

传统的训练方法是，在第一阶段即可练习猛打、猛摔、猛起、猛落的动作。在放松的前提下如此练习，能更快地摧其僵劲，即摧僵化柔，舒展筋骨，促进血液循环，加快毛细血管的扩张和畅通，增强体质，使身体强壮，以适应技击训练。同时，使身肢和肌肉放长，锻炼弹性，对引动内气会收到更好的效果。

在第一阶段练拳时，还会经常出现一些僵劲、断劲、丢劲、顶劲，不能一气贯通，发劲不是起于脚根，行于腿，主宰于腰，而是手臂局部用力较多，是僵硬而没有弹性的间断劲，也称之为“外刚内空”。

这一阶段成功的表现是，其一套路熟、动作灵、要领准；其二在与人推手时，已经有了一些抵抗能力，但不论进攻或走化，都是刚多柔少，手法上还分不清掤捋挤按，步法上还分不清虚实。

第二阶段训练时，尽力减少那些猛打、猛摔等断劲动作（单势练习或发劲练习除外），练架子时速度应适当放慢、放低，周身放松，缓缓运行，完全是意识指挥气和形的运转。促使内气如九曲珠，贯注全身，无所不到，并由内通过骨达于肌肤毫毛。从外观上看，架子练得轻松柔软，活泼大方，而内含坚刚，即内中积柔成刚，主在用意，采用贯劲之法，寻求内劲，是功夫从实处下，以实处托出虚来的阶段。即前人所说，练成浑厚之劲，再从浑厚劲练出轻灵来，正像国画家下功夫那样，从实处托出虚来。用功日久，手臂自然会产生沉重的感觉，沉重中带有轻灵，轻灵中带有沉重。轻灵而不流于飘浮，沉重而不犯僵滞。手臂圆熟，内劲像水银那样地既沉重又流动灵活，随意可转移到某一点。这就是拳论“运劲须无微不到”“劲似松非松”“似刚非刚，似柔非柔”“外似棉花，内如钢条”所要求达到的境界。

在这一阶段的训练中，除了要克服身、手及内外产生的僵劲和拙力，使身手、内外协调一致，周身相随，节节贯通外，在基本知识方面主要掌握六合（内三合，外三合）的道理。即手与脚合，肘与膝合，肩与胯合，此为外三合；心与意合，气与力合，筋与骨合，此为内三合。做到六合，才能逐步达到上欲动而下自随之，下欲动而上自领之，上下动而中部应之，中部动而上下合之。

这一阶段要求能在激烈的互搏中熟悉入门劲道的角度，虚实刚柔，摸索和掌握发劲的路线、惯性和火候，以及步法的进退和身法的变换，达到“发落点对即成功”。此阶段在不受外界干扰，独自练习太极拳时，肌肉的活动与内脏器官之间建立起固定的、协调的联系。而在对抗性的推手或技击中，这种协调关系则显得不够稳固牢靠。只有遇到一般比较缓慢的进攻，尚能做到舍己从人，随机应变，因势利导，引进落空，避实击虚，运化自如。然而一遇劲敌，力量大、速度快，则这种协调关系被打乱，便会感到劲不足，摇摇晃晃，难以立稳。即使将对方发出去，往往也会因自己内气不够充足，内劲不整，而较为生硬、勉强，或拖泥带水。甚者，有可能破坏自己不偏不倚、八面支撑的身法，不能完全顺应外界条件的变化。但到了这个阶段的中期以后，克服了这些弊端，内气、劲力充足，意、气、身、手、步的变化比较灵活，周身各部位攻防机敏，进可攻，退可防，隐于内而不显于外，开合调整随人动而动，意在人先，人不知我，我独知人。动作小，落点准，威力大。化劲容易，发劲利落。与人交手时，稍动，便可将对方发出去。

第三阶段是训练灵动。套路练习时，要求做到缓慢柔和，平稳舒展，连绵贯串，呼吸自然。所谓缓慢柔和，就是至柔至刚相结合。此时无圈无迹，圈已归于五脏百骸、肌肤毫毛之内。练习慢而发射快，静如泰山，动如江河闪电。所谓平稳舒展，就是运动时姿势大方，美观自然。运动出于无心，鼓舞生于不觉。所谓连绵贯串，就是运动中螺旋劲力连绵不断，在意不在劲，劲断意不断。所谓呼吸自然，就是一趟拳练下来，面不改色，气不发喘，谈笑自如，完全用的是先天自然之气。犹如长江之水，滔滔不绝，蕴力无量，视之平平，触之惊人。

练拳到第三阶段，已是登峰造极、炉火纯青，达到化境。练起拳来重似千钧，轻如羽毛。常人看来犹如“神行”。在技击上，身体各部反应高度灵敏，周身无处不似手，与人交手时全是自然反应。肌肉的收缩和放松极为协调，即使在技击时遭受突然撞击，也不会使这种协调关系受到损害。一举一动，皆能保持中正安舒，支撑八面，镇定自若，随心所欲。到此，太极大功告成。

默识揣摩　悉心体认

——太极拳的听劲及劲路训练

生物学家说，一些训练有素的运动员的反应是经过小脑，而非大脑。小脑是管理和协调骨骼和肌肉的，它储存一些与武术有关的信息，这些信息是平时训练的结果。一旦遇敌或比赛，就可从小脑直接迅速拿出，利用信息进行反击。这比大脑指挥要快几十、几百倍。听劲训练的就是这种能力，所以太极拳强调“意为先”和“意到手到”。

听劲的实质，是对敌方攻击的判断。敌我搭手，敌方欲发劲将我击出，我要防守反击必须对其攻击做出准确的判断，判断他使用什么着法，发力方向和大小、发力的时间，我身上的着力点和他后续的劲路，运动员对此要形成一种反射或叫反应。这与训练一位乒乓球运动员是一样的，对攻来的球的路线、力量、旋转方向、落点、弹起后的冲向都要在对方挥拍的一击的一霎间做出判断。这只能是一种感觉，凭这种一霎那的感觉做出判断，采取回击行动。太极推手教练就是要训练运动员凭对方攻击意念的一闪做出判断和反应行为。

一、太极拳劲路的内容和特征

可以从劲别（方位特征）、劲属（效应特征）、劲法（操作特征）等三个不同的角度去把握。

劲别。主要指结合手法的劲力走向类型。力是个矢量，而不是标量，所谓劲走八方，斜、环、上、下、左、右、前、后等，故其可按手法在一个主体坐标上的不同方位动态特征而予以区分。通常划分为掤、捋、挤、按、採、挒、肘、靠八法，八法有人认为，肘、靠不属于手法，不应包括在内，可另加推、挂两法以应八法之数。有人认为，太极拳手法还有闪、撅、节、拿、闭等，不必定受数之限。但一般认为，这些手法劲别，均可归纳到传统所称的八法之中。

劲属。亦称“劲道”，是指敌我双方在劲别应对过程中，自身通过虚实变换后所形成的综合性效应特征。通常可按轻重、长短、明暗、刚柔等两两成对而又相济互补的基本属性，互相对照予以识别。它包含了主体在运动过程中对时间、距离、位能、势能以及功和功率等等方面的综合利用。这就比前述表示力量外在的方位特征的劲别，属更深层次的综合性效应特征。

劲法。则是就主体操作特征来提问题的，用以表现劲力内在的运转技巧，因而区别于侧重描述作为力量载体的外在动作的“招法”或“着法”。

我们知道，力量跟力量的运用并不完全是一回事。劲法是指力量运用过程中的身体技术方面，包含了对运动过程中各种作用力、反作用力、惯性、合力、分力、动量、力矩、力偶以及杠杆、力臂、螺旋、斜面、摩擦、滚动、滑动等等原理的综合利用，着意表现身体的技巧和技艺。人们对此描绘较多的有粘黏劲、走化劲、螺旋劲、抖弹劲，此外还有钻劲、截劲、磨盘劲、抽丝劲……如此等等，一般可按其操作特征以及相应的效应而大致分出。其总体特征，有领劲点和发劲点的分化，以及由此相应的身体各部分协调整合，因而特别强调一方面“节节松开”，而另一方面又“节节贯串”的整体性力量调控发挥。

二、太极拳劲路的训练和掌握

手段：自练中的“找劲”；老师给学生的“喂劲”；拳友相互之间的“摸劲”。

找劲。是自我训练中的“知己功夫”。它把行功走架跟站桩换力结合起来，在动作中寻找、比较和“悉心体认”自己身体上各个力点的情况和变化特征，找到和体认自身肢体最舒服的各种“得力”状态，学会怎样“节节松开”而又“节节贯串”，“由脚而腿而腰”以至最后“形于手指”地协调、控制和发挥自身肢体的各个方面的整体性力量和效能。这是自身的“反求诸己”的初步功夫。

喂劲。是指在老师帮助下，按某种固定程序的适应性力量互动练习，就像母亲一口一口地喂哺婴儿似的。是在推手练习中，教师用一些典型的劲路一手一手地诱导学生体会各种劲道和攻守应用的方法，以帮助学生品味。通常是老师使出不同的劲，让学生一一感受，反应以知人。然后，再让学生使用同样方式在老师身上“发”出，以检验其效应。就操作上说，它包括有“喂”与“被喂”两个方面，每个方面又经历有问答应对的过程。

摸劲。是指拳友间互相寻找用劲的机会和可能性，其方式大体跟喂劲相似。这是进一步的“知人功夫”。在水平相当的条件下，双方作试探性的各种劲路运转攻防的练习，属不按固定程式的劲路运转“游戏”。让学生了解和掌握什么是最佳用力时机、最佳作用力点、最佳运行路线、最佳操作方式和最佳综合效果等。

太极拳所说的“劲路”，主要指劲力的走向。它当然不排斥力量，但又远不只是力量。例如，它还包含有用力的方式、力量运行的轨迹、双方的关系以及由此而完成的功和功率等一系列东西的总和。而在这背后，则是太极拳家在应敌对抗中所采取的战略选择和措施，其中深刻地包含着人的智慧和人格特征。

三、太极拳劲路的应用和发挥

表现：交手开始时的“接劲”，接劲后的“听劲”，听清对方劲路后的“用劲”三个环节。

接劲。亦称接手、接招或接势，是交手双方开始互相作用时的接触方式。太极拳打人最终是要通过身体接触来进行的，所谓“满身都是手”、“挨着何处打何处”等。因此，接劲是用劲的前提。这里所说的接劲，不外有如下三种情况。

一是以手或身体某一部分将对方加之于我之劲接住，以形成双方的身体接触，这是太极拳“听劲”和“用劲”的先决条件。

二是与对方接触后，把自身的劲路跟对方之劲路连接起来，以便“借力打力”地“以其人之道还治其人之身”。

三是在发劲之后劲路断裂或对抗中被迫产生的断劲再接起来，以做新的一轮对抗。

太极拳接劲的操作特点是“以意领先”、“劲断意不断”。

听劲。是指通过身体接触时所产生的一种“本体感觉”，借以弄清对方的战略意图和战术措施，判断对方加于我身之力量大小、方向、角度等，并进而“舍己从人”和“不丢不顶”地寻找和造成“我顺人背”的机势。听劲是太极拳进入“懂劲”阶段的必由之阶和关键所在。它在技击上的优点在于把审敌和制敌两个过程统一起来，在不确定目标的同时去实现目标。

用劲。是指敌我双方攻守对抗过程中劲路的实际应用和效能。太极拳用劲在操作上有蓄劲和发劲两个方面。蓄劲是能量的积蓄，发劲是能量的释放。拳诀云“蓄而后发”，又云：“蓄劲如开弓，发劲如放箭”此之谓也。而其过程，一般讲究引、化、拿、发四个环节。在这里，引是引诱发放人，使其“节节深入”于我有利的轨道，“欲罢不能”地进入背势；化是走避敌锋，让过对方进攻势头，化解其劲路而使之落空；拿是封逼敌势，虚笼对方关节、拿准对方劲路，使其“欲变不能”，以备我之发放；发是就势将敌沿其受力点（着力点）跟落地点（发落地）的连线方向抛掷出去，发可泛指各种进攻性劲力的爆发过程。一般说来，引、化、拿、发全过程中，引、化兼为蓄劲过程，拿是为蓄劲转换为发劲的转折点，发则是把积蓄起来的能量释放出去做功。

四、注意培养超感觉——学会用身体去听（感知）

例：一个双目失明的新西兰拳击手乔治·穆里根，曾先后战胜了 24 个对手，获新西兰“新布里茅斯市冠军”的称号。这位绰号“雷达”的拳击手认为，自己之所以能够登上冠军的宝座，是得助于超感觉力。

在我们国家，也有不少武功造诣高深的拳家，可以用厚布蒙住双眼，与人（一人或多人）切磋，并战而胜之的例子。董海川、李洛能、王芗斋就是如此。

王芗斋常说：“谁想打我，最好不要告诉我，在身后突然袭击，看我如何反应。”“不假思索，不期然而然，莫知其为而为，潜能触触之活力，一触即发。”据人称，王芗斋可使“相向而立者产生微风拂面之感，细雨淋身之觉”。这就是“有感即应”“一触即发”的高妙层次。感者，物未近身而有感应之谓也；触者，物已近身而发动之谓也。二者之间，相互照应，合而为一。

“有感即应”“一触即发”这是需要去仔细体会的。所谓体会，并非用脑袋去想，而是在松静之中，用自己的身体去直接领会，仿佛全身都像一个巨大的耳膜在振动一样，仿佛全身都遍布眼睛在观看一样，仿佛全身就是一个大大的弹簧一样，如此这般，去接受四周的信息，去感受四周的呼应，去弹抖来自于四周的袭击。一言以蔽之，用自己的身体去听、去看、去发……

在这样一种特殊的感知状态下，身体的感触功能将特别灵敏，反击功能也将特别强大。这种感知在技击行动上就迅速得多、自由得多，在提前觉察对手进攻的意图下，实际上已牢牢地将对手的一举一动都控制住了，这种犹如猫戏老鼠的技击状态可说是无往而不胜的。

灵敏像猫狗　爆发像虎豹

——武术技击的功力训练

武就是讲力量，术就是讲灵活。练就像熊虎豹一样的浑厚威猛，鸡狗猫猴一样的轻灵敏捷，像惊蛇雄鹰一样变化无穷。全身无处不螺旋，无处不弹簧。浑身上下翻飞，飘忽不定，身似游龙，展开幻影打法，让对方可望而不可及。进前逼打，接触一瞬间把对方撕成碎片。出手如闪电，落手似炮轰。能随时根据需要把神迅速提起，在技击中，浑圆炸力不断，挨着何处何处击，一伸手如布下天罗地网，让对方插翅难逃，这才是真正的中国传统武术技击功夫。

一、爆发力训练是竞技运动的主宰

泰森的爆发力强大无比，而健美运动员的爆发力也绝不亚于拳击运动员，世界级健美明星“奥林匹亚先生”李·哈尼，就是一个具有惊人爆发力的人。他的训练方案正是以爆发力为主，兼以节奏性训练。许多资料表明，健美运动员不仅爆发力可与拳击运动员相比，甚至绝对力量超过拳击运动员。

二、力量训练是各项运动的基础

且不说武术界有“一力降十会”的武谚，也不说新中国第一位武状元陈超曾是一位出色的投掷运动员，有着常人难以匹敌的力量素质，单说优秀的世界重量级拳王霍利菲尔德，就足以证明力量训练的重要性了。霍利菲尔德曾以点数负于人高马大、臂长拳重的德迪克·保，在比赛中正是吃了重拳不重的大亏。为此，他高薪聘请世界级健美冠军李·哈尼指导他进行力量训练。在这位“奥林匹亚先生”的指导下，霍利菲尔德增强了力度、耐力、平衡和爆发力，也增加了自己必胜的信心。重拳威力大增，被称为“连上帝都畏惧的拳手”。果不其然，霍利菲尔德不仅大败里迪克·鲍，而且连克“犀牛”泰森，令世界为之一惊；又再接再厉，五次击倒有着“重炮手”之称的穆勒，直逼拳王霸主的宝座。

三、传统武术技击的功力训练的再认识

为什么有些人看起来肌肉发达、体格健壮，可打出来的拳头却不重？因为要把一般性力量转化为搏击中的劲，是要经过专门训练的。力量不仅受肌肉截面积的限制，还受神经冲动的限制。一个强壮的人，如果不接受专门训练，他身上的力量就不可能全部释放出来。相反，一个拳手，他神经能够调动更多的肌肉参与发力，因而出拳凌厉。比方说，一个人可能腰缠万贯，但不会花钱，结果，用其全部财产仅买了一根针；而另一个人虽钱不多，由于会支配，而用很少的钱买了十根针。这个比方虽夸张，却可以从中得到启发。如将二者结合，威力将是令人瞠目结舌的。如 1984 年获极真会日本空手道冠军的黑泽，卧推达 200 公斤，深蹲 300 公斤，他的低位旋转踢强劲凌厉，常踢得对手支撑不住，应声而倒。

研习传统武术技击的人常用李小龙说过的一句话来证明力量训练的弊端，他曾说过片面追求“肌肉块”，在和人较量时“犹如斗牛场上被斗士耍玩的一头野牛，或像一台破拖拉机追赶一只野兔”。其实，很多人误解了这句话的真意，如果你看过李小龙主演的影片，你会惊讶地发现，李小龙有着一身结实的肌肉和令人羡慕的线条轮廓，而他的攻击速度也令人惊叹。研究李小龙生平就可以发现他也练健美，进行过力量训练，而且力量惊人，可以单手倒立数分钟，用一只手的食指做俯卧撑，可把 34 公斤重的杠铃直

臂水平前伸、收回、再伸出静止（锁住）控制2秒钟。你要不知这有多难，只要试着前平举一辆自行车，就知道这要多大的力量了。难怪李小龙会有那么大的杀伤力！

四、传统武术技击的功力训练原则

一只猫和一只老虎谁厉害，自不待言。但不妨大胆设想：如果一只猫有老虎一样的力量，而又不失自身的矫捷，那么它当然更可怕。行家说，李小龙敏捷得像猫，而力量又大如虎。在传统武术技击的功力训练中，首先，应该具有良好的速度、灵敏、柔韧和耐力素质，然后才是最大的绝对力量。

其次，在增强绝对力量的同时，要着重发展速度力量，并且要特别注重关节力量训练。因为要发力，首先要使关节能够承受并传递打击时所迸发的强大力量。

再次，最大限度地发展力量，而相对不增长体重。猫的灵巧与力量才是我们所追求的。寻找力量训练与武功技巧的最佳合点，是完善武术技击功力的一种求真的途径，它将使你的功夫以新的面貌出现，最终登堂入室，走向完美。

同时中国传统的武功，也特别注重内力（内功），即自身抗击打功力的训练。通过内功的抗击训练会产生强大的抗击能力，使身体各部位均可经得起任何人的拳打脚踢，犹如打足气的汽车轮胎一样，抗压力特强，可任人用锤头去砸，其用力越大，反弹力便越强。内功抗衡的训练只要经过很短的时间修炼，就能把身体练成一个抗击打能力很强的活肉靶。进行两人对抗，让对方打在自己身体上，击打者不仅能体会到拳脚击中人体的真实感受，而且能培养出击打时的距离感、速度感及接触人体力点上的瞬间体能发力，提高自己的实战水平。被击者则可在对抗中，提高自己的抗击能力和本能反弹力。这样，在实战中就敢于和对方换打，即你打你的，我打我的，你打着我，我不觉什么，我打着你，你可就受不了，即所谓“不招不架就是一下”，非常解决问题。

出手软如棉　落手硬似铁

——太极拳的内功及其训练

太极拳崇尚外柔内刚的内劲功夫，其内劲具有伸缩性，如绵似铁。其柔是松沉，是虚是阴；其坚是实，是阳是紧，是由脚跟起而发出到接触点上而形成的刚坚劲力，正如赵堡太极所言“出手软如棉，落手硬似铁”，能达到“无坚不摧”的特效。

一、内功是人体的一种内在潜能

内功实际上是一种内在的能力，即人体潜能，人人都有，但它却因人因时因事而有所不同，就是通常人们说的只有功夫高低之分。狗急了会跳墙，人急了能拼命，这是常理。上世纪60年代，上海光华丝绸厂着火，一女工情急之中搬起一台电动机冲出着火的车间，后来她再想搬回原处，连推都推不动。不练功的人，在正常情况下不易调动这种机能，往往只有在情急之下才能。而练内功的人，由于平时练功已养成“眼前无人似有人”“行止坐卧不离这个”的习惯，因此，一旦遇到情况立刻能“如同火烧身”，马上调动起人的潜能，出手比常人快，劲力比常人大，这是毫不奇怪的。

二、内功拳的标志

有诀曰：“精养灵来气养根，元阳不动称起真；丹田养久千斤宝，万两黄金不谕人。”

此诀注明了内功拳的真谛所在，阐述了练武人体能的来源和补充，养精化气是身体活力之根本。

精养灵，说的是大脑思维的机能，必须依靠精血来滋养。精者，有形之物，在人体属阴，出生婴儿先天有之，后天之精，源于五色、五味之饮食。精血通过肺部的呼吸和心脏的血液循环作用，产生热量，升化为人体所需的内气。

练武讲究发力，力的大小由内气的充足与否来决定。

所谓养根，指的是气力的根源。气根在腰，而身根在脚，肱根在膀。力的运用条件有二，其一，在于大脑的指挥，其二，在于身体的运动。

元阳不动，简单地说，是男子未婚前已把功夫练成，童子功为真，婚后长期保持功夫即可。

丹田养久千斤宝：丹田原为道家语，指男子肚脐以下的下丹田，为内气之库，丹田的充盈由营养和练功日积月累培养而得，功成艺就贵如千斤之宝。何谓宝？宝者，精、气、神也！

万两黄金不谕人：拳术是用来保国御敌，强身自保，是打人的方法和手段，断不可以金钱做交易，以免误传歹人，以伤善良之人。

三、太极内功训练之开筋拔骨

传统太极拳注重于周身整体的修炼，练至气、血、筋、骨、髓、肌肉、皮毛协调统一才能求得整体浑圆之力。就开（挑）筋而言，大约有三种练法。

一种从桩功中练，对筋的训练讲究开筋、润筋与养筋。人体之筋如同橡皮条，长期伸拉会使其老化失去弹性，所以好的练法是在其拉开后补给其养分，以更好地增加周身弹性，延缓其自然老化。

一种在行动中练，以人体神经末梢带动周身，神用于内，意放于外来拉动，牵引全身自躯干至手指、脚趾末端的大小筋脉。

第三种运用周身气血鼓荡伸缩的转换使全身的筋骨膨起。

开筋是传统太极内功训练的一项基本功，可以通过各种练习而获得。当然，开筋开骨始终是传统太极内功训练的必修课，不仅调节气血、改善人体机能，更为日后功力的进阶打下良好的基础。

大至周身，小至关节末梢，只有开筋才能强骨。俗话说“开骨生灵”，所以，这里还涉及至开骨、拔骨、滑骨、透骨的过程，待最终将精气神合一，使人体的机能产生质的变化，才能达到易髓，至此，内功才能达到高水平。

功技结合　摸爬滚打

——初练推手如何尽快提高技艺

初练推手如何尽快提高技艺，这是许多太极推手爱好者都非常关心的问题。然而，就目前推手训练的状况而言，真正认真研究如何快速有效地提高推手技艺的却不多，几乎都是调调架（熟练）、转转圈（转会、空圈）、师傅咋推他咋推，甚至还有许多人推手自始至终一个劲地求“放松”（实为懈）、“柔化”（实为比划虚假的慢化）、“用意不用力”（实为臆想、想当然也）。这种不求实际、投机取巧，完全丧失了拳术技击真义的练法，最终只能是害人又害己。

拳术技击是实践的科学，所以拳谚云“一力降十会，一巧破千斤”，非常重视功力和技法的结合训练。这句话的前者之“力”，并不是指僵力、笨力、死力，而是指技击功夫的专项身体素质——功力，同时“十会”指只学会了技术的方法，而没有功力基础和实用性的虚假花法，即中看不中用的“比划式”“嘴把式”“假把式”；后者之“千斤”是指在功力十足的基础上建立起来的真技术，是力与巧完美结合的、实用性非常强的真功夫、真把式也。因此，太极推手的真功夫训练，应该是先求“一力”（功力），后得“一巧”（功技结合的妙法），或者是在练功力的同时，紧密结合技法，进行科学系统、踏踏实实、一丝不苟、摸爬滚打、出大力流大汗的训练，才能快出成果，这就叫作“用功力来武装技法，以技法来体现功力”。

功力与技法的结合训练，首要的是练好功力。功力的关键在于一个“力”字，即如何得力、如何用力的问题。力是人人都有的，经过系统科学的训练，一个人的整体冲撞击打之力会是身体重量的 3~4 倍，加之抖发、惊炸、螺旋之力的正确运用，对付人的血肉之躯已是足够了。

拳学是实实在在的人体运动科学，技击是实实在在的实践科学，来不得半点虚伪和投机取巧。什么“一丝不动，粘手即飞”，全是哄骗小孩子而已。所以，聪明的拳术家，特别是勤于技击实践的人，总是首先从提高自身的实用功力入手。否则，学来的技法还得哪里来哪里去，扔还给老师，也就是说此时再好的技法，只能是空中楼阁，没有根基。

太极推手是追求技击实用的，它不能例外的也要踏踏实实地从练力找劲开始，并且得有很长一段时间，不能讲“用意不用力”，要一心练粘连黏随（控制）、螺旋、崩炸、抖发等太极力。

推手之初，处处都有力的撞击，磕磕碰碰、顶顶撞撞、时脱时接、时断时续是很平常的事。在用力伸缩的动作（活力运动）中，能使出弹性力，并且有了韧、柔之劲时，才算初步进入了太极劲味的层次，然后再经过相当时日的对抗、推磨摔打、锤炼加工，使劲又大又顺达，就又深进了一层，具有了初步的功力基础。

此时，不但同学之间要互推较劲练习，更重要的是老师要根据学生的块头、力气差异，给以劲力的强烈刺激。高明的老师，一搭手会叫学生肩臂酸不可耐，不管其身强体壮，还是体弱力小，都是如此。对力小者老师用劲小一些，对力大者用劲则重一些，而其感受则一样，都得竭尽全力，一刻也偷不得懒，无不推得动、走得顺、弹性强、韧劲足，劲都能自足而腿而腰而肩，直达于手臂，使其小腿肚、腰背、肩臂无一不酸痛，随着练功的深入，感受日益强烈，甚至难熬。这种运动，使劲深入筋脉骨骼，搓揉伸拉，“运动如百炼钢”，使刺激不断深入，从而使学生对劲的敏感性、准确性，以及承受能力不断提高，使听劲、承受劲、吃劲、受纳得到千锤百炼。强劲柔耐的太极劲经过这道工序的百般揉搓磨炼才能真正具备，因此，在老师手里，不要试图化劲（化不掉），只有全吃全耐的承受，才能出功夫。

用力练劲的方法，是渐变的过程。此时力期短而劲期长。进一步讲，就是继续追求高质量的劲，从物理学角度讲，仍为力的相互作用，还是力的行为起主导作用。不过推手寻求的是从用拙力到大而顺、顺而活、活而灵、灵而敏、敏而捷、捷而准、准而巧、巧而妙的用力技术（太极劲），始终得在用力上下工夫。其中用大力的过程相当长、相当艰苦、而又相当有情趣，要花费很大的精力和时间，去重视这一过程。因此，只要把用大力工夫下足了，用小力和不用力（力点集中、准确而巧妙），则水到渠成。

功力练到此时，结合技法（实用高招）稍加熟练，便可以得心应手的应用。倘若不想用技法採拿折别、跌掷摔打对方，单纯凭功力拿控时，也可以收到事半功倍的效果。譬如一搭手，就用自己的十分绵软，紧跟紧逼对方，不让有丝毫的放松和休息的时刻，令其用力，不让动弹，把他困死。使对方感觉吃力无比，不用力不行，不用力即被困住，用力也不行，肩臂酸不可耐，有力无气，斗志消失。

初练推手，就追求轻灵，讲用意不用力，轻轻地推、慢慢地化，甚至不是化的劲也化，这种不关痛痒的练法，是违背武术技击运动规律的，太极推手技击训练也更不倒外。这种错误目前相当普遍，贻误了许多人，致使一些久练推手不上功夫、更谈不上学以致用的人，产生了对太极拳的技击持怀疑的态度，严重阻碍了太极拳技击运动的发展。其实，人贵应有自知之明，不务实地求“松”、求“化”、求“用意不用力”、求“四两拨千斤”的神技，到头来仍是一场空。当然，倘若仅求健身而转慢圈、比划圈圈，不求技击实用，则另当别论。

意惊雷霆　哼哈聚发

——心理暗示与发声增力

武术传统内功的训练手段丰富多彩，其中情景、语言、文字的暗示以及壮胆增力式的吼叫等等，是内力训练的有效方法。记得曾有一篇资料，其研究结果认为“意即力”，我想是有道理的，本文就此谈谈一些粗浅的认识。

一、心理暗示是增力的有效途径

语言、文字等的暗示增力手段，主要通过第二信号系统——语言、文字对受暗示者的生理和心理起积极的调节作用。亦即通过积极、良好的语言、文字暗示，使受暗示者产生灵巧的思想，多端的计谋，高昂的斗志，充沛的精力及坚定的取胜志向等，以达到“增力情绪”。在这种增力情绪的积极影响下，中枢神经系统支配机能得到更好的发挥，大脑皮质的自我保护性的心理机能副作用将得以削弱，从而充分动员体内潜力，使力量倍增。

以太极拳技击运动训练和竞技实践为例，如运动暗示，如“运劲如抽丝，迈步如猫行”、“行气如九曲珠，无微不到”；技法运用暗示，如“形如搏兔之鹘，神似捕鼠之猫”、“蓄劲如张弓，发劲如放箭”、“运劲如炼钢，何坚不摧”、“避人攻守要采挒，力在惊弹走螺旋”、“手把要灵，不灵则生变；发手要快，不快则迟误；举手要火，不火则不快；打手要狠，不狠则不济；存心要毒，不毒则不准；脚手要活，不活则担险”，“发作要鹰扬勇猛，泼皮胆大，机熟连环，勿畏惧迟疑，心细胆大，面善心狠，静如书生，动若雷发”等等，即是《拳经》暗示激发的真实写照。

二、吼叫发声增力及其在武术中的应用

在运动中，我们常可见一些运动员发力时都会情不自禁的大吼一声，尤其是那些爆发力较强的高水平运动员更是如此。这种吼声可明显增强肌力的原因有二：（1）吼叫时，由于腹肌和膈肌都强烈收缩，使胸、腹内气骤增，为附着在胸廓和骨盆的肌肉收缩提供巩固的支撑条件，从而增大肌肉的收缩效果。（2）吼叫可使大脑皮质兴奋性快速提高，在皮质中产生的兴奋，能使其自我保护性的内抑制作用受到抑制，从而使神经肌细胞活跃起来，使力量的潜力得到极大的挖掘和发挥，使力量大增。

武术运动历来重视发声训练，用以激发人体潜能，增加气力，使周身力量臻于圆满笃实，达到力量均整、劲力充实、功力浑圆，并能最大限度的发挥，作用于体外。

发声练习在各拳种中都有其具体发音要求。如太极拳、八卦掌“哼哈”之音；大成拳的虎啸狮吼、龙吟之法；心意六合拳的雷声秘法等。就其功用而言，不外乎以声助威，以声助势，以声助力，以力发劲，以达“无坚不摧”。

在实战搏击之时，猝然发声可壮己神威，功深者可使闻者猝然起惊恐之感，疏于防守。我们可乘虚而入，重创对方。

以声助势发力一般在象形拳、套路练习中常见。借助发声可加强拳势韵味，增强动作的象形性和动作力度。如猴拳的“嘘”音，蛇拳中的“吱”“呵”等音，南拳的“啊”声。

以声助力，增力最为武术技击家所重视，所以其练习也在搏击实践中占有至关重要的地位。发声时，短促吐气，配合动作，以气催力，声力并发，则内劲齐出，悉数立时发放，犹如雷霆，迅猛有力，无坚不摧。发声前的憋气，能加固肩带肌群，增加胸腹腔内压，反射性加强骨骼肌的张力。忽启声门发声，又突然紧闭声门；发“哼哈”之音，则内气鼓荡，遍固周身，即可抵抗强击，此为硬气功的特定发声之法。此外，还能以声音检查发劲质量。

另外，通过以声吐气的练习，吸入氧气，呼出浊气，可以锻炼脏腑、丹田之功，调和气血，固护元气，促进新陈代谢，使习者达到神明体健的效果。也可以蓄更多的劲，增更多的力，为搏击运动打下良好的基础。

掷抛击打　惊弹抖发

——掷抛与击打是太极拳技击的重要标志

俗话说，学拳容易换劲难。任何一种拳术都非常重视劲力的训练方法。不同的方法产生不同的效果。

1. 掷抛与击打是太极拳技击的重要标志

掷抛劲与击打劲，属进攻性劲力，是任何拳种在技击中都应具备的两种劲力，它们在太极拳中显得尤为重要，可以说，是否了解并掌握这两种劲力的特点和使用方法，是衡量太极拳功夫的主要标志之一。不掌握这两种劲的太极拳，还不是严格意义上的太极拳，只能用于表演、健身等。

2. 掷抛劲的概念

掷抛劲是指接住对方劲力后，不使其逃脱，然后顺势发出去的劲。

3. 掷抛劲在太极拳技击中的主要表现

在太极拳中，掷抛劲主要表现在推手或技击的掤搂粘连后的发劲，这种劲通常称为长劲。掷抛劲的特点是发劲前有一个掤搂粘连的过程，也就是说，发掷抛劲时，发力的部位与被发者之间是不出现空隙的。运用掷抛劲发人显得深沉迅速，常能把人抛出很远而不伤。

4. 击打劲的概念及其表现

与掷抛劲相对的是击打劲。它是在接住对方来劲后主动脱离开，然后再发出的劲道。同时，它也常常在未接或不接对方来劲时便直接发劲。击打劲通常用于散手。它的发劲形式是发劲时与被击部位必须有一定距离，这种距离不论远近都可以。也就是说，与被打的部位有一定距离而发的劲都是击打劲。击打劲包括寸劲、弹抖劲、穿透劲等多种形式，它是太极拳技击的主要方法，可以说离开了击打劲的运用，太极拳就失去了技击作用。

5. 太极拳击打劲与其他拳种的击打劲之区别

表面上看似无大区别，但内中主要表现是太极拳击打要求“松沉”二字。由于太极拳技击中的寸劲、弹抖劲、穿透劲等发劲方法是从其他击打方式衍化而来的，因而不可避免地在形式上有着其他拳种发劲的痕迹。而衍化后的发劲方法又有着太极拳的特点，这个特点便是松沉劲。严格地说，凡是不含松沉劲的击打劲力都不能算本色的太极拳击打劲。

太极拳前贤曾告诫我们，一个松字够可琢磨一辈子，松着劲打人才有劲。这里“松着劲”说是松沉劲，它与硬打有着严格的区别。

精神假借　激发潜能

——拳术技击训练之“意法”

内家拳“意法”的训练，正是吸取采纳了自然本能可发挥出巨大能量的至理，开发人体潜能，才造就了拳术势如排山倒海，劲如山崩海啸，速如追风赶月，全身一动俱动，搭手不让人，放手即成功的特色与高超技艺。

“意法”是内家拳术技艺的关键所在。“意法”是指导和锻炼技击、劲力以及手眼、身法等一切的根本，是拳的魂魄。习练任何功、势、技，均有相关的“意法”指导，即是“有意而为”。

“意法”是通过假借和想象，吸取自然界、人的无意行为以及动物寻食捕捉、奔驰等现象和特性，融合于拳法之中作为“参照”，以激发人体潜能和本性，调动和发动出人的潜质，锻炼人的精神、思维、反应，从而产生极其灵敏的反应。再结合拳法的要求加以规范、合度，使之成为整体，在运用时如虎添翼。如将人在正常行走时，脚下突然一绊，往前突然栽法之劲；手中突然捧有毒蛇，人的惊应之态；大炮出膛的弹药爆炸之状等等，合于拳法之中，使已锻炼出那股劲力、神意、速度等，若如此，拳则生神、有势，习则有功，用则方便无阻。

拳艺上有“恨天无把”“恨地无环”之说，是说“罩打”和“钻打”两把技艺的总“意法”。“罩打”是从上向下的击打之艺，其意为“恨天无把”。凡手在上处，欲往下落，则意有双手或单手（若天有环把）把天拽撕下来的劲和意。若手在下处，意欲上击，则视地有环，全身用力于一处，有能把地拉起来抛向天空之劲。此把之狠劲，习之若真，则上下而去，无物可阻，久习可产生整、猛、狠、脆之劲，不可轻视。这两把意间，应还有一意法，即上抓下扯之前，手要有抓信把环，防止天塌下来，练就一把撑举握顶之劲。将两者之劲结合起来，则使上下有序，圆滑自然，力不僵死，即“形断意不断”。拳谱曰：“举之艺，若上举而下落，则有‘恨天无把’之劲。若下抓上抛，则要有‘恨地无环’之劲。拳上不可离此艺也。”

“夜马奔槽”式，练习拳上的崩冲、钻劲，步的奔窜和身法上的摧闯之意。其意法为，奔波一夜之马，又累又饥又渴，眼见到了驿站，急欲想吃草料、喝水，直冲草料、水槽奔去，奔至水槽前又骤停的神情。若冲劲过大收不住，则吃不到喝不着，唯有急停而止才行。急奔而回的心情，眼见到了驿站想吃想喝的饥情，与冲奔而至突又停止之劲综合为一，形成了此势的意法。一奔、一冲、一停，势不可挡，其劲力非常之大。突然收住的止劲，如同高速飞驰的汽车，遇情况紧急刹车的劲一样。引寓于拳法之中，即提足而后坐，为蓄劲、束身、待发之意。随即落步而下，犹如良驹疾奔窜进，双拳翻上而崩、钻进击，借奔窜身催之势、之劲，待步落踩住，后足蹬住，如马突然停于水槽前的劲，拳上劲力一抖，全身合住，内力一颤而出，有洞墙摧壁之劲。习此势，意欲透身，神意显发，顾打合一。突步抢进，一奔一窜，直攻而上，人难能阻。平日以此为意不断演练，此式的劲、势、技则能成，合于拳谱“夜马奔槽解渴难”之态。此意法以内家拳贴身靠进、欺身拔根、寸劲爆发等特点为依据，尽显拳艺风采。

通过这种意念假借和想象的长期训练，力求在无意状态下反映出来，因为无意状态下的反应，所发挥出来的力量往往是难以想象的。比如，有人拿刀在后面追杀你，你拼命地奔跑，前面遇有宽沟、高墙，你都会一越而过。若在平时，你是绝对越不过的。所以，“意法”训练就是要发掘这种潜能。

巧用身体　妙用体重

——失重下的推习

试看一例。双方靠得很近，对手突然脱手冲向我双腿，试图抱腿摔，因双方靠得近，要退步很困难或不可能，此时此情，对方势在必得，重心前倾甚至失重，万不得已只能孤注一掷。如果我方被其抓握，则对方的冲力、失重时的体重力都会转移到我方的身上，而我因无退路，难免被摔倒。如果在对方未抓住我足之前，我俯身或跃起，上身前仆，在失重情况下把我的体重压在对方的后脑、脊背上，加速对方的前栽，必然反将其摔倒。实战时，任何预料不到的情况都会发生，如地面湿滑、凹凸不平、场地所限不能从容进退等等，此情此景非“常规”的方法就会派上大用场。与擅长摔跤的对手过手，如果太拘泥于正直、重心稳固等，身法过于教条呆板，就要吃亏。当然，能保持太极拳术身法与之过招，那是最好的。他打他的，我用我的，他运用他的长处，我发挥我的优势。

我们平日的推手练习不可局限、拘泥于如何如何保持重心稳定，如何如何不失重，而应该有目的地故意失重，利用失重时的体重力控制与打击对手。

方法的掌握

如何主动形成失重，利用身体重力进行推手练习呢？动步推手不容易失重，所以采取定步推手的形式比较理想。双方站定的距离稍大些，这样便于失重。练习中，粘连黏随、不丢不顶这个核心内容依然应认真注意。

向前时，不要怕被牵引失重，应跟随到底，乘势把体重压过去，造成我方失重态势。压放体重有些讲究，比较难、比较吃力的做法是手腕与人接触，肘较直、曲度小的情形。这种情况，接触点与自身重心距离远、力臂长，体重是通过肩、肘和细弱的前臂到腕传到对方的。此时如果掤劲质量差又过于生硬，就会造成僵死，从而硬压对方，背离似松非松将展未展的使力原则。如果掤劲不足过于软，体重力就会从自己软塌的肩关节"漏"出断开，不会再压放到对方身上。这种练法在懂功夫和掤劲水平未练到相当程度，失重利用身体重力推手是无法进行的。压放体重比较省力的做法是，胸腹等身躯部位与人贴触，此时触点与自身重心距离近、力臂短，身体重力由粗大的身躯而不是由细弱的手臂传给对方，故而较为省力，虽省力，但能做到自己的体重牢牢地压在对方的身上，给对方一个既如"千斤坠"般的强有力压迫，又留有余地不会压死，做到似松非松将展未展也不容易，难度不小。因为身躯的活动幅度、灵活性都远不及双手。用身躯贴触推练会练出身躯的粘连黏随不丢不顶功夫来，这种功夫在抱摔、近战与抗打时都有极大的作用。

后坐时后坐方可一坐到底。对方身体重力过来，后坐方通过手腕贴触，用似松非松将展未展极具弹性的掤劲黏住对方，腰脊命门一带反弹回抽，让自己往后失重，把由失重引起的身体重力压在对方手腕上。由于彼此的失重不在同一时间内，有个时间差。这个时间差，由双方通过听劲来掌握。如前行方失重前行时，后坐方不能失重，重心在支撑面内移动，并保证对前行方的牵引和自身被压缩的同时进行。在后坐将至尽头时，后坐方要给前行方一个带有爆发性的力，前行方借助此力，腰脊命门反弹回抽，转为不失重。而后坐方由于给前行方一个带有爆发性的力后，受其反作用，转而处于失重状态，这样就避免了失重的同时发生。好的老师能将自身体重的大部或全部放过去，甚者，身体放横几成水平状时仍能保证劲似松非松将展未展不僵死，让学生练功力。

肢体紧密接触且力的相互长时间的对抗性运动，如摔跤、柔道、相扑、推手等，体重是个最不容忽视的因素。对付体重大者，若要改变其运动状态，则所付出的努力就要大，同时，招至失败的风险也随之增大。体重是实力。为增加实力，我们虽然不能改变自身物理学意义上的体重，但通过特定的练习方法能够增加技击时的“体重”。这个增加有两个内容：一是通过练习学会充分利用自身已有的体重，最大化把自己的体重加到对方身上，增加对方的负担。二是借地面摩擦力增加“体重”，增强我方实力，迫使对方付出更多的努力。借地面摩擦力增加“体重”的操作，给人向上一震，致人全身僵硬并不稳。这一震之劲含有向上的分力，震者自然得到一个向下的反作用力，该反作用力帮助人体增大对地面的压力，使足底与地面的摩擦力增大，人体与地球连接得更紧，人体的质量“增加”了，体重“变大”了。被震者受到含有向上分力的作用，身体被向上架起，减少了对地面的压力，使足底与地面的摩擦力减少。加之因受拍击震动，足下发飘，本能挣扎蹬地用劲等，这样就会得到地面给的又一个向上的反作用力。该反作用力愈加使人体与地球连得不紧，人体质量进一步“减小”，体重进一步“变小”。这种相撞击人法，实质是借地球的质量和地面摩擦力使自身质量相对变大，对方质量相对变小，取得类似大质量物体撞击小质量物体，引起小质量物体速度大变化而被撞出的效果。

失重利用体重力的实践，最好是与摔跤选手进行，摔跤选手往往主动失重而引发对方失重。只要属于利用体重的技法，或多或少地存有失重的趋势和真正失重的可能，其危险性、不安全因素显而易见。如果双方功力悬殊，一方能完全驾驭另一方，则高功夫者可以充分利用身体重力制约低水平者，节省许多力气。所以，当与人交手时，身体重力能派上用场的话，就多了几分胜机。

推僵化柔　千锤百炼

——把“僵劲拙力”转化为太极“劲”

所谓僵劲拙力，泛指人们在生活生产劳作中使用的力、增长的力。武术中还把没有成为劲的力，也通称为僵劲拙力。针对特定的某项运动，在完成运动过程中，其用力比较经济，效率比较高，这样的力在通俗意义上常称之为劲。

很多人认为所谓的僵劲拙力要“舍弃”“丢掉”，常见提法是“把后天僵劲拙力丢掉”。按对僵劲拙力的通俗理解，接触太极拳前谁都有僵劲拙力，现在学太极拳了就要把它丢掉。初学者难免会产生这样的误解：平时生活中尽量不要用力，不要从事跟力有关的活动，好像力是太极拳的死敌。

我们先来看僵劲拙力该不该丢掉。太极拳者讲究“劲”，因性状、表现形式等的多样，有关劲的名称、内容五花八门，但有一点是一致的，即劲是由力转化而来的。铁经千锤百炼能由脆硬转化成坚韧而成为钢，铁是材料，没有铁就没有钢。同样的道理，太极拳的劲也是由力转化而来，力是材料，没有力就没有劲。这个力是什么呀？就是僵劲拙力。可以想见，真的“把后天僵劲拙力丢掉”了，太极拳的劲也练不成了。

再来看能不能“把后天僵劲拙力丢掉”。让太极拳高手去拉一辆陷在烂泥中的车子，他在拉车子的时候，用的是和常人无异的僵劲拙力。他如果没有僵劲拙力，就拉不动车子。用扳手旋紧或旋松螺丝，太极拳高手和常人一样，用的也不外乎僵劲拙力。太极拳者讲究全身协调、整体用力，最忌僵劲拙力。如果让太极拳者进行同样也最讲究全身协调、整体用力、最忌僵劲拙力的投掷标枪、铅球、铁饼之类活动时，他照样用的是僵劲拙力，挂在嘴边的“全身之力聚于一点，瞬间爆发”也不灵了。一文弱书生，一举重运动员，两人同时学练太极拳，假设两者其他条件均相同，则浑身“僵劲拙力”的举重运动员较之文弱书生更具技击实力是毫无悬念的。在练太极拳的同时，兼练功力训练、体能训练的人，则更具技击实力是毫无悬念的。功力训练、各种身体素质训练里面或多或少都有僵劲拙力的成分，就连太极推手、散手里面也不可避免有僵劲拙力的成分。铁和钢分不开，力和劲也是分不开的。如果太极拳高手真的“把后天僵劲拙力丢掉”了，那么他将无法和正常人一样生活生产劳作，他将寸步难行。

僵劲拙力丢不了，也不能丢。“把后天僵劲拙力丢掉”之提法会让初学者如入五里雾中。该如何对待僵劲拙力呢？改两个字就可以了。“丢掉”改为“转化”，即将“把后天僵劲拙力丢掉”改为“把后天僵劲拙力转化”。

生活生产活动中，体力活儿、重体力活儿对太极拳的修炼只会带来帮助。力是材料，大力是良材，材料充足且质优，生产出来的劲才无与伦比。

大力才有可能得大劲，大柔大软才会有大力大劲。放心地劳作，放心地使大力吧，一切科学的体能训练方法都可借鉴。因为，在太极拳里有把力转化成劲的两台“机器”：一是用意不用力的太极拳套路练习，二是似松非松将展未展、不丢不顶粘连黏随的太极推手练习。有这两台把力转化成劲的“机器”，僵劲拙力多多益善。只练推手而不习太极拳套路，是丢掉了一台化力成劲的“机器”；只练太极拳套路而不习推手，是丢掉了另一台化力成劲的“机器”。

其实，最特效的“转化机器”还是“散推对抗”！

煅打搓揉　勇猛推习

——“老牛劲”推习强筋壮体

摔跤被勾倒绊倒主要是某一个关节挺不住；擒拿被锁被拿主要是该关节疲软抗不住；掰手腕比赛，失败者失败的原因在于关节不够坚固。

一般情况下，人体受外力抵抗不住时，都先是某一个关节疲软挺不住终致整体受制。在武术对抗中，梢节不坚韧，容易被擒拿；中节不坚韧，容易被拦腰抱摔；根节不坚韧，容易被腿法击、绊。不懂武术的壮汉会被小个子摔跤手轻易摔倒，就是因为壮汉的某个关节被控制后，自身发出的抵抗力量不但到不了对方身上，而且还会从该关节折断泄出，用自己的力量打自己。壮汉有的是力，但只要一个关节出问题，全身的力就用不上，全体受制，这个现象类似于“木桶效应”。所谓木桶效应，是说对于一个沿口不齐的木桶来说，它盛水的多少，不在于木桶上那块最长的木板，而在于木桶上最短的那块木板。人体“最短的那块木板”就是关节。人体受到外力时，关节间距短的部位，如脊柱，或无关节部位，如上臂前臂大小腿，比腕、肘、肩、踝、膝、胯诸部位更能抗得住外力。

武术对抗，失败者失败原因大多出在关节不够坚韧有力。一胆二力三技。武术对抗主要靠体能素质强大取胜，在体能素质中，力气是排在第一位的。不管是有意还是无意，懂得这个道理还是不懂得这个道理。在练力气过程中，客观上都起到了坚韧关节的作用。一个人中年后，不管他是练外家功夫的还是练以柔著称的内家功夫，对抗能力都是下降的。主要原因是体能素质下降，其中力气是最主要的。

练力量可以坚韧关节。纯粹的力量练习虽然能起到坚韧关节的作用，但是，当外力一碰，所有关节都硬，硬邦邦一直硬到根子上，外力一撤，关节马上就软，是固定有余，韧性、灵动不足。这样的关节在忽隐忽现的力量面前难逃被击中和勾倒。怎样才能够练出在受到外力时既能瞬间相对固定，又保持节节贯通韧性十足的关节呢？太极推手里的“老牛劲”推习对此有独到之作用。推手里的“老牛劲”推习法很有讲究，要不是手把手传授，很难通过书面、口头的讲述或视频学会。它的特点是梢节接触推习，即双方腕或掌相互接触，尽量不用腕以上部位贴触。梢节为力点，带动中节、根节全身所有关节有弹性地绷紧串起来；重推也对轻推也对。重可以竭尽全力，轻可以用意不用力，不管是重还是轻，关节酸不可耐的痛楚不失。肩关节最吃力，其次是腰椎、踝关节。双方配合，最好是老师手把手喂劲，同学之间对练火候难把握，容易走到僵硬里去。每次推习很难坚持或者超过两分钟，不是力气没有，也不是喘不过气来，是心有余力有余而关节吃不消。休息两分钟接着再推，情不自禁地发声助推，这个发声或是助力或是关节酸楚痛苦的呻吟或是保持不因运劲绵长而断劲断气。不讲化劲，只讲吃劲受劲，把来力化掉借力就借不了多少了。不讲如何化解不让人打中，只讲送上门任人搓揉。搓揉多了，形成条件反射，会更多地吞收利用外力。既主动又被动，不文不武，恰到好处；无招无式，形随劲，劲从形，外观十分地绵软，弹性十足。

有人描述：“这种在特定情况下，能紧附于对方身体上，如同蝉伏子树，甩不脱蜕不掉的功夫，世所鲜见，可谓推手一绝。”用这种特殊的方法练出来的关节，练出来的人体弹簧，练出来的弹簧劲，不但不会断节，不会硬抗，而且会非常敏锐地感知到对方哪个关节疲软，哪个关节可能或将要出问题，从而一举突破该问题关节，达到制服全体的目的。关节被控，整体受制，这就是以小胜大，以柔克刚，以力打力。小也好，柔也好，都是以自己有“千斤力”为保障，以自己的关节坚韧为条件的。

初练“老牛劲”推习法，难免会有造成关节僵硬这个副产品出来。好在同时我们还有走架与站桩的练习，它们可以冲抵掉僵硬。太极拳走架用意不用力，这个意有太多的内容，其中“掤意”也是为了坚韧关节，让全身关节贯串起来。站桩保持外抱内撑，推之不动，拉之不开，砸之不落，挑之不起，也是为了坚韧关节，让全身关节贯串起来。用意不用力地走架和站桩，是直接从柔韧走向柔韧。“老牛劲”推手是通过劲力搓揉，紧中求松柔。从技击角度看，后者的紧中求松柔作用远远大于前者。很多太极拳套路佼佼者是不能打的，因为他们的柔是表面现象，是特意表演出来的，类似街舞里的某些动作。街舞里的一些动作，可以表现出十分的柔韧，比太极拳表现得还柔软。这些柔软没有通过力的煅打和搓揉，你一打一碰一着力，他全身的关节就会硬就发僵，松柔即刻不见了。用于对抗的柔软必须经过大力的洗礼。在太极拳界说要猛练刚劲，这是很微弱的声音。太极拳不能打是受相反声音的祸害所致。形意拳高手尚云祥留给世人一个发人深省的财富：“我若再有三十年阳寿，就再打它三十年刚劲。”力气、刚劲是根本、是基础，没有它一切都是空。外家拳如此，形意拳如此，太极拳也如此，所有对抗的搏击术皆如此。

大力大劲得大柔大软，小力小劲得小柔小软，无力无劲得假柔假软。练外家的，不管怎么动都能长力气，都能坚韧关节；练内家的就要当心了，如果不懂道理，就练不出力气，就不能坚韧关节，就不能用于对抗。举一个极端的例子。有甲乙两人，甲只练太极拳套路，乙只习太极推手，那么不管练过多长时间，两人对抗，乙胜甲是没有悬念的。以为不用力地推手，柔柔地走架，日积月累功到自然成，终有积柔成刚、以柔克刚之日。这是白日做梦，是受一些谬论误导，是没有实战经历一厢情愿地想当然。见老者推得徒弟东倒西歪，那是比划比划，不要当真。老者不敢与健壮者动真不要奇怪，健壮者要尊重老者的“虚荣”，人都有老的时候。老者不理智，平时又被徒弟宠惯了，误以为越老武功越好，往往会自取其辱。老者客观评价自己，把自己成功的经验传授给后来者，更要把自己走弯路的经历告诉后来者，把自己受误导、练一辈子也练不出来的情况告诉后来者，让后来者少走弯路是更需要做的。

大力大劲得大柔大软，通过什么途径得到大力大劲有讲究。不科学的推手练习，虽然可能练出力气，但要练出坚韧的关节是有困难的。断手介于推手和散手之间，它有推、有有限制的击打、有摔、有招，比输赢很吃力，属于使大力推习。这种使大力推习在公园里很多，推手比赛也属这种情况，它能练出力量、动作反应速度、技巧，但是对于坚韧关节，其作用远远不如“老牛劲”推习。“老牛劲”推习是太极拳功夫的根本，是练成坚韧关节的法宝。

增加负荷　意力为重

——汗流浃背练功夫

所谓负荷，即是担负或承担之意。也就是练拳者应意导加注内劲输送四梢，增加掤劲，促进发力。

初学从松劲着手，画圆缠丝，排除身上僵劲，求达灵感。但若一味轻力画圆，内气不增，发劲不大，只能起到健身作用。若要探讨技击功夫，柔刚必须兼练。发劲练习需加负荷求达。

拳论中讲：“打拳何尝不用气，不用气则全体何由运动……”太极拳的练气指的是丹田之气，先天自然之气。意导丹田劲，配合呼吸，内气发于四梢。太极拳讲的是有柔有刚，有轻有重。既要练习“四两拨千斤”，又要练习“浑身合下力千斤”。单纯强调一方面，就犯了片面性错误。

推手双方功力相等，不容易发挥出技击功能，若力量、耐力、速度、灵敏、技巧等相差大了，太极的高级技巧就会显示出来。竞技推手时，力量欠缺，没有掤劲，丢失轴根，其他劲别就无从谈起。所谓掤劲，即是不顶抗、不丢偏，而力度总是随对方的力度而定。若对方力度特别大，没有内劲基础，搭手就会被推开，失去重心，便没有变招的可能，也就没有机会发人。如果得机得势，发人没有力度，既不能把人抛出，又不能击伤对方，只能惊吓对方罢了。其因，就是只练轻力，不求重力的缘故。若平素加负荷练拳，力度增大，推手时就不至于不得机不得势，发人不利索。

技击的力度、速度、准确度是练武术技击的共性，三者缺一不可。各种武术技击方式不同，但是，技击的客观条件决定必须有力度。练太极拳先求柔劲后求刚而后刚柔相济。求刚劲应当吸取其他拳种求力的练功方法，取其优，补其短，这样才能更加完美。

想象是虚的，推手实践才能出真知。练拳和推手是一致的，练拳即为推手，推手乃是练拳。凡体力条件许可，需加大运动量，上下肢都需贯劲。

增加意念想象

练拳中，凡动应轻灵敏捷而又沉稳。柔劲如棉裹铁，发劲如离弦之箭。

上肢贯劲，要虚灵顶劲，沉肩垂肘，含胸拔背，意导内劲，随外形反复绞转，里边不动外边不发。随丹田之气的鼓荡增加掤力，后求爆发力的注力想象。

下肢贯劲，屈膝开胯圆裆，骶骨要有力下沉，劲要贯到足跟，上体重量下压，内气下降，膝关节坚固有力，双足之劲，从涌泉似涌入地内。发劲瞬间，蹬地助力，力由脊发，变换虚实，力送击点。

注力要配合呼吸，内劲的运转全在呼吸。呼吸是催力行气的动力。因此，要有规律地进行逆腹式呼吸，开用呼，合用吸；要与动作合拍，运气在呼，增气在吸。通过深呼吸扩大肺活量，推动内气潜转。先求气达四梢，再注内气充满，再次求内气疾转。柔劲练成内似铁，外似棉花。内劲潜转，无断劲，无僵劲，圆活旋转，给人的感受是像和成的面团，柔软如丝连，拉拽不断之劲。发劲内外合一，意气风发，得机势，使用的武器如钢鞭，一步到位，作用到击点，力度大，速度快，击点准，成功即一瞬间。

增强单式训练的力度

单式训练要有目的，要知道增长身体何部位的力度，意念集中，姿势要正确，动作训练要到位，力度要增加，训练坚持不懈，训练后要时时总结。

1. 练习俯卧撑

立正姿势开始，下蹲，双手按地，与肩同宽，双腿向后伸展，脚尖并拢点地。然后，屈臂全身都应下降着地。要求身体伸直同升同降，头部不能抬起，下降着地后要稍停，再用力撑臀上升。每次训练随日渐增。要配合呼吸，合吸开呼，落吸起呼，要采用深呼吸。

2. 屈膝下蹲训练

①双腿下蹲。立正姿势开始，左脚向左开立，与肩同宽。要虚领顶劲，沉肩塌腰，松胯圆裆，躯干正直，屈膝下蹲，两手从两侧旁随身体下降着地。然后，两腿用力将身体撑起，变成直立势，配合呼吸，起吸落呼。反复做 10~15 次。

②单腿下蹲。立正姿势开始，两手握空拳，从侧旁抬起，与肩同高。然后，抬起左腿伸直与胯平，脚尖里勾，再做屈膝下蹲。两手要保持平衡，屈腿下蹲脚跟不能离地，配合呼吸，起吸落呼，每腿屈蹲 10 次。左右训练。

3. 发劲练习

除了拳架的固定发劲动外，要在圆圈上找出新切线练发劲。练新切线点发劲，要内外统一，由慢变快，由轻变重，发劲次数逐渐增多，最终发劲顺畅，力达击点。

例如，云手发劲训练，先求左云手发劲，再求右云手的发劲；先求上弧切线发劲，再求下弧切线发劲，练时先确定让意念集中在某个部位上。

动作要求虚灵顶劲，沉肩垂肘，塌腰落胯，圆裆屈膝，气沉丹田，内动鼓荡，发劲要整，蓄发分清，劲起脚根，转在腰胯，气冲击点。

推手求劲

先训练臂膀的贯力。两人单推牛劲方式。搭手后，甲方用全力推逼乙方，乙方用劲力顶抗撤退。身体直立，屈膝落胯，重心移在后弓腿上。然后，乙方反攻推逼，甲方同样顶抗回撤移重心。两人弓蹬步要定好，不能随意乱动，训练次数不定，依照双方两臂推逼的酸痛为标准。

听劲感知　蒙目训练

——推手训练的特效方法

蒙起眼睛训练是武术技击训练的一种特殊手段，它的难度虽大，但是效果却是惊人的。人们都知道，李小龙当年在长堤国际空手道大赛中表演的中国功夫，就是咏春拳的“蔽目黐手”（即蒙着眼睛贴身近战）。由此可见，蒙目训练出来的功夫，成就自非一般。

太极拳的技击功夫，常常被人们誉为是一种身体艺术，因为太极拳家的身体任何部位都可以随时体现粘连黏随、接转化发和控制对方肢体的能力。所以，要想尽快地达到这一目的，在推手，特别是散推手中运用蒙目训练的方法，是会收到事半功倍的奇效的。

下面就让我们以散推手为例，谈谈蒙目训练的具体操作。

首先要弄清楚蒙目训练散推时，并不是两人都蒙目，而是一人蒙目，另一人不蒙，也就是说不蒙的人主要做主动的进攻、喂劲、变劲、用招的工作，而蒙目的人则是受训者。在对方进攻时，蒙目受训者则要努力用身体作出应答，以处理对方给予的各种动作和劲路的刺激。

这就要求蒙目者对自己周围的环境保持高度的警惕，身体的每一处皮毛都要有高度的敏锐的感觉，即拳经所谓：“身体要松，皮毛要攻，节节贯穿，虚灵在中。”同时身体应接、判断要准确，处理要果断，并随着基本素质和训练水平的不断提高，对各种刺激的动作劲路及真假虚实等，要达到自动化处理的程度。

其次，要懂得蒙目训练主要是练习粘贴控制对方来势的技术。因为没有视力的帮助，所以全凭肢体触觉的条件反射，立即感知对方的重心变化而迅速反应，使对方失稳，或得机会将对方摔倒。

同时还要明白“手似一道门，身灵步活即赢人”的道理。首要的是先训练两手的触觉反应（手既是扫描器，又是探测器），通过各种劲路的反复刺激，以建立神经系统复杂的条件反射，最后达到反应灵敏和随机应变，在迅速千变万化的实战中能应付自如。

譬如，在有意训练双手的探视和感觉，以及随时进攻的能力时，可运用几种动作循环反复地相互粘贴推拨滚转，在屈直交错、不断变化的动作中产生一种劲力流和前推控制的力度。既可以锻炼双手左右兼顾，以最快而流畅的划弧转圈卸除对方之力，又锻炼了与对方交手接触的感觉和反应，而且锻炼制造和寻找对方之空隙和漏洞的技能。

最后，当手上有了一定的能力（感知、控制和处理）后，可以适当地将对方的手臂有意引进自己的身体（即敞开门放其进身），我尽量空出双手不用或少用，而努力用身体去接转对方的手臂进攻之力，以此来训练感知、控制和处理（化发）能力。如果能练到应付自如，把对方的手臂当成自己的，借用了过来（对方不敢伸手，一伸便成了我的），并使对方的进攻还制其身，而此时我却又腾出了双手（比对方多了两只手）可以随意地击打摔跌对方。那么，到此蒙目训练就算大功告成。

敬爱的拳友们，你不妨试试！

蒙目训练应注意：

①必须懂得太极拳的技击原理和原则，不能盲目的蛮干。

②它是一种有意识、有目的、专门用于训练肢体听劲感知的、特殊的训练手段，而不是目的。

③训练的场地必须平整、宽阔，周围无障碍物和尖硬物体。

④喂劲的一方要循序渐进地增加力度和动作的复杂变化，以及动作的突然性和无规律可寻的快速性。

⑤适当的时候，喂劲的一方还要随时注意保护蒙目者，时时给予位置的指引。

不假思索 有感皆应 自动处理

——太极拳“身知”训练及其魅力

太极推手从心知到身知必须经过严格的训练，特别是要有坚实的基本功训练，要在粘连黏随的条件下，掌握听劲的能力，做到独我知人，人不知我。

一、推手技法，必须具备知己和知彼两个方面的专项基本功

1. 知己的基本功

这不外要明白自己的技法运动方式方法，及其相应的姿势、动作，怎样才是合理的、正确的，并使之形成习惯定型。练习套路虽是知己基本功的训练，但即使是有内行指教，也只能达到“心知”的认识水平，尚不可能达到“身知”的认识水平。所谓“身知”，即身体任何部位，借助与对手接触后的感受，能直接做出正确有效的走粘技法反应。比如，全身心的松沉柔软，不用硬力，以腰带动四肢，甚至如立身中正、沉肩坠肘等，这些最一般的基本功，对久练套路的人来说，可能都觉得没有什么做不到的。但一经推手训练（先不说推手竞技），有了对手的干扰和威胁，情况就大不相同了，几乎所有的基本功都丢掉了。对手有力，自己也不敢松柔，致使一些要领和要求被忘得一干二净。有人说“心知不如身知，非身知不能应用”，的确如此。

知己的基本功，先求心知，这是认识的必由之路。然此时的心知，仅处于似懂非懂、似是而非的状态，还未达到“真知”的程度。心知，非经过推手训练和竞技的检验，使之行之有效，掌握其基本运动规律之后，才能成为真知，才能成为技法的物质力量和后盾。知己基本功，是“懂劲”的一个方面。知己知彼，才是“懂劲”的全部。由此可知，推手训练，不应只是片面地追求“八法”的内容和形式，更重要的是同时进行基本功的训练和体验，二者相辅相成。实践证明，有的人推手技法水平之所以不能持续提高，一个重要原因，就是推手训练时，没有把专项基本功训练出来，不能满足技法的需要，限定了技法应有效果的发挥。

2. 知人的基本功

是除以知己的基本功为前提外，首先要坚持“舍己从人”“后发先至”的原则，走粘总须使对手先动、先用力（包括有意无意的力），我才有条件“听劲”“知人”和顺势借力，引进落空。在自己相对先动时，务要听劲缓慢而动，犹如连点成线，步步为营，防止产生盲目运动惯性。所谓“彼不

动，己不动；彼一动，己先动”。动，用劲，必须先有依据。其次，要掌握“我独知人，人不知我”的基本功，走粘才会有的放矢。知人，要借助听劲的基本功。听劲，即彼先动、用力，给我肢体的感受。知人，就是通过听劲、感受，有了实践经验后，便能判断出对方力量的强弱、速度的快慢、幅度的长短及其运动的方向和目标。只有先能知人，走粘反应动作才有可能做到针锋相对，无懈可击。能时时从人而动，彼自然无从知我。犹如彼处明处，我处暗处，自能于被动中，把握走粘的主动权。再次，要掌握劲的运动规律。一为顺势借力，也即令彼产生盲目运动惯性，或谓之“过上加过”。一为纵横相破的规律，也即“四两拨千斤”之巧。劲与形相表里，只有与圆运动形式相结合，才能无过不及，使走粘技法阴阳相济。此外，还必须掌握动静、虚实、刚柔、开合四大技法变化要素的运动规律，才能步入知己知彼、全面懂劲的阶段。动静实质是舍己从人技法原则的具体体现，核心在于以静制动。后发、后动固是以静制动；走粘的全过程也无时不“视动犹静”。心意动中寓静，方能听劲、知人，走粘心中有数，身形动中寓静，方能避免盲目运动惯性，使走粘技法转换，适当其可，阴阳相济。动静并非技法的物质力量，但它是神意为统帅的具体体现，这正是静动变化在技法中的重要作用和意义。

二、“因敌变化示神奇”，要把握胜负的主动权

在竞技中，取胜是目的，变化引进是策略。走是为了更好的粘，要时时立足于反击。走粘阴阳相济，后发先至，正是这一思想的反映。然走粘相济是有条件的。这个条件，一言以蔽之，就是要懂劲，或说是掌握太极拳特定的理法。不把握走粘的基本运动规律，就没有抓住理法的实质，不懂劲。因而推手训练，不能掉以轻心，非有耐心和毅力，严肃认真，艰苦细致地进行长期训练，是难登技术高峰的。试看现代各项竞技项目的训练，哪项高水平，不是运动员用艰苦和汗水换来的。推手训练又怎能例外。太极推手竞技，走粘反应动作，非熟练到下意识指挥和身手直接条件反射的程度，是不能收到“因敌变化示神奇”的效果的。不然，又何以能把握胜负的主动权呢？由此不难明白，太极拳技法，必须具备扎扎实实的基本功

条件和极其熟练的特定技法，才有取胜的坚强后盾。

三、专项基本功训练

关于专项基本功训练，虽然在套路练习时，有师传的标准，却不是自身的实践经验，仅属心知，即感性认识。非经过推手的训练和竞技的实验，是不能真正掌握各专项基本功的运动规律的。作为老师，仅用言传是不够的，必须把身教作为主要手段。俗话说得好，“师傅不明徒弟拙”。尤其如劲法，走粘转换的基本方式方法，不但从套路训练中得不到体验，即使是在推手训练中，如无内行的指导，陪练的协助，也是不容易认识、理解和掌握的。在竞技中，虽有招式，却无定型，皆因敌变化，这是推手技法难以掌握的原因。训练时所取的形式，仅是典型示例，故叫“成法”、“死法”。借助这一固定运动形式，可以从中体验出各项基本功的运动规律，若原封不动地搬用于竞技，则极难收效。因固定的招式，不与对手的招式完全相对应，是不能产生预期效果的，甚至适得其反。竞技是两人的粘走对峙，练习套路是独角戏，不可能从中得到知人的经验。

四、推手训练必须明理

训练一定要有训练方法，如现在训练用的“八法”。八法皆有其运动形式，这也是法的内容。八法的作用，不外走和粘。技法运动形式，与劲相表里，又须在“理”的指导下，才能产生预期技法效果。理又有两个方面：一是指导思想的哲理，推手技法运动必须坚持太极阴阳相济的规律。一是力学原理，走化引进要取使来力变弱的原理，如“人刚我柔谓之走”；在反击发放时，要使我的劲力相对变强，如“我顺人背谓之粘”。具体些说，惯用的如杠杆形式、螺旋、滚轴形式等等。再如“蹬之于足，纵之于膝，主宰于腰，形于手指”的发劲方式，用全身节节贯穿，形成全身心的合力，达于指掌，再专注于彼身被攻击的一点上，这种由相对的弱变为相对强的方式，也是合于力学原理的。再如以腰统领四肢的运动方式，即是轴轴原理。再如“打来劲”的方式，对手打来，我即打去，看似双重顶抗，何以我胜彼败？后发打先发，反作用力大于作用力，故先发者必被反作用力反弹回去。

五、一个对“身知”训练魅力切身感受者的自述

《武魂》2003 年第 3 期刊发了聂志勇先生《感受“武术推手”》一文，从文中的内容看，其感受的“武术推手”实质上就是较为灵活的身知训练。下面是聂先生在文中自述的真实情况，可供我们细思之。

……艰苦的学艺开始了，宁静的晚上，公园练功场水泥地面上画着场地线，老师由浅入深地讲解武术推手的基本原理、要求，手把手地传授基本方法和技术，从单手到双手推，从定步到活步推，逐个示范。奇怪的是，推一个平圆，我就摔一个跟头，推一个立圆又是摔一个跟头，是那么的轻巧和简单。这些从形式上看与我练了好几年的推手好像一样，可实质上又是那么的不同。老师特别介绍了防止受伤、自我保护的要领，让我观看师兄们做的示范。半个月后，我基本掌握了摔不着的原则和方法。有一天，我活动开筋骨后提出：“王师傅摔我几个吧，让我再体会体会。”老师笑笑说：“你听说过‘沾衣十八跌’吗？”我说：“没有。”老师说：“那你就对‘犯者立仆’增加点感性认识吧！”

一开始先定步推手，我随便进攻，老师只防守不进攻，不知怎么回事，不管是我推胳膊推胸部，还是肩部或腿上，推哪儿都是松松软软的，就是推不实着。我一加劲，老师随着我的进攻一化解，我就摔倒了，我满脸疑惑地问是怎么回事？老师说：“这就是引进落空，空是‘空子’、‘陷阱’，借你的劲摔你，防守即是进攻，阴阳合一，‘一圈即是一太极’。练习推手，要敢于放开门户，让对方进攻，全身上下各部位都要体会不顶不丢的法则。现在我们平等，我也可以进攻，你再感觉体会。”推手继续进行，先是单手，后又用双手去推，但只允许老师用单手，可惜的是不论我怎么上手，与老师肢体一接触，就觉得什么也没有，随后就是老师的手在我身上无论是哪个部位一挨就粘上了，感觉不到使劲，我就摔倒了。有时似乎是

同样的动作，上次是被摔趴下，这次是躺倒，下次是左倒或右倒。

老师告诉我："练推手要从实际出发，凡是实战中可能出现的动作都要'预练'。你可以定步，也可以活步，踢、打、摔、拿随便上。刚才速度慢，是为了让你能感觉到。"这时我摔得有些不好意思了，心想，我自幼习武，现在将近而立之年，老师已年过五旬，难道曾经练过的招法就不能使上一个？随之又开始了进攻，速度明显加快，劲头也上来了。谁料想，上招快，倒得快，使劲猛，摔得重，老师始终笑容可掬地一两个圈就让我倒下。告诉我："防守反击应当是'一圈一太极'。你感觉'犯者立仆'怎么样?"我似乎有点明白似地答道："妙不可言。"

老师说："'以静制动，后发制人'的打法，只是一个方法，对拳论要有一个全面的理解，有道是'借法容易上法难，还是上法最为先'。你进攻了这么多回合，也该轮到我进攻了，请做好准备。"我拉开架势，只见老师不急不慢的攻上来，我一接手就感觉浑身别扭，看着老师胳膊一搭拉，我就倒地，接着就是我爬起来再做准备，老师一上我就倒。也说不清怎么回事，只见人影忽忽悠悠一晃到跟前，我就倒了。感觉不到老师用什么劲，只是轻稳地一起一落，虚虚实实地粘连黏随而已，我却拔不起腿，迈不开步。有几次，明明是老师被我拿背势得狠了，我正心里庆幸成功的瞬间，竟然糊里糊涂地倒了，有几次老师的拳头快速向我心口打来，慌张之际，在拳头接触到身上的感觉不疼，拳头软绵绵没多少劲，随着拳头轻轻的推力我就倒了。接着只见老师用一个手指向我眼眶戳来，仰头躲闪时，食指却轻轻地点在额头上，顺着仰头之势按了个跟头。还有几次，突见老师的拳头向我腹部打来，心里一惊，就坐在了地上，再定睛细看，老师的拳头始终离我几寸远，并未挨着我。老师告诉我："刚才是用拳头和手指推你，这几次是打的精神意识，让您感到危险，信以为真，心慌意乱，产生错觉，自己摔倒。如果真打，你早就挨上了。武术推手是用持续力，有基础后，可以加爆发力，那就过渡到散手了。下面，你体会一下'打人容易摔人难，摔人容易管住难'。"于是，不管我出手是直拳、反臂掌，还是勾拳，出手就被拿住，不动还没事，稍微一动就疼痛难忍。犹如老叟戏顽童，面对老师的微笑，我感到万般无奈和莫名其妙。每次被摔倒，王师傅只是顺着我的劲把我放在地上，有时还顺势帮我打个滚，再把我拉起来。看着我满头大汗，气喘吁吁，老师说："歇会儿吧，看看别人练，旁观者清。"

老师接着与师兄们推手时就不一样了，他们拳打脚踢，又摔又拿，勇猛多了，老师只是"粘黏连随不丢不顶，顺化避害，引进落空、动急则急应，动缓则缓随"，仍然是转腰上步，接触就倒，速度也快多了，看着摔得挺猛，无论是前倒后倒，师兄们都是前滚后滚侧滚，利利索索地顺势打个整滚站起来，立刻就上。有一位参加过跆拳道集训的师兄，上步就使右高边腿，向头部踢来，老师"闪即进，进即闪"，右脚上到师兄支撑腿边，手都没有用，垂在身边，顺势一拥，两人肢体似挨似不挨，师兄即摔倒在地。我在旁边看得目瞪口呆，拍手叫绝。我与早我半年多的师兄推手，几乎是十比零，几十比零，偶尔有一次能让对方动动步而已。那天回家后，整宿我都处于兴奋状态，毫无睡意，回顾20多年的习武生涯，天南地北，所闻所见，感概万千。

总之，在竞技法中，理法是不变的，所谓"无法有法"，"要守规矩"。竞技中的技法运动形式，要因敌变化，不能死守一定的规格和形式，所谓"有法无法"，"要不泥于规矩"。

抻筋拔骨聚内劲　散推对抗练真功

——太极拳技击功力训练的有效途径

《武魂》杂志1995年第6期高臣、于汶水二同志《意拳与人体仿生学》一文指出，中华武学内在力量的根本就是从动物运动机制中提炼出的抻筋拔骨的训练方法；恢复先天本能状态的训练手段是紧不是松。这种观点颇具见地，是符合拳术实践和运动技术形成规律的，太极拳的技击功夫（特别是功力）训练也不例外。

拳诀讲"运动如百炼钢，无坚不摧"，"蓄劲如开弓，发劲如放箭"，归根结蒂就是松紧运动。自然界中凶猛的动物一般外观上看都很松软，但捕食时却极为灵敏，快捷有力；猫、狗等动物身体的任何一个部位，一经触击其身体必定抖动，接触点同时产生弹性绷力；有人也说著名拳家王芗斋先生身体放松时“双臂竟可拉出一尺的‘量’，脊柱上下抻拉也有半尺的‘量’，但动起来却能做到一触即发。周身无处不弹簧”。武术家们高超的内功素养“见之似好妇，夺之似猛虎”，无不表现为拳术松紧运动的变化——极柔软、极坚刚。

一、抻筋拔骨增内功，意力结合挖潜能

1. 身肢放长，形松意紧

拳架动作熟练后，不但动作要放慢，而且要有意识使肌肉整体放长，肌肉纤维变细、变长，增加初长度，从而使肌肉富于弹性，同时又要使各部位关节拔开、放松，尽量能做到立体旋转、灵活至极。

松则如一张纸、一件衬衣，使多么大的巨力击来时，都会通通（缓冲）卸得一干二净，这就是真正的形松；意紧就是随时着意全身，有身临实战搏击之境，使身体任何一个部位都有一弹即发之势。

2. 处处着意，进入角色

调架不但要走低架、慢架（一次三四十分钟），而且一开始便进入角色状态，即站好预备势后，便着意上下、前后、左右、四面八方，均有外力来攻击身体的任何一个部位，而己身的任何一个部位都要随时做出反应，与外力抗争，真乃“依着何处何处击”也。

头有上顶之意，脚有下蹬之劲（五趾抓地，蹬地拧旋），两手有前推（刺、抓）之意，后背有后靠崩撞之劲。两臂既有往外横打之撑劲，亦有朝内夹击含抱之意。两手既有往前之推掷抛摔劲，亦有回捋牵引采带之意。

膝尖有前顶劲，膝弯有夹物意，腿上有蹬劲，臀下有坐意，胯有外撑劲，胯弯有夹物意。拳诀云：“蹬之于足，行之于腿，活泼于腰。灵通于背，神贯于顶，流行于气，运之于掌，通之于指，敛之于髓，达之于神，

凝之于耳，息之于鼻，呼吸于腹，浑噩于身，发之于毛。”“筋骨要松，皮毛要攻”正是这层意思。

3. 抻筋拔骨，贯劲增力

陈鑫说：“心劲一发，而周身之筋脉骨节无不随之。”在意识的指导下，用意使关节、韧带、骨缝开拔，要有用力外撑的膨胀感，手臂似有沉重感，指尖似有胀麻欲抓感，使身体内部产生抗争，促使各肌肉群协同工作，形成慢拉架子硬开弓之势。一方面由丹田处向四周梢节徐徐贯劲，一方面在沉静的基础上，有意使身体内部上下、前后、左右各处产生对拉拔长和螺旋滚转的内力，有效地促使身体各部位协调的配合，由于矛盾抗争而达到力出统一，气力充沛，生动和谐，整体机动灵活。又由于这种意识指挥下的内力在体内各关节肌肉中不停的如链条式的滚转缠绕、时上时下、时左时右，以及螺旋运动的劲力变化，使得身体各部位动作准确合拍，变化无穷，既训练了柔而不软（懈）、刚而不僵（生硬）的劲力素质，又有效地聚蓄了内劲能量。

4. 意力结合，激发潜能

历来太极拳家都强调打拳必须用意，如“势势存心揆用意”，“意气君来骨肉臣”，“先在心，后在身”，“始而意动，继而劲动”，“凡此皆是意，不在外面”，“刻刻留心，揆何处，心要用在何处”，“气未到，而意已吞”，“走架打手着着留心”等等，都是强调用意的拳论。

有人研究认为，“意念活动是一种隐形的力”。太极拳的用意，即在于调动和激发人体精气神及大脑潜在功能。意念，或叫作意念力，是人脑所特有的运动形式。科学研究证明，意念活动是一种力，有人称它为“人体意念场”，也有人称它是人体高级物质能量流，它不仅有思维信息功能，而且有对人体自身或体外事物直接产生作用的功能。也就是说它能统帅人体的全部功能和能量。当一个人意念力作用于手掌上时，手掌的弹性，膨胀力量，都会加大。上海同济大学生物医学研究所的一项实验就证明，意念力可以使手掌温度上升和下降（《中国人体科学》1994 年第 4 期）就是很好的证明。

从技击劲力训练角度出发，把意念集中到应敌策略及技巧上，集中到自身发力部位上，集中到假设敌人的某个部位上，包括从施力点、力的运行路线、枢纽运化，以及最后达到的发力点上。也就是说，在掤、捋、挤、按、采、挒、肘、靠等诸劲过程中，都要贯注以意念力。从中不仅可锻炼到一些应敌的本领，还可以增强自己的胆量。

要想增强意念的能量，则必须在日常锻炼中逐步培养。即在平时练拳过程中，注意意念力的渗入。其中包括理性知识的充实和刻苦实践中的潜悟，但这又必须是在拳架练得精熟之后方可着重练习的。

着意培养意念意识。

①打拳行架，要经常有意识地树立假设敌，做攻防想象，对套路的每个动作都贯注招式含意，做有针对性的攻防想象，意念力才真，才能有效地调动人体潜能，发挥最大效能。

树立“我守我疆，不卑不亢”“人不犯我，我不犯人；人若犯我，我能以其人之力还治其人之身”的战略思想和应敌意识。并且对自身的力量有充分的估量。要充分自信自身的力量超过一切敌人，战略上藐视敌人，从思想上压倒一切敌人。一接触其皮毛，我意念中之力即已入彼骨髓。所谓“气来到，而意已吞”。平时人们讲的“信心是成功的一半”，其中就包含了这种意念力的作用。

②对每一个拳势，每一个动作的技击含义要清清楚楚，每个动作中力度的变化，运力起点、路线、枢纽、落点（发力点）都要清清楚楚，明明白白，即所谓“势势存心揆用意”。要刻刻注意使意念力准确而顺遂地达到发力点上。每个动作的技击技巧特征，发力点是在手指，还是在掌根？是力出拇指，还是中指？是抓筋拿脉式的入劲，还是捋按抛掷式的放劲？是顺势借力，还是创造借力的技巧？等等，都要明白清楚。如果我们天天遍遍练拳时，都能把这种意念力贯注于每一个动作的一点一滴上，天长日久，必将会锻炼出一种较强的太极内功，使周身充满活力和弹性，使“挨着何处何处击”指日可待（参见《武林》1995 年第 9 期马虹《论用意——关于太极拳的内功之三》）。

二、散推实作牛性劲，推掷摔打练真功

太极高手之所以为高手，就是因为第一功力深厚（以人体肌肉素质为基础）；第二力量、技巧配合得恰到好处（勤于实践）；第三意、气、力相聚，整体运动掌握得好（精熟）。

1. 实力显功夫，刚极柔不防

凡是竞技运动，如擒拿、摔跤、柔道等，都是很讲究招式和劲道变化的，实力是其取得技击效能的保证。就这一点而论，太极拳的技击功夫也不例外，因为功力（专项身体素质）的大小及其发挥水平决定着其技击功夫的效能，没有一定的力度和实力是难以完成的。

以柔克刚是太极拳以弱胜强的一种方法，但刚极柔不防，强弱悬殊的柔克不了刚，可以想象一个体重很大的相扑或摔跤运动员与一个体重一般的推手运动员较技，结果是怎样。即使搬出目前我国有影响的太极正宗传人，结果也很可能是不乐观的。在国内组织的小范围的由年轻运动员与太极名家、太极正宗传人的推手“研讨”会上，年轻运动员的绝对优势也更好地说明了这一点。

2. 熟谙内功劲，始得真师传

太极拳的内劲表现出独特的沉实厚重，如内部灌有水银那样沉甸甸的，但流动又如行云，又极为快速、轻灵、圆转，它一般隐于内而不显于外，能随人之动而不断改变方向或集中到某一点，变换极为迅速灵活。功夫纯粹者，能随对方的劲力和方向，粘黏变化丝毫不差。内劲贯注其臂如棉裹铁，柔软沉重，柔中寓刚，刚中有柔，似柔非柔，似刚非刚，极柔软，然后极坚刚，推手时虽手极轻，而威慑力极大。内劲潜移，化劲松净，意在人先，人不知我，我独知人，依着何处何处放劲，干脆利落，如矢离弦。

当熟谙太极内功劲力的情况后，首要任务便是接受太极真师（有真功

夫的老师）强烈的喂劲刺激诱导（身传口授），老师用几斤力或臂重之力恰到好处地压迫学生，让其竭尽全力忍受。小小秤砣能平衡住几百斤重物，这个小力调动大力就是利用了杠杆原理。功夫好的教师一搭手似有千斤，立叫人肩臂酸不可耐。熬上三五分钟，老师把劲转一转，稍息片刻，再重新给以刺激。如此活劲刺激，胜过借助器械的功力训练数倍。

老师在有意给徒弟一定重量，令其感到沉重难受，以增长其内力抗衡和筋骨肌肉的揉扭能力，以及承受打击时的敢接敢拼劲的能力的同时，也可以适度地放手打学生，或有意敞开门户任学生打，然后做出各种各样的变招进行防守反击，让学生懂得在什么情况下会遭到什么样的攻击。从而学到多种多样的变招，使其初步摸到一些基本规律，日久则讲求轻灵善变的吞吐运化能力，使推手逐渐向实作过渡，太极先辈、杨式太极一代宗师李雅轩先生也认为这是必经的阶段。这也同时要求老师也要以自身为试验对象，多给学生坐桩当靶子，试验技法和放劲，随时指出缺点，千万不可躲躲闪闪。要放下包袱，轻装上阵，有一就不说二，不吹牛，不乱讲，不故弄玄虚，更不能谈吐间设关置卡“好像有许多绝技藏着不能试”，试了会受不了。要彻底赢得学生的尊重和理解，这是最重要的。

推手以竞技为目的，极讲究内劲的增长。因此，习拳一定要苦练功夫，功力是最重要的基础，功力越深，所遵守的法则也越少，也更能发挥人体技击潜能。作为学生，要求被喂劲，而增长自己的内劲功力时，一定要拿出浑身的解数，真打实干地在老师身上发力使劲。尽量做到动作时，体内的力量与意念相互为用，或者说是力到意及，意及力到，意力相触（“以意贯力，是为内劲”）。只有这样，才能真正学到老师那真实的高超技能。

3. 散推功力增，牛劲练真功

当拳架动作达到能准确自如地完成后，与老师喂劲传授的同时，即可进行散推对抗的实践，其做法是首先精神放松，不必紧张，注意粘连黏随，听探顺化，随彼运动而求训练沉静中的松柔。其次是当对方用大力、猛力推掷我时，不要怕倒，要有意接住对方来劲，并尽力以掤法捧架，随机监听，保持外柔内刚，虚灵沉着，以内力的虚撑控制好自己的重心，以防止对方突破我的防线而长躯直入，甚至要有意与对方相持一段时间，然后在控制好、有把握的基础上，积极主动地想办法或前或后，或左或右，或上或下地引化对方大力，或在保全自己万无一失的情况下，沉气发力，以挤压劲灌注身肢而达到接触部位，此时则身劲抖发，起如钢叉，在掀挫对方重心时，待对方将要倒地的一刻，复又施以重压，即贯劲下砸，方挫其锐气，始而训练出我之韧柔中坚刚（无坚不摧）的内功。

说到散推对抗，当首推抗衡式“牛劲”的训练方法。所谓抗衡，就是不怕对方突然性的、连续性的或持久性的发大力、使大劲，敢于接对方的大劲，能将对方这种大力大劲拒之于门外（或先给对方一个支撑后，瞬间又撤消使其扑空），使对方丝毫不能动摇我的重心平衡点。所谓牛劲，就是要像发威的公牛一样，不怕一切，勇往直前的同时，用劲又具有顽性，有持久和变化的能力。利用沉重浑厚的内力，贯注于动作之中，随意变换和极快速灵活地集中到某一点，着意练功找劲和整体控制。

牛劲抗衡练习是在双方贯劲情况下，互相运化的练习，因为动作有内劲贯注，很有威力。所以，久练此功的人，当他贯劲时就使人感觉到有一股沉重强大、坚韧而极富弹性、威力无穷的劲力，其威慑力极大。这种硬掤硬化练习，不仅可以快速提高运化水平，还可以极为有效地增强功力，发展内功。

牛劲练习，不但要双方全力以赴地进行，而且要不拘形式地散推、乱推。往返折迭的来回劲随机应变，刚柔相济的劲力用得适时、巧妙，使其刚则发而必中，柔则躲而必化，软不吃，硬不啃，拖不垮，打不烂，粘连黏随咬得住，欺拿逼横打得中。

在牛劲练习中，尽管运劲沉重，仍应保持自身的调节，使上体、下肢能灵活屈伸和挪转，扩大各方面的稳定角和基底范围，并降低重心，以使重力作用线不超出基底面。除此之外，还要善于使肌肉群适时地放松和绷紧，参照对方的变化，保持不丢不顶的状态。

牛劲训练的结果，使练习者在与人推手较技时，具有了一种极具威慑力的重武器，搭手后如果对方接劲不能运化，出现丢或背势状态，当即行使“逢丢必打”、以鸡蛋碰石头之势，将对方干脆利落地抛掷而出，如果对方接劲后不硬顶或能做出一点反应时，则顺应对方的劲加以运化，用“推手先着力，随即松开”的技法，使其先有拐棍可扶，而眨眼之间又突然抽掉拐棍，以形成当即扑空栽地的效果。这样就可以渐渐达到拳家意念放松时，对方扑来，瞬间刷地一松，全无着落，全部卸空，如击三尺悬衣；意念绷弹（内力收缩）时，接触点坚硬如铁，如撞弹簧或墙壁，不是被抛弹飞出，便是瘫软破碎的功成境界。

（九）赵堡太极拳技击修炼

理不通　艺难精

——赵堡太极拳技法练习谈

先贤不讳劲与力，整活旋力贵用意；
法对出功有效果，火候到时降十会；
夯坠千斤从脚起，顺达手指发于彼；
理通艺精功不难，认真体悟仔细研。

有人认为太极拳劲与力是有区别的，实则先贤并不讳言力，说明在这一点上，不必过多纠缠，且看：

①王宗岳说，“然非用力之久，不能豁然贯通焉”，没有用力的过程，怎能体悟太极拳之妙呢?

②武禹襄说：“每一动，惟手先著力，随即松开，犹须贯串，不外起承转合。”你不给力，何能得到对方之反力，又何以随即松开以化掉或借之呢?

③李亦畲说，“彼有力，我亦有力，我力在先（以我力控制彼力，即以力制力）；彼无力，我意仍在先（我的准备总抢在彼前）”，这样可以做到有把握控制对搏的局势。

从以上可以看出，先贤并没有说用力不好，也没有说力大不好，只是说拙力不好。何为拙力，不外三种情况。

第一，虽有大力却不能灵活运用。这就是需要懂得阴阳虚实、刚柔之道及技击技巧，然后拙力就变成活力了。

第二，善于使用局部力，而不善于使用整体力。这就需要懂得“劲起于脚跟”、“运劲如抽丝，发劲如放箭”，以及出入螺旋劲等等，如果久久练之，便能练出整体力或曰整体劲。

第三，虽懂活力、整体力，在技击时却不会用意。用意和善于用意实非一朝一夕之功，既要学习又要揣摩，更须实践。一切活力、整体力、螺旋力等，均需在意念指挥下以发挥更大效果。武禹襄说：“心为令，气为旗，神为主帅，身为驱使，所谓意气君来骨肉臣也。”善于用意，进而阶及神明，则开始进入武学的阶梯了。

其次是方法要正确，锻炼才会有效果。方法不正确，出不了好效果，或出现负作用。有了正确的方法，还要进行艰苦的锻炼。若要功夫深，铁杵磨成针。

一百个技术动作，日练三遍，不如一两个动作，日练三百遍。在时间少的情况下，多练不如精练。除了方法好，还要练得勤，久练功夫才能上身。功夫不上身或火候不够，虽习上乘功夫，也打不过习基本功夫而功力深厚者，用局部劲力也能打败你那点粗浅的整体劲。拳谚说“一力降十会”，实际降的就是你那没有过关，没有功力的十会。

再次就是要懂得发力的中线、力道，即劲起于脚跟。一位著名科学家说过：“如果给我一支点，我可以撬动地球。”人的脚跟便是人的支点。

太极宗师李亦畬说：“劲起于脚跟，主于腰间，形于手指，发于脊骨。”何以劲起于脚跟？因为脚跟是人体站立时的支点，是站着发劲的根源，最典型的例子莫过于推车时的两脚后蹬，身体前倾，一心一意，双手用力前推和拔河比赛时精神贯注，两脚前撑，身躯后倒，双手用力后拔。这里不管是前者还是后者，也都真正做到了劲起于脚跟而又形于手指了，这就是整劲。这也就是说当人体处于支撑状态时，在心意和肌肉的协调配合下，给支点（地面）以最大的作用力，地面才能同时给人以最大的支撑反作用力，这反作用力，就起于脚跟，主于腰间，形于手指，用于技击时则发落点对于彼身就是这层道理（不讲而自明了）。

在太极拳的实践中，我们应当细心体会和揣摩劲起于脚跟而形于手指的整体力。如果脚上的劲传不到手指，那就是一个松垮的技术动作，不能用于发整劲的技击。所以说，要在练功实践中认真体悟、仔细研究，只要理通艺精，成就深功高手并不是非常困难的事。

拜名师　学技艺　练真功　懂攻防

——赵堡太极拳技击初学

如果你真是一位太极拳技击爱好者，那么，首先应当拜“明师”，并且这位“明师”还必须具有太极拳技击高手的标志和具备一博、二通、三精、四能的四大特征；其次，实事求是，最讲求实力和精通太极拳的攻防技击特点。

一、太极拳技击高手的标志

第一要有较好的身体素质，能够抗打。第二通过训练，能将身体的感应能力发挥到极致，要在敌人的打击点上能够卸力，进而能够在此一点上找到敌人的重心，将其震出。第三要达到敌人找不到我的点，好像面对一个大气球，而我可以调动周身的力量集中到一点来打击敌人，好像气球突然 被针扎破，“啪”地一声爆炸了，打到你一机灵，与气球爆炸不同的是内劲已经渗入，伤及内脏。

二、四大特征

一博，即学识比较渊博。大凡堪称明师者，绝非孤陋寡闻之辈，大都阅历深广，经验丰富，教人常可举一反三、旁征博引，使习者不仅可以学到武技，尚能领悟为人处世之道。二通，即对所传技艺，通晓拳理，切中精髓，善于演变，可多角度、多方式地予以阐发，深入浅出地晓之以理，因材施教。三精，即会的东西未必很多，但精于某一拳种的功法、练法和用法。如同教人识字，不仅使其会读、会写，还要会用。四能，即能做、能讲、能用、能解。切莫小瞧这四能，真正具备这四能者并不多见。

所谓能做，亦即会练，知道怎么练。大凡有点功夫的拳手，皆可以身示范，这一层并不难。故而，会个三拳两脚者，均可教之，然能做者未必能讲，比如，为什么这样做，而不能那样做？这样做的益处是什么？不这样做的害处或不利是什么？以及怎样才能做得好等等。即皆属讲的范畴。对此，只知其一，不知其二者是说不清、道不明的。

所谓能用，更非易事。人所皆知，学以致用。然，会用并不等于能用。武术技击的技巧方法，无不寓于套路之中，可谓一说即会，一点即通。但若一不娴熟，二无真功，三无实战经验，则未必能用。可不可得心应手的应用，是看一个拳师明不明的显著标志。

所谓能解，并非单指对一些招数的破解能力，更重要的是指可以帮助习者解释疑难、指门引路。比如，教人气沉丹田，力贯筋梢。怎样才算气沉到丹田呢？气沉未到丹田，外形上有何表现？肤色上有何特征？内里有何体感？力达未达筋梢，行功中肩、肘、腕、指有何直感？发力时手掌、指尖、指盖有何特征等。凡此种种状态、功象、功感，乍看是些理论问题，实则是个实践经验的问题。能否正确地解之，适时地导之，很大程度上体现着一个拳师的造诣深浅。

所以说，真正的明师，犹如一个经验丰富的登山探险家，对所征服过的地方，由何处入，走哪条路近，走哪条路远，哪段路平，哪段路险，行至何处应注意些什么？进山之初见过何景？山腰处遇过何物？山巅上有无树木？应该说，能够了如指掌，如数家珍一般地一一道出。达此境者，无疑明师矣！

三、实是求事是指太极拳技击训练必须达到，一是可以经受打击，二是可以灵活变化而不让人打倒

训练力量的基础功夫是要运用得当，时间长了眼睛发光，运用自如，表现为时间上掌握得恰到好处，称“得机得势”。要做到第一步是封住别人，管住对方，不让他发挥，这样如同大人打小孩，我要打轻可以打轻，要打重也可以打重，想怎么打就怎么打，不是四两拨千斤，而是千斤拨四两，打人如割草，随心所欲。而当我与对方水平相当时，那时就必须要用假象迷惑对方，使对方判断失误，这时候才是引进落空，四两拨千斤，而且要得机得势，掌握非常精确，才能取胜。当你与对手交锋，被对方控制得非常严密，不管用什么手段都不能起到效果，这时感觉自己无能为力，那就只好老老实实被人打，虚心接受，不要抱有其他心理。要看清对方用什么手段，虚心学习，这样才能够不断进步。

四、拳术技击最讲“实力”

赵堡侯氏三合一太极拳，是最讲实力的拳法。正是在这一点上，被侯

氏自娱为“老家的土特产”的东西，才较多地保存了古典武艺朴素实用的特点。

所谓“实力”，依通常的理解，应由两个方面构成。一个是拳家所谓“本力”，也即体质。当然，体质是一个综合概念，由诸多因素构成。而侯氏太极则把速度、力量摆在第一位，特别是散手竞技，要求速度要绝对的快，以冷、脆、快、狠为核心要点，如子弹只有绝对的快速才可能穿透钢板，否则用手扔是不行的，飞鸟在空中能将飞行的飞机穿洞击毁，也是由于绝对的高速。当然，对于肉身的人体而言，速度与力量是相辅而行的，没有力量，速度便无从谈起，这也就是我们常常看到的，有外家拳（少林类）拳术功底的人练太极，武功上得快的重要原因。所以，侯氏太极亦非常理解“本鸿则利宽，才充则势厚”。身体太过瘦小，力量太过单薄，一切轻巧取人、以柔克刚的法门便成了空幻的想象。二是功力，就是功夫。指练武者的训练水平。没有经受过正规训练，没有经过磕磕碰碰到真打实摔的科学而严酷的专门训练，什么高招妙计便都使不出来，再高明的祖传秘招也没有用。二者俱佳，又有丰富的实战经验者，便是高手。“想当然”的“动嘴把式”，都是本门所不屑的。

五、精通太极拳的攻防技击特点

（一）太极拳的防守特点

“以静制动，后发制人”、“以圆取方”、“以柔克刚”是太极拳攻防遵循的原则。

根据太极拳防守的特点，常用的防守方法有堵、截、理、绕四个字。“堵”，指的是堵住对方的气（力）头，使其劲在萌芽就夭折。“截”，指截断之意，当对方发劲的气流已出，对其来气（力）过程，设法作梗，使其劲变散而失效。“理”，指理顺之意，使其劲畅通无阻，并帮助加速而失控。“绕”，即回折之意，使对方劲力折头改道，自伤其身。

俗话说“机不可失，时不再来”。技击者一定要研究时间差问题，抓住时机尤为重要。“彼不动，己不动；彼微动，己先行”，讲的是以静引动，看准时机，立即采取相应进攻措施。“直来横取，横来直取”的拳谚，也是谈技击的时间问题。要抓住对方第一劲已出，第二劲未生之机，采用矛盾相生相克之理，选用直、横方式，视敌情而定。

打手要言“引劲（进）落空合即出”，强调了技击的先后顺序。不引不能空，不空不能击。引是虚招，目的是让对方虚空。因此，重在“引”字上下功夫。只有引得法，对方才能毫不知觉陷入困境，失去还击之能，此时，才是进攻的最佳时机。

“以柔克刚”防御法，是有它的力学道理的。太极拳螺旋划转的目的就是引化来力。它可以改变力的方向，减缓力的速度，减轻力的压强。

如打篮球中传接球的动作，虽来球极猛，只要接时稍微一收，就能轻松地稳住球；反之要静止硬接，球撞身痛，还有碰伤手指的危险。再如气功大师能把厚石板砸断，十几层砖能砸碎，但要想把棉花袋砸断是不行的，只能砸个坑罢了。

对方进攻之力作用到滑轮上，就会滑空。失去效能，如果进入两滑轮之间，就像机器切东西一样，不论是手脚，还是身躯，都会损伤。

柔劲作用大，也最难求得。所以，练太极拳特别强调柔劲的练法。松是柔的前提，久练松才能积柔，而后积柔才能变刚。外形随着内动的阴阳变化，通过腹式逆呼吸，使气沉丹田，使气流鼓荡，内气输送四梢，逐渐内气充满，气流疾速。以内摧外，掤劲圆活，划圆旋转，柔如面团。接触感受，外似棉花，内似钢条。然后，推手求懂劲。懂劲在于掤，太极拳处处不离掤，要圆活自然，中正不偏，掌握适度，不顶不丢，紧守疆域，既不越限，也不被压扁，意念所至，气即至焉。搭手相交，如胶似膝，粘吸不开。不论练拳，还是推手，力求达“一着一太极，刚柔相济太极功”。

（二）太极拳的刚发特点

柔是刚的前提，柔劲练好，自然能积柔成刚。太极拳进攻的要点是意念集中，时机准，发点对，落点准，距离短，合力用，劲要猛，速度疾。

拳论曰“引劲（进）落空合即去”，指的是技击刚发的全过程。“引空”是前提，“合即出”是目的。“合”强调合力作用，“即”指的是速度要快，“出”指的是出击，是最终的目的。

“曲中求直，蓄而后发”，指的是进攻的转化点。“曲中求直”指的是身肢收缩，待发前的动作。“蓄而后发”，主要强调了内劲待发前的准备。只要蓄得好，就像纸卷炮，卷得越紧，爆发力就越强。

太极拳进攻距离要短。拳论曰“寸劲击发”、“挨着何处何处击”，都强调了技击距离和进攻武器。远者手、脚，近者肘、膝，再近者肩胯，以及身体各个部位都进击。以圆出方，“挨着何处，击何处”。

关于进攻速度，拳论曰“出手不见手，手到不能走”，“腰胯一转鸟难飞”、“快如闪电”等。

用力原则，即要用巧力，又要用特大的爆发力。“四两拨千斤”说的就是巧使力，借力打人。“顺手牵羊”、“顺水推舟”的招法，就是这种技巧。“浑身合下力千斤”指的是发劲的组合形成的特大爆发力，以重击轻，以整击散，才能成功。得机势，没有爆发力，不但不能制人，反被人所制。

（三）太极拳发劲应注意的问题

1. 里边不动，外边不发

这个要求尤为重要，这是以内摧外的原则，也是太极拳的精华所在。里指的是内功。内功包括内动、内气、内劲三个概念。这都是丹田动荡发功的表现。

2. 增根助力练腿功

拳论曰“劲起脚跟”，强调劲的来源在脚跟。发劲时借蹬地面的反作用力，加助上肢的发力，同时，稳定重心，不被人制。

3. 巧用劲别

除选用八大劲别外，还需巧用撩、戳、切、劈、摔、打、擒、拿诸法，有时还应综合使用。如打拿结合，捋采结合，捌摔结合等。

4. 择优捷径

发劲的路线要明，选择击发的路线原则为：以利制弊，走圆切。运用缠丝擒拿，都应立断。选择最佳路线，技击才能成功。

5. 抓住关键用腰胯

拳论一再强调腰胯的作用。如“腰为主宰”，“刻刻留心在腰间”，“命意源头在腰隙”，“以腰为轴”等。腰胯是发劲的总枢纽，得机得势在腰胯。力度大小、速度快慢都在腰胯。功夫深者，腰胯微转鸟难飞。

6. 暗示劲头

“劲头”就是劲力冲出身体的口子。要时刻注意这个口子，调集全身之力，顺这个口子冲出，它不是固定的，视情况而定。随圆转，视敌空而定。

7. 瞄准角度

技击发人角度尤为重要。俗话说：“差之毫厘，谬之千里。”选择角度有误，耗时耗力效果差，不能制人，反被人制。取正取隅，视敌势背空而定。

8. 落点要准

力作用在哪个部位，也是击发的关键。要在瞬息间，找准落点，心到眼到，进击武器到。还要有劲力入骨三分的想象，特别是使用擒拿、扣捏，落点更应准确。落点越准，击人威力就越大。

总之，练拳或推手或散打，都要研究攻防技击特点，要有目的、有方法、有验证的途径。不断总结经验，要注重用法的训练，要练到纯熟、得心应手的程度，才能促进攻防技击能力的提高，真正掌握太极拳的真谛。

一蓄　二发　三击打

——谈赵堡太极拳劲力蓄发窍要

古老而传统的赵堡太极拳特别讲究“出手见红”、“举手不留情”，认为“杀伤无劲事不成，枉费太极显神威”。这说明赵堡太极拳技击术把劲力蓄发、打击对方要害，以快速实现和完成杀伤对方，放在了极为重要的位置。“一蓄、二发、三击打”，即指明了它训练的全过程。

一蓄，“曲蓄丹田要劲力，意欲发放泰山移”

太极拳的许多发放劲力，均源自丹田，并以丹田为中心，故有“劲力生发腰根源，丹田鼓荡威力显”。“小腹丹田是一片，不是穴位不是点；上有脐位下阴连，丹田位在两中间；鼓荡丹田习内转，劲力惊弹不为难”。从内讲，丹田是五脏六腑之本，血气之海，人体动能之源。丹田内有许多器官，诸如肠、膀胱、肝、肾、肾上腺及生殖系统等，腹腔和盆腔内存在有大量的植物神经和神经节，人体的重要穴位和经脉（任脉、督脉、冲脉、带脉都经过这里），能积蓄充足的内在能量，供应全体肌肉作劲力发放。从外讲，腰腹是人体躯干、重心、中心所在点，运动的主要枢纽，由腹腔顶部的膈肌，腹前壁的腹直肌，腹外侧壁的腹外斜肌、腹内斜肌，腹横肌，腹后壁的腰方肌、腹腔底部的会阴肌、背部的骶棘肌等肌构成。以这些肌群带动周身上下各劲力肌肉发放劲力，可以保证人体发力时的重心稳固，可较好地发挥肌肉顺向收缩的速度，可调动更多的肌肉参与发力，增大爆发力道和杀伤效果。

所谓蓄力，积极储存功劲，乃发力之本。劲不蓄则为空，何谈发出？犹如放箭，必先开弓满弦，蓄而待发。

蓄力时，集中心神，意欲发放，肢节弯曲，全身放松，鼻施吸气。

（一）集中心神

心意集中，聚精会神，人体储能充足，减少消耗，劲蓄充沛，且增加耐久力。

心神集中，大脑清晰，指挥协调，内脏积极供能，为强烈发劲（能量爆发）供给足够能量和动力。

集中心神，更能使心意和机体肌肉发力协调一致，为心意支配肌肉发力做好充足准备。

集中心意，能增强心意传导功能和敏捷程度。

集中心神，最利于放松肌肉。

（二）意欲发放

“劲力未发意欲先”，劲力还没有发放，心意指令已经发出，劲力因此也呈现发力感觉，全身完全进入发劲状态，做好高度发力准备。

（三）肢节弯曲

肌肢外形要适度弯曲（太直则力矩太短，力量不易完全传导和爆发；太曲则力矩太长，必使劲力消耗增大，力量发放分散和削弱），以使肌肉收缩，作用于骨骼，带领劲力运行，产生力量和招数，且使劲力保持灵活性。

（四）全身放松

运动生物力学讲，肌肉收缩速度随肌肉的负荷减小而增大。由此可见，为了提高劲节的运动速度，必须尽可能减小肌肉的负荷。从力学上看，减小肌肉负荷的效果是使肌肉中的张力减小。也就是说，为了提高肌肉的收缩速度，从而增加劲力的打击速度，必须设法减小有关肌肉的张力，而减小肌肉的张力就意味着使肌肉放松。

除了放松劲力肌肉及相关肌肉，还要兼顾全体肌肉，讲究“一动无有不动”。人体周身的肌肉只有全体放松，才有调动和协调整体肌肉发力的可能，才能有全体的紧张，产生整体爆发，打出丹田巨大的劲力。

还应保持预备性肌肉紧张，绝不可使其他任何肌肉紧张。即“不懈不拙，弹性灵动”。懈则力慢力微，肌肉收缩速度迟缓，劲力发放丢断；拙则力乏力滞，肌肉无谓耗能，不能满蓄，力量受阻，传导不整，且没有后劲，不易反应变化。要像弹簧一样保持弹性，松紧适度，虚中藏实，灵动待发。

放松不是疲疲塌塌，漫不经心，虽然放松，注意力要集中。

（五）鼻施吸气

鼻施吸气，吸入氧气，为肌肉发力供给根本能量。吸气时膈肌下降，腰腹舒鼓柔软，全身肌肉自然放松，蓄劲完整，能打出丹田巨力。

吸气时横膈下降，使人体上轻下重，重心稳固，桩步坚定，最利发力。

二发，“心意激发惊四梢，唯快不破是窍要”

“练拳容易得劲难”，心意激发，动形规矩，呼吸合法，是劲力发放的关键。

发力时，丹田疾速一动（收腹腔，拧腰胯），则全身俱动，身上下、体内外，一动无有不动，“蹬后足，踩前足”、“领头首，转颈项”、“降步桩，扭膝节”、“沉双肩，摆脊背”、“咬牙关，炯双睛”，通体紧张，用力坚刚，疾速呼气，心意震穿，意到力到，能量瞬间爆发，全体劲力悉数立时发放，快如闪电，烈似雷霆，无坚不摧，无人能逃。

心意、动形、呼吸，是发力的三大要素，在发力的瞬间同时产生，缺一不可。

（一）心意激发

心意激发，指发力时意想劲力无穷快、无穷大，将敌打伤打倒打死，即“心意毒”之诀。

这样，一可使心意得到强化，兴奋精神，刺激大脑神经，疏通经络，迅速供能；二可增多大脑给肌肉传导的兴奋冲动，使肌电电位变化增大，产生较强的肌电，激发肌肉动员更多运动单位参加发力，且增大每一运动神经元发放脉冲电位的频率，使每一运动单位的紧张性加强，从而提高发劲力度；三可加快运动神经传导指令信息，加快神经元发放脉冲电，使肌肉收缩增快，且增强各肌肉运动的皮质中枢的协调性能，提高劲力速度；四可激发人体潜能，提高精神对物质的反作用，将人体最大能量和潜能最大程度地调动起来；五可增加劲力的打击深度和实际效果，使劲力完全作用，且不因敌防御（化力、卸力、阻力等）而被动减弱和消失威力及速度，并能对敌防御连带摧毁，一直打到敌身，并渗透进去（硬打快进无遮拦）。

（二）动形规矩

“不以规矩，难成方圆。”太极拳发劲时，对周身各关节部位都有严格的要求。

发放丹田劲力需经过周身各部分的协调配合而产生，这必须在一瞬间完成，不得有任何断节（间断或停顿）。

以下是发劲时周身劲力的动作总则，用来指导每一劲力。但人体是一个有机整体，每一劲力的发放都有着各自不同的动作偏重，各种拳脚附融各种劲力，有着非常微妙的细节区别，且要练习者自己体认。

1. 蹬后足，踩前足

发力时，要快速蹬动后足，作为发劲之源，与地面产生反作用，借助地面，推动整体，利用整体运动产生强大的惯性，传递于劲体，打击对方，且承受因劲力触敌所产生的反力，不影响身形和连续发力。蹬法有两种，一是用后脚前掌蹬地（脚跟抬起，似有弹性，灵活易动），二是用后脚全掌着地用力蹬，五趾弯曲抓地，稳固坚定，所谓后足是相对于劲力打出的方向而决定的。

踩前足与蹬后足互为因果，乃运动之必然连结。作为身体支点，稳固重心，输送全身重量，打出整体爆发力。初习者通过踩前足，可体会力量传递的大小。

2. 领头首，转颈项

“头为帅”，“百会穴领其全身”，“头为六阳之首，周身之主”。头处在人体上下垂直竖线上，头部位置端正，能保证立身中正，四肢肌张力均衡；头部位置的变化能引起上体状态变化，影响肢体肌张力的重新分配，倘若左倒右歪，必破坏身体的平衡与协调，引起劲力迟滞和松散。发力时，头应该根据发力随向领动，率领整体肌肉发劲，保持劲力的变化灵活。具要适度前低，以引导腰腹向前弯曲，使全身更加严谨，处于最佳发力状态，配合各块，加强力向肌肉强度，提高和增强力量，有一定的自护作用（如下腭、咽喉），也比较利于进步。

3. 降步桩，扭膝节

发力时双膝适度弯曲，稳固下盘。作为发劲之基，能使周身汇聚一体，完整充沛，亦利于调动和发放。同时也增加了与地面的争力（产生反作用力），而膝关节要随发力方向扭动，以催动腰髋关节及其他各部分快速运动，产生全体肌肉收缩和冲击。

4. 沉双肩，摆脊背

肩节耸起，术语称作“寒肩”，乃发劲之大忌。它可致使劲力轻浮、弱小和拘滞。而肩节下沉，脊背适度前曲略探，并与头颈领发配合随需要摆动，使中节严谨一体，更易于调动上体肌肉和上体体重，打出完整沉重劲力，且利于身体的上下协调和平衡的控制及根基的稳固。

5. 咬牙关，炯双睛

一可兴奋心意，振荡精神；二能“惊起四梢”，使内外合一，整体严谨，提高肌肉的紧张程度，提高摧毁力和抵抗力；三易于集中气息，加快呼气。

6. 速度快，迅猛无比

速度愈快，劲力愈大。物理学讲，对物体以两倍的速度，可得到四倍的动能，即产生四倍强烈冲击力，可加大杀伤效果数倍。从技击上讲，只有快速，才能破敌防御，即“招无不破，唯快不破”。速度主要取决于肌肉的高度协调性和收缩机制的综合功能。

7. 通体紧张

一可获得强大的整体摧毁力和抗打力；二可减少撞击的无畏消耗，增强击打力量。

8. 用劲坚刚

打击体愈刚，打击力愈大，“沾身硬似铁”，会更加有效地伤损皮肤表面和产生穿透力量，这不但和发力瞬间接触的硬度有关，也和打击者平时的过硬功夫有关。用劲肌肉紧缩，能具有更高的耐打抗击能力，承受反作用力，也可避免自伤。

（三）呼吸合法

发力时，疾速用鼻呼气，越快越好，呼吸适应动作，动作影响呼吸。有冲击量才有速度，气流冲击出鼻，以冲击声助发力“哼”或“哈”，力量倍增。

发力呼气可使人肌肉屈肌部分受到抑制，伸肌力量增强，快速有力。发力呼气，腹部内压增大，迫使腹肌紧张，同时膈肌上提，引起胸肌相对紧张，有利于保护五脏六腑（提高抗力，减少振荡）。发力时呼气，血液可自然地由静脉进入心脏，及时提供给头部，保持进攻时头脑清醒，反应敏捷。发力呼气可以使呼气顺利自然地完成，若吸气，则别扭难适。

用鼻呼气，体紧力大，全身机能相对紧张，气力聚到一点上，可以产生较大的爆发劲，沉重刚猛。也可用口呼吸，配合发声，频率较快，速度迅捷，易于变化和控制，且振荡精神，并能给对方某种惊吓或迷惑。

三击打，“连劲爆发若万钧，穿肌透肤打五脏”

任何劲力都不能一发即完成杀伤，倘遇敌卸力、化力、消力、阻力等，或自我失力、劲力失准、劲力低效等，都必须使劲力连续不断的变化和发放。

劲力的区别是由劲法使用、打击形式、打出距离、打击部位、作用时间、心意配合、打击速度等所决定的。太极拳打击中有两种主导杀伤劲力，即震离劲力和穿透劲力，这两种劲力是不能截然分开的。

（一）震离劲力

震离劲力，蓄聚明显，作用时间较长，舒展畅通，力量饱满，爆发若雷霆万钧，对敌不但内外皆有伤损，又可置敌身体于丈外之远，对重心桩身的破坏尤强。使用震离劲力的单杀技法有拍掌、扇掌、推掌、捺掌、双推掌、劈捶、圈捶、掏捶、蹬脚、踩子脚、扫脚、单飞脚、撞膝、击头、拐肘、蹦臀、挤胯、靠肩等。

（二）穿透劲力

穿透劲力“穿肌透肤打五脏”，作用时间短。短形抖放，猝然冷动，如迅雷不及掩耳，力透脏腑，伤进内里，令人肝胆俱裂，重者立时原地毙命，其肤肉伤害痕迹却甚小。使用穿透劲力的单杀技法有直捶、撞掌、弹腿、削掌、撩脚、捣肘、顶膝等。

劲学，乃武学之精粹，“得劲力之真窍者，乃得绝武技也”。劲力之使用优劣，能够反映出该派拳技的层次高低，也决定了修习者所能达到的境界。

随机变化　连珠炮动

——赵堡太极推手理念

传统的赵堡太极拳特别注重实用，这首先表现在它的推手训练上。赵堡太极拳推手是在实际操作中训练体验与对方肢体相接触时，来体察其力量的虚实、强弱及施招用劲的企图，并善于在各种不同的情况下，控制对方，破解对方，反制对方，继而施以有效的打击。所以，推手在训练的内容和难度上，要难于散手，因为它往往是在贴身短距离的情况下进行的，但它可以弥补散手的不足，可以看作是散手过渡形式的辅助性练习。虽然它不能代替散手，但在很大范围内，可以作为实战交流的一种有益手段。

一、传统赵堡太极推手技术的成熟，一般要经过的几个阶段

1. 无进攻意识的打轮阶段

在初级的打轮训练中，由于双方刚刚接触这种形式，还没有形成进攻意识，只是进行固定模式的打轮练习。

2. 有进攻意识的推手“顶碰”阶段

经过一段的打轮练习之后，双方对劲力有了一定的认识，并逐步形成

了进攻的意识，然而由于此时各自的技术还不成熟，训练的经验还不丰富，所以往往会用僵力去生拉硬扯、机械地施用招法，所以往往会形成“顶碰”的现象。

3. 各种技术灵活运用的一味施招进攻阶段

当“顶碰”，甚至于“顶牛”僵持阶段被疏通之后，各种技术已基本掌握并能灵活运用，这就大大增进和加强了向对方施招进攻和表现自我的意识，于是这个阶段的推手往往一味进攻、施招、发放的较多。

4. 各种技术灵活运用的控制阶段

经过一味进攻阶段之后，推手中发现不用进攻仍能制止对方，即推手者能够很灵活、灵敏地感觉到对方的力量和轻重虚实和企图用什么招法，不但能体察预知，而且还能有效地化解和加以控制，同时也学会了在控制中进攻，将进攻与控制相结合，使对方始终为我所制，犹如孙猴子翻不出如来佛的掌心一般。

二、推手训练常常强调的问题

1. 关于精神意识

推手时，要想象对方是只饿虎，你能走神吗？这就要求精神高度集中，眼睛始终盯着对方，并将真实的意识融入到对方的变化之中，假想四只手臂如四条蟒蛇缭绕，或像机器的齿轮一样交错相咬，要仔细体会每一动的细微变化，而不要只是无目的的一味打空轮。

2. 对打轮的认识

推手时两人一搭手，我则直接进攻无须打轮。打轮是因为我找不到对方的点，而对方又以强大的攻势直逼我的中线，我得有效地控制对方，保护自己并寻找机会进攻对方才去打轮。可以说，打轮只是一种过程，击中、放倒、制住对方才是目的。所以说真正的推手比武较技讲究直接进攻，即旧语说的“出手见红”，打轮只是为进攻服务的。

3. 关于点的问题

双方搭手时双臂所接触的部位称为“点”，点在推手中占有重要的地位，因为双方力量的松紧、大小、虚实、强弱及各种技术的应用与变化都是通过点来体现的。推手不管具体形式如何，都要使点上的力量指向对方的中线，同时要始终注意点上的控制，不要主动脱点。

4. 关于力量的运用

①力量瞬间的变化：推手时要始终保持力量的均整适中，既不松也不紧。只有在这种状态下，我们才能根据对方劲力的大小、虚实，而相应的变化出各种力量。推手要求力量能在瞬间变化，即神经肌肉瞬间的松紧转换。其转换的频率越快，力量越灵敏，出击越连续迅猛。如对方一顶，我就变，不要去硬抗，要学会放弃，放弃是为了选更有利的位置，更有效地去攻击对方。推手力量应在瞬间变化、松紧协调上下功夫，要能瞬间改变力量的大小和角度，这种瞬间的变化源自于扎实的基本功及临场的经验。

②力量的均整协调与平衡：推手时应注意整体力量的运用，即源自于脚的蹬地拧转反作用于身体之整体力，而非手臂之力。推手要用整个身体去推，而非仅仅局限于两手臂的绕圈。很多人在练习基本功时做出的力量很整，可是一推手又散了，这是因为在基本功中培养的平衡用于推手这种新的用力状态下被破坏了，你得逐渐去找才能逐渐培养建立新的平衡。所以说，这种均整协调也是一个逐步培养的过程，而推手的最终目的就是在对抗中多角度发力去破坏对方的平衡从而建立自己的平衡。

③力量的疾速、爆发、连续：推手发力时，要有一种惊弹力，即要使对方受到一种震颤，劲力要冷、脆、猛，犹如炸弹爆炸一样。同时，一旦有机会就要施以连续性进攻，一环扣一环，如连环炮一般，这一切都源自于神经肌肉松紧转换的频率。

5. 关于技法运用的全面性

推手时不要仅仅局限于旋、偏、挂等几种常用技法，而应在变化中随机随势，浑身都是打击点。抓我手，我手发力；抓前臂，前臂发力，周身如打足了气的球，碰哪儿哪儿就发力。不仅合理运用身体正面的攻防，更要注意运用身体侧面的攻防。当对方突然转到你的侧面进攻时，如果你来不及转身以正面对应，就要用侧身当正面给予还击。总之，推手中的技法要大胆使用，失败了不怕，怕就怕不敢去做。

浑身是胆　霸气四射

——浅谈赵堡太极拳技击之练胆求功

武术技击家常讲“一胆、二力、三功夫”。戚继光也讲，“对敌人若无胆向，空自眼明手便”。更有古人所讲，“两强相遇勇者胜”。由此可见，胆气的雄霸是技击的关键，太极拳是一门技击艺术，特别是赵堡太极拳，是极重视技击实用训练的，有一套较为完整的训练方法和要求，实践证明是行之有效的。

一、树立信念，浑身是胆

练武之人，特别是欲求技击真功的人，要时时意想自己顶天立地，神功盖世，无论对手是什么怪物或恶徒，都经不起自己“出手见红”的一击，而且这种意念要越真切越好。

当然，这种信念也不是凭空进行的，要有一定的真功基础，这就是人们常说的“艺高人胆大”，要努力提高自己的功夫，苦练自己的技术，使之形成胆大艺更高。

赵堡太极口头禅“出手要见红，举手不留情”、“不在技术学会，而在胆气精神”、“练拳时无敌似有敌，对搏时有人似无人”，“打人如走路，看人如蒿草”，在心态上要有视敌如蝼蚁、草芥，目空四海，横扫一切敌手的霸悍气势。这就是对树立信念、浑身壮胆之一针见血的描述和注解。

二、悟透拳经，霸气四射

心意激发惊四梢，心战暗示实在妙。彻悟拳经增斗志，浑身是胆霸气足。《拳经》云："盖发为血梢，甲为筋梢，牙为骨梢，舌为肉梢，四梢齐则内劲出。至于齐之法，必发欲冲冠，甲欲透骨，舌欲摧齿，牙欲断金。心战而内俱动，气自丹田生，如虎之狠，如龙之惊，声随手发，手随声落，故一枝动而百枝摇，四梢无不齐，内劲无不发矣。"古人云："怒从心头起，恶向胆边生。"如果一个人处于"发欲冲冠、甲欲透骨、舌欲摧齿、牙欲断金"这四种激发状态，他肯定是怒不可遏了。如果愤怒到头发把帽子顶起来、手一握能把对手骨头捏碎、牙齿一合能把金属棍咬成两段、舌头一抵将牙齿顶倒，试想此人一定愤怒到失去了常态（到了发疯的程度），这时他面前的任何人（甚至是豺狼虎豹）都会被他摧毁，别说是一个经过多年系统太极拳训练的人，就是一个普通人（简单的例子就是一个疯子，多人都无法控制一样，说明人的潜能是非常大的），他这时也罕有对手。其原因是人在心意激发而愤怒时，体内激素等各方面会发生复杂的变化，使人力量倍增。汉刘向作《列女传》里有"怒气张弓，息气放箭"句，戚继光解说"盖怒气张弓，则力雄而引满；息气放箭，则心定而虑周"，就是这层意思。

"心战而内俱动"是要求心意的激发，要与四梢的齐聚怒起与身体技能结合应用。"心战"的"战"，古也通"颤"。因而这里的心便指思维，"颤"便是极快的一动。故《拳经》里说"惟颤劲出没，其捷可使日月无光，而不见其形"，可见是多么的快，目不及瞬。"心战"即思维一闪。"内俱动"，心为五脏六腑之大主，而总统魂魄，兼该志意，故忧动于心则肺应，思动于心则脾应，怒动于心则肝应，恐动于心则肾应，此所以五志惟心所使也。心一动，身体内部便立即配合，气自丹田而生。《十法摘要·内劲论》曰："气者，体之充也，心动而气即随之，气动而力即追之。"在思维（暗示激发）唤起愤怒的瞬间，身体也同时调动了起来，于是气自丹田而生，丹田催心，心催胸，肩催肘，肘催手，胯催膝，膝催足。"如虎之狠”，“狠者，动不容情”；“如龙之惊”，“惊者，惊天动地”。“气发而为声，声随手发，手随声落，一枝动而百枝摇”。说明当触动了身体的无论内外哪一部分，哪怕是“四梢”这样无中生有的自我激发暗示，全身各个部位也会在瞬间全部调动起来以应敌，正所谓“劲欲爆发，胆力四射”。

三、身处恐境，俱静实修

通过人为地制造令人恐惧的环境与气氛，并不断升级，使受训者逐渐增强适应能力，以提高习武者之胆量，也不失为一个好的方法。此类训练方法中一个典型例子便是，于月黑人静之夜，选一荒僻之所或荒坟野塚之地，或是选白天也可让人谈之色变，望而生畏的地方，眼观六路，耳听八方，集中精神以习武练拳增胆。这种方法不但可以锻炼警觉，也可以练出不怕鬼的胆量。把这种身处恐境，实修作为练胆的一个辅助性训练，长期坚持，用心体认，并将之用于日常生活中，直至完全成为一种习惯，练胆不但会成功，而且会使胆量与日俱增，终成技击功夫“浑身是胆，霸气四射”。

崇尚技击　赵堡太极

——赵堡太极拳拳势技击要诀

一、起势

披身滚臂展双掤，鼓荡往返折叠能。
掤开起落双击掌，绕臂连环尽听响。
环中掤捋挤按用，採挒肘靠势中融。
抬步缠跪挑撩腿，劈壁挂蹬诡中诡。
散开上打紫金冠，捣裆掏心踩脚面。

二、金刚式

上步出手双臂掤，折干剪腕金刚攻。
绕个圈儿怀中带，捋招妙在手法快。
捋带稍变跳板劲，步走马裆撅臂趁。
尔若妄想抽臂走，顺送压挒滚挤抖。
回旋半圈长劲贯，按跌制敌金不换。
金刚上步弓拉定，箭射中田捣心经。
变个圈儿左右用，捋挤採挒趁心性。
侧身捋打迎面靠，连环玄肘搬拦到。
上下环绕进步按，提膝直顶敌阴盼。
若是叫门散手用，上摘明灯掏心应。
左右翻滚任我用，金刚捶打动中洞。
略施手法上下按，捋挒吊打不用看。
若是敌人防不住，凤凰三点踏脚术。

三、揽扎衣

金刚扎衣势称良，蹲身含胸蓄劲强。
右拳转上反掌忙，左手外合打耳光。
右拳掤滚是引进，落向鼻尖扎衣迅。
左拳轮护右拳进，拳脚弹打不停顿。
圈变外开反打面，回折肘打左右换。
若说此势打法毒，出手先击敌面喉。

四、左白鹤亮翅

白鹤亮翅显威风，拿手端肘倒栽葱。
腋下紧跟又一肘，转肱打敌栽跟头。

步从弓箭马裆换，立圆倒快无须看。
左右化打不离面，舒展亮翅神通显。
若还进步壁腿用，截卸膝腿折膀肱。

五、单鞭

单鞭一式人称雄，左像箭来右似弓。
松肩沉肘八方问，鞭捶击根追人魂。
靠近身来捋挒用，旋推挤按跌倒应。
顾盼得势迎头打，巧击敌身遍开花。
若是散开随意耍，十字抱怀寓妙法。
紧跟採敌胳膊肘，捋带牵羊跑不走。
上下绕打用不尽，鞭脚齐到呼风云。

六、右白鹤亮翅

左步左撤腰右拧，引进落空紧跟用。
若敌右臂我捋就，右下捋步右勾求。
若是左臂到我手，拆挒搬扣敌臂肘。
我要连环进右步，下撩上打不让护。
撩步上右点裆内，上敬双拳胸面对。
莫识此式只拳脚，採挒肘靠不用说。

七、斜形

正寓互变斜行进，贴身管靠不停顿。
斜形欲进十字变，十字手法多变换。
右旋身正沉裹功，阳掌一变引敌空。
右旋左转夹击劲，肩臂一松敌显困。
十字手法散开用，右打太阳左阴痛。

再将十字双抱定，掌背交击反耳动。
就势沉身劲蓄足，左步虚提进身促。
闪斩蹬挑左脚进，壁脚双管靠身衬。
环落两臂双掌用，膝外分劈挤搂动。
向后环绕寓采挒，双掌合贯耳风掖。
臂落当胸掏心近，右手掏出点阴迅。
敌若从后偷袭我，背后撮点不容躲。

八、琵琶式

怀抱琵琶轮滚翻，打了两头击中间。
往返摺叠劲纵横，身手钳挫拔根用。
左右连环看手势，步分顺拗看准制。
搭手琵琶若挥就，折杆剪腕用智斗。
进退顾盼随意变，顺势借力是习惯。
倘若散开自由用，环击肋膝逞英雄。
上挂下劈齐相应，三节齐到敌难动。
两臂松净意中靠，管叫劲敌平躺撂。

九、跃步斜行

跃步中定人称奇，专踩两臁并两膝。
侧身靠进十字肘，壁腿一落敌难走。
跃步斜行前后用，抓撮击面敌发蒙。
十字环绕多变化，腰肋胸面裆线挂。
蹬撩挑跪腿连环，採挒肘靠不轻传。
下到上敬搂拍施，扑倒栽跌不能阻。
跃步破拿探马上，步走斜行不相让。
探马虚晃抹脖下，左臂环绕不空划。

十、小开合

正身卸步蓄满弓，进步放箭按不空。
此式开合称虎扑，三节齐到敌跌出。
根动梢发中节攻，虎扑按法要弄懂。
卸步两臂轮绕圆，惊下打上好似玩。
下惊上打虚中实，实实虚虚不疑迟。
两臂绕圆寓采挒，滚肘挤按勾挂跌。
按掌屈臂进双肘，分门靠胸不让走。

十一、转身琵琶

透步拧转下琵琶，此式独到人人夸。
掏腿倒卷很相似，挒压滚採挤勾刺。
琵琶滚翻任我用，即打两头中打洞。
往返摺叠纵惯劲，身手钳挫腿劈棍。
多种技法数不尽，机智灵变连环运。

十二、跃步斜行上金刚

跃步斜行搂膝上，踩腿抱虎势称强。
王屠捆猪上金刚，贯耳掏心无须忙。
抓压搂打轮换上，金刚掏丹致暗伤。

十三、束手解带伏虎

若欲搂抱欲解束，十字抱胸沉坠术。
单双开法都不空，通脊展胸抖背功。

单开手採捌肘凶，下边亦有缠壁绷。
倘若尔腿裆中站，顺势勾搂劈挂看。
十字双抱反耳掌，向下一蹲敌侧躺。
马步蹬裆反插掌，敌遇绞採倍加赏。
步换弓箭双臂绕，插裆轮挑敌栽倒。
尔若抱头我砸肘，此招名曰推山手。
右肘伏虎敌臂断，左肘落腰摺叠贯。
散开连环胸前打，击肘打心不要耍。
两臂绕打上下用，撩阴搧耳敌难动。
跪壁弓腿身要涌，肘靠俱打正当胸。

十四、擒拿

遇敌抓臂使擒拿，金丝缠腕滚卷抓。
採在十指需抓牢，引进怀中切莫饶。
轻搭手背速缠腕，迅速控制不能缓。
以右制左压肘旋，以右制右扣搬拦。
纵横迎在转肱肘，双关反拿敌发抖。
擒拿用的缠裹劲，臂随腰转勿停顿。
劲由内发迅狠猛，集中绞挫狠劲攻。
此劲缠裹反关绕，专擒顽敌快脆倒。

十五、串捶

擒拿招法藏妙肘，劈面跟头不让走。
缠腕卷臂进身先，顺势串捶胸裆间。
两拳前后若串珠，抖捶击打决不输。
屈蓄蹲身串捶就，肘靠破门不做秀。

十六、肘底捶

打右顾左把身转，翻身劈打无须撵。
屈肘落捶胸肋打，右拳肘下不犯傻。
专击强敌胸肋部，拦腰里打两不误。
敌臂来时顺势拿，折腕反扣不让滑。
倘若右手被敌折，肘腕相挫急忙躲。
搓肘蹲身势有名，千斤坠打任君行。
夹住敌臂使捌採，意欲折断喊声嗨。
擒拿是我圈中妙，擒拿技法不硬要。
肘底藏捶用法多，刺眼打心难逃脱。
左右两肘先后上，连环五肘尽听响。

十七、倒卷肱

沉气松肩臂倒抡，臂起臂落立圆问。
看门妙用敌难进，轻盈倒步快轻迅。
外似倒退为防走，怎识退中有进攻。
人说打死不后退，只知半理未全会。
进中有退退为进，不识退攻未停顿。
进退顾盼都悟透，攻防防攻智慧斗。
搂捋带引中盘领，指点掌印盖当顶。
进壁倒挂左右踩，中盘荡跨使敌拐。
若遇尔将壁腿进，挂缠跌尔留记印。
身后有敌裆中搂，还须腰胯屈中求。
如逢步下勾盘用，脚跟倒挂要灵动。
步退掌进势顺羊，两头击打无须忙。

打到肋间并脑后，抡臂倒卷还不够。
再逢敌进包抄步，我步既进壁腿护。
只要壁腿落脚尖，敌人倾倒立时现。
君若要问此招号，即称它为卷肱倒。
敌人拳照我打来，我用卷肱倒扒怀。
敌人若还防不住，拳拳打敌都有术。

十八、闪通臂

闪通臂式要用好，出手进裆往上挑。
挑住敌裆背后扔，头栽身躺不用哄。
右臂外合採化精，圈中靠肘用不空。
双臂缠绕擒拿用，上步挑裆迎靠弄。
端住右臂直扬后，掂桩倒米急等候。
如若挑挒敌胳膊，跳板撅臂折挒磕。
再用凌空扣下劲，立跌扑栽钻地迅。
若还挒起回折挤，使敌跌栽吾暗喜。
全凭脊力掌心注，透视腰间法中术。
挑靠进步臂后扬，上下齐到敌难防。

十九、云手

云手分进从不迫，左旋右转要结果。
两臂交绕成连环，敌遇连环难进前。
上手打头后打面，左右云拨打变换。
勾刁捋挂挒按推，全凭腰脊圆转摧。
平立圆转来回用，内寓暗劲採挒应。
云到敌之极限度，搂扣裹扎体全护。

二十、左高探马

探马插镫踢敌裆，翻身上马打太阳。
只要把敌腿管好，拿手端肘敌栽倒。
破敌擒拿捌敌肘，拳掌扑面锁喉手。
上惊下打互为用，劲力纵横必灵动。
意欲身随脚手到，三节协调抖身靠。

二十一、右插脚

插脚一起把裆踢，劲力来源在腰脊。
脚面直撩尖刺点，命门一突重心管。
提防敌拳向我击，顺势牵羊把敌欺。
得势即把插脚用，踢下打上敌难动。
刁捋抓扣敌前臂，肘靠连用还要踢。
插脚不仅只踢裆，踢腹踢胸奔头上。

二十二、转身左蹬脚

忽然敌从四面来，蓄势崩开看胸怀。
蹲身急把身左转，双拳冲贯前后管。
分手格打看尺寸，蹬去一脚勿犯混。
随机应变蓄身换，赢人却在转蹬看。
转身蹬脚用足跟，单腿抹转立稳身。
身躯正直意悬顶，含胸提膝神意醒。
惊上蹬下一齐到，顾前打后技艺要。
左拳冲前扑敌面，右拳后冲当胸贯。
腰脊发劲脚跟现，劲要六合意在先。

二十三、三步捶

蹬脚过后进紧追，斩臂搂膝栽捶摧。
栽捶一出扑面贯，顺势下栽中下丹。
栽捶亦可眉间打，左手搬扣推拿要。
待他左手迎拳上，顺势侧击打肋响。
有时顺手被擒拿，顺势栽击靠亦发。
拳着鬓丹使抖劲，应拳叫敌平躺迅。
蹬脚还会引敌蹬，吃啥还啥是常情。
提拳栽向三里去，攻变守来守有趣。
此式又名龙探海，探向海底抖拳摆。
防敌进捶用斩手，截裹挤按内劲抖。
手起脚落跪壁施，如此妙腿敌难识。
摇步顺进扣点截，武当腿法绝妙邪。
剪衬震踩任我用，滚劈撕缠随我应。
身手腿法我并重，明暗腿法变中动。

二十四、翻身二起脚

栽捶亦称龙探海，起身滚翻踢打踹。
蹲身屈沉腾空起，空中连击向前踢。
脚到手到二起妙，下踢裆腹喉面要。
打脚落掌盖头面，打得敌人难逃窜。
翻身带有撇身捶，撇身击后胸面对。
採手劈面寻常事，吐信刺喉直面刺。
翻身反背右拳去，尚隐左拳肘间余。
倘若翻身变吐信，採住敌手刺眼迅。
上惊下取智堪夸，二脚连击来踢他。
若要飞身腾空起，踢弹面门准狠踢。

虚实相生动静间，进退难避太极圈。
卸步披身踢肘后，连起一脚踢心喉。

二十五、分门桩抱膝

敌人双手按我来，分门端肘莫忘怀。
抱膝膝顶敌裆内，抱敌膝后靠打脆。
二起踢前防后敌，落步金钩倒挂奇。
不放前敌进步追，巧使分门七星摧。
分开敌臂抹搂抱，抱膝勿忘点头靠。
拧裹抱膝钩挂提，回带往返横抛奇。

二十六、喜鹊登枝

正面扑按来势凶，双手端肘掀拔葱。
喜鹊登枝欲要飞，踩蹬敌裆要命催。
蹬枝脚到掌扑面，敌跌栽地难逃窜。
鹞子翻身紧接用，连着击敌头发蒙。

二十七、鹞子翻身

鹞子翻身就是好，拶闪撅臂跑不了。
翻身散开肘靠上，拳打身后也不让。
倘若挂肘反背甩，靠身跌打又使拐。
如若挑肚砸脑门，倒栽跌滚不用问。

二十八、右蜷脚蹬根

蜷腿护裆旋脚蹬，手撩敌脚向前冲。
脚跟蹬入敌裆内，要命击法立刻对。

蜷腿寓有分缠挂，搬住敌脚跪膝下。
散开拳掌齐并用，上刺双眼中打洞。
上打下蹬由我用，臂膀一绕搧耳应。
若还左捋右绕打，脑后一掌不是耍。

二十九、左右拦腰掌（左右分马掌）

旋脚落步上式来，摆脚转身巧安排。
劈开敌臂肋下掌，拦腰掌击要打响。
速上左步左掌到，连续掌劈向敌要。
两掌分飞敌乱号，任其狡猾也难逃。
中打拦腰上耳外，下劈裆阴并膝踝。

三十、掩手肱捶（七寸肘、七寸靠）

捶隐藏在掌肱后，掩手击打莫等候。
掩而不露为藏真，假公遇真头发昏。
臂使滚掤掩捶到，始知掩手打人妙。
捶在掩手虚中晃，面门胸肋尽听响。
掩手捶到使抖劲，拳打寸间不用问。
肘压膝胫骨欲断，靠打小腹技连环。
肘击靠打实难防，七寸肘靠艺高强。

三十一、抱头推山

掩手肱捶打过后，就势绕臂左与右。
泰山压顶腰不弯，双臂抱头意推山。
推山用来破抱头，抱头推山不作秀。
头被敌抱须沉着，顺势引进手中活。
待其抱到极限度，急速夹颈肘臂护。

全力撤消现空劲，顺势一推山崩迅。
绕臂搂脚又挎臂，踢打跌摔不留隙。
来回绕臂散开打，上中下节由我耍。

三十二、前后照

前后照法拧裹精，引进敌来使落空。
转腰拧身剪挫劲，往返摺叠不停顿。
捋挤肘靠含不露，急打顽敌耳与喉。
若遇敌将按手用，转滚十字进分弄。
十字反掌贯耳洞，裹肘捶打裆心用。

三十三、野马分鬃

前照后照分鬃连，怀抱琵琶左手前。
脚手拨挑身非困，好似野马大鬃分。
迎面接化敌捶掌，下管腿脚击敌躺。
如若披身侧方进，肩靠肘打胸面迅。
脚手上下同打到，夹挫攻击敌难逃。
即进即击得机势，四两拨千显机智。
腰做枢纽胯为辅，盘劲肢体内劲鼓。
意领顶劲尾间正，全身舒展轻灵应。
採住进掌直劈面，採手缠捋倒手换。
若是进靠击心窝，打中不死差不多。

三十四、玉女穿梭

穿梭双掌连环进，又似白蛇双吐信。
吐信掌法刺目喉，连续进击莫等候。
转身敌腰进一拳，紧接两肘敌命完。

转身刁採敌腕肘，随势旋转敌难走。

三十五、跌岔

前面敌进不须忙，童子拜祖势高强。
任他拳棒一齐上，合掌分拨不能忘。
若使掌指点心上，倾刻来敌一命亡。
两掌变拳贯耳望，贯耳亦可打太阳。
双掌掤挂似抹油，提膝顶裆凤点头。
如加拧裹挒挤用，往返摺叠不乱动。
更妙不过牵羊带，带进放空敌扑快。
敌若双臂按向前，我即掤开进步还。
顺拳两臂欲如何，滚化双拳用化过。
绵里藏针凭速度，脆快发手不及护。
双风贯耳快如风，童子拜祖不倒翁。
若遇敌臂落我圈，二郎担山意在肩。
跌岔蹬踹採臁用，紧跟扫蹚最灵动。

三十六、扫蹚

左脚为轴右腿扫，轻快扫挂敌身倒。
扫断其腿敌胆怯，旋转横扫风落叶。

三十七、左右金鸡独立

左右金鸡独立势，好似冲天一剑刺。
凤凰展翅平原立，上擎掌托下敬膝。
步下勾挑翅缠腿，挂撩踠劈暗法诡。
一旦兴致撩挑用，紧跟扣壁踩踏应。
钩盘剪挫人人晓，滚套衬截弄敌倒。

手中撆按阴阳换，踩踏跺脚意不断。
托颚穿肘用心机，颈上盘肘採挒奇。
遇上反採肩肘用，拐肘挒臂不让走。
外开缠踩暗腿现，内含缠踩更稀罕。

三十八、双震脚

手绕头转解敌手，肘往外旋挒敌肘。
两脚前后双震跺，震断敌膝不为过。
倘若只震敌脚面，跺碎脚骨不用看。
震脚之前旋膝肘，膝肘落打敌难走。

三十九、十字手

十字手法变不尽，八法五行艺中蕴。
侧身回落十字靠，窝心捣肘紧招到。
尔若想把滚肘按，十字托肘挒挤看。
十字翻滚任使用，纵横钩挂摆挫应。

四十、小擒拿

擒拿施用反关术，分筋挫骨难不住。
万不得已才使用，欲要擒拿必先纵。

四十一、单摆莲

沉身下势松右胯，搧耳脚踢向前打。
起身击打身要升，拍脚掌打敌面胸。
倘若上步脚落外，身手一到敌跌快。
若还上步脚管后，旋按用招打不够。

再要十字盘肘用，身肘打人最灵动。

四十二、指裆捶

落掌攮拳破採拿，正身旋腰肘连发。
左拳落腰引敌空，右捶指裆向前捅。

四十三、右砸七星

下势俗称铺地锦，下势铲蹬敌跌滚。
反捋带挒下伏地，后撤牵引不须替。
铺地锦花映半空，挒臂撑垫使背弓。
前臂撑圆掤带捋，后拳轮换冲裆挤。
贴身抵颏弥高仰，反臂奔出敌地躺。
敌倒管叫朝天亮，处处留心不能忘。
腾身上步七星捶，连环双拳向前追。
上惊下取随机变，忽然进步追上前。

四十四、回头看画

回头看画画壮观，左脚撩挂敌仰翻。
左拳下撩又上击，靠身进步又加膝。

四十五、指裆捶

撩推进步指裆捶，箭步一蹬正腰椎。
右肩松开冲裆挥，顶颈虚领有神威。
看画打过乘势追，颈起腰脊贯捶摧。
向前斜下直冲裆，此捶击打敌心慌。

四十六、跨虎

跨虎骑虎驾御虎，轻灵旋转似飞舞。
打得敌人无处藏，恶狼猛虎休逞强。
一起跨虎身中正，龙门步蹲沉稳用。
右手採缠敌手腕，左掌直扑丹田点。
太极圈内多变换，阴阳虚实不能乱。
击面虚招修栈道，还怕小腹不能要。
拗手採缠人罕见，顺劲推掤跌敌看。
左手搂敌取钩意，击掌进身左脚踢。
凝神注目回头看，变化不离太极圈。

四十七、双摆莲

右腿摆脚画圆踢，脚踢前心与后脐。
摆踢击打要迅急，脚踢拳打总相宜。
摆莲横腿打法通，关键就在技艺精。
平圆扫击豪强倒，摆击鬼神也难逃。
连环扑打双摆凶，前后挫截敌栽葱。
身向左转急起步，摆莲横腿双手护。

四十八、弯弓射虎

左臂若被人擒拿，使用弯弓解脱发。
划圆上旋当头炮，不怕敌人发手到。
两臂屈肘拳转前，得势全凭圈转圆。
上打太阳左右搧，屈伸开合法无边。
舍己从人不是憨，柔化刚发把身安。

四十九、收势（合太极）

太极无始更无终，阴阳相济总相通。
走即粘来粘即走，守变攻来攻变守。
知己知彼百不殆，奇法神技不露外。
任他顽敌多狡变，怎识太极多变换。
太极无非是阴阳，阴阳互变本无常。
武当正宗太极拳，张王蒋邢侯正传。

灵机一动　势如破竹

——赵堡太极拳的技击意识和速度

俗话讲“机不可失，时不再来”，失机就意味着失败。赵堡太极拳在推手搏击时，要求只有意识快，外形动作、内劲潜转才能疾速。才能抓住有利时机，准确无误地发放对方。

一、意导要快

拳论曰：“运用在心此是真诀”，“妙机本是从心发。”心意指挥动作，这是由人体的客观条件决定的，是人的本能。但是，动作快慢、准确、劲力的潜转、招法运用技巧，只有用意久练才能求得。

练太极拳者，腰胯变换灵便，速度疾快，不论防守或进攻，都会圆转自如，有的功夫能达到“腰胯一转鸟难飞”的境界。因这些功夫是在用意指导下，久练而形成的。劲力的潜转，变劲无人知，也就是调兵遣将的变化。在实践中，就是较量时速问题，谁的意快，谁就能取胜。练时要在大脑的指挥下，练习声东击西，佯攻诈取，三节劲互用，击首则尾应，击尾则首应，击其身则首尾皆相应的方法。

二、寸劲击发

太极拳要练寸劲击发，推手时，就要验证自己的这一功夫。所谓寸劲击发，就是要在距离目标一寸之间发劲或接触击发点后再进击一寸击倒对方。“劲力短，势凶猛”讲的就是时速问题。“打人不见手，手到不能走”，就是寸劲击发的作用。反之，动长、劲缓，需要时间就长，易被对方发现，给对方有防御的时机。所以，在练拳架时，要刻意求出梢点的寸劲击发。在接触点上刚发，追求挨着何处何处能击的功夫。用寸劲击发时，要表现出如皮燃火，如泉涌出一样的气势。

三、舍远求近话攻防

拳论曰：“权彼劲之大小，分厘不错，称彼来之短长，毫发无差。”这句话强调说明了推手时要对劲力长短和大小做出准确的判断，然后采取适当而果断的防守反击措施。

例：

①金丝缠腕法。当我手腕被对方抓住后，应感知对方抓握劲力的大小，距离的远近。如对方距近力大，应当划大圆圈而擒拿之。若对方劲力比我小，就不要转大圈，因为大圈比小圈用的时量和耗费己劲力就大。

②当对方封我领口时，我要衡量彼来劲之长短，应截击对方的劲头。因为我比对方动作短、时间快、劲力整。而用缠腕擒拿对方手腕部，就不一定成功。对方身体被我切截后，距离一定缩短，正是我进攻对方面部或胸肋部的有效时机。再如对方用劲击我，来劲已接近我身，此时，我的防守武器双手远在外围，应当取对方来劲之根，不宜以双手抽回防御，如果收回就耽误时间，反被对方所制。

③在推手时，要求“肘不贴肋、肘不离肋”，都是为攻防争抢时间。若我用採挒之劲，迫使对方之手离开中线，我好趁机而击之，对方要随势缠

绕到我外侧或上侧，肘不贴肋，可防御对方攻击我的耳门。若对方强行使肘取我耳门，我就用手、肘进击对方胸肋，因为我的时间在前，如果贴肋怎样弥补，对方一定手头先行，取击咽喉、面部，我应立即用挒劲取对方肩臂之根节，肘的中节，方能避过。

④小鬼推磨招法。采用离心力、折叠捆绑之术，当我出左腿管套对方前步之后时，上肢采用右手一管二的採挒劲通压对方双手。对方若采用缠绕掤劲破我左侧，使我重心不平衡时，在此一瞬间，我要立即采用挒劲，用下肢合力发劲，对方必倒。对方若比我右手稍快一时，我应变招法而击之。

四、腰胯旋转身灵便

拳论曰："差之毫厘，谬之千里。"讲的就是各部位角度、距离的问题。要注意无过能及的分寸，过与不及就容易被对方所制。因为腰胯角度不到位，虚实腿不分，上肢也不能到位，进去就不能制人。

例如捋挒折别的劲法，不论上、中、下或左、右腰胯的旋转都要身法灵便。如果遇到对方没有被我劲发出时，必向后抽，此时，我应灵活地打折叠劲进行反击，不能被对方趁机击之。

五、旋转要有目的

首先，应有内劲做主导，其次要做到"彼不动，己不动；彼微动，己先行"，以接触点为中心（轴），不迟不早，利用掤劲粘黏对方之劲，使对方进入我的有意之环内。迟疑者容易被对方所制，过早者对方容易察觉，他会变动进击。

总之，攻守都应在时间上下功夫，时机是推手的关键，要做到"机不可失，时不再来"，研究时间差问题尤为重要。还要注意研究发劲的三要素，即发点、落点、发劲的速度，叫作发落点对即成功。

擒拿跌掷　兼施并用

——赵堡太极拳技击擒拿术法

踢打术简单易学，“人人皆能蹬蹬腿”，伸缩收发，极易操纵。而擒拿术却不易学，它是一种非常巧妙奇微的技术。武术前辈针对身体的每一部分筋骨特点，制定出了最适宜、最恰当、最准确的擒拿分错方法（即分筋错骨之法），无论从技术上还是施法上，都有相应的连贯性、固定性。不同方位的筋骨，即用不同方式拿擒，这样，即产生了不同方式的手法威力和与之匹配的、相应的战势身法、桩形和劲力精密而协调的配合（差之毫厘，失之千里，并非胡抓乱挠）。所以，擒拿术不易掌握，非长期演练和揣摩，难悟其精窍妙谛。

1. 意到手到，心形合善

“意到手到”，是对大小擒拿法的基本要求；“心形合善”，是擒拿技术的最佳境界。实施擒拿术时，首先要做到心静意定。只有心绪镇定，头脑清晰，精神集中，才有望在快速多变、复杂难测的擒拿过程中用自己的心机、意欲指挥自己的动作，统领腕指及周身劲力，从而做到感应差别，恰形出手，随势应变，控制自如。尤其对于擒拿这种精妙细致的技法来说，如不能做到心静，必然感觉失灵，步法失调，双手失控，胡抓乱挠，无所适从，不但不能快速准确地採拿锁扣，反而破绽百出，为人所用，从而败于对方。

其次，要“心毒意狠”，心怀残废杀伤之意。临敌决战，不是你死就是我活，来不得半点心慈留情。“钳手未出，意在要害”，全身劲力有“未打已中”之念，使擒猎捉物之意跃跃欲动，指欲抓、手欲拿、意欲冲、脚欲踢、拳欲打、动形追意，实施毒诀，即最佳着点、最快速度、最大劲道；“铁指成手，意在要害”，形到力到，使全身之力尽施于敌要害处，一中则残而废之。即使防御退却，也是防则为攻。

再次，要心警意灵，处处如临大敌，有备无患。钳手未出，心存警觉，意欲防变，时刻戒备，全身蓄满暗劲（手欲刁採捋扣、臂欲格挡截拦、步欲扣绊封闭、腿欲挑撩劈挂、身欲闪转腾挪等），以防对方突袭。不得被对方的虚招、假力、言语、表情等所迷惑。出手擒拿时，既要为连续攻击和收势变招做准备，也要有防护意识，防止对方反击。不能放任深入，孤注一掷，老劲尽势。除手指外，全身各处都不得松懈，要警惕常保。在被迫防御时，不能只防其一，不防其二，要做好连防准备。

意到手到，心在手先，手无虚出，法随心转，适时适机，对势能变，心形合善，是成绝招。

2. 锁扣为本，顺势分错

起手採握锁扣对方筋韧骨节，是实施钳手擒拿术的根本，也是擒拿术的基本特征。一切擒拿皆由钳手锁扣开始，千变万化之道皆由腕指生发。一为逮住对方，不使其逃脱，对方跑了何谈施技；二为制造战势，人背我灵，方利于擒拿；三为采住关节，拿住目标，有的放矢；四为以采点为用劲支点，施加各种分错劲力。锁扣不成，则无法谈及擒拿，由此术为起点，方能施展其他招法。

锁扣一定要准，即善于运用擒拿术所有采手技法，准确地拿住对方肢体关节的一定部位，切不可以为胡乱抓着就算得手。每一个关节的不同方位都有相应的擒拿技巧及变化，并非一採应万招。锁扣准确，方能恰当施术，呈现出擒拿的威力，从而达到采其一点，伤其一节，牵制其全身的奇效。倘锁扣错误，失之毫厘，差之千里，失手失法，失机失势。

为防止陷入锁扣失手的困境，并利于配合继续进招，初起手时，一定要轻灵迅捷，不可僵拉硬抓，孤注一掷。因为劲力如一下用尽，势必影响连环技法中的紧密配合，影响招数变化的灵活性和进一步攻击的速度，从而丧失擒拿特点，易使对方逃脱或遭反击，也不利于撤手回防。习者应领会此道，施术要留有余地，要以铁腕钢指及周身劲力保持警觉为佳。

锁扣一旦得手，要快速实施连环擒拿招法，缠绕牵带，顺势攻取，一鼓作气，制对方于搭手不及，决不能有一丝一毫的停顿。如果慢条斯理，则坐失良机，对方即可再行变化，持力抵抗，从而难擒制。

3. 手动皆动，整体配合

擒拿是技击的大技之一，它遵循着技击的整体法则。擒拿重在采手锁扣，然手法之妙必赖于眼、身、步桩之配合。

实施擒拿术，眼睛的作用非常重要，即所谓“铁指鹰眼”。对敌时，必须看准对方的桩势、手形、身向、角度、高度等门户位置。看准其步法、拳脚等进攻企图，看准敌我距离的远近。因为对擒拿目标的捕捉，尤其是对其关节筋穴的锁扣，都要求动作非常精确，并能对敌方的出招做出反应，这就要求用眼睛去观察、感觉，从而为预测和决策提供信息。要想擒拿成功，克敌制胜，必须学好眼法，用好眼法。眼见则心知，心知则意动，意动则手到，擒拿绝技再神再玄，也必须由眼先识，识而方应，这样才能有的放矢，使之难逃。应做到眼为拳母，目动手随，其视线以明实为主，锐利狠毒，无所疏漏，并适时辅以虚暗眼法诱骗对方。

擒拿属近身持技，即所谓“擒拿粘肢”，对脚步的进退变化要求极高。距离太远，则够不上接手，何以为手擒人；距离不适当而盲目擒锁，虽能触敌，也难如意。在采手分错时，只有脚步与发力配合协调，才能够发出整体巨劲；在失手防御时，只有以步辅助，才能够尽快脱离险境，避免挨打。“手到步不到，等于放空炮；步到手也到，举手不能逃”。步动招随，闪展腾挪，各种招形进势，万般变化，皆由步而生。出动采手，调宜距离，捕捉目标，发动劲力，随动而动，随变而变，迅捷轻巧，虚实互用，刁采捋扣，攥捏掐锁，推托带领，旋切搬挫，方能施展绝技。

在用擒拿术对敌方周身大小关节进行攻击时，单靠手采劲力和局部的变化是不够的，还要注意其他劲力（肩、肘、膝、脚等）部位的综合运用和协调配合。这些劲法和力道可在指腕锁扣中直接分错，如搬、撇、捣、拐、摆、旋、冲撞、弹蹬等；还可在屈弯旋转中配合锁扣控制，创机造势，如搂抱、贴掌、压挤、切压、沉挫等，其劲法都比采手粗壮强劲。另外，从发劲讲，人体是一个有机的整体，锁扣的局部劲力是有限的，巨大的伤害劲力必须经过周身各部分的协调配合才能产生。一动无有不动，头、颈、肩、胯、桩、步等都要配合发劲，诸如“腹要收、臀要敛、足要蹬、腰要壮、头要领、劲要敏、桩要降、膝要扣、肩要沉、背要拔”等。

“手眼身法步，肩肘腕胯膝”，都是擒拿的基本要素，缺一不可，是擒拿的要则，即手动皆动，整体配合。周身功劲，极富灵巧变化，也是擒拿技法走向浑身是招之妙境的必备条件。

4. 斗智斗勇，战术多样

擒拿施术，既要敢用，又要讲究术法，应针对敌方的体能强弱、身材高低、师承特点、招式架势等制定和使用相应的、有利于发挥自己擒伏对手的攻防策略和招法。

“遇弱则强战”，面对弱敌，以我为主，强採索要直上。擒拿强战，必须具备强劲笃实的铁腕功力（锁扣力、采擒力、旋转力、带领力）和抗击功夫，以大力打小力，一力降十会，一索即成。遇敌防御则能压迫、强制和摧毁之；遇敌反击，则能承受和强对。笃功劲实，坚挫而击之，真所谓无坚不摧。

“遇慢则快战”，高速出手，夺取主动，抢夺先机，处处在前。不要认为擒拿缠绵粘贴，就不需要快捷，手无虚发，出则难逃。敌若攻我，动比敌快。实施快战，要做到眼睛观察快，皮肤感受快，心意决策快，从而一感皆应，一触即采，采要分挫快，身协劲，步合快、发力快，变化快。“无招不破，唯快不破”，此乃万战之妙诀。

“遇狡则战”，敌防范森严，以狡待我，我则可利用击打诱敌格挡，再顺势突变采手抓缠擒拿，或先佯抓别处，诱敌防御，分散其注意力，改变其战势，再拿擒之；或故意露出破绽，让对方放纵深入，然后突然变招；或先使打法，突然擒拿；或假闪吞身，突然又逼吐擒伏等。种种引战，以处处牵敌鼻子为原则。

“遇劲柔化闪”，遭遇劲敌，我功劲较差，不可硬攻，须避敌强门，主动从侧门、背门擒採。敌方侧体背势，发力不顺，而我省力安全，易于成手。若已施擒拿而遇敌抵抗，我则在施手中以横制直，以直制横，以圆卸化，使敌方相持力和反抗力在柔化中减弱和消失，从而束手就擒。此是擒拿术以柔克刚的重要原则。当敌打击或反拿我时，我甚难硬抗，也要按此原则以松柔圆转来化解。以横化解，以圆化解，“四两拨千斤”，再做反击；若实在难解，则设法脱身，以仰身、倾身、扭身、缩身、压肘、抽腕等避开接触。敌打抓不住，则无处施力，力大无用。在敌方卸力之时，要因势活散，力势兼具，攻为主导。

“连环无穷变”，任何一招，都不可能一战而胜，这就需要技法的连贯化和多样化。擒拿连环就是指利用各种连环技法擒拿多个关节韧带目标，且配合多种打法、摔法等。此收彼发，此起彼伏，神出鬼没，防不胜防。连环技法要求动作协调紧凑，衔接严密，迅猛准确，前一招为后一招设伏，后一招凑前一招之功，变化多端，滔滔不绝。

5. 擒拿为主，打摔兼施

谱曰：“远打近拿贴身摔。”距离稍远者，需变化灵活，拳打脚踢，放长击远。敌方下盘较弱，步法轻浮，用摔跌能抑制敌之所长，攻其所短。而擒拿法则善于近身相持，锁扣敌方肢筋关节，控制敌方武器，静滞敌方功劲，尤善对付上肢技法差、上盘功劲小者。临敌实战，你死我活，敌我双方为造成对方伤害无所不用其极，又岂仅仗恃擒拿一技所能应付。所以，要用立体攻击，打摔兼施，能拿则拿，宜打则打，可摔则摔。依形出形，不拘不束。拿中有打，打中有拿，拿后再打，打后再拿，万千变化。

擒拿属靠身技，粘肤黏贴，近攻短夺，靠身夺位。所以，要尽可能以最快的速度，最大的劲力，最准的招数将对方制服。从采拿锁扣开始施招，其手法、臂法、桩法、步法等，尤其是手法，都有着多种细腻的变化，只有在一瞬间完成合理的粘黏、缠绕、领带、屈伸、吞吐、浮沉，才能达到理想的擒拿攻击态势。同时还要配合各种击法，如封闭击打和跌摔等，而非简单的手法所能奏效，非技术纯熟者，难以精确操作。因而，擒拿的整体技巧化较间接、缓慢、缠绵、曲折，虽能致敌于筋断骨折，但似乎不如击打、摔跌等法快捷、灵便、直接、爽快，进退自如，操纵随意。所以俗话说“巧拿不如笨打”，这就要求擒拿之法，一定要千锤百炼，直至熟练再熟练，在实战中可以随心所欲地运用才对，否则，会“弄巧成拙”。切记、切记！

分筋挫骨　颠翻跌掷

——赵堡侯春秀承架太极拳技法

众所周知的我国太极拳六大派之一的赵堡太极拳，以其古老、实用、追求技击而著称。当代赵堡镇人侯春秀（1904—1985）所传的拳术，就是这支古老太极的一根主脉，它那丰富而细腻的技击方法深受西安太极拳界的称颂，被称之为太极拳中的“土特产”，是赵堡太极拳技击运动的一枝独秀。

赵堡太极拳自明万历年间的赵堡小留村人蒋发，学于山西人王林贞后，传于赵堡街邢喜怀，至今已有三四百年的历史。这其间代有传人，未曾断续。邢喜怀传张楚臣，张传陈敬柏，陈传张宗禹，张宗禹传张寒、张彦。张彦人称其为神拳，除传子张应昌外，又传陈清平。陈清平广传其拳，其传人中最著名的有两位，一位是慕名从河北永年远道而来拜访的武禹襄先生，武后来结合王宗岳拳经和自己的努力实践，创编了著名的武派太极拳。另一位便是本村人和兆元先生，和兆元传子和敬芝、孙和庆喜，和庆喜传本镇人郑伯英、郑悟清。郑伯英1961年去逝，其所传架式宽大舒展，被现世称为大架子；郑悟清1984年去逝，其所传架式小巧紧凑，被称为赵堡小架子。

张应昌继承家学衣钵，传张汶，张汶传张金梅，张金梅传张敬芝（此系均为张家一族后裔）。张敬芝晚年因生活上的原因，得益于本镇做小本生意的侯春秀多方照顾，机缘使两人得以朝夕相处，遂张敬芝将全部技艺倾心相授于侯先生。侯春秀所传张家承架，因其与二郑大小架相比，较为适中，所以人们亦称其为中架子。侯春秀在西安传拳几十年，从学者甚众，形成赵堡太极拳在西安的一大门派，他与定居西安的二郑所传大小架共同形成了赵堡太极拳在西安的三支重要力量。

侯春秀先生1904年生于河南温县赵堡镇，因其排行第四，故西安人多称其为“侯老四”。擅长採拿手法和太极散打术，其推手术中的技法变化丰富，环环相扣，巧妙变招，冷脆快狠，连珠炮动，以及乱环手法的使用堪称一绝，这都是西安太极拳界所熟知的。1937 年为躲避战乱，先到陕西宝鸡做生意，后因和警察发生冲突，只身用一条扁担与 30 多名警察打遍了一条街，被传为佳话。旋即逃至西安，新中国成立后一直在三轮车工会工作，同时传播赵堡太极拳术。1985 年 3 月 8 日辞世，享年 81 岁。其主要传人有侯占国（次子）、侯转运（三次）、王喜元（女婿）、刘会峙、赵策、刘小凯、黄江天、裴国强等人。侯春秀先生所传拳架为七十五式（赵堡大中小三个架式，唯侯氏有录像传于后世），极讲究拳架、推手、散手三合一，故谱云“太极三合一，承架传授稀。”就推手而言，即讲究上中下三盘明暗 48 字秘技（掤捋挤按，採挒肘靠。攥扣锁撅，叠挫扯掷；起落进退，腾闪圆转。含拔通挺，环管吞吐，缠跪挑撩，劈壁挂蹬。勾掰截点，绷跐滚踡），其技法十分丰富。此外更有四门捶、五十捶之秘传散手和鞭杆、刀、枪、剑、棍、长杆、大刀等器械套路。现就此拳的一些基本技术方法介绍如下，以飨读者。

1. 採

专採细、小关节或人体之薄弱处。如小指、耳垂，以达同时控制对方腕、肘、肩、腰、胯、膝、踝等多处关节活动的目的。採时要求顺其势、借其力，伸手便採，落手便拿，处处埋伏，一索即得，随心所欲。採之目的是拿，拿之目的是锁，锁之目的是不给对方活动余地、控制死，使对方丝毫都不能逃脱。

2. 锁

指控制、钳死。锁有锁指、锁身、锁腿。锁指便是抓拿捏扣、拧折挒挫；锁身便是粘连黏随，以身控制，腾出双手，吞吐滚卷，绷撞挤靠；锁腿便是利用灵活的步法（又配合以身法、手法）套封逼插，缠跪挑撩，劈壁挂蹬，钩掰截点，绷跐滚踡，以便实施跌法。

套封逼插之进身锁腿，是指在应敌时迅速贴近对方，以我之脚管住其腿（不使其前进或后退），使其如缰绊马、触之即仆。故拳家云：“腿亦人之根，能制其根则可升堂入室。”

锁腿一般有内锁、外锁、单锁、双锁之别。

①内锁：即以我脚由彼体前别住彼腿，此法多用于反跌制敌。如彼由我身外锁我，可以此法破之。

②外锁：即以我之脚由彼体外去封住彼腿，此法攻防两便，甚为安全，多用于进身跌法中，也是跌法中运用较多的一种锁腿技法。

③单锁：即是指我脚由彼体前或体后将彼一腿管住，是最为灵便的一种锁腿技法。

④双锁：是指我由彼体外进身管住彼之腿，此技攻击力较强。锁腿要掌握恰当时机，一般来讲，对方主动进击或慌乱犹豫之时，是我进身锁腿的最佳时机，也可以采用真真假假、虚虚实实、调虎离山、引蛇出洞的诱骗战术，乘机而锁之。

3．跌

太极高手是十分擅长跌法的，这是一种十分高深的技击方法，它不仅适用于徒手搏击，而且对于制服那些手持利器的人也是十分有效的，这一点是其他技法所不能比拟的。

跌法的主要特点是乘势借力、避实击虚，身灵步活、採得准、锁得死、反关节控制得好，精通力学原理，往往在一抖肩、一挤身、一拧腰、一转髋、一坠肘、一落脚、一抬膝、一扣步、一弓腿之际使敌即仆于地。

4．掷

指最后的发放掷打。採拿锁扣、施行控制只是为进身跌敌创造了必要的条件，而发掷则是跌敌的重要手段。所谓发掷就是顺其势、借其力，或手牵脚挂，或套封逼插，或掌推拳击，或肩靠肘压，或摆胯膝顶、连跌带打，或擎引松放后施以长劲紧接强烈爆发，轻提猛砸，以形成“颠起倒插，而其快也”，使敌跌仆于几丈开外，这就是太极拳家最终要追求的高功夫。

纵观侯氏承架太极拳，可以了解到它的风格特点是：

以意承先，因循为用；顺势借力，巧拨千斤。以柔克刚，刚柔相济；以防为攻，防中寓击。起落击退，腾闪圆转；意领身随，处处皆灵。虚领顶劲，沉肩坠肘；松腰落胯，卷尾敛臀。劲聚腰间，后突命门；对拉拔长，进有后撑。气沉丹田，循环周天；意气运转，鼓荡无间。含胸拔背，气贯周身；寓于无形，保健防身。旋转乾坤，太极功纯；出其不意，抖接入榫。分筋挫骨，节拿抓闭；分寸毫厘，火候对准。承架太极，冷脆快狠；三盘要清，腿法必精。三节六合，八段九节；动即生法，贵在知变。动知往返，折迭寓中；挫措拧抖，麻花劲成。太极上乘，哼哈凌空；以技修行，承吾传统。

技法要诀　融会贯通

——赵堡侯氏太极推手技击歌诀

一、太极十三势歌

掤捋挤按本无弊，若无对抗似游戏。
採挒肘靠求无敌，冷脆狠准练绝技。
进退套绊勾挂利，顾盼定间成武艺。

二、太极推手 48 字歌

掤捋挤按随意起，採挒肘靠更精奇。
起落进退身法显，腾闪圆转走自然。
缠脆挑撩套插绊，劈壁挂蹬脆快连。
攥扣锁撅把中坚，叠挫扯掷最惊险。
含拔通挺身上看，环管吞吐妙无边。
勾掰截点用脚尖，崩踨滚踡膝占先。
推手你转我不转，四十八法打你看。

三、太极推手技击歌

上领下坠活腰盘，松体掤撑劲内含。

接招找劲胆向前，皮毛敏觉侦防线。
分筋错骨拧抖旋，颠番倒插看脚尖。
力偶杠杆变两边，打发劲贯圆心点。
逢闪必进进必闪，紧要全在腰胯间。
採挒肘靠招连环，冷急快脆劲惊弹。
引进落空诱诈骗，发放掷打任自然。
粘黏连随控制严，从人由己太极拳。
三前七星要顾盼，意在人先劲发前。
遇掤点震敲砸穿，肩胯膝打靠相连。
触手即占先上先，中实即发艺不难。
欺身过步神意占，把活力狠事易办。
顺势借力捋挤按，截堵滚挫磨旋钻。
敷盖对吞刚柔变，攥扣锁撅手上看。
缠跪挑撩插套绊，劈壁挂蹬腿连环。
口授身传真格干，技精艺绝苦功练。

四、推手技击四十八在歌

掤在周身要弹撑，捋在牵羊身步灵。
挤在身拥逼夺位，按在腰攻手肘冲。
採在十指不放松，挒在挫折把拧中。
肘在屈使翻杆用，靠在惊炸崩撞猛。
起在撑拔掀挫翻，落在摔砸人难眠。
进在插绊步过人，退在勾劈拖挂隐。
腾在起落出快手，闪在纵横任意走。
圆在运转圈乱环，转在立圆挫滚间。
缠在膝窝下踏跟，跪在勾套用膝狠。
挑在中节掀拔起，撩在梢节粘黏挤。
劈在摆杠脆快猛，壁在立柱挡绊惊。

挂在勾扫拖擦地，蹬在展膝跟中机。
攥在破採巧中巧，扣在捏摘制点妙。
锁在钳制咬得死，撅在搬折断关指。
叠在往返折中撕，挫在脆快抖撅是。
扯在撕挂猛劲带，掷在拔根抛起摔。
含在虚撑劲始蓄，拔在对拉内力聚。
通在意贯发点对，挺在通达哼哈准。
环在交错用法精，管在控制终要赢。
吞在吸化身步灵，吐在拥射弹劲冷。
勾在脚尖身下滑，掰在膝内裆下插。
截在中节把势封，点在膝骨惊吓蹦。
绷在膝窝抖腿应，跐在胫骨踩踏蹬。
滚在衬托轴转中，蜷在屈腿盘挑成。

五、推手技术四十八字法要歌

掤要虚撑，捋要顺轻。挤要身拥，按要腰攻。
採要抓扣，挒要折抖。肘要顶摆，靠要撞摔。
起要撑拔，落要沉塌。进要逼夺，退要扫拖。
腾要闪绽，闪要多变。圆要滚转，转要往返。
缠要松盘，跪要坐翻。挑要勾摆，撩要仰摔。
劈要斩根，壁要绊狠。挂要沾粘，蹬要力穿。
攥要捏实，扣要钳制。锁要夹死，撅要抖撕。
叠要折返，挫要拧断。扯要撕刮，掷要倒插。
含要身採，拔要撑摔。通要劲达，挺要哼哈。
环要交错，管要变多。吞要吸化，吐要惊吓。
勾要扣转，掰要步撵。截要封势，点要快制。
绷要脆弹，跐要踩臁。滚要衬转，蜷要缠翻。

绝技承传　秘诀难言

——修研赵堡太极推手技击歌四首释义

上领下坠活腰盘，松体掤撑劲内含。
接招找劲胆向前，皮毛敏觉侦防线。
分筋错骨拧抖旋，颠番倒插看脚尖。
力偶杠杆变两边，打发劲贯圆心点。

1. 上领下坠活腰盘

上领，即头顶百会穴虚虚领起，下颌微内收（虚领顶劲），此时可提起全身精神，使技击运动进入临阵状态，以提高身体的警觉敏感度。其次，走圈打轮时手指要领起，特别是中、食指，同时手腕亦不得软塌，此法叫作手头不能丢。

下坠，第一指沉肩坠肘，以免僵肩和亮肘而受制；第二指臀部有下坠之意，以使背后命门穴处有上下拉拔之感，同时膝、胯关节均有弹性；第三指气沉丹田。

活腰盘，指以腰眼为界，使上部的胸腰和下部的腰胯似乎形成两个磨盘似的东西，可以活转自如，以腰为枢纽，灵活便利。

2. 松体掤撑劲内含

松体，指身体放松，皮肤就像一件衣服挂在身架上一样，能产生即使对方扯我的这件衣服，而身架不受影响的效果。并不是浑体软塌，懈透毫无弹性。

掤撑，指身体放松皮肤这件衣服的同时，身架要内存弹性，虚虚地掤撑起来，也就是适度的外松内紧。

劲内含，体内有了掤撑劲，有了一触即发的弹性，浑厚有实力，如存满粮的仓库。此劲内含，从外观上是看不出来的，高手之间一搭手便可知晓。

3. 接招找劲胆向前

推手要有攻防意识，要对抗，不要玩成健身养生的划圈游戏。要敢于和对方接火，要主动摸劲、找劲、问劲、发劲、变劲、学劲，来磨炼自己。所以，胆要大，不怕苦，不怕累，不怕流汗，不怕被摔，不怕脏，不怕受伤（流血或伤骨断筋），浑身是胆雄赳赳，内劲充足不发愁，此为要诀。

4. 皮毛敏觉侦防线

只有胆、有勇还不行，还得有谋、有机智、灵活。使你的皮肤、毛孔像地雷的撞针，一触即爆；像警犬的鼻子，有高度的臭觉；又像侦空的雷达，火眼金睛；又像自动仪，可以自动处理。

5. 分筋错骨拧抖旋

指擒拿采挒折别的手法。如要卸掉对方的臂膀时，首先采拧对方的手指，同时控制和钳死其腕、肘、肩三个关节；其次使对方臂屈成小于或略等于直角，在微微一松之间，我双手合住劲，以抖、撅、拧、旋、撕、扯的综合劲法，意贯其肩窝处，即刻就可将其臂卸掉。

拧抖旋亦是抛掷跌打之摔法的关键。拧，一指采拧对方被擒处，二指拧转自己身体，如卖脸倒卷肱，卖脸（拧转头部）可加大旋转幅度。抖，可以打断对方的跟劲化解，又可以振奋增加我的内劲。旋，可以加大摔出离心力，增强打击效果，如卖脸倒卷肱，打得恰到好处时，可将对方旋飞腾空摔出旋向360°，使其无法招架。

6. 颠番倒插看脚尖

颠番倒插一词来自于戚继光《拳经》，亦称颠起倒插。顾名思义，即将人掷起，头朝下脚朝上，直向地面如插柳一般栽下去。如用短劲打倒卷肱、白鹤亮翅之类的技法时均是如此，此法的关键是冷、脆、快、狠。

看脚尖，是指打法中的神态变化。抖掷而起时，意向上，看手头；向下时，突然变换看自己脚尖，将对方栽于吾之裆下脚前。高手打此法时，分寸要掌握得相当好，可使被打者在下栽头发粘土之机，又变上提劲，使其脚先着地，使之吓出一身冷汗，而不伤及皮毛。

7. 力偶杠杆变两边

此即指技法中的手法原理问题，即利用力偶的旋转惯性理论和杠杆翻转两头的方法，巧用支点撬起等理论武装自己，使其应用于自己的推手技法实践中去。如上述的倒卷肱、白鹤亮翅就是很好的例证。

太极八法掤、捋、挤、按、採、挒、肘、靠，以及技法中的吃啥还啥，左重则左虚（变右边进击），右重则右杳（变左边进击），翻上打下，诱东打西以及乱环打法等等，都是力学原理的实践应用。

8. 打发劲贯圆心点

太极对自己讲圆和转，对别人都不是这样，要尽一切办法使对方僵、死、有棱角，发劲不打边，怕其原地旋转化劲，不产生位移和跌摔，而要集中自己的优势兵力，在完全掌握和控制好的前提下，发劲直指对方的圆心点，即对方僵滞点，使其不得转动化解而产生位移，术语叫作发落点对即成功。

逢闪必进进必闪，紧要全在腰胯间。
採挒肘靠招连环，冷急快脆劲惊弹。
引进落空诱诈骗，发放掷打任自然。
粘黏连随控制严，从人由已太极拳。

1. 逢闪必进进必闪

“闪进全在动中求”，闪即进，进即闪，不必远求。如果对方发招凶猛不及还招时，可先闪避开他的锋锐，或趁机闪进贴身击打，或向其身侧进击（取对方的横线）。

2. 紧要全在腰胯间

在推手运动中，化解对方压过来的劲和调整倒换虚实、变劲打招，主要靠腰胯间的转换，故有“势势存心揆用意，命意源头在腰隙，刻刻留心在腰间，腹内松净气腾然”、“掌腕肘和肩，背腰胯膝脚，上下九节劲，节节腰中发”之说。

3. 采挒肘靠招连环

采挒肘靠一般情况下都不是单一使用的，都是互相配合的综合手法，采挒一般同时进行，肘靠可对付采挒。如果诸法连环使用将效果极佳。

4. 冷急快脆劲惊弹

发招打劲一定要冷急快脆、干净利落，毫不拖泥带水，打出潇洒的气魄来，同时要给对方以震惊感。如弹皮球般发出，令人羡慕。

5. 引进落空诱诈骗

拳术本来就是讲诡诈、诱骗、声东击西的兵法战术，“拳打人不知”，“人不知我，我独知人”，就是这层意思。譬如为了使对方落空下栽，可先给对方一个支撑劲引其上当，对方若扶上我的劲，我便立刻抽掉这个支撑，其便可栽倒。给对方一个冲劲，对方顺势捋化，我则进步变靠将对方打出，前者是假，后者才是真。

6. 发放掷打任自然

现在许多推手，特别是公园式的推手都不讲发放掷打，只求健身，怕伤面子，所以只是推推揉揉（有的干脆就叫揉手）。而传统的推手是练技击功夫的，最终是要过渡到实战散手的，所以要求在近距离推手的情况下，适当地练习发放掷打兼施并用，以提高技术的实用价值（既要采挒肘靠，又要跌掷击打）。

7. 粘黏连随控制严

粘黏连随是主动行动，其目的是严密地控制好对方，掌握运动的主动权，为有效的满有把握地、实施打击创造机会和条件。

8. 从人由己太极拳

舍己从人并不是被动地听人使唤，从人的目的是为了由己，由自己掌握“战时的变化”，更好地控制对方，打“有把握之仗”，这才是太极拳技击运动的本质。

三前七星要顾盼，意在人先劲发前。
遇掤点震敲砸穿，肩胯膝打靠相连。
触手即占先上先，中实即发艺不难。
欺身过步神意占，把活力狠事易办。

1. 三前七星要顾盼

“顾住三前盼七星”，要特别注意自己的身前、脚前和手前，同时提防对方头、手、肘、肩、膝、胯、足（七星）有可能随时向我进攻和所有的动向，亦有随时准备出击我的这七星去打击对方。

2. 意在人先劲发前

推手技击时，首要的是胆正，要冷静，意要胜人，要控制好对方，每到机会出现之前，都要先于对方把住时机，要“后人发，先人至”，发劲要抢机、抢势、抢先，把对方欲发劲“闷死”在我的发劲中。

3. 遇掤点震敲砸穿

遇到对方的掤劲很大，一时难于进攻时，要用点打（断击）、敲砸的办法卸掉对方，使其顾此失彼，这种打击的办法不但要紧连重击，而且要有穿透性，这样才具威力。

4. 肩胯膝打靠相连

打掉对方的掤劲，抓住机会，乘胜追击，肩、胯、膝、打、靠相连，不给对方喘息之机，直至对方投降。

5. 触手即占先上先

触手和对方临近时，除了控制好场上的机势外，必要时要采取先发制人的方式，不失时机地打击对方，其法既快捷又方便。

6. 中实即发艺不难

“得实不发艺难精”，机会是最重要的，机会来之不易，失去机会就等于失去一切。所以说，手已得实的时候，就应立刻放手发招，绝不能迟疑。“逢虚则守，遇实则发”，“重里显轻必发手，身手步到不能走”，“俯掌即发”就是这个道理。只要时时注意这些，成艺是不难的。

7. 欺身过步神意占

推手技击时，身要欺人，步要过人，神要逼人，意要占先。同时势要欺人，身要拥人，艺要压人，有意莫带形。处处封占正门，前手起，后手紧摧，前脚迈，后脚紧随，配合协调，此是要诀。

8. 把活力狠事易办

推手技击，两手上的功力是关键，即要灵敏，又要有力才能凑效。拳经云：“用把把要有力”，“手把要灵，不灵则生变，发手要快，不快则迟误；举手要火，不火则不快；打手要狠，不狠则不济；存心要毒，不毒则不准，脚手要活，不活则担险；存心要精，不精则受愚；发作要鹰扬勇猛，泼皮胆大，机熟连环，忽畏惧迟疑，心细胆大，面善心狠，静似书生，动如雷霆。”

顺势借力捋挤按，截堵滚挫磨旋钻。
敷盖对吞刚柔变，攥扣锁撅手上看。
缠跪挑撩插套绊，劈壁挂蹬腿连环。
口授身传真格干，技精艺绝苦功练。

1. 顺势借力捋挤按

捋、挤、按之法都要求顺势借力，不得主观行事，更不能硬来。

2. 截堵滚挫磨旋钻

对彼发来的劲，不要去硬顶，而尽量采取截、堵、滚、挫、磨、旋、钻之法，可以取得很好的效果。

3. 敷盖对吞刚柔变

敷、盖是控制，对、吞是发化，都和运动的刚柔变化有关，要注意体会。

4. 攥扣锁撅手上看

攥、扣、锁、撅是赵堡太极拳推手术上八法中的暗法，全是指手上的功夫，所以说手上看。

5. 缠跪挑撩插套绊

缠跪挑撩是赵堡太极推手下八法的前四法，这些方法的应用一般都和进步（偷步）的插、套、绊腿配合使用，故有“动必进步，进必套插”之说。

6. 劈壁挂蹬腿连环

劈、壁、挂、蹬是赵堡太极推手下八法的后四法，这些方法在下盘腿法中的应用，一般都是连环出现的，随着机势的变化，单独使用的时候比较少。

7. 口授身传真格干

练功夫不是嘴上说说而已，要在老师的指导下用功练习。在学习的过程中，要老老实实地一步一个脚印，任老师用身体喂，用心体会才行，自个练习时亦要当真练，交流、较技亦当如此。

8. 技精艺绝苦功练

对技术要精益求精，千锤百炼，以达到纯熟和绝伦的程度。所以必须出大力、流大汗，甚至于不怕流血牺牲地去练，这样才能够成功，任何投机取巧都是不行的。

手上的串子　脚下的绊子

——论武当赵堡太极推手发放技巧

武当赵堡太极拳是我国著名的传统太极拳之一，被武术界誉为是北派太极拳的一条老根，故重技击实用的传统风格极浓。在推手的形式上，几百年来一直沿用上下步（进一退一）的推手方法，以追求技击实用作为训练目的，讲究冷脆狠准、颠起倒插。所以备受太极拳技击爱好者的青睐。

对于武当赵堡太极拳推手之高手来说，发人能使其后退三五步不算啥，发人常常于丈外，则是很平常的事。一般都能在瞬间将对方或抛旋而起，或颠起倒插，或突发于丈外而又採拿牵引控制于怀中脚下，或节拿抓闭分筋错骨，或肩肘膝胯头手足缠跪挑撩封套逼绊配合使用，使被发者毛骨悚然、胆颤心惊、吓出一身冷汗叫苦不迭，而发者则倍感潇洒自如、妙趣横生、其乐无穷。

赵堡太极推手发放能产生惊人的效果，首先应归功于它的上中下三盘四十八法秘技。这就是上盘十六法：掤、捋、挤、按、採、挒、肘、靠、攥、扣、锁、撅、叠、挫、扯、掷，中盘十六法：起、落、进、退、腾、闪、圆、转、含、拔、通、挺、环、管、吞、吐，下盘十六法：缠、跪、挑、撩、劈、壁、挂、蹬、勾、掰、截、点、绷、跐、滚、踺。（参见拙著《太极拳技击实践》，陕西科学技术出版社，1992 年 7 月第 1 版）

其次，要牢牢掌握“意从心内起，手向鼻尖落”守中用中、夺位发放的原则。要夺位放人轻灵利索、干脆潇洒，最终又要在熟练掌握 48 法的基础上，纯熟地实施“手上的串子，脚下的绊子”（串子，指採拿折别之手法类；绊子，指缠跪挑撂封套逼插之腿步法类）这一发放窍要。何为推手的夺位发放？夺位发放就是在推手技击中，通过摸劲感知对方身体重心、虚实的变化，使用自己的功力控制对方，通过角度、方向、劲力、身法、步法的巧妙变化，诱使对方失重，从而不失时机地抢战或跨越对方的中心位置，或后堵、或前截对方后撤或进步，使对方被迫推挤（夺位）而出，加之长劲或短劲的配合，往往会产生奇妙的效果，这就是赵堡太极拳推手的夺位发放。何为“中心位置”？赵堡太极推手时，两脚是一前一后站立的，此时的中心位置，基本上处于头顶百会穴与两阴之间会阴穴所直对的地面位置（上、中、下成一条直线），这一位置牵系着人的身体重心，或者说它是人体重心的所在。在推手过程中，无论哪一方，倘若这个中心位置骤然被对方（挤、逼、抢）占据，就必然会失去重心，此时如果没有机会（脚下被绊，身体又被控制）调整重心的平衡，那么，随之而来的一定是受到致命的打击，凶多吉少了。夺位发放的方式一般分为直接进步夺位发放和偷步夺位发放两种。其中直接进步夺位发放又分为穿裆进步踏中门、穿裆进步踏过中门、左脚外绊、右脚掏绊等四种形式；偷步夺位发放又分为右脚偷步、左脚夺位发放和左脚偷步、右脚夺位发放两种形式，现分述之。

一、直接进步夺位发放

①穿裆进步踏中门（中心位置）发放，即前脚进步，踏在对方的中心位置（裆下垂直点）上，将其挤逼而出，此为最常用的一种方法，如进步白鹤亮翅招式便是如此。但应当注意，前脚进步时，后脚必须相随紧跟。

②穿裆进步过中门发放，前脚进步，要使落点越过对方中心位置（落于对方后脚跟处，将更具威力）。此种方法，较上一种更有威胁。当然，其应用难度也大，技术不熟练，掌握不好，反而会弄巧成拙。

③左脚外绊发放，左脚外绊，即左脚落步或进步时，直接顺对方右脚外侧，跨越其中心位置，并应尽量贴近对方右脚外侧。左脚的勾、绊、封、套之法使用率较高，其常用的招法也比较多，如正按、上下按、分手按、旋手按、高探马、中探马、低探马、斜行、十字手、上下琵琶招式等等。

④右脚掏绊发放，即右脚掏腿后再跨越对方的左脚，落于对方左侧后方（跨越中心位置），形成套绊的形式。由于习惯上的原因，此法应用难度较大，但熟练掌握后，成功率较高，当然，给对方的威胁也较大。常用的招法有掏腿按、懒扎衣、高探马等。

二、偷步夺位发放

所谓偷步，就是在正常打轮（推转速度不变）中，后脚偷偷前进一脚或半步的距离，前脚随之再前进一步（术语叫连枝步，后脚夺前脚），跨越对方中心位置。由于前进是向对方纵深发展，故技术性很强、威力很大。

1. 右脚偷步、左脚夺位发放

打轮中，左脚在前，右脚在后时，右脚偷偷向左脚跟方向进一脚或半步，随之左脚绕过对方右脚、跨越对方中心位置，外扣勾绊将对方发出。常用的招法有十字手、按手、上步懒扎衣、高探马、斜行、回头看画等。

2. 左脚偷步、右脚夺位发放

此法和上一种方法基本相同，唯不同的是左右方向不一。再者，右脚属于掏腿外绊跨越对方中心位置，由于习惯因素，此法不易掌握，但实施成功时，发放效果很好。如反侧上步懒扎衣和反侧高探马等招法就比较利害。尽管“手上的串子，脚下的绊子”夺位发放能产生很好的效果，但其成功率的高低，还取决于推手者的听劲感知、身手动作的配合和控制能力。否则，即便是能够将对方发出，也只能是勉勉强强的、拖泥带水。不干脆、不潇洒，便不会产生使对方或吓出一身冷汗，或惊奇佩服的效应。

听劲感知，就是以步法与身法、神态的变化，通过手臂与对方接触点上轻、重、虚、实、松、紧的各种变化；通过触点引诱或迫使对方造成前倾或后仰、左歪或右斜，重心不稳，或者在接触点上与对方轻轻接触，令对方摸不清我的意图（意识控制），然后我突然利用上中下三盘身手动作协调一致的配合，进身夺位，干净利落地将对方如抛弹丸似的发出。正如《拳经》所讲，“手到步不到，发人不为妙；手到步亦到，发人如拔草”、“手要灵，步要轻，进退旋转如猫行；身要正，目锐精，手足齐到定能赢”、“身要拥人，步要过人，发要狠准，毫不留情”、“足踏中门抢占重心，夺巧位；发手如巨炮直冲击，势不可挡，即使神仙也难防”。这就是赵堡太极推手的奥妙之所在。

习拳练技艺　术语要悟通

——赵堡太极推手术语诀释

一、虚领顶劲

下颌微收会上顶，精神提起临阵醒。
轻灵安舒又活泼，宽胸实腹劲欲火。

①下颌微收会上顶，精神提起临阵醒。

下颌向内微微收一下，同时百会穴上顶，这就做到了虚领顶劲，千万不可强顶硬撑。虚领、上顶便可提起全幅精神，进入临阵状态，提高警觉度。

②轻灵安舒又活泼，宽胸实腹劲欲火。

宽胸实腹指气沉丹田，这样一来，上边虚领顶劲，下边气沉丹田，形成了上下对拉拔长，中间的腰隙便可以轻灵转换，身体安舒自然，八面支撑。

二、沉肩坠肘

三尺罗衣挂树上，两臂松沉甩鞭忙。
关节灵转妙如神，屈肘沉发惊人魂。

①三尺罗衣挂树上，两臂松沉甩鞭忙。

太极拳《九要论》中说“三尺罗衣挂在无影树上”，这里引申为人体的骨架恰似树干、树枝，皮肉和两肢如绸缎纱衣，可以随风飘荡，以形成身体内紧外松的感觉。这样不但两臂可以松沉，而且滚动起来又如车把式甩鞭一样，其灵便的威力是可想而知的。

②关节灵转妙如神，屈肘沉发惊人魂。

只要体会和做到了三尺罗衣挂树上，其关节便可做到灵转自如，特别是肩肘关节。肘在屈使，有沉坠劲存于肘中时，发击打出的威力是相当惊人的，“宁挨一拳，不挨一肘”就是这层意思。

三、左顾右盼

顾住三前盼七星，抢机发人定能赢。
以静制动动中求，审时度势触发擎。

①顾住三前盼七星，抢机发人定能赢。

与人较技时，要注意自己的脚前、手前和身前，同时要防备对方头、手、肩、肘、胯、膝、足七大关节的进攻，亦要自己随时准备运用这七星进攻对方。进攻和发放的时机，往往是旧力已过新力未生之时，或当对方刚要发动进攻，但还未来得及发出时，我已抢机先发，也叫后人发先人至，以静制动，效果极佳。

②以静制动动中求，审时度势触发擎。

上述的以静制动，往往在运动中进行，效果将更好，但是必须审时度势，打有把握之仗，触发必须擎起拔根，使对方失去支撑，没有着落。

四、擒拿折别

擒拿手法前三指，握拧撕扯是为旨。
身步双臂合力用，分筋错骨螺旋动。

①擒拿的手法中，大拇指、食指、中指是主要的，起着采擒捏扣的作用。“满把握为拿”，所以拧撕扯是此手法的要旨。

②在运用上述技法时，要身步协调，拿实后要双臂合力，用身体整劲。在力法的运用上，要用螺旋拧折撕撅的分筋错骨之法。

五、太极乱环

乱环术法妙无穷，大圈小圈环套用。

往返折叠环中妙，反应规律是为要。

①乱环术法妙无穷，大圈小圈环套用。

太极拳推手技术无处不是圈，其所有的技法都是在圈上做文章，所以说其妙在大圈套小圈，变化运用。

②往返折叠环中妙，反应规律是为要。

往返折叠的方法是其中的妙诀，如我用右掌扇对方的左耳巴，对方低头或向其右偏头闪过，其以为我这一扇就算完事，实则不然，而我之右掌又反手由原路线返回，再扇其右脸，这一下他定逃不掉，这就属于返往折叠之法，但都是利用人体反应规律进行的。

六、变换虚实

推手体感重轻空，轻重虚实手中称。
遇力莫顶趋向攻，趁势追击不能等。

①推手体感重轻空，轻重虚实手中称。

推手时时都要小心，细心去体感重轻空，对己来讲其动作和给对方的感觉是重不如轻、轻不如空（指划转时），反之亦然。处处能使对方感觉空无着落，肯定是胜对方一筹。推手时一定在接触中权衡。

②遇力莫顶趋向攻，趁势追击不能等。

遇到对方的前冲力量过来，不要去顶它，要在转身走化的同时或在其背后加力，或捋带顺其方向加劲，促使其倒地，并要趁势穷追不舍，直至其倒地为止。

七、柔化刚发

以柔克刚太极拳，勤学苦练莫等闲。
浑身柔软若无骨，猛然放劲追魂鼓。

①以柔克刚太极拳，勤学苦练莫等闲。

太极拳主张以柔克刚，以静制动，后发先至，但必须勤学苦练，下数倍的功夫才能练成，千万不能投机取巧，不出力流汗是办不到的。

②浑身柔软若无骨，猛然放劲追魂鼓。

太极拳追求极柔软，然后极坚刚，就是这层意思。柔软无骨是为了使对方用劲落空，消化对方的进攻，使其无着落，忽然放劲爆发剧烈是求坚刚下的打击效果。

八、腾挪闪转

腾挪乘虚任意入，闪转迫进击妙处。
身手步到发人妙，腰胯运化是窍要。

①腾挪乘虚任意入，闪转迫进击妙处。

腾为空也，挪为转闪也，趁着空隙钻进去，迫近对方，击打对方难以化转的地方，使对方干着急没办法。

②身手步到发人妙，腰胯运化是窍要。

发人要身手协调，动作完整一气，即“手到步亦到，打人如拔草”。腰胯间的转换是发招用技的诀窍。

九、惊弹脆快

引进落空加速度，冷急脆快莫迟误。
松活弹抖整劲涌，发落点对立成功。

①引进落空加速度，冷急脆快莫迟误。

在诱使、迫使对方失去平衡时，就要加快速度，以避免其补救，此时发劲就必须冷急脆快，绝对不可迟误。

②松活弹抖整劲涌，发落点对立成功。

只要能做到松活弹抖，那么发劲时就会感觉整劲如洪水一样向外涌出，发点和落点对准，直发出去，立刻就会成功。

十、採挒肘靠

採挒肘靠狠为奇，破掤化挤勤研习。
苦练身肢神气惊，弹射抽打不能等。

①採挒肘靠最奇特的表现就是狠，它可以破解对方的掤劲和挤劲，所以要好好研习。

②要下苦工夫练习自己的身肢，使每一举动，其气魄达惊人的程度，发劲採挒肘靠要弹射连发，冷抽狠打，不能有半点的松懈。

十一、引进落空

屈中求直蓄后发，直中求屈更可怕。
蓄劲饱满发得好，合出放人断线跑。

①屈中求直蓄后发，直中求屈更可怕。不要只知太极拳屈中求直，其更有直中求屈，其屈折得更狠，亦可御膀，亦可轻轻将人揣起。

②将劲蓄足，发出才显饱满，颇具威力，周身合劲把人打出，就像断了线的风筝，无法牵回。

十二、粘黏连随

如漆似胶粘黏劲，连随被动莫真信。
无过不及屈就伸，控彼待机打为真。

①如漆似胶粘黏劲，连随被动莫真信。

用粘黏劲要做到如胶似漆，给对方贴上，令对方烦恼、讨厌、没办法，并要随机控制对方，连随是主动的，并非被动，目的是寻机下手。如果被动听从对方摆布，那就大错而特错了。

②无过不及屈就伸，控彼待机打为真。

太极拳讲无过不及，随屈就伸，是为了更好地控制对方，寻找机会打击对方，这才是真的。

十三、身传口授

入门引路身口授，功夫无息勤研修。
练拳必明此中理，推手对抗求真的。

①入门引路身口授，功夫无息勤研修。

学习功夫，入门须要老师一边讲，一边手把手的教，也指喂劲递招练习，这就叫身口授。同时也说明功夫是无止境的，要勤学苦练，多加思考、琢磨。

②练功夫要明白、清楚上述的道理，推手求真实的对抗，只有这样才能练成太极拳真功夫。

彼忙我静待　知拍任君斗

——赵堡太极拳技击实战窍要

①同动近取，切削还击。

你打你的，我打我的，你想打我，我反而先要打到你，这是最优原则。对方离我最近之处，则为我切削的目标。

②目光泛视，拳从口出。

除目光注视对方头肩部位外，余光要波及其全部，每一拳从中线发出，自动以肩保护好你的口鼻而攻击敌人的头面，这是较为安全的打法。

③敌强闪侧，敌弱破中。

敌方身高或是力量与技术高于我时，采取“闪走两边”的打法比较稳妥；“守中用中”直指对方中线，一般比较容易得手。

④动则身变，三尖一线。

一出手，即必须变换身形方位，须知你打人时，也是被人打的时候，那么，移形换位就愈及时愈好；手尖、脚尖、鼻尖保持在一线上，可以保持进退身法的灵活与完整性。

⑤遇拿便打，逢摔用坠。

“好拿不如赖打”，遇拿即打，便可立破；逢摔下坠，可以稳固重心，需认真体会。

⑥彼若乱击，抽击肚脐。

常言道：“乱拳打死师傅。”遇此胡乱打来时，对准对方的肚脐一踢，对方即可如泄气之球，当场瘫倒。

⑦彼若转身，蹬臀踹腰。

敌转身必用鞭拳或后扫腿之类技法，那么，见敌一转身即照其臀部踢击，击中，则敌任何技法皆无法使出。

⑧抢机发招，唯快不破。

假如我方出手比敌快一倍，那么则根本用不着找什么机会，再加上速度本身也是一种力量，岂有不胜之理。

⑨整体发力，意透敌背。

整体发力，意透敌背，即击中有力之穿射延续至敌背后无限远之意念，如此，可以内伤敌人，谓之“击胸透背”，须认真体悟。

⑩远拳近肘，触着即打。

远用拳，近用肘，贴身即用靠，近用肘膝，远去腿击，一触即发等等都是这层意思。

⑪连消带打，力出气摧。

连消带打即攻守同期，力气倍增有赖于助声发力。

⑫出手螺旋，勾挫惊弹。

螺旋钻入有抵穿之力，勾挫索得有惊弹之妙。

⑬直线攻击，弧形格化。

两点之间的直线最短，攻击的手法越短越直越快，而格化以弧形较为省力，更便于连续不断。

⑭以斜击正，欲退先打。

以斜击正，是以最小的打击力量达到最大打击效果。欲退先打，则指对敌时，若被敌过早察觉我之意图，需令敌于意料之外无机可乘，此与欲左先右，欲下先上有异曲同工之妙。

⑮着实发力，受击弹抖。

拳家所云“出手软如绵，着实硬似铁”或“如绵裹铁”之语，皆指以柔而迷惑敌人，着实则刚发，一击必杀，不给敌有可乘之机。受击弹抖，乃指交手中如无法避开敌之攻击，必须硬接时，不能站立不动死接硬拉或忍气吞声用硬气功之法抗之，而应向前、向下弹抖铲去部分之力，使对方不能全力击溃我，而我则寻机反击。

⑯以凸击凹，以硬击软。

人体凹下的地方即要害，必须重点防护。太阳穴、耳根、眼睛、鼻根、心窝、肚脐、软肋、裆部等等，无不是凹陷之处。在生死存亡之机，你不必刻意去体认什么，以你凸出之部位，如拳、肘、肩、膝、指去全力攻击对手任一凹陷之处即可奏效。

⑰连击快攻，闪化即进。

不给对手以喘息之机，连续猛烈击打，决不留情，直至把对手完全击溃。稍微闪开时即必须进身攻击，决不可错失良机。

⑱动先进身，脚手齐到。

实战必须先进身逼敌，使其手脚无法发挥，我则施以任何之法速战速决。

⑲腿法实战，全在连环。

武谚云：若用腿打人，必须腿连环。腿法连击可以一举彻底摧垮敌人。

⑳发力之秘，惊起四梢。

欲意发力，“如忽然间火星炀肤之状”，惊炸之力穿射四梢，谓之真发力也。

㉑肘法之妙，拳肘合拍。

“拳法开路，肘法打人”，一语道破天机。

㉒实战身法，活若龙蛇。

实战中，身法要灵活多变，左旋右转，闪展腾挪，掌握运动的主动权。

㉓先至之妙，意在敌先。

要想后发先至，必要有先至之意念。敌微动，己已至，则为意在敌先。即每一招法必须有紧逼危机感，方有“神速”之效。

㉔快拳之秘，由后超前。

欲想成“闪电”快拳手，必须记住一句话“前手快，后手要更快”，即前手快速发出，后手以更快的速度追赶前手，争取比前手更快到达，如此之拳连击，久练自成闪电神手。

一羽不能加　蝇虫不能落

——赵堡太极拳从“对抗”中获得“身知”的诀窍

太极拳论讲：“先在心，后在身。”“先在心”就是先求“心知”，即理论上的认识，明白太极拳的各种规矩、特点和要求等。“后在身”，就是求“身知”，是用于对抗的。

按照要领练拳时，调整身体平衡，将身体练成“周身一家”，是“身知”的基础性功夫。而“身知”必须在对抗中练习才能得到。譬如，经过对抗实践，可体会到“擎、引、松、敌”四个字是分不开的，它是一下，不是几下，是一个完整的技法运用。

李亦畬先生当年研习推手时，就非常注重实践。他研究有了一个新的认识时，就即刻将它写成条子，贴在墙壁上，然后招邻里身材高大的人来实战试验，经过实战印证对的，将条子保留，与实战不符的再来实战试验，直到与实战相符为止。正因为李亦畬这种求实的研究，才使他的“身知”功夫不断进入新的境界，使他的研究为后人练功树立了榜样。

一、“身知”是追求“一羽不能加，蝇虫不能落”的必由之路

1.“身知”

顾名思义就是身体感知。一般来讲，知的主体是人的头脑、意识对客观事物的反映，经过运用概念、判断、推理而得出“知”来，人的头脑、意识是知的主体，而平常所说的“身”是指人的躯体，人的躯体不是认知事物的主体。但须要明确的是，这是通过反复成千上万次的感知训练，由

有意到无意，从第一信号系统和第二信号系统建立的联系，通过反复的强化，最后形成了动力定型，出现了自动化现象，从而脱离了第一信号系统。就如人们学走路，由慢慢迈步、用心注意，到最后不假思索的走路一样。学骑自行车也是如此，先要学稳住车把，学如何掌握平衡等等，最后到随便如何都可将车子骑得很自如，这些都与训练“身知”是一个道理，可以达到“省事”“节能”“自如”“自动化处理”的程度。这就是拳论所要求的“洵乎者若水之下，沛然而莫之御。火机之内攻，发之而不及掩耳。不假思索，不凡拟疑，诚不其然而已然，莫之致而致是无所致”。所以说，“身知”是太极武功修炼追求“一羽不能加，蝇虫不能落”的必由之路。

2.“身知”就是“身上装艺”的过程

1852 年，武禹襄赴河南温县赵堡镇跟赵堡镇太极拳一代宗师陈清萍学拳，得到了陈清萍的悉心传授，当时，自己也以为得到了真传，可以用于实践了。可是回到永年老家后，发现老师教得东西虽然好，但是与自己的亲友推手时用不上。他感到太极拳的传授只是心知还不行，还得把老师所教的功夫练到身上，让自己的身体知道、能用，才是真正掌握了太极拳。于是他与自己的外甥李亦畲一起将陈清萍老师所传，一一付诸实践，经过很长一段时间，才将陈清萍老师所教的精妙拳艺练在身上，并表现了出来。他才真正懂得了习练太极拳单是心知还远远不够，必须“身知”体悟，才能真正掌握太极武功，这就是拳家常说的“身上装艺”。

武禹襄对于“身知”并没有明确的拳论记录，倒是他的兄长武秋瀛先生所作的一篇《打手论》明确地讲到了身知。其《打手论》原文为：“初学打手，先学搂、按、肘。此用肘，彼用按，此用按；彼用搂；此用肘；彼用按……二人一样，手不离手，互相粘连，来往循环，周而复始，谓之‘老三着’。以后，高势，低势，逐渐增多，周身上下，打着何处，何处接应，身随劲（己之劲）转。论内劲，不论外形，此打手磨炼之法，练到纯熟时能引劲（人之劲），不能知人劲怎样来，己之劲怎样引。此中巧妙，必须心悟，不能口传。心知才能身知，身知胜于心知。徒心知尚不能适用，待到身知，方能懂劲，懂劲洵不易也……”由此可见，对“身知”

及其训练已经很明确了。

二、“身知”是在对抗中获得的

1. 对抗双方相接触是“身知”的必要条件

“身知”，是从推手搏击的角度提出的。因此，“身知”是以对抗双方身体相接触为前提的，李亦畬先生在《五字诀》中讲：“要刻刻留意，挨何处，心要用在何处。”“挨何处”说明了双方必须有接触，在双方身体的接触处“讨消息”。“身知”的锻炼，身体不接触是不能练习的，而这种接触是“挨”的方式，“挨”的方式与过去的搏击是有差别的。古代战场上徒手搏斗一般都是双方离开有一段的距离，然后瞅准机会拳脚相加，这种搏击的方式不是“挨”的方式，一个“挨”字突出了太极拳推手搏击的特点，“挨”的轻重是有分寸的。用重力肯定不是“挨”。双方相挨的部位是练“身知”的关键所在。

李锦藩先生也说：“武式太极拳在推手中讲究与人接触，相互接住劲。两个人一点儿都不接触，中间什么东西都没有，不黏住，是无法打的。两人相粘不但皮肉相接触，还要劲与劲相接触，才能进行顺势借力发放。”所以说，“身知”的练习，必须以“挨”的方式相接触，这是“身知”的必要条件。

2. 在身不知手之舞之，足之蹈之（身体能达到自动化处理）

《太极拳解》中说：“先在心，后在身，在身则不知手之舞之，足之蹈之。所谓一气呵成，舍己从人，引进落空，四两拨千斤。”如果两位太极拳手推手搏击，一方比另一方功夫精深，或者说懂劲了，在身体上就会出现“不知手之舞之足之蹈之”的情况，就能在粘着处随接随转，旋转自如，在动态中不知不觉地找到机势，轻易取胜。那么，这一方肯定是已经达到了“身知”，身体达到了自动化处理的程度。本来人的手脚是听人的大脑指挥的，但到了“身知”的高级阶段，已不用大脑指挥了，身体会自然而然地因敌变化借力打人，将人放出。

3.到了“身知”的程度，即可与其他拳种的人进行实战对抗

太极拳的产生和发展延续至鸦片战争之前，它是用于保家卫国、在战场上建功立业的。老一辈的太极拳家都是在刀尖上讨日子的，追求能在擂台上对抗取胜。杨露禅、杨班侯被世人称为“杨无敌”即是很好地说明。近代赵堡著名太极拳师郑伯英先生，新中国成立前在河南开封打擂勇夺冠军，更是一个很好的例证。

如果太极拳不能与其他拳种相抗衡，它就不成其为太极拳，也不配称武术。“身知”学说指导人们进行这种抗衡训练，接劲是这种抗衡的主要方式。《廉让堂太极拳》中有一实例：有一个镖师叫葛福来，精通八方捶等拳术，有一次，他经过永年，找李亦畬，说是沿河村刘洛香介绍来的，要求与李亦畬比试一下。李亦畬再三谦让，不与他比。第二年他又来找到李亦畬，这次他非要李亦畬和他交手不可。李亦畬再次谦让但他不许。李亦畬无法，对他说：“我有一个门人叫郝和，学太极拳还没学到一半，请你与他试试。”李亦畬把郝和叫来，说：“郝和站在这里，他不动手，任你怎么打都可。”葛哪里相信郝和有这种功夫，于是，出手连击三次，均被郝以身反弹打出。葛福来甚是惭愧地说：“我当保镖二十年，纵横四方数千里，听到哪里有名家我就去领教，到现在为止还没有胜过我的人，想不到您的技艺如此神妙。”于是葛福来跪在地上请求李亦畬收他为徒。从这个例子看出，武式太极拳第三代传人以身接劲发放的功夫是相当好的。这种没有任何防御的条件，只靠“身知”的功夫反击，在那个靠功夫走天下的年代，功夫不到家，差微则忙。从郝和取胜的过程看，确实具备了“身知”的功夫，是完全可以与练其他拳种的人对抗的。

“身知”是练太极拳的人所产生的一种技击本领，达到高境界时，能在“物来顺应”“顺其自然”中取得优势而胜，这种“身知”的境界是无止境的。

“身知”与“心知”是太极拳练习的两个阶段，是不可分割的。单有心知，不能致用，只是口头理论，一交手，始终是门外汉。没有“心知”去追求“身知”，也像在茫茫大海中没有舵的船，不会驶到彼岸。“身知”是实践，“心知”指导“身知”，后者印证前者，并不断创新，这是条真理。

“身知”与“心知”两相比较，“身知”比心知更重要，因为“实践是检验真理的唯一标准”。

赵堡太极土特产　四十八法秘技显

——赵堡太极推手的技术与方法

“土特产”是赵堡太极拳大师侯春秀先生生前常讲的一句话，推手四十八技法也是他老人家传给后人的绝活。

太极推手，亦称搭手、撝手、转圈打轮，近来又有人给它起名叫揉手，但一般的都称推手，包括全国正式比赛也都叫太极推手。太极推手对抗，练懂劲，练技巧，是太极拳练习技击用招的方法，也是学习太极拳法以致应用的中间途径，是学习懂劲的妙法，也是学会架子到学习散手的阶梯。太极推手必须全神贯注、轻灵活泼，长期练习能获得浓厚的情趣，引人入胜。

推手诀曰：“掤捋挤按须认真，上下相随人难侵。任他巨力来打我，牵动四两拨千斤，引进落空合即出，粘连黏随不丢顶。”又曰“彼不动，己不动；彼微动，己先动。劲似松非松，将展未展，随曲就伸。劲断意不断，意断神可接”等等，都是太极推手功夫的真实写照。

一、推手的性质及意义

太极拳是体，推手是用，体用应紧密结合，才长功夫。要把拳练好，再运用到推手上，用拳来丰富推手，用推手来检验拳架。也就是说推手以拳架为基础，反过来又检验和修正拳架的技术。如果说拳架是理论，那么推手即是实践，这样久而久之体用结合，理论和实践结合，就可以形成功夫上的飞跃，但这些只能用科学的方法进行完备的训练，逐步达到高层次。当然，只练拳架不练推手，就很难深刻地领会太极拳法的各种要求，更不能灵活运用拳架、自如的呼吸行气、巧妙地发挥劲力，根本达不到技击运动的高度成就。

推手是进行太极拳技击技能实战训练的一种形式。它是在实战条件下，不用护具设备的双人对抗竞技，比内劲（耐力）、觉劲（灵活），纯熟地运用太极拳技法，控制自己的平衡而破坏对方的平衡。两人搭手互相缠绕，上边用手把对方捆住，下面用脚和腿使绊，上下配合，将对方制倒。推手是一种双方徒手竞技武功，既不是急了打架，也不是随便嬉逗，而是双方郑重其事地比内功和技巧。一接触，双方即进入互相摸底阶段，必须从手和脚全面动作来衡量对方实力，沉着应战；看谁能把对方轻松自如地摔倒或制服。而其整个过程是通过全身皮肤触觉和本体感觉的灵敏性，探知对方劲力的大小、刚柔、虚实、长短、快慢和运动方向，反射到大脑做出各种因势利导的对策来实现。在这一过程中，要求善于体察对方的虚实、强弱和力量的方向，并善于在各种不同的情况下控制对方，施以有效的打击。对双方的皮肤触觉、本体感觉、反应速度、用劲技巧以及内劲质量等各项太极拳的运动素质是一种综合性的训练。推手有素的人，一搭手，通过听劲便会感知对方劲力的大小、力点和方向、重心的变化以及发劲的时机和发劲后的效果等。水平越高，这种综合功夫的能力就越强。

必须指出，虽然推手是获得太极拳技击功夫的主要手段，要求在推手训练中把全身的功夫使出来，不只局限于推“手”，而是要推（发、打）人，有乱取、硬闯、擒打、闪击、突袭、逼追等进取之法，也有截、堵、顾、拿、闪、随、接等防守，以及拿跌掷打的全面性技击技术，它本身也有一定的技击实用性，可以发挥真正的技击效能，但它毕竟不是实战，而只是技击的练习。

然而，从一定程度上来讲，推手与散手相比较，推手技术的内在变化比散手技术的内在变化要更加细微，在训练的内容和难度上面，前者要比后者复杂得多，困难得多。当然最终推手还要为散手服务。技击形式虽分推手、散手，但两者相辅相成，是一个统一的整体。

二、推手的方法

各家太极拳都有自己的推手法，一般都大同小异，且都各具特点。这里我们主要介绍传统的河南温县赵堡镇所承传的太极推手法。此推手有它自己显著的特色。如在风格上它讲究发手冷脆快狠毒，惊炸弹抖，连环用招变劲，劲跟劲、招接招，使对方没有喘息之机。在手法上讲究节拿抓闭，分筋挫骨，採挒折别。推转时手腕平直，手指伸展，指梢微微上翘，叫作手头不丢。身法上讲究起落进退，腾闪圆转，吞吐顺化，避实就虚。步法上讲究偷步进身，扣摆封势，活步转换，步定人出。除了上盘手法、身法讲究掤捋挤按，採挒肘靠之常见方法外，其最大特点是较完整地继承了古传太极上盘攥扣锁撅，叠挫掷扯；中盘十六法起落进退、腾闪圆转、含拔通挺、环管吞吐和下盘十六法缠跪挑撩、劈壁挂蹬、勾掰截点、绷跐滚踐，故而形成上、中、下三盘四十八明暗法，确是“法法有字，字字有诀，一字有一字之用、一句有一句之法，字字珠玑，句句锦绣”。三盘功夫融为一体，练就周身一太极，无处不太极，处处皆似手，依哪儿哪儿发之。

赵堡太极拳在练推手以前，要先做单势的盘招练习。最主要常盘的式子有云手、野马分鬃、倒卷肱、白鹤亮翅、单鞭、斜行、高探马、十字手、金刚捣碓、闪通臂等。且又进行一对一的练习，一人坐桩递手、另一人练习，如小开合、懒扎衣、白鹤亮翅、高探马、倒卷肱、十字手、斜行、串捶、掩手捶以及各种手法抓拿折别，腿法踢踹勾挂蹬和发放技巧等方法的练习。凡此种种，最常用方法的练习原则是，由生到熟，由慢到快，由给坐桩到不给坐桩，由给死桩到给活桩，由给递手喂劲，到不喂劲自己找劲、摸劲、问劲、自动发劲，循序渐进，逐渐达到纯熟自如、随心所欲。

传统的赵堡太极拳推手，以上下步推手法为基本方法。所谓上下步，即两人对面站立，你上一步攻，我退一步守；然后我再上步，你又退步。由一进一退到熟练成活步，即随便进，随便退，但开始练习亦有一定规矩特点。譬如你出右手臂且上右步，我则出左手接你的右肘，左步再前置于你的右脚尖外侧。但切记，我的左脚（前步），一定是虚腿，而且不能超过你的右脚后，否则就会受到你腿上方法所制。反之，我再上右脚进右手臂时，你则右脚、右手臂后退，倒换成左脚上步置于我右脚尖外侧，左手接我之右肘，二人形成顺步。你出左脚我出右脚，你出右脚我出左脚，各占一半，实质上二人合一，同体的话，两人脚下踏成的图形，恰好是太极图，两人胸前垂下的落点是太极图的圆心点，两人两脚上踏的地方，恰好是两个阴阳鱼的鱼头，后脚则是鱼尾。再者上盘手臂的姿势亦有独特的讲究，即除了一般的要求沉肩藏肘外，还特别要求手指依次并拢，始终和对方手背相贴，此手型叫团结手或刀片手；不用招时，虎口和手指不能张开，掌心亦不能无意下翻。因为无意中手指张开易被对方采抓折拧捌挫，手心下翻不易藏肘坠肘，容易露出肘头，受人搬抖所制。故秘诀曰：“俯掌即发，开手即打。”又讲，出手看肘，也就是一般人认为的“手不离肘，肘不离手，倘若脱肘离手，必定发手”。诀云“遇力不顶趋向攻，重里显轻必发手”，一手占两手，腾手妙无穷。

赵堡太极推手分为单人推手和双人推手两大类。单人推手主要为意念性推手，可以单臂划各种方向的圈、弧，亦可双臂划转双人推手时的路线，琢磨手眼身步法的配合，带上技击意识进行训练。单人定步划圈练习有左右里合圈、外开圈、左右平圈、前后立圈、左上右下、右上左下的斜圈等等。圈子可大可小，可快可慢，可由大到小、由小再大（亦可外形不动，行走坐卧时用意念转圈练习），身体亦可上下、前后、左右、左前右后、右前左后配合协调运动。手臂可单可双，亦可交替，依次进行，无拘无束，意气劲三者合为一体。

双人推手可分为单臂双人推手和双臂双人推手，可以定步，亦可上下步，又可活步，随意进行。如双人定步单臂推手时，互出右步右手，手腕背相贴，甲进时成弓步，乙后化时成虚坐。如此一进一收，往返进行。然后换另一侧，其法相同。可划齐肩或齐胸的平圆（进的一方尽量用手摸着对方的肩或胸部，而守的一方则尽量收臂坐转腰胯关节，且手臂粘贴引化）或做前后上下的立圆等。如此变成活步，即随走转随做亦可。双人定步双臂推手先做四正四隅推手，可不停地转化一侧的圈子，然后转另一侧，待两侧都熟练以后，方可左右配合起来，随意转换练习。

第二步做上下步推手。首先甲乙两人正对面站立，甲出右手臂，掌心朝内，手高不过头，沉肩坠肘，左手前接对方右肘；右脚前上一步落于对方左脚尖内侧，双手臂向对方右臂上、后下、下方划转；与此同时，乙右手心朝内，用手背前接其右手（或手腕背相贴），左手顺势接其右肘关节，在右脚向右后方退一步的同时，双手顺对方来劲向右侧后引化。如此，甲进一步，乙退一步，两手臂互搭向乙的右侧划转斜立圆一圈半，形成乙的左臂斜伸于左前下方，右手置于右肘窝处时，乙复右脚前上，落于甲左脚尖内侧，左手臂同时回屈以手臂向右肘窝处操接甲扶托乙的右肘之左手，同时右手亦顺势由左向下，向右弧形接操甲之左肘关节（在乙换手之时，甲亦换接），两臂配合向甲的左上右后划转立圆一圈半，与上步动作同时，甲则后退右步又做乙先前退步划转的动作。如此，一上一下，只动右步，一进一退，就形成了传统赵堡太极最基本的上下步推手法。它在划圈的特点上是立圆和斜立圆较多，平圆较少，因而技击中易于发出挫根拔户，纵横交错，剪刀式打人，折迭扭拧的麻花劲法，手法较多，故而发劲使对方极难忍受。

第三步是倒换步双推手。它的特点是在外观上看去，似上下步推手，但细察却在步法上与之有所区别。不同之处就在于上下步推手是右步一上一下而左步未动，后者则是上下两脚在倒换，形成一个三角形，也可以说是三点式，即上步时，左脚在左斜前方，右脚在右斜前方，而收回时两脚始终是踏在一个点上倒换。甚至于这个点在“身要攻人，步要过人，神要逼人，气要胜人”的要诀指导下，无形中向前递进，这就为偷步、连枝步、过步、逼步的一些用法和打法技巧奠定了坚实的基础。这种步法的好处是使对方在不知不觉中站立不稳，不易维持重心的平衡，只有后退之力，而无前进之功，始终处于被动状态。然而，上肢的划转却是基本相同的。

第四步是活步双推手。即上肢的动作不变，步法更灵活一些，可连续上步推，连续退步转，随意进行，不受约束。

第五步是活步两人两手腕相贴，随着步法、身法的配合两手臂缠绕转插，以抢对方的内门，推击按打对方的中心滞僵点，使掤捋挤按，采挒肘靠，进退顾盼定之太极十三法和头手肩肘腕胯膝踝足臀胸背随意应用。做到听探顺化，引进落空，千变万化，随心所欲，得心应手，处处时时可控制对方，人不知我，我独知人。久久练习，朝夕盘打，做到周身无处不太极，依哪儿哪儿发之。因而极富趣味性，更能引人入胜。

第六步是活步两人双推的同时兼用踢打跌拿、挤靠崩弹、抖挒惊炸，渐使招数纯熟，由懂劲而阶及神明。使发打跌擒融为一体，主旨为训练习者的灵敏反应能力，掌握尺寸分毫，发挥太极寸劲短打之特长，直至上升到太极拳之上层高乘功夫——使犯者应手即仆。

三、传统赵堡太极拳推手上中下三盘四十八技法简介

（一）上盘十六法：掤、捋、挤、按、採、挒、肘、靠、搿、扣、锁、撅、叠、挫、扯、掷

①掤。“掤在身臂”，“掤要撑”，掤是太极推手的基础功夫。掤处处有、时时有，掤劲为通用劲。掤劲贯穿于整个运动的全过程，任何时候都不可丢。掤劲功夫是粘连黏随的基础。掤是活劲，绝不能理解为不让或硬顶。

掤劲是一种似松非松，柔中寓刚，灵活而沉重，富于弹性和韧性的劲，具有黏化逼捆作用。掤劲要练成“挥之使去，不得不去”的威力。

太极拳是柔中寓刚、刚柔相济的拳，掤劲最为重要。因为太极拳的技击原则是听化拿发，借力打人，以柔克刚。所以凡遇人接触，以掤为先，它好似机警的侦察兵，又好似一道巩固的防线（往往是迎着外力的来向，施加适当的抵抗，借此将对方的进攻限制在一定的距离之外），进可攻，退可守。又是既坚又韧的一种劲法。加在对方身上，使之欲罢不能、欲攻不成。又有人总结太极拳的特点为“太极是掤劲、动作走螺旋”，确有一定的道理。

掤劲的质量越高，推手时发挥粘黏连随的作用越大，越容易用肘部和手掌去牵动对方的重心，破坏对方的平衡，在引进化劲时也不容易被对方压扁，使自身处于不利地位，而是能充分发挥“引进落空合即出”的作用。

②捋。“捋在掌中”“捋要轻”。捋法是太极拳中以小力胜大力，引进落空，后发制人的典型例子。“引之使来，不得不来”，给对方以极大的威胁。常言顺势借力、引进落空、顺手牵羊、四两拨千斤，就是基本上运用捋法轻带指引来势，使其在不知不觉中落入陷坑之中，如卖脸倒卷肱、闪通臂的用法就是如此。

③挤。“挤在手背”“挤在身臂”“挤要横”。挤法是太极拳中的攻势手法，因其多为两手合力发人，力量较大，使用得当，能使对方立仆，在推手时，能产生较好的效果。挤是逼迫抢位之意，能使对方失去平衡而栽跌。在挤法中，应处处走螺旋，使对方之接触点遇着螺旋即被分旋，身不

由己而后跌，如斜行、合掌挤等。

④按。“按在中攻”“按在腰攻”“打人如亲嘴，手到身要拥”。用双手向外齐推，在太极拳中叫作按。用法是双手向对方腹上胸下，或者已将对方的掤式封闭后来使用。“按手用招似倾倒”是用双手按去，急进步向对方裆中冲进，同时用身子倾扑的式子来倍加摧力，也就是全身内力加在对方本来就很不平衡的身上，使其加速倒地。

按法在形式上虽表现为以手推按，但主要用全身之整劲。特别是身要拥，步要过，腰要攻，气沉丹田，脚跟蹬地，沉着松静，且有撑拔之力，形成一个整劲。诀曰：“根节动，梢节发，中节齐到生妙法。”掀跟拔户，使对方脚跟离地腾空而出，正是按手技法的真实写照。如正手按、翻手按、分手按、上下按、旋手按、拨手按、掏腿按、切按、扣腿按等等。

⑤採。“採在十指”“採要实”。採是具有独特风格的太极拳拿法，分为单採、双採。但又与其他拳种拿法有别，虽亦利用点、拿、锁、扣、切、缠、搬、压等手法，但讲究钳制、逼困、採发、引跌等法，而以敌之变化，顺势借力，使对方毫无知觉，即已跌仆。

诀曰：“採在十指要抓牢，其妙就在把拧中。”採拿即为超过对方关节的正常活动范围，使其产生剧痛，难以忍受，全身僵滞，欲动不能，欲罢不行，身不由己，重者分筋挫骨、扯裂其关节、肌肉和韧带。诀曰“直中求曲採法精”，即指此而言，如小擒拿、十字手、金刚、单鞭等。

⑥挒。“挒在两肱”、“挒要惊”、“来势凶猛挒手破”。挒法是向前斜方，或侧后方向发出的带劲，是一种横力，多以两端用力，而方向相反，形成一前一后，一上一下，如撕裂物状的旋转或杠杆力量。挒手完全是反关节法，其主要对付肘关节。挒时先松后紧，“挒要惊弹”迅猛如闪电，干脆利落，撅臂立折。是太极拳精湛独特拳艺之一，如金刚、搬拦肘、云手、倒卷肱等式。

⑦肘。“肘在屈使”、“肘要冲”、“肘打随时任意行”、“远用手、近用肘”、“宁挨一拳、不挨一肘”。肘法的使用是在与对方贴近，用拳脚击打不能施展时，而用肘攻。用肘出击，便于隐藏，落点近、出着急，攻击部位多以头、胸口、肋下为主，是较有力打击对方的着数。如肋下肘、窝

心肘、捣心肘、顶心肘、穿心肘、背心肘、太阳肘、脑后肘等多是要命狠毒的打法。

⑧靠。“靠肩背胸”、“靠在肩胸”、“靠要崩”、“远拳近肘靠身胯”。靠法也是在肢体接近对方时使用，或我部分肢体被人逼困，转背为顺时用之。因靠法短促有力，与整体劲撞靠砸压结合，劲力大而且凶猛，大有推山入海之势。实用时配以哼哈之声，更显威力。

靠以肩臂、背、胸、胯、臀等部位撞击，要求身法、步法配合得当，肩胯配合、上下相随。以身形中正、顺步插封最为得力。其技法较多，有丁字靠、背折靠、迎门靠、穿裆靠、贴身靠、撞肩靠等，它与肘劲相同，都以快速弹抖发劲。

拳中技击手法皆由掤捋挤按、采挒肘靠八法演变而成，特别是采挒肘靠运用纯熟了，在与对方交手时，就可以得心应手，对方虽然艺高，自己也无所畏惧。在手法运用时，明手在前显露手形，暗手隐藏其后含其势中，在运用明手不能奏效时，立即转用暗手，随机应变，一变再变，直至将对方发出。其万般变化皆要顺对方之势，借对方之力，以体现“舍己从人，借力打人”的技击特色。加上身法、步法、肘法、腿法、螺旋进退，擒拿肘靠、惊弹抖发、开合升降、套封插逼、顺截劲路、砸脉错骨、闪展腾挪、脚手并进、柔化刚发的穿插配合、巧妙变化，使对方顾此失彼、防不胜防，陷于处处被动、处处遭打困窘境地。以金刚势为例，此式之初为掤捋挤按四正手，在混元一圈、螺旋下沉的过程中，略加变动，便可成捋採手、掤挒手、捋按手、捋採手。这些手法可以化解对方施于自己身上的擒拿法，又可以用于摔跌对方，且兼有千斤坠之功。

随着腰脊右转下沉，捋手一变而成右捋挒手，左转下压为左挤按手。于转身换势之机，还可陡然发出势中含藏的左右惊挒和头打肩撞身靠之法，于出左腿之际，有勾脚绊腿、套封插逼、蹬踩点打之法，双手牵制敌手臂，待腿法奏效之际，顺着对方跌扑的方向而送发。

随后于右手沉下弧线前按时，变按手为挒手、肩肘手、挒肘手，而后再变为按抖手成拦截手、擒拿手。当左腿套封于对方右腿后侧或用插逼腿踏进对方裆下时，配以左肩的靠击，可使对方因腿被羁绊而难逃遭撞后跌的厄运。

当右脚向前上步时，可用膝顶撞对方的裆部和下腹部，也可用脚踢击对方小腿的胫骨，这两种腿法的选用要视距对方的远近而定；右手始为撩阴手，待敌缩裆之际，顺势变成上击捶，直捣对方下颏，或改用掏心捶、献果式攻击对方胸、咽喉和面部。

最后在右捶下落而合、上升而开之时，既是化解对方擒拿手之用法，亦是自己施用擒拿手、锁骨手之招术。其中还暗藏着用右拳反背捶劈击对方右太阳穴或右耳根部的打法，同时还有右脚踏踩对方之前足脚背的跺法。

仅此一势便有数十种明手、藏手、腿法、身法之变化用法，可见“太极处处皆是手”之说，并非虚言。

⑨攥。指握、捏、扣卷手指的手法，主要用于施用採拿或破採拿，或分筋错骨、点穴闭户的打法之中。诀曰：“遇采握拳”，即是攥法的表现之一。

⑩扣。指封、套、拢住或钳制住对方，常见的用法是出现在手指上。

⑪锁。指封闭钳管住对方某个或几个关节，使不得活便也。

⑫撅。指突然间的冷不防翘折、抖断对方关节。

⑬叠。指折迭，一往一返、一来一回地回折采捌打法。

⑭挫。指运动中的折错、顿搓、分筋错骨、拧撕拉扯、扭裂之用法。

⑮扯。指一采、二刺、三截、四抓、五拧、六捲、七撕、八抖的抓皮提筋捏肉时的撕破拉断的用法。

⑯掷。指暗用沉劲，将对方重心弹起拔高，凌空抛投砸下，忽高突低的打法技巧。

（二）中盘十六法：起、落、进、退、腾、闪、圆、转、含、拔、通、挺、环、管、吞、吐

①起。“起在足心”，欲要向上，必寓下意，又要提起全副精神，全脚掌着地，五趾抓地，百会领起，擎起彼身借彼力，引到身前劲始蓄，松开我劲勿使屈，放时腰脚认端的。或于彼劲将出未发之际，我劲已接入彼劲，恰好不后不先，如泉水涌出，如皮燃火，骤然爆发。

起动举止，随人所动，随屈就伸，不丢不顶，勿自伸缩。彼有力，我亦有力，我力在先，控制对方；彼无力，我亦无力，但我意仍在先，早有准备（提起全副精神），要时刻留心挨何处，心要用在何处，须向不丢不顶随意化发中讨消息，从此做去，一年半载便能施功于身。

②落。“落在窝中”（师传人体有十三窝，诀曰：“太极劲法妙无穷，其妙都在窝中存”。）蓄在丹田，上悬下沉。推手时吸则自然提得人起，亦擎得人起；呼则自然沉得下，亦放得人出。推手时用快速的动作牵动对方重心，即将物掀起（一个短吸），接着乘对方重心不稳而突然放劲，全身劲向下沉而弧形地微向上往前直射，“而加之以挫之力，斯其根自断”（一个短呼）。如三步捶、鹞子翻身、跨虎式等。

③进。“进在分宗”、“进在云手”。进人先进身，手脚意气劲俱到方为真。意从心里起，手向鼻尖落，发人如弹丸。如三步捶、云手、野马分鬃等势。

进身，上中下齐动的好处在于。

a. 进身打击才有力量。进身时可以发挥全身整体力量，有利于七星威力的发挥。

b. 进身才重心稳固。进身后身体重心在两腿之间，故能重心稳固，不易被人牵动。

c. 进身打击才狠。身既已进，手脚齐到，上打下踢，或上推下绊，击敌既狠，发敌又远，且又难防难化。拳论曰：“手到脚也到，打人如薅草；手到脚不到，打上不得妙。”

d. 进身方能使对手防不胜防。进身之后，我之攻击可以变幻莫测，可使对手防上下挨打，防左，右挨打，弄不好上下齐挨打，或防拳而挨肘打，或防肘而挨肩打，或防肩而挨胯打，或防掌而挨头撞，使其防不胜防。

e. 进身才可能施行有效防御。进身之后，对方之长手长腿就动不起来，我则直接防御对方腿臂之中节、根节，有效地打乱其进攻意图，而又不易被对方击中。进身之后，我向对方侧向闪躲的路径才最短，有利于我施行闪躲防御，而闪到对方侧后便利于我之进攻。

f. 进身可破对方擒拿。擒拿我之对手，一旦得手，势必向自身方向用力以求制我，此时我若向相反方向用力挣脱，那就正中其下怀，但此时我若顺势进身攻击，不但易于解脱，还会使对手反而受制。

④退。“退在转肱”、“胜在进步占势，不败在退步避锋”、“进为人所不及知，退亦人所莫名速”。有进必有退，进退适中。古传云：“打死不后退，后退必打人。”如倒卷肱式即是退中必打之法。

久练功夫纯熟则起落进退，旋转自如，而轻重虚实刚柔齐发，周身一齐合到一块，神气不散，方能一气流通，卫护周身。

⑤腾。“腾在柔韧”，轻灵圆活，变转轻快，必主抬之即起，按之则落。气沉丹田，鼓荡腾升。如玉女穿梭式。

腾者又腾挪也，即精神也。精气神贯注于两脚、两腿、两手、两膊前节之间。彼挨我何处，注意何处，周身无一寸无精气神，无一寸非太极。能体会腾挪，则虚虚实实、实实虚虚之妙用便愈练愈细巧，所谓“腾挪乘虚任意入”，意即指此。

⑥闪。“闪开正中定横中，其闪定有隙”。含胸缩骨，吞吐避让，闪展腾挪。如卸步白鹤亮翅、斜行、跃步斜行、上琵琶、下琵琶等式。

闪者，闪战也。是动度极小的避实就虚之法，方向、角度、力点突然转换，迅速发劲，谓之“闪战”，也就是富于弹性的一种抖劲。眼、身、手、腰、腿相顺相随，一气哈成，劲向前发，迅若雷电，一往无敌，乃惊战之法。其特点是不与来力顶撞，似挨非挨，突然一转，避实就虚，关于以小力胜大力，使对方有力无所施其技，所谓“闪战空费拔山力”，意即指此。

⑦圆。“圆在转轴”，活在其中不凸不凹，中正安舒，不顶偏丢抗，活转适中，恰到好处。如白鹤亮翅、低探马等式。

⑧转。“转在腰际”，“走转变化，通行无滞”。转必用腰，腰是周身之轴心，它是调济周身平衡的枢纽。“刻刻用意在腰际”、“腰为第一之主宰”，以它带动四肢并协调身姿而运转。主在发展先天之源而固先天之本，有健身强体、技击的特殊功效。如金刚捣碓、白鹤亮翅、单鞭、斜行、高探马、云手、野马分鬃等式，几乎每一式都有转法的妙用。

圆转的另一层意思是太极拳运动处处都是螺旋劲。这种螺旋劲是多面螺旋，全身各部位稍一动用，都有螺旋劲。这种劲的形成原因是在随便动作时，全身大小关节都要有支撑力，所有部位形成钝形三角，此时力欲膨胀，又欲收敛，因而全身各部起了螺旋劲，连腿下也应如此。在用这种劲力时，全身一定都成钝形三角，然后突然变换力的方向，如同爆炸一样，“砰”地一下子就发出了螺旋的力量。平日所说的直去实际上也是旋绕着去，也可以说旋绕一条有直线的力量，旋绕与直是矛盾的统一。在外形表现上不一定看得出来，但内里都含有旋转着的螺旋力，形成波浪式的前进。“起手如钢锉，回手似钩杆”多为精神力量的集结，而不是在外形上单纯的模仿。所发之劲力是拧着出去，拧着回来，而不是直线的运动。倘在直线也是非常短促的。推手中用的滚错、撑拧等劲力都是螺旋曲线的形曲劲直的运动。所谓形曲劲直也就是没有平面积的绝对力量，要使全身各部肌肉保持住“盘内滚珠，无微不到”，永远没有停顿的状态，劲直也可以说是劲圆，并不是直线运动的含义，劲直是指四面八方都有活动的意思。习拳应该学会打圈，要知道大圈不如小圈，打小圈不如打不显形的小圈，打不显形之小圈，不如全身之齐动，全其意、全齐力，此习拳术求中用中之道。

总之，没有直线的运动，多少总要带一点环中味道，“出入螺旋式”、“腰似车轮腿似钻”均系此意。

⑨含。藏存之意，这里指含胸以柔化前攻之击，或意注背脊弹发后来之攻击。

⑩拔。抽拉拽出之意。这里指提起精神，虚领顶劲，拔背以弹发来人之攻击或轻灵走化。

⑪通。指顺达，内劲通畅毫无阻滞，各种变劲通通具备。

⑫挺。指神气勇往、挺拔、腰劲贯注，坚强有力，发放时应有的雄壮气魄。

含、拔、通、挺四字，概括了赵堡三合一太极拳“含胸拔背，通脊挺胸”的理论，是内气鼓荡，哼哈二气凌空发人之内在练法的显著特征。

⑬环。圆也。指在太极拳的动作中处处为弧形圆转，这里主要指推手时腰胯在四肢配合下，以立圆和斜圆倒转折迭见长的引进落空，掀根拔户的打法。

⑭管。原为约束、控制之意。这里主要指用身体牵引、粘着如胶似膝地控制住对我敢于攻来之手臂和身体，使其欲攻不行，欲罢不能，站立不稳，身不由己，重心难以维持。手臂又无法从我身上撤回，而此时我却省出了两手，可以任意发击对方。

⑮吞。原为兼并、吸没之意。这里主要指用身法吞没、吞并对方的击打，以起到引进落空，吞而化之，使对方如跌悬崖，身坠谷底。

⑯吐。原为放出、涌出、喷出之意。这里指蓄劲之后的爆发涌喷直射而出的劲力，有无坚不摧之威。哼哈二气凌空弹放发人的技法，即是吞吐二法结合在“含胸拔背，通脊挺胸”中的表现之一。

（三）下盘十六法：缠、跪、挑、撩、劈、壁、挂、蹬、勾、掰、截、点、蹦、跐、滚、踡

下盘十六法的运用，旨在推手时，腿下也进行粘连黏随，力求增强腿力和使触觉灵敏，控制对方，这是为配合手法而使用的掀错其根的栽跌法，如用撇膝劈根打毁对方的桩步或跪膝挑撩使对方身体仰面后跌。

①缠。“缠在松盘。”如藤缠绕，粘黏松贴，舍己从人，法在己用。缠腿之击法，在遇敌从我腿之外侧或内裆中进击低腿时，我先以松盘之功而防之，随即顺其进击来势，用外缠或内缠之旋转腿法，从彼进腿方向，顺其趋向借彼之力，乘其惯性，以我柔旋之腿、盘缠之术，粘连之妙，将其进腿控制在我腿窝之中，施以旋转缠绕折叠、挫扭之法，必使敌腿折干剪腕（踩），分筋挫骨。如金鸡独立、倒卷肱等式。

②跪。“跪在膝中。”要横竖找。贵在用意，功就而从心，曲中求直，蓄而后发，发落点对即成功。如三步捶、跨虎式等。

③挑。“挑在梢尖。”犹似翘板，根节松沉，梢节弹升。如回头看画式。

④撩。“撩在顺填。”顺撩填空，旋转引空，使其失中。如十字手、跨虎势等。

⑤劈。“劈在直崩。”欲劈先松，形如摆钟，横竖间用，冷脆快狠。如倒卷肱。

⑥壁。“壁在立根。”主在制根，贴身寸进，无坚不摧。如白鹤亮翅式。

⑦挂。“挂在勾环。”粘贴带回，刚落即用，脚到成功。如云手、倒卷肱、前照、后照势等。

⑧蹬。“蹬在展跟。”妙在胯根，蹬踏结合，其见弹功。如跃步斜行、鹊雀蹬枝、旋脚蹬根等式。

⑨勾。原为牵引、抹掉、刮掉之意。这里指用脚尖一次性或连环性地勾挂对方处于重心不稳时的支撑脚，以便使对方快速栽倒。勾法常常同透步掏套腿配合使用。诀曰：“钩盘剪挫何人晓，滚套衬截识者稀”，即是勾法为首的表现。

⑩掰。原意为折断、擘开，这里专指推手时的用膝分拨。打开对方下盘门户，踏中门进裆下以便使用壁腿，或用脚尖外摆、内扣，或用脚跟的前上与外撇之法管对方的步子，或倒换正、偶方向，以利引化治发的技击方法。

⑪截。原为阻拦、割断、弄断之意。这里指推手时用脚下的步法堵截阻拦对方的劲路，使其进攻难以奏效，以便我方得机发手。

⑫点。本为快速地刺打之意，这里专指用膝盖冷不防地撞击对方髌骨或其他要害部位。

⑬绷。原意为突然性的崩发、免得皱缩。这里指虚脚点地时，脚跟用力踏地所产生的膝关节突然绷直的动作。其目的是抖掉绷撞对方与我相触的支撑腿，使对方突然失去重心而快速摔倒。

⑭跐。原意为踩住东西蹬滑移位。这里指推手时，用脚掌前蹬踩住对方膝下胫骨脊，向下滑踏，并踩其脚面的方法。其效果可使对方小腿皮开肉绽和脚骨粉碎。

⑮滚。原为旋转着移动之意。这里指推手时的滚衬腿，其原理是当对方支撑腿扶于我腿之上时，我腿恰似滚木衬垫于其腿下，内劲贯于腿中如辊轴滚动，再向斜上挑撩之，此时对方必被抛出。此法最典型的例子就是回头看画式。

⑯踡。原为盘曲之意。这里专指推手时对方之腿进于我腿下，或我腿

进于对方裆中时，我以虚腿盘曲缠绕锁对方支撑腿，使其倒地之法。诀曰“踡腿寓有分缠挂踏，捆住敌脚绷膝跪压”正是此意。

纵观赵堡太极拳及其推手风格，可以了解到它的内容和特点是：以意承先，因循为用；顺势借力，四两拨千斤。以柔克刚，刚柔相济；以防为主，防中寓攻。起落进退，腾闪圆转；意领身随，处处皆灵。虚领顶劲，沉肩坠肘；松腰落胯，捲尾敛臀。劲聚腰间，后突命门；对拉拔长，进有后撑。气沉丹田，循环周天；意气运转，鼓荡无间。含胸拔背，气贯周身；寓于无形，保健防身。旋转乾坤，太极功纯；出其不意，抖接入榫。分筋挫骨，节拿抓闭；分寸毫厘，火候对准。传统太极，冷脆快狠；三盘要清，腿法必精。三节六合，八段九节；动即生法，贵在知变。动知往返，折迭寓中；挫错拧抖，麻花劲成。太极上乘，哼哈凌空，混元一体，承吾传统。

四、太极推手的三个层次

拳之所重者，在精神、在意志、在内功劲力之锻炼。统而言之，使人与大气相应合，分而言之，以宇宙之原则原理为本，养成劲圆力方，形曲劲直，虚实无定，锻炼触觉活动之本能。

推手实际上不是追对方的手臂，或被动地贴着对方的手与肘及身体，而是要“听”对方的劲路，转换自己的劲法，一心一意想着如何“推人”。跟着对方的手臂划圈子，是没有什么实际意义的。要做到推拉勾绊互用，又要真真假假，虚虚实实，欲拉先推，欲推先拉，往返折迭，保持周身呈弹簧状态。比如，想拉对方就要先做相反的推的动作，一待对方用力前顶，全身发紧，我马上可以顺势做向下之发劲，使对手前跌。发劲的要求是一触即发，一发即止。要保持继续发劲的灵活性。上述情况下如果对方反应较快，没有往前跌而是努力向后控制身体的平衡，我则可以随机顺势做向前的发劲，使其向后倾跌，这是一般的道理。所以，这第一层次为内力的较量。在这一层次，推手双方凭着手及身体的触觉、感觉来处理对方的力。这一层次主要是重心的巧妙变化与人体力学结构的变化。即平衡自己的重心，调动对方的重心，利用自己身体的变化来化解与进攻。

第二层次为劲的变化。“劲”是武功练到较高境界后“力”的进一步深化，它带有“功”的成分，有功者方可运“劲”。这种劲不是死力，而是活力，是力的升华与提高，是经过改造的力。太极推手的劲及变化有几十种或上百种之多，能熟练运用这些劲者，其水平已可步入一流高手境界。

第三层次为太极拳的神明境界，即用意、用心，由有形到无形，由有法到无法，随心所欲，由必然王国到自由王国的层次。这一境界一般极难达到，这层功夫不仅表现在体内的诸般变化，更在体外的种种信息处理。在这一层次，空间的内涵大大拓展了。通过自己的意念，内可调节自己，外可控制对手，和对方一接触，便立即使对力感到如陷天罗地网，有手不能用，有脚不能动，神呆气滞，发放时如打“稻草人”，其核心是处理虚与实的关系。

三层功夫有三个要素，其一为空间虚与实的构成。我们每个人作为实体是一种客观存在，然而在太极推手中则成为矛盾的一个方面，或称为一种信息。双方高水平的推手实际上为空间的信息处理，要能自如地控制对手，则必须把自身实体的空间化虚（指信息空间），而在体外空间中虚处求实，这样造成对方无着落处，运化时轻柔圆转，毫不受力，使对方失去平衡，有凌空失重之感。发劲时由于速度快、落点准、内劲足，粘着点突然放开，对方不及感觉，无从运化，即已被腾空掷出，达到了蓄发相变的高度技巧，这就是“引进落空”的本质含义。要能做到空间的虚实变化，必须敏感地抓住空间的结构成分，即点线面的轨迹，这是需要科学的锻炼才能得来的。

第二个要素是空。这是“松柔”的高级阶段。当把全身关节、肌肉节节松开之后，体察自身与外界的沟通，把自己僵力、拙力完全除掉，即为“空”的境界。“空”的一个典型表现为“其根在脚”的问题，很多人对这句谚语的理解有错误，认为脚下桩愈牢愈好，于是气下沉，劲下使，造成力的堵塞。其实，它的真正含义就在于“空”，当达到“空”时，脚下无一死力处，完全松开，全身无碍。这个根并非完全指力之根，而是“根本”“关键”之意。

第三个要素为灵活。有了“空”的体验和空间处理的能力，是具备了条件，而要自如运用，则需要灵动。灵动是一种变化，一种手段。运动时轻轻依附到对方身上，逆来顺受，随其而动，彼用多少力，我称多少力，处处不让其通过接触点将力传于我身，使之不能得知我的重心变化，难以控制我，而我又虚而实之、实而虚之，空若无物，又深若汪洋，变化多端。正如拳谚云："人不知我，我独知人。"这三层功夫的核心是"意念"，运用"意念"才是拳法的高妙境界，所谓"大道无形"正是此意。

（十）太极拳《拳经》歌诀论著摘录

太极拳打手歌

掤捋挤按须认真。上下相随人难进。
任他巨力来打我。牵动四两拨千斤。
引进落空合即出。粘连黏随不丢顶。

太极拳掌法诀

阴阳掌法变不尽，空心拳打穿透功。
不得已时撮手用，撮手点打致命功。

太极拳擎放诀

擎开彼力借彼劲，引到身前劲始蓄。
松开我劲勿使屈，放时腰脚认端的。

太极拳十三总势歌

十三总势莫轻视，命意源头在腰隙。
变转虚实须留意，气遍身躯不少滞。
静中触动动犹静，因敌变化示神奇。
势势揆心须用意，得来不觉费功夫。
刻刻留心在腰间，腹内松净气腾然。
尾闾中正神贯顶，满身轻利顶头悬。
仔细留心向推求，屈伸开合听自由。
入门引路须口授，功夫无息法自休。
若言体用何为准？意气君来骨肉臣。
想推用意终何在？益寿延年不老春。

歌兮歌兮百册字，字字真切义无遗。
若不向此推求去，枉费功夫贻叹息。

太极拳十三字行功诀

掤手两臂要圆撑，动静虚实任意攻。
搭手捋开挤掌使，敌欲还招势难逞。
按手用招似倾倒，二把採住不放松。
来势凶猛挒手用，肘靠随时任意行。
进退反侧应机走，何怕敌人艺业精。
遇敌上前迫近打，顾住三前盼七星。
敌人逼近来打我，闪开正中定横中。
太极十三字中法，精意揣摩妙更生。

太极拳十三字用功诀

逢手遇掤莫如盘，黏粘不离得招难。
闭掤要上採挒法，二把得实急无援。
按定四正隅方变，触手即占先上先。
捋挤二法趁机使，肘靠攻在脚跟前。
遇机得势进退走，三前七星顾盼间。
周身实力意中定，听探顺化神气关。
见实不上得攻手，何日功夫是体全。
操练不按体中用，修到终期艺难精。

太极拳八字法诀

三换二捋一挤按，搭手遇掤莫让先。
柔里有刚攻不破，刚中无柔不为坚。

避人攻守要採挒，力在惊弹走螺旋。
逞势进攻贴身肘，肩胯膝打靠为先。

太极拳虚实诀

虚虚实实神会中，虚实实虚手行功。
练拳不谙虚实理，枉费功夫终无成。
虚守实发掌中窍，中实不发艺难精。
虚实自有虚实在，实实虚虚攻不空。

太极拳乱环诀

乱环术法最难通，上下随合妙无穷。
陷敌深入乱环内，四两千斤招法成。
手脚齐进横竖找，掌中乱环落不空。
欲知环中法何在，发落点对即成功。

太极拳阴阳诀

太极阴阳少人修，吞吐开合问刚柔。
正隅收放任君走，动静变化何须愁。
生克二发随招用，闪进全在动中求。
轻重虚实怎的是，重里现轻勿稍留。

太极拳八字歌

掤捋挤按世间稀，十个艺人十不知。
若能轻灵并坚硬，粘黏连随俱无疑。
採挒肘靠更出奇，行之不用费心机。

果得粘黏连随字，得其环中不支离。

太极拳周身大用论

一要心性与意静，自然无处不轻灵。
二要遍体气流行，一定继续不能停。
三要喉头永不抛，问尽天下众英豪。
如询大用缘何得，表里精细无不到。

太极拳经诀

顺项贯顶两膀松，束肋下气把裆撑。
胃音开劲两捶争，五趾抓地上弯弓。
举步轻灵神内敛，莫教断续一气研。
左宜右有虚实处，意上寓下后天还。
拿住丹田练内功，哼哈二气妙无穷。
动分静合屈伸就，缓应急随理贯通。
忽隐忽现进则长，一羽不加至道藏。
手慢手快皆非似，四两拨千运化良。
极柔即刚极虚灵，运若抽丝处处明。
开展紧凑乃缜密，待机而动如猫行。
掤捋挤按四方正，採挒肘靠斜角成。
乾坤震兑乃八卦，进退顾盼定五行。

太极拳心会论

腰脊为第一之主宰，喉头为第二之主宰，心地为第三之主宰。丹田为第一之宾辅，指掌为第二之宾辅，足掌为第三之宾辅。

太极拳真义诀

无形物象，全身透空。应物自然，西山悬磬。
虎吼猿鸣，泉清水净。翻江播海，尽性立命。

太极拳十六关要论

活泼于腰，灵机于顶，神通于背，气沉丹田。
行之于腿，蹬之于足，运之于掌，通之于指。
敛之于髓，达之于神，凝之于耳，吸之于鼻。
呼吸于口，纵之于膝，浑噩一身，发之于毛。

太极拳通变歌

进退顾盼定，五位喻五行。生克分制化，阴阳实错综。
虚实互乘变，开合是枢机。刚柔相摩荡，八法显机能。
黏连与粘随，相互起作用。运动知往返，被动转主动。
学者时体验，应用妙无穷。传之为心法，得机乐融融。

太极拳五字经诀

披从侧方入，闪展全无空。担化对方力，搓磨试其功。
歉含力蓄使，黏粘不离宗。随进随退走，拘意莫放松。
拿闭敌血脉，扳挽顺势封。软非用拙力，掤臂要圆撑。
搂进圆活力，摧坚戳敌峰。掩护敌猛入，撮点致命攻。
坠走牵挽势，继续勿失空。挤他虚实现，摊开即成功。

太极拳八法秘诀

掤劲义何解？如水负舟行。先实丹田气，次须顶头悬。
全体弹簧劲，开合一定间。任有千斤重，飘浮亦不难。
捋劲义何解？引导使之前。顺其来势力，轻灵不丢顶。
力尽自然空，丢击任自然。重心自维持，莫为他人乘。
挤劲义何解？用时有两方。直接单纯意，迎合一动中。
间接反应力，如球撞壁还。又如钱投鼓，跃然声铿锵。
按劲义何解？运用如水行。柔中尤寓刚，急法势难挡。
遇高则膨满，逢洼向下潜。波浪有起伏，有孔无不入。
採劲义何解？如权之引衡。任尔力巨细，权后知轻重。
牵动只四两，千斤亦可平。若问理何在，杠杆之作用。
挒劲义何解？旋转若飞轮。投物于其上，脱然掷丈寻。
君不见漩涡，卷浪若螺纹。落叶坠其上，倏尔便沉沦；
肘劲义何解？方法有五行。阴阳分上下，虚实须辨清。
连环势莫当，开花捶更凶。六劲融通后，运用始无穷。
靠劲义何解？其法肩背胸。斜行势用肩，肩中亦有背。
一旦得机势，轰然如山崩。仔细维重心，失中徒无功。

太极拳打手要言歌

欲要引进落空，先要知己知彼；欲要巧拨千金，先要舍己从人；
欲要舍己从人，先要得机得势；欲要得机得势，先要周身一家；
欲要周身一家，先要身无缺陷；欲要身无缺陷，先要神气鼓荡；
欲要神气鼓荡，先要提起精神；欲要提起精神，先要神不外散；
欲要神不外散，先要神气收敛；欲要神气收敛，先要前节有力；
欲要两肩松开，先要内气下沉；欲要劲起脚跟，先要变换身步；
欲要旋转自如，先要劲内转换；自己安排得好，人一挨近我身；

我不动彼丝毫，趁势寻隙而入；接定彼劲对准，一挤彼自跌出。

太极拳论举动歌

一举一动身轻灵，进退顾盼如猫行；意气鼓荡神内敛，劲力贯串毋有断。
其根在脚发于腿，腰劲手头定打准；完整一气得机势，向前退后莫迟滞。
腰腿得劲身不乱，得机得势着灵便；上下前后皆使然，左右内外意相连。
有上有下有前后，有左有右如意求；意上寓下掀物起，斩挫断根又加挤。
掤捋挤按顾盼定，採挒肘靠进退应；身节贯串虚实宜，毁敌之速俱无疑。

太极拳行功歌

以心行气令沉着，收敛入骨气运身；务令顺遂利从心，精神提起无迟虞。
意气须换又得灵，圆活有趣变虚实；发劲沉着又松净，专主一方把敌制。
立身中正撑八面，气行九珠无不利；运劲如钢坚不摧，踢打跌拿莫迟迟。
形似搏兔之鹰鹄，神如捕鼠之狗猫；静如山岳动若河，冷弹脆快要熟知。
蓄劲如弓发放箭，曲中求直蓄后发；力由脊发顺畅贯，随身换步手法识。
收即放而断复连，往复揩叠有身传；进退转换极虚灵，柔软坚硬要时日。
吸化呼发能灵活，气以直养而无害；劲以曲蓄力充沛，腰如车轴滚转吃。

太极拳刚柔歌

人刚我柔谓之走，我顺人背谓之黏。动急急应动缓随，变化万端理一贯。
着熟渐悟而懂劲，阶及神明贯通焉。虚灵顶劲气丹田，不偏不倚忽隐现。
左重左虚右则杳，仰之则高俯弥深。进之愈长退愈促，一羽不加至道藏。
蝇虫不落独知人，英雄所向更无敌。

太极拳三字解

身虽动，心贵静；气须敛，神宜舒。心为令，气为旗；神为帅，身驱使；刻留意，有所得；

先在心，后在身；由舍己，始从人；是主动，定能赢；牵引进，使落空；加四两，拨千斤；

一举动，无不动；一俱静，无不静；内固神，外安逸；许从人，始由己；从人活，生硬滞；

不尚力，尚养气；彼不动，己不动；彼微动，己先动；欲从人，要知己；有往复，分阴阳；

知进退，有转合。力人借，机已发；能随转，能随接；能粘人，能放人；既不后，又不先；

提精神，能抖擞；随粘依，跟得灵；见落空，始得妙。

太极拳散手要言歌

手自心出，拳随意发，知己知彼，随机应变。心气一发，四肢皆动，足起有地，动转有位。

或粘而挤，或连而随，或腾而闪，或折而拶。拳打随意，五尺以内，三尺以外，如怀取物。

远不发肘，近不发手，无论前后，左右亦然。遇敌较艺，一步一捶，得人为准，无形为妙。

击其无备，袭其不意，乘击而袭，乘袭而击。虚而实之，实而虚之，避实击虚，取本求末。

出遇众围，犹如生龙，恰似活虎，勇不可挡。逢击单敌，以炮直轰，上下前后，一气把定。

手不空起，亦不空落，精敏神巧，全在于活。能去能就，能刚能柔，能进能退，能上能下。

不动如山，难知阴阳，无穷天地，充实太仓。浩渺四海，眩耀三光，察知来势，揣敌短长。

静以待动，动以处静，似动犹静，动静机变。出手勇猛，不可抵挡，迎面中堂，脆快异常。

抢上抢下，势如猛虎，类似鹰鹤，扑下鸡场。翻江拨海，单凤朝阳，云背日月，武艺争强。

发手进步，侧步进身，身手齐到，的确为真。法中有诀，理妙如神，古有闪进，又有打顾。

进闪闪进，不必远求，顾打打顾，发手便是。心如火药，手如弓弹，灵机一动，飞鸟难逃。

身似弓弦，手似飞箭，弦响鸟落，方显奇神。起手闪电，不及合眸，袭敌迅雷，不及掩耳。

左过右来，右过左来，手从心发，闪向前落。力起足上，犹如火作，主宰于腰，松活弹抖。

上左进右，上右进左，发步轻快，足根着地。十趾爬地，腿脚有力，步要稳当，身要庄重。

去时撤手，着人成拳，上下左右，身为主宰。不贪不歉，不即不离，拳由心发，以身催手。

一肢启动，百骸皆随，一屈皆屈，一伸皆伸。伸要伸尽，屈要屈紧，如炮卷紧，崩得有力。

拳术战斗，不拘提打，按打击打、冲打膊打，肘打胯打，腿打头打，手打膝打，高打低打，

顺打横打，进打退打，截打借打，身打步打，百般打法，一气相贯，一呼即出，一闪即到。

出身站位，先占巧地，远不发手，尽可转走。战斗要诀，决定输赢，骨节要对，不对无力。

手把要灵，不灵生变，发手要快，不快迟误。打手要狠，不狠不济，脚手要活，不活担险。

存心要精，不精受愚，发身要快，动作如风。鹰扬猛勇，泼皮胆大，机智连环，勿惧迟疑。

关临白马，赵临长板，神威凛凛，波开浪裂。静如山岳，动如雷发，轻如行云，重如山压。

人之来势，务要审察，足踢头前，拳打膊乍。侧身进步，伏身起发，足来提膝，拳来肘发。

顺来横击，横来棒压，左来右接，右来左迎。远便上手，近便用肘，

远便足踢，近便加膝。

拳打上风，审顾地形，手要迅急，足要轻快。心要齐整，目要明清，身手齐到，始则成功。

手身不到，击敌不妙，手到身到，破敌摧草。战斗篇云，善击打者，先看步位，后下手势。

上打咽喉，下打阴囊，左右两协，中打心膛。前打一丈，不应为远，近打咫尺，只在寸间。

操演面前，如似有人，对敌战斗，时若无人。面前手来，似不见手，胸前来肘，似不见肘。

手起足落，足落手起，心要占先，意要胜人。身要攻入，步要过人，头须仰起，胸须现起。

腰须坚起，丹田运起，自顶至足，一气相贯。胆战心寒，必不取胜，不察形势，不能防人。

先动为师，后动为弟，后之一发，先之一至。能教一进，莫教一退，艺高胆大，胆大艺高。

运用之妙，存乎一心，运乎二气，行乎三节。达乎四梢，统乎五行，时时操演，朝朝运化。

始而勉强，久而自然，拳术之道，终于此矣。

太极拳要诀

虚灵顶劲，头容正直，神贯于顶，不可用力，虚灵自然，精神提起；含胸拔背，胸略内涵，气沉丹田，气贴于背，自能拔背，力由脊发；松腰落胯，一身主宰，两足有力，下盘稳固，虚实变化，皆由腰转；分清虚实，虚实能分，转动轻灵，毫不费力，如不能分，自立不稳；沉肩坠肘，肩松下垂，气亦随之，无不得力，坠肘下松，放人求远；用意避力，全身松开，轻灵变化，圆转自如，意之所至，如棉裹铁；上下相随，其根在脚，发于腿脚，主宰于腰，形于手指，完整一气；内外相合，神为主帅，身为驱使，精神提起，举动轻灵，浑然一体；相连不断，自始至终，绵绵不断，周而复始，循环无端，一气贯串；动中求静，以静御动，虽动犹静，呼吸深长，气沉丹田，细心体认。

太极拳论歌

太极拳者，无极而生，阴阳之母。动之则分，静之则合。无过不及，随曲就伸。人刚我柔，我顺人背，粘走相宜。动急急应，动缓缓随。虽有变化，理为一贯。招而熟之，渐悟懂劲。始由懂劲，阶及神明。用力日久，豁然贯通。虚灵顶劲，气沉丹田。不偏不倚，忽隐忽现。左重左虚，右重右杳。仰之弥高，俯之弥深，进之愈长，退之愈促。一羽不加，蝇虫不落，人不知我，我独知人。英雄所向，自然无敌。耄耋御众，快何能为。立如秤准，活如车轮，偏沉则随，双重则滞。数年纯功，不能运化，皆为人制，双重未悟。欲避此病，须知阴阳。粘即是走，走即是粘。阳不离阴，阴不离阳。阴阳相济，方为懂劲。懂劲之后，愈练愈精，默识揣摩，渐至从心。舍己从人，舍近求远。差之毫厘，谬之千里。不可不辨。

太极拳四字五曰歌

一曰心静。一举手动，前后左右，全无定向，起初举动，未能由己，悉心体认。随人所动；随屈就伸，不丢不顶，勿自伸缩。彼若有力，我亦有力，我力在先；彼若无力，我亦无力，我意在先。刻刻留心，挨着何处，心用何处，不丢不顶，讨要消息。从此做去，一年半载，始能于身。全是用意，不是用劲。实践已久，人为我制。

二曰身灵。身滞僵硬，不能自如，故要身灵。举手动作，不可呆像，彼之用力，碍我皮毛，我之用意，已入彼里。两手支撑，一气贯穿。左重左虚，而右已去；右重右虚，而左已去。气如车轮，腰如车轴，周身相随，以心使身。身能从心，由己从人。从人则活，便有分寸。秤彼大小，分厘不错；权彼长短，毫发无差。前进后退，处处恰合。工弥久治，而技弥精。

三曰气敛。气势散漫，便无含蓄，身易散乱。使气敛骨，呼吸通灵，周身罔间。吸为蓄合，呼为开发，吸得自然，能提得起，亦拿人起；呼则自然，亦沉得下，放得人出。此是意气，非以力气。

四曰劲整。一身之劲，练成一家。分清虚实，发劲有根。劲起脚根，主宰于腰，形于手指，发于脊背。又要提起，全副精神，彼劲将出，未发之际，我之用劲，已接彼劲，恰到好处，不后不先。如皮燃火，如泉涌出，前进后退，毫不散乱。曲中求直，蓄而后发，方能奏效。

五曰神聚。上者俱备，总归神聚。神聚窍要，一气鼓荡，练气归神。气势腾挪，精神贯注。开合有数，虚实清楚，左虚右实，右虚左实。力从人借，气由脊发。气向下沉，收入脊骨，注入腰间，形于脊骨，布于两膊，施于手指。合便是收，开便是放。懂得开合，便知阴阳。到此地位，工用一日，技精一日，从心所欲，罔不如意。

参考文献

[1] 顾留馨. 太极拳架与推手的关系 [J]. 武术健身，1982（4）.
[2] 方宁. 谈太极拳功夫 [J]. 武林，1982（12）.
[3] 陈小旺. 太极大杆 [N]. 中国体育报，1983-01-08.
[4] 谷音，培良. 太极技击理论浅谈 [J]. 武林，1983（8）.
[5] 冯国栋. 太极拳推手的“借力”[N]. 中国体育报，1983-11-19.
[6] 徐培良. 太极推手的劲力与发放 [J]. 武林，1984（12）.
[7] 张裕庚. 太极推手的化与发 [J]. 中华武术，1986（2）.
[8] 杨鸿尘. 杨氏太极拳之技击 [J]. 精武，1986（3）.
[9] 孟乃昌. 太极“凌空劲”浅释 [J]. 武林，1986（5）.
[10] 王西安. 练习陈式太极拳的三个阶段 [J]. 少林武术，1986（5）.
[11] 蒋蛟. 谈谈化劲在推手中的作用 [J]. 武林，1986（6）.
[12] 李雅轩谈太极推手（资料由田辉吾、珍芝提供）[J]. 武林，1986（10）.
[13] 白云峰. 试论太极拳发展中的流弊 [J]. 少林武术，1987（2）.
[14] 白云峰. 浅说进身. 武术健身 [J]. 1987（2）.
[15] 王善德. 太极拳松柔才是“正品”吗？[J]. 武魂，1987（2）.
[16] 陈固安. 研习太极拳劲法的体会 [J]. 武术健身. 1987（4）.
[17] 张义敬. 发劲及其味道 [J]. 武术健身，1988（5）.
[18] 宁远. 记如意太极拳家石明 [J]. 中华武术，1988（7）.
[19] 童军. 太极拳的内劲、内气与内功 [J]. 少林与太极，1989（1）.
[20] 郭铁峰. 太极技击功夫 [J]. 精武，1989（6）.
[21] 王凤鸣. 冯志强在日本大受欢迎 [J]. 武术健身，1990（1）.
[22] 于志钧. 太极拳大师吴图南先生谈太极拳之秘 [J]. 武当，1990（2）.
[23] 达斌. 太极拳名师冯志强 [J]. 武术健身，1990（2）.
[24] 蒋家俊. 太极拳推手的力与巧 [J]. 武林，1990（3）.
[25] 陈固安. 武式太极拳推手的特点 [J]. 武林，1990（3）.

［26］马国相．有感于“太极十年不出门”［J］．少林与太极，1990（6）．
［27］王洁．杨式太极拳揉手规矩杂谈［J］．中华武术，1990（6）．
［28］宏斌．求实、求真——太极拳剑及推手研讨会侧记［J］．中华武术，1990（6）．
［29］刘鹏．推手形成的条件发射及效果［J］．武魂，1991（2）．
［30］江波泳．退圈柔化是太极拳临战散打的基本接手法［J］．武当，1991（3）．
［31］周有道．“顶牛”与“抱摔”是太极推手的通病［J］．武林，1991（5）．
［32］阮纪正．试谈太极拳的劲路系统”［J］．武林，1991（5）．
［33］赵力．推手不等于实作——兼答李选民先生［J］．精武，1991（6）．
［34］严翰秀．四两拨千斤耄耋能御众——记吴式太极拳嫡系传人马岳梁［J］．武林，1991（9）．
［35］傅钟文．推手得有深厚的练拳功夫［J］．武术健身，1992（1）．
［36］史凤歧．大成拳发力之秘［J］．精武，1992（1）．
［37］李照山．大成拳内劲场及其训练［J］．精武，1992（1）．
［38］赵祯永．也谈太极拳“打实不打虚”［J］．精武，1992（1）．
［39］马岳梁．吴式太极拳推手入门［J］．武术健身，1992（2）．
［40］王荣泽．谈“刻刻留心在腰间”［J］．武术健身，1992（2）．
［41］张卓星．太极拳培养体力的探讨［J］．武术健身，1992（2）．
［42］严翰秀．访永年武式太极拳传人李锦藩［J］．武术健身，1992（2）．
［43］阮纪正．武术——中国人的存在方式［J］．武术健身，1992（2）．
［44］冯志强，潘厚成．陈式太极拳的技击功夫［J］．武术健身，1992（2）．
［45］赵力．再谈推手不等于实作［J］．精武，1992（3）．
［46］王荣泽．析“引进落空合即发”［J］．武术健身．1992（3）．
［47］乔熛．谈太极推手的自身规律［J］．少林与太极，1992（3）．
［48］张东武．太极推手的时间差与角度［J］．少林与太极，1992（3）．
［49］马岳梁．谈推手的八门五步［J］．武术健身，1992（3）．
［50］赵道新．论爆发［J］．武魂，1992（3）．

[51] 冯志强，王凤鸣. 推手“问劲”有火候 [J]. 武术健身，1992 (3).
[52] 韩建中. 擒拿格斗中的手与手法 [J]. 武魂，1992 (6).
[53] 魏文蒲. 浅析叉合力摔法 [J]. 武术健身，1992 (6).
[54] 复生子. 武当龙门拳综 [J]. 精武，1994 (1).
[55] 赵祯永. 夺位与放人 [J]. 精武，1995 (3).
[56] 李万斌. 采拿跌掷　冷脆狠准——武当赵堡侯氏三合一太极拳技法简介 [J]. 中国太极拳，1995 (4).
[57] 高臣，于汶水. 意拳与人体仿生学 [J]. 武魂，1995 (6).
[58] 郭铁峰. 一发莫比毒 [J]. 精武，1995 (7).
[59] 孙南馨. 大成拳的站桩试力和发力 [J]. 武林，1995 (7).
[60] 马虹. 论用意——关于太极拳的内功之三 [J]. 武林，1995 (9).
[61] 王荣泽. 太极拳的呼吸与功力 [J]. 精武，1995 (9).
[62] 王荣泽. 太极拳教师的遗憾 [J]. 精武，1995 (10).
[63] 付涛. 我看中华武术 [J]. 精武，1996 (3).
[64] 王荣泽，陈学明. 太极拳的力、劲、意 [J]. 精武，1996 (3).
[65] 王荣泽. 太极拳解惑 [J]. 精武，1996 (6).
[66] 张东宝. 学会用身体去听 [J]. 武魂，1996 (9).
[67] 李德新. 入门先找形 [J]. 武林，1996 (10).
[68] 王荣泽. 耄耋何以御众 [J]. 精武，1997 (1).
[69] 马原年. 力从何处求，巧从何处得 [J]. 武魂，1997 (3).
[70] 马国相. 太极推手的战术运用 [J]. 中华武术，1997 (3).
[71] 马相国. 太极拳的技击要素 [J]. 中华武术，1997 (7).
[72] 韩康. 灵在太极拳中的作用 [J]. 中华武术，1997 (7).
[73] 张迎忠. 太极拳的练力程序 [J]. 中华武术，1997 (11).
[74] 张迎忠. 练太极拳应研究时速问题 [J]. 搏击，1997 (12).
[75] 林肇仑. “推手——从基础向实战技击过渡的阶段性练功方法 [J]. 武魂，1997 (12).
[76] 刘东晨. 李小龙与阿里谁强 [J]. 精武，1998 (1).
[77] 马胜利. 心意六合拳内劲的构成 [J]. 武当，1998 (1).

[78] 高臣，高华新.论“一触即爆发，炸力无断续”[J]. 武当，1998(1).
[79] 高龙骏. 形意母拳应用法则 [J]. 武当，1998 (1–5).
[80] 王芗斋. 大成拳论 [J]. 武当，1998 (1–6).
[81] 张广玉. 什么是中国功夫 [J]. 武魂，1998 (2).
[82] 张全亮. 天下武术是一家. 武魂 [J]. 1998 (2).
[83] 谭全亮. 心意六合拳拳艺“意法” [J]. 武魂，1998 (2).
[84] 熊征. 太极拳百家言 [J]. 精武，1998 (3).
[85] 马国相. 太极拳技击出路在何方 [J]. 精武，1998 (3).
[86] 浦汉健. 太极拳的掷抛与击打 [J]. 精武，1998 (3).
[87] 严翰秀. 武禹襄的“身知” [J]. 精武，1998 (3)(5).
[88] 王荣泽. 太极推手、断手、散手之别 [J]. 武魂，1998 (4).
[89] 韩建中. 以巧破千斤，千斤力在后 [J]. 武魂，1998 (5).
[90] 张红. 寂寞英雄——李小龙阐释截拳道的技击 将武术推向世界的第一人 [J]. 精武，1998 (6).
[91] 马虹. 拳法之妙在于运动 [J]. 武林，1998 (7).
[92] 姚继祖. 初学推手四要 [J]. 武当，1998 (7).
[93] 韩建中. 如何练好搏击功夫 [J]. 武魂，1998 (7).
[94] 罗名花. 蒙目训练——推手训练的有效方法 [J]. 武魂，1998 (7).
[95] 弘福. 截拳道理论基础探源 [J]. 精武，1998 (8).
[96] 廖翔，关心. 劲——武林之魂 [J]. 精武，1998 (10).
[97] 罗名花. 推手听劲感知的有效方法——蒙目训练 [J]. 精武，1998 (10).
[98] 熊征. 剑宗乎？气宗乎？——谈招与力的关系 [J]. 精武，1998 (12).
[99] 李万斌. 理清概念、悟透真经——太极先辈练功启示 [J]. 精武，1999 (5).
[100] 李达彪，王荣泽. 太极拳的“吞吸” [J]. 武魂，1999 (10).
[101] 陈立新. 一博二通三精四能——明师的四个特点 [J]. 武魂，1999 (11).

[102] 张迎忠. 论太极拳的攻防 [J]. 中华武术，1999 (11).

[103] 郭荣军. 装意卸力 [J]. 武魂，1999 (1).

[104] 陈太平. 勿轻言超越 [J]. 武魂，2000 (1).

[105] 高峰. 实战武术心法注解 [J]. 搏击，2000 (1).

[106] 佚名. 推手中的丢与顶 [J]. 中华武术，2000 (1).

[107] 马国相. 陈式太极拳技击要素 [J]. 精武，2000 (1).

[108] 郭福厚. 心知不如身知，非身知不能真知——说太极拳推手训练 [J]. 武魂，2000 (1).

[109] 马明达. 八极短拳，七刚三柔 [J]. 武林，2000 (6).

[110] 李万斌. 内家拳心理暗示与发声增力 [J]. 精武，2000 (10).

[111] 罗红元. "四两拨千斤"与"以弱胜强"的实质 [J]. 武林，2000 (1).

[112] 洪意. 武道文谈——浑圆门武学宗师王安平先生访谈录 [J]. 武林，2000 (12).

[113] 高翔. 七仙形擒拿术实战要则及难关 [J]. 搏击，2001 (1).

[114] 浦汉健. 传统太极拳的文练与武练 [J]. 武魂，2001 (10).

[115] 罗红元，彭仕青. 太极拳的慢练快用 [J]. 武林，2001 (10).

[116] 张永明，张霞. 太极拳技击的负重练习 [J]. 精武，2001 (11).

[117] 蒋家骏. 太极拳打手的力与巧——太极拳打手的理论与实践 [J]. 武林，2002 (2).

[118] 陈太平. 太极拳能否用于实战？ [J]. 武魂，2002 (4).

[119] 妥木斯. 太极拳的技击也是大力打小力，手慢让手快 [J]. 武魂，2002 (4).

[120] 严翰秀. 剑磨十年锋更亮——记武式太极拳传人乔松茂 [J]. 武魂，2002 (4).

[121] 李紫剑. 发力的原理法则和方式 [J]. 武魂，2002 (5).

[122] 高翔. 七仙拳打击劲力蓄发秘窍 [J]. 武当，2002 (6).

[123] 王志远. 太极劲力解 [J]. 武当，2002 (7).

[124] 王殿祯. 浅谈太极大杆子 [J]. 武魂，2002 (7).

[125] 孙友恒. 说说洛阳心意拳 [J]. 武魂，2002 (8).

[126] 吴澹，陈建南，赵蕾. 杨氏褚（桂亭）架太极拳推手技法 [J]. 武魂，2002（8）.
[127] 陈太平. 如何训练太极推手 [J]. 武魂，2002年（9）.
[128] 杨金堂. 太极大师陈固安先生论听、引、化、拿、发 [J]. 少林与太极，2002（9）.
[129] 马国相. 太极拳的技击技术四要 [J]. 中华武术，2002（10）.
[130] 王凤阳，王凤朝. 感知武术推手——科学原理辨听劲 [J]. 中华武术，2002（10）.
[131] 贾志浩. 寿关顺. 谈太极技击功夫 [J]. 武魂，2002（12）.
[132] 张德学，张闻宇. 浅谈太极元功拳的借力打人 [J]. 武当，2002（12）.
[133] 一叶. 太极拳的练与用 [J]. 武魂，2003（2）.
[134] 聂志勇. 感受“武术推手” [J]. 武魂，2003（3）.
[135] 王凤阳，赤宪明，王凤朝. 武术推手用力与不用力辨析 [J]. 武魂，2003（5）.
[136] 李万斌. 谈太极拳技击训练方法 [J]. 武当，2003（7）.
[137] 聂志刚. 大成拳推手要领 [J]. 武当，2003（8）.
[138] 戎象耕. 四梢新解 [J]. 武魂，2003（9）.
[139] 岵栳. 学练太极拳随笔 [J]. 武魂，2003（9）.
[140] 向道. 个性武技之胆量训练 [J]. 精武，2003（9）.
[141] 张立成. 练拳练功艺更精 [J]. 精武，2004（4）.
[142] 谢永广. 姚承光先生谈意拳推手 [J]. 武魂，2004（5）.
[143] 岵栳. 学练太极拳随笔——舍己从人 [J]. 武魂，2004（5）.
[144] 王志强. 谈形意拳的劲 [J]. 武魂，2004（6）.
[145] 岵栳.“学练太极拳随笔”一文 [J]. 武魂，2004（7）.
[146] 徐世魁，张迎忠. 技击性太极拳应当加负荷 [J]. 中华武术，2005（2）.
[147] 李万斌. 传统武术技击特点 [J]. 武当，2005（9）.
[148] 王荣泽，蔡金明. 失重——利用体重力的推手 [J]. 少林与太极，2005（11）.

[149] 驾照报. “来回劲”与“反弹力” [J]. 武魂，2006 (2).
[150] 王修雨. 他为什么只会练拳，不会用 [J]. 少林与太极，2006 (2).
[151] 王荣泽. 改造利用僵劲拙力 [J]. 少林与太极，2006 (9).
[152] 岵栳. 太极拳也是大力打小力 [J]. 武魂，2006 (12).
[153] 韩起. 欲知拳滋味，始由对抗起——重读《道新拳论》 [J]. 精武，2007 (11).
[154] 邓声韶. 随荣华丰老师学推手 [J]. 武魂，2008 (1-8).
[155] 韩起. 短期训练后，就要以对抗训练为主——重读《道新拳论》[J]. 精武，2008 (1).
[156] 韩起. “逆思维”格斗训练与运动训练 [J]. 搏击，2008 (2-5).
[157] 韩起. 提高身体素质就是练功夫——重读《道新拳论》 [J]. 精武，2008 (4).
[158] 王荣泽. 坚韧关节——“老牛劲”推习 [J]. 中华武术，2008 (8).
[159] 韩起. 为什么说“没有对抗训练的拳术就是假拳” [J]. 搏击，2009 (8)(10)、2010 (3-8)、2011 (7).
[160] 刘习文. 杨氏太极拳大、中、小架推手大观 [J]. 武魂，2010 (2).
[161] 萧淳元. 我到大陆学太极——记刘习文老师及所传太极拳艺 [J]. 武魂，2012 (1).
[162] 陈炎林. 太极拳刀剑杆散手合编 [M]. 上海书店，1988.
[163] 吴孟侠，吴兆峰. 太极拳九诀八十一式注解 [M]. 北京：人民体育出版社，1958.
[164] 辞海 [M]. 上海：上海辞书出版社，1979.
[165] 刘晚苍，刘石樵. 太极拳架与推手 [M]. 上海：上海教育出版社，1980.
[166] 顾留馨. 太极拳术 [M]. 上海：上海教育出版社，1982.
[167] 张义敬. 太极拳理传真 [M]. 重庆：重庆出版社，1986.
[168] 方金辉，等. 中华武术辞典 [M]. 合肥：安徽人民出版社，1987.
[169] 张长龄，李光藩. 太极传奇 [M]. 北京：中国民间文艺出版社，1987.
[170] 彭卫国. 中华武术谚语 [M]. 北京：电子工业出版社，1988.

[171] 王培生. 太极拳的健身和技击作用 [M]. 北京：人民日报出版社，1988.

[172] 罗红元，古岱娟. 太极拳技理与训练 [M]. 广州：广东高等教育出版社，1988.

[173] 姚宗勋. 意拳 [M]. 北京：北京体育学院出版社，1989.

[174] 汪永泉，魏树人，齐一. 杨式太极拳述真 [M]. 北京：人民体育出版社，1990.

[175] 康戈武. 中国武术实用大全 [M]. 北京：今日中国出版社，1990.

[176] 马贤达. 中国武术大辞典 [M]. 北京：人民体育出版社，1990.

[177] 于志均. 杨式小架太极拳 [M]. 北京：北京体育学院出版社，1991.

[178] 王宗岳，沈寿. 太极拳谱 [M]. 北京：人民体育出版社，1991.

[179] 李万斌，罗名花. 太极拳技击实践 [M]. 西安：陕西科学技术出版社，1992.

[180] 严翰秀. 太极拳奇人奇功 [M]. 北京：人民体育出版社，1996.

[181] 于志钧. 杨式太极拳小架及其技击应用 [M]. 北京：北京体育大学出版社，2001.

[182] 瞿世镜. 杨氏太极 两岸一家 [M]. 上海：上海古籍出版社，2011.

[183] 陈太平. 太极拳练什么 [M]. 北京：新世界出版社，2012.

[184] 薄家骢. 意拳索钥——意拳（大成拳）进阶与点窍 [M]. 北京：人民体育出版社，2013.

图书在版编目(CIP)数据

太极拳技击研究 / 李万斌著 . –北京：人民体育出版社，2015
ISBN 978-7-5009-4852-0

Ⅰ.①太… Ⅱ.①李… Ⅲ.①太极拳–套路（武术）–研究 Ⅳ.①G852.111.9

中国版本图书馆 CIP 数据核字（2015）第 204208 号

*

人民体育出版社出版发行
三河兴达印务有限公司印刷
新 华 书 店 经 销

*

787×960 16 开本 30.25 印张 454 千字
2016 年 1 月第 1 版 2016 年 1 月第 1 次印刷
印数：1—5,000 册

*

ISBN 978-7-5009-4852-0
定价：65.00 元

社址：北京市东城区体育馆路 8 号（天坛公园东门）
电话：67151482（发行部） 邮编：100061
传真：67151483 邮购：67118491
网址：www.sportspublish.com
（购买本社图书，如遇有缺损页可与邮购部联系）